문학과 살/몸 존재론

문학과 살/몸 존재론

초판 1쇄 인쇄 2019년 11월 5일

초판 1쇄 발행 2019년 11월 12일

_

지은이 한상연

펴낸이 이방원

편　집 정조연·김명희·안효희·윤원진·정우경·송원빈

디자인 손경화·박혜옥　**영업** 최성수　**기획·마케팅** 이미선

_

펴낸곳 세창출판사

신고번호 제300-1990-63호

주　소 03735 서울시 서대문구 경기대로 88 냉천빌딩 4층

전　화 723-8660　　**팩스** 720-4579

이메일 edit@sechangpub.co.kr　　**홈페이지** http://www.sechangpub.co.kr/

_

ISBN 978-89-8411-911-6 93110

이 도서의 국립중앙도서관 출판예정도서목록(CIP)은 서지정보유통지원시스템 홈페이지(http://seoji.nl.go.kr)와 국가자료종합목록 구축시스템(http://kolis-net.nl.go.kr)에서 이용하실 수 있습니다. (CIP제어번호 : CIP2019042453)

한상연 지음

문학과
살/몸
존재론

세창출판사

살/몸 존재론, 아직 창조되지 않은
양심을 향한 존재론적 시도

제임스 조이스의 『젊은 예술가의 초상』의 끝부분에는 내가 철학과 인문학에 큰 관심을 기울이게 만든 구절이 하나 있다. 그것은 다음과 같다.

"나는 백만 번이라도 체험의 현실과 만나 내 영혼의 대장간에서 아직 창조되지 않은 내 종족의 양심을 벼려 내리라."

대학 시절 『젊은 예술가의 초상』을 읽고 난 뒤, 나는 종종 '아직 창조되지 않은 양심이란 대체 무엇을 뜻하는 말일까?' 궁금해하곤 했다. 인류에게는 이미 양심과 도덕이 있지 않은가? 어떻게 '인류의 양심이 아직 창조되지 않았노라'라고 말할 수 있는가? 그 궁금증은 하이데거의 『존재와 시간』을 읽으며 풀렸다. 육화된 정신으로 살아가는 인간에게 최고의 양심은 감각의 순수함을 보존하고 또 감각의 부름에 응답하는 일이다. 내 생각에, 하이데거의 존재론은 이러한 문제를 해명하기 위해 기획된 철학이다.

하이데거를 연구하면서 내가 발견한 한 가지 사실은 대다수 연구자들이 하이데거에게 감각이 얼마나 중요한 의미를 지니는지 간과해 왔다는 것이었다. 그 책임의 일단은 하이데거에게 있다. 기이할 정도로 하이데거는 그가 현존재라 부른 인간의 살과 몸에 대해 침묵한다. 그것은 아마 인간 현존재의 존재를 살과 몸의 관점에서 고찰하는 경우 실존론적 자유의 문제를 해결하는 데 방해가 되기 쉽다는 생각 때문이었을 것이다. 살과 몸 때문에 우리는 자신의 존재를 외부세계와의 상호작용의 관계 속에서 조망하게 된다. 그런데 상호작용이란 인과율의 관념을 전제하는 것으로, 자유의 이념과 양립하기 어렵다. 게다가 근대 이후 인간은 곧잘 물리적 객체처럼 취급되어 왔다. 그런 점에서 실존론적 자유의 문제를 해명하려면 인간 현존재의 존재를 상호작용과 다른 관점에서 논할 필요가 있다. 그러나 조금만 생각하면 하이데거의 존재론 역시 우리로 하여금 자신이 아닌 이런저런 것들과 상호작용하게 하는 살과 몸의 문제를 피해 갈 수 없다는 것을 금세 알 수 있다. 잘 알려져 있듯이 하이데거는 인간 현존재의 근원적 존재 방식을 마음 씀(Sorge)이라고 규정한다. 왜 인간 현존재는 마음 쓰며 살아갈 수밖에 없는가? 그것은 인간 현존재가 고통 및 죽음에 취약한 존재자이기 때문이다. 그렇다면 왜 인간 현존재는 고통 및 죽음에 취약한가? 그것은 물론 인간 현존재가 육화된 정신으로서 존재하는 존재자, 예민하고 부서지기 쉬운 살과 몸으로 살아가는 존재자이기 때문이다.

나는 꽤 오래전부터 인간 현존재의 살/몸에 대한 존재론적 성찰을 통해 하이데거의 존재론을 보충하고 또 혁신하기 위해 애써 왔다. 이러한 시도에 대해 격려해 주신 분들도 적지 않으나 비판하신 분들도 적지 않다. 비판의 요지는 대개 두 가지이다.

첫째, 왜 하이데거가 거의 언급하지 않은 살과 몸의 관점에서 존재론을 논하는가?

둘째, 살과 몸에 관해 철학적으로 논하려면 메를로퐁티처럼 인간 현존재의 살과 몸에 관해 구체적으로 연구한 철학자의 관점을 취해야 하지 않는가?

두 가지 비판 모두 내게는 받아들일 수 없는 것이었다. 실은 그러한 비판이 제기될 수 있다는 것 자체가 내게는 놀라움이었다.

첫 번째 비판에 관해 생각해 보자. 하이데거를 연구하는 자는 하이데거가 이미 지난 길을 답습할 것이 아니라 마땅히 하이데거가 미처 가 보지 못한 길을 가려 애써야 한다. 사상이란 맹종하는 자를 위한 것이 아니라 스스로 사유하고자 하는 자를 위한 것이기 때문이다. 하이데거가 살과 몸에 대한 존재론적 분석을 수행하지 않았다는 것은 하이데거의 관점에서 살과 몸에 대한 연구를 하지 말아야 할 이유가 아니라 도리어 해야 할 이유이다. 대체 하이데거가 다 해 놓은 연구를 답습할 이유가 무엇이란 말인가? 오늘날처럼 정보가 풍부한 시대에 단순히 자신이 공부한 것을 풀어내는 식의 글은 논문으로서의 가치를 지니기 어렵다. 아무리 꼼꼼하게 잘 쓴 글이라도 말이다. 연구자라면 마땅히 다른 연구자의 글에서 발견할 수 없는 새로운 내용과 관점을 담지 않은 글은 단 한 편도 발표하지 않겠노라는 결의를 품어야 한다. 하이데거의 철학을 연구하는 자는 하이데거의 철학을 기회가 될 때마다 새롭게 하고 또 풍요롭게 하기 위해 최선을 다해야 한다. 그것이 20세기 최대의 철학자 하이데거의 철학을 올바로 공부하는 방식이다.

두 번째 비판에 대해서 생각해 보자. 메를로퐁티의 관점에서 살과 몸의 문제를 다루는 것과 하이데거의 관점에서 그렇게 하는 것은 완전히 다른 작업이다. 메를로퐁티처럼 살과 몸에 대해 상세하게 분석한 철학자의 관점을 취하면 당연히 살과 몸에 관해 철학적으로 설명하기가 쉽다. 그러나 나는 어디까지나 하이데거의 존재론의 관점에서 살과 몸의 문제를 다루고자 했을 뿐이다. 그 이유는 단 하나다. 하이데거의 존재론적 사유가 '아직 창조되지 않은 양심'의 문제를 해결하는 데 가장 적합하다고 보았기 때문이다.

아마 혹자는 이렇게 물을지도 모르겠다. '하이데거에게 감각이 정말 중요한가?' 이러한 의문을 품고 있는 독자라면 우선 하이데거의 『존재와 시간』 서론을 꼼꼼하게 읽어 보라고 권하고 싶다. 하이데거는 진리를 해명하는 문제에서 로고스보다 더욱 근원적인 것은 아이스테시스라고 밝힌다. 여기서 아이스테시스란 그 무엇을 순연히 감각적으로 받아들임을 뜻하는 말이다. 소위 '전회' 이후의 하이데거 역시 그리스인들에게 근원적 의미의 테크네란 어떤 제작의 기술이 아니라 존재(자)를 순연히 감각적으로 그 자체로서 볼 수 있는 인간 현존재의 존재론적 역량을 표현하는 말이라고 밝힌다. 이러한 주장의 바탕에는 일종의 현상학적 성찰이 깔려 있다. 진리란 대체 무엇인가? 만약 진리가 진술된 명제에 상응하는 객관적 사태를 전제하는 것이라면 우리는 결코 진리를 발견할 수 없다. 이러한 관점에서 보면 '이 꽃은 붉다'라는 말이 참이려면 실제로 붉은 꽃이 객체적 사물로서 존재해야 한다. 그러나 붉음이란 오직 붉음을 지각할 수 있는 역량을 지닌 존재자에게만 나타날 수 있다. 즉, 붉은 꽃은 현상적인 것이지 객체적인 것이 아니다. '이 꽃은 붉다'라는 말은 오직 한 존재자로서의 꽃의 붉음을 순연히 감각적으로 받아들임에 근거해서만 참일 수 있다. 로고스보다 아이스테시스가 더욱 근원적이라는 말은 바로 이러한 의미를 지닌다.

물론 객관성의 망념에 사로잡힌 자라면 아이스테시스의 근원성에 대한 하이데거의 설명이 불만족스러울 것이다. 지각현상이 객체적인 것일 수 없다는 바로 그러한 이유로 데카르트는 존재를 수학적 수량화 및 연장성의 관점에서 고찰하려 했던 것이 아닌가? 그러나 이러한 물음의 바탕에는 현상학적으로 현상이란 체험의 절대적 한계를 지칭하는 것이라는 점에 대한 몰이해가 깔려 있다. 자연과학의 세계 역시 객체적 사물의 세계가 아니라 존재를 수량화할 수학적·기하학적 역량을 지닌 인간 현존재에게만 나타나는 하나의 현상적 세계일 뿐이다. 객관성 내지 객체성이 철학적으로 망념에 불과할 수밖에 없는 이유가 바로 여기에 있다. 인간 현존재는 오직 그 자신의 존재를 근거로 삼아 현상적으로 드러난 것만을 발견할 수 있다. 그것은 한편 존재(자) 자체의 드러남이다. 현상은 현존재에 의해 창조된 것이 아니다. 현상은 존재론적으로 현존재와의 초월적 만남을 통해 존재(자)가 그 자신을 현존재의 지각 및 사유 역량에 상응하는 방식으로 내보여 줌이다. 그 때문에 현상이란 존재론적으로 존재(자) 자체의 드러남일 뿐 아니라 동시에 감춤이기도 하다. 시간적이고 역사적인 존재자로서 현존재는 현상적으로 탈은폐된 존재의 진리를 형이상학적으로 영속화하는 대신 존재론적 진리의 근원적 시간성에 주목해야 하는 것이다.

　하이데거에 따르면 인간 현존재는 일상성을 그 자신의 근원적 존재 방식의 하나로서 지닌다. 일상성을 지배하는 것은 도구적 의미연관이며, 그 때문에 일상적 현존재는 만나는 모든 것을, 심지어 동류의 인간이나 그 자신마저도, 도구적 존재자로서 이해하는 경향을 지닌다. 도구적으로 마음 쓰며 살아가는 인간 현존재의 존재 역시 시간적이고 역사적이다. 하이데거는 일상성을 비본래적 역사성이라고 부른다. 즉, 일상적 현존재는 살면서 만나는 모든 것을 비본래적 역사성의 관점에서 본다. 그렇다면 본래적 역사성이란 대체 무엇을 뜻하는가? 비본래적 역사성에서 본래적 역사성으로의 전환은 어떻게 일어나는가? 그것은 인간 현존재가 존재(자)를 도구로서 발견하기를 그칠 때 일어난다. 그렇다면 이러한 일을 가능하게 하는 것은 무엇인가? 그것은 인간 현존재의 주체적 역량이나 사려 깊은 숙고에 의해 가능해지는 것인가? 하이데거의 관점에서 보면 그것은 무엇보다도 우선 아이스테시스, 즉 존재(자)를 순연히 감각적으로 받아들임에 의해서 일어나는 일이다. 우리는 무엇을 순연히 감각적으로 받아들이는가? 도구로 환원될 수 없는 존재(자) 자체의 고유한 아름다움이다. 그것은 결코 현존재의 주체적 역량이나 사려 깊은 숙고에 의해 창조되거나 발견되는 것이 아니다. 존재(자) 자체의 고유한 아름다움을 발견하는 것은 인간 현존재이지만 그 발견을 가능하게 하는 것은 그 자신을 현존재에게 내보여 주는 존재(자) 자체의 작용과 행위이다. 인간 현존재는 존재(자) 자체의 작용과 행위를 수동적으로 받아들이는 존재자로서만 존재(자) 자체의 고유한 아름다움을 발견할 수 있을 뿐이다.

이러한 발견은 인간 현존재가 육화된 정신, 고통과 기쁨이 처소인 살/몸으로 살아가는 정신임을 전제한다. 인간 현존재로 하여금 존재(자) 자체의 작용과 행위를 수동적으로 받아들일 수 있도록 하는 것은 바로 살/몸이기 때문이다. 존재(자) 자체의 고유한 아름다움을 발견함은 현존재에게 그 자신의 존재를 새롭게 하라는 청유이자 명령이다. 존재(자) 자체의 고유한 아름다움은 도구적 의미연관 속에 포섭될 수 없는 것이고, 아름다움에 감응할 수 있는 순수한 존재자로서 현존재의 존재를 드러내는 것이기 때문이다. 『젊은 예술가의 초상』의 주인공 스티븐 디덜러스는 돌리마운트 해변에서 한 아름다운 소녀를 만났을 때 자신이 받은 감각적 충격을 일종의 부름으로 받아들인다.

> "그녀의 눈이 그를 불렀고, 그의 영혼은 그 부름에 응답해 뛰어올랐다. 살기 위해, 헤매기 위해, 승리하기 위해. 삶으로부터 삶을 되살리기 위해."

하이데거에 따르면 인간 현존재란 존재 자체의 부름에 귀 기울이고 응답해야 하는 존재자이다. 나는 『젊은 예술가의 초상』의 주인공 스티븐 디덜러스가 그러한 존재론적 과제를 탁월한 방식으로 수행해 내는 인간 현존재의 한 사례라고 본다. 그리고 보면 존재론적으로 '아직 창조되지 않은 양심'이란 감각의 매 순간마다 새로워질 것으로서 벼려져야 하는 셈이다. 비본래적 역사성인 일상성을 자신의 근원적 존재 방식의 하나로 지니는 인간 현존재는 감각의 매 순간마다 존재 자체의 부름에 귀 기울이고 응답해야 하는 과제를 떠안게 된다는 뜻이다.

다음과 같은 점을 미리 밝혀 두고자 한다.

첫째, 이 책은 논문집이다. 이 책에 실린 글들은 거의 다 여러 철학 학회지에 게재되었던 논문들이다.

둘째, 이 책의 서문에 나오는 『젊은 예술가의 초상』에 대한 존재론적 해석은 「시간과 감각」이라는 글의 핵심적인 관점 몇 가지를 간추린 것이다.

셋째, 이 책의 마지막 글인 「시간과 공감」은 이 책의 살/몸 존재론과 다소 이질적이라는 느낌이 들기 쉽다. 그러나 이 글은 살/몸 존재론의 암묵적 출발점이라고 할 수 있는 존재론적 아이스테시스 개념을 다루는 글이다. 아이스테시스에 대한 하이데거의 관점을 소개하면서 동시에 그 한계를 살/몸 존재론의 관점에서 비판적으로 넘어서고자 하는 시도가 담겨 있다. 살/몸 및 감각 개념에 대한 필자의 논지가 하이데거의 철학과 이질적이라는 느낌을 지울 수 없는 독자라면 이 글을 먼저 읽는 것이 살/몸 존재론을 이해하는 데 도움이 될 것이다.

넷째, 각각의 글 앞에는 존재론적 성찰을 담은 시가 한 편씩 실려 있다. 철학책에서 저자가 직접 쓴 시를 만나는 것은 흔치 않은 일이다. 그럼에도 필자가 이러한 시도를 한 것은 본문에서 수행하지 못한 문체 실험을 보충하기 위한 것이다. 오늘날에는 간결하고 명료한 문장들로 글을 쓰는 것이 철학의 영역에서조차 표준처럼 되어 버렸다. 그러나 이러한 방식의 글쓰기는 본래 자신이 명확하게 알고 있는 바를 가르쳐 줄 때나 적합하다. 즉, 그것은 선생이 주로 사용하는 방식의 글쓰기이다. 하지만 철학은 치열한 성찰의 산물이며, 끝없는 회의의 연속이다. 위대한 옛 사상가들의 글은 오늘날의 기준에 비추어 보면 매우 난삽하고 장황하게 느껴지는 경우가 많다. 그것은 그들이 선생이 되는 것에 만족하지 않고 부단히 사유하고 의심했기 때문이다. 필자는 살/몸 존재론에 관한 글을 쓸 때마다 표준적인 글쓰기 방식을 해체시켜 버리고 싶은 강한 유혹을 느끼고는 했다. 그러나 여러 가지 사정으로 인해 아주 제한된 정도로만 표준적인 글쓰기 방식으로부터 벗어날 수 있었다. 물론 가장 커다란 원인은 필자의 소심함이다. 필자는 이 책의 독자들이 마치 수험생이라도 되는 것처럼 이 책을 읽기를 원하지 않는다. 도리어 독자들은 행간 속으로 흩어져 들어간 미완의 성찰의 흔적들을 발견함으로써 스스로 의심하고 또 사유하는 자의 입장을 취해야 한다. 이 책에서 독자들이 가장 먼저 읽게 될 시는 「초현실주의 카페―서시」라는 제목을 지니고 있다. 독자들은 이 시에서 끝나기를 거부하기라도 하듯 부자연스럽게 길게 이어지는 문장들을 접하게 될 것이다. 그것은 간결하고 명료한 사유의 이미지들을 해체하기 위해 고안된 일종의 문체 실험이다.

다섯째, 필자가 철학적 글쓰기의 문체에 관해 고민하게 만든 직접적인 계기는 F. 슐라이어마허의 『종교론』이 남긴 감명이다. 표준적인 논문 읽기에 익숙한 독자에게 이 책은 거의 독해가 불가능한 책처럼 여겨지기 쉽다. 그것은 이 책이 선생의 관점에서 작성된 것이 아니라 독자에게 대화를 청하는 사상가의 관점에서 작성된 것이기 때문이다. O. 푀겔러, H. 오트와 같은 몇몇 선구적 연구자들의 견해에 따르면 하이데거 철학의 해석학적 전환은 바로 슐라이어마허 연구를 통해 가능해진 것이다. 필자는 특히 슐라이어마허의 『종교론』이 하이데거 철학에 가장 심대하고도 결정적인 영향을 남긴 저서라고 본다. 하이데거의 저술이 분석적 사고에 익숙한 독자들에게 종종 해독이 불가능한 수수께끼처럼 느껴지는 것 역시 이러한 사정과 무관하지 않을 것이다.

여섯째, 필자는 종교를 '우주에 대한 직관과 감정'으로 규정한 슐라이어마허의 철학이 일종의 현상학적 존재론이라고 본다. 하이데거의 철학과 마찬가지로 슐라이어마허의 철학은 인간 현존재의 실존론적 존재구조에 대한 현상학적·존재론적 성찰에서 출발한다. 이 점에 관해서는 필자의 『공감의 존재론』(세창출판사, 2018)을 참조하기 바란다.

아름다움이란 무엇인가?:

J. 키츠의 시 「고대 그리스 항아리에 붙이는 송시」를 예시로 삼아 전개된 아름다움에 대한 존재론적 성찰

살/몸과 세계:

『거장과 마르가리타』 제1장-제3장에 나타난 선과 악, 그리고 절대선의 표지로서 드러나는 세계의 세계성에 관한 성찰

II. 살/몸의 철학

현상학과 순연한 차이의 철학:

질 들뢰즈에 대한 현상학적 성찰

살/몸 존재로서의 존재사건과 기술권력:

파쇼적 신체 및 거룩한 신체에 관한 성찰 — 미셀 푸코 사상의 존재론적 변용

살/몸과 해석:

슐라이어마허 해석학의 존재론적 근거에 관한 성찰

순연한 탈자로서의 존재:

살/몸으로 현존함이 자아내는 절대적 내면성의 평면으로서의 존재의 의미에 관한 소고

시간과 공감:

시간과 공감의 존재론적 관계에 관한 소고

일러두기

본서의 본문에서는 일부 출처를 다음과 같이 약어로 표기하였다.

약어 표기

KPM(= M. Heidegger, *Kant und das Problem der Metaphysik*, Frankfurt a. M. 1991).

KU(= I. Kant, *Kritik der Urteilskraft*, Berlin 1790).

Ideen I(= E. Husserl, *Ideen zu einer reinen Phänomenologie und phänomenologischen Philosophie I*, Den Haag 1976).

LS(= G. Deleuze, *Logique du sens*, Paris 1969).

LU(= E. Husserl, *Logische Untersuchungen II-1*, Tübingen 1993).

MM(= M. Bulgakov, translat. by R. Pevear and L. Volokhonsky, *The Master & Margarita*, Penguin: London 1997).

PA(= J. Joyce, *Portrait of the Artist As a Young Man and Dubliners*, Barnes & Noble Classic: New York 2004).

PP(= M. Merleau-Ponty, *Phénoménologie de la perception*, Paris 1945).

QP(= G. Deleuze / F. Guattari, *Qu'est-ce que la philosophie?*, Minuit: Paris 1991).

SZ(= M. Heidegger, *Sein und Zeit*, Tübingen 1993).

『공감의 존재론』(= 한상연, 『공감의 존재론』, 세창출판사, 2018).

『기신』(= F. 슐라이어마허, 최신한 옮김, 『기독교 신앙』, 한길사, 2006).

『졸리콘』(= M. Heidegger, *Zollikon Seminare. Protokolle —Zwiegespräche*, Frankfurt a. M. 1944).

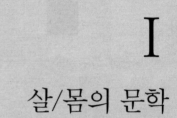

I
살/몸의 문학

공간과 감각:

S. 렘과 A. 타르코프스키의 『솔라리스』를
예시로 삼아 전개된 공간의 존재론

초현실주의 카페 — 서시

한상연

이곳에서 사람들은 가끔

푸른 달빛에 젖은 식물이 된다.

은이거나 금이거나

찻잔은 여하튼 화려한 장식을 지니고 있다.

그도 그럴 것이 무너진

세계의 뒤안으로부터 살인자의 피가 흘러

죽은 혼들이 저마다

자기 앞에 놓인 탁자 위에 놓인

시간의 잔을 들어

달 위를 걷는 흰

암소의 등 위를 걷는 검은

들쥐의 눈빛에 매료된 채

밤의 어둠을 마셔야만 하는 것이다.

그러니 그 누구도 이곳이

자유로운 곳이라고 믿어서는 안 될 것이다.

모든 행악이 낱낱이 드러날 때까지

죽은 혼들은

자기 분량의 어둠을 마실 것이다, 푸른

달빛에 젖은

아름다운 식물의 표정 위에

붉은 핏빛이 감돌 때까지

잔은 항상 차고도 넘칠 것이다.

몽환에 사로잡힌 분절된 의식의 흐름 속에서

단지 한 순간 스치고 지나갔을 뿐인

모든 희망과 음욕과 살의와 사랑과

자책과 회한과 감미로움과 불안과 기획된

망각의 희미한 그림자들이 어느덧

생생한 환영이 되어 떠돈다.

하기야 상관이야 있겠는가.

그것은 이미 누구에게도 속하지 않는다.

죽은 혼이거든 어둠을 마시고

식물이거든 피를 마실 것이다.

꿈을 꿀 뿐 개의치 않을 것이다.

1. 여는 글

이 글은 공간의 존재론적 의미에 관한 글이다. 공간과 감각의 관계에 대한 존재론적 해명이 온전하고도 철저하게 수행되지 않는 한, 존재론의 철학적 의의는 제한적일 수밖에 없다는 성찰이 이 글의 출발점이다.

공간에 대한 존재론의 근본 관점은 '공간이란 세계에 의존적인 것'이라는 성찰에 담겨 있다. 하이데거에 따르면 공간과 세계의 관계는 다음과 같다.

> "세계는 공간 안에 존재하는(vorhanden: 눈앞의 사물처럼 있는) 것이 아니다. 하지만 공간은 오직 하나의 세계 안(innerhalb)에서만 발견될 수 있다."[01]

이 인용문은 일견 '공간이란 감각과 무관한 것일 수 없다'라는 자명한 결론으로 이어지는 것처럼 보인다. 존재자의 존재와 무관한 세계는 있을 수 없으며, 존재자의 존재란 감각함 없이 알려지는 것이 아니기 때문이다. 하지만 논리적으로 보면 공간을 감각과 무관한 세계의 본래적 존

---

01 SZ, 369쪽.

재 방식을 표현하는 것으로서 상정할 수 있는 가능성이 없는 것은 아니다. 비록 존재자의 존재는 감각함을 전제로 해서만 알려질 수 있다고 해도 공간이란 감각으로 환원될 수 없는 존재자 및 세계의 수학적 정량화 가능성에 대한 지적 통찰로부터 비롯되는 것일 수 있는 것이다. 이 경우 '공간이란 감각과 무관한 것일 수 없다'는 말은 '공간이 우리에게 알려지려면 감각의 작용이 필수적이다'라는 발생론적 관점을 표현할 뿐이다. 공간을 사물적 존재자의 실체적 속성 및 존재자들 간의 관계를 비감각적 관점에서 이해하게 할 어떤 근본 원리로 삼는 데 있어서 공간의 세계 의존성은 어떤 장애도 되지 않는 것이다.

물론 누구든 원한다면 친숙함, 방향-잡음 등의 존재론적 개념들에 호소하면서 물리적 공간은 현존재의 사실적 삶에 상응하지 못하는 추상적 공간에 불과하다는 식으로 주장할 수도 있을 것이다. 그러나 물리적 공간은 추상적 공간에 불과하다는 생각이 그 자체로 물리적 공간의 현실성에 대한 부정으로 이어지는 것은 아니다. 그것은 마치 머그잔이 손-안의 존재자라는 성찰이 머그잔의 물리적 속성들에 대한 자연과학적 이해의 현실성을 부정하지 못하는 것과 같다. 손에서 미끄러져 빠져나가면 머그잔은 바닥으로 떨어지고, 추락하는 머그잔의 질량과 가속도의 곱으로 산출된 힘의 양이 머그잔의 재질이 견딜 수 있는 힘의 양보다 크면 머그잔은 깨지기 마련이다. 물론 머그잔은 단순한 물리적 사물 이상의 의미를 담고 있다. 하지만 머그잔에 담긴 의미를 성찰함이 그 자체로 한 구체적 사물로서의 머그잔을 물리적 법칙들의 지배를 받는, 그리고 바로 그런 점에서 물리적인, 그러한 존재자로서 이해함이 잘못임을 증명하지는 못하는 것이다.

공간과 감각의 관계에 대한 존재론적 해명이 필요한 이유가 바로 여기에 있다. 만약 공간이 사물적 존재자의 실체적 속성 및 존재자들 간의 관계의 비감각적 본질을 표현하는 것으로서 이해될 수 있다면, 그리고 이 비감각적 본질이 수학적으로 정량화될 수 있는 것이라면, 삶과 존재에 대한 존재론적 언명들의 의미는 지극히 제한적일 수밖에 없다. 우리가 존재론적으로 이해하는 모든 존재자들의 존재 이면에 우리의 현존함과 무관하게 그 자체로서 공간적 사물들이 실재함을 받아들이는 경우 우리는 존재론적 언명들이란 기껏해야 '우리에게서나 그렇게 나타나는 존재자들의 겉현상(Erscheinung)'을 표현할 뿐이라는 결론을 피하기 어려운 것이다.

이 글이 해명해야 할 존재론의 근본 물음은 다음과 같다. "순수하게 비감각적인 공간의 이념을 상정함은 철학적으로 타당한 일일까?" 이러한 물음은 감각과 존재이해의 관계에 관한 다음의 물음을 수반한다. "존재자의 존재가 감각함을 통해 알려지는 것이라면 존재자의 존재로 환원될 수 없는 존재 자체에의 물음은 어떤 비-감각적인 존재의 의미를 향해 있는 것이 아닐까?" 이 경우 비-감각적인 존재의 의미와 수학적으로 정량화될 수 있는 공간적 사물의 그-자체로-있음은 어떻게 구분될 수 있는가?

물론 존재론의 존재물음이 어떤 비-감각적인 존재의 의미를 향해 있다는 것을 당연한 전제로 받아들일 이유는 없다. 존재론의 존재물음이, 적어도 그것이 온당한 방식으로 제기되고 또 탐구되는 것인 한, 늘 감각을 통해, 오직 감각을 통해서만 구해질 수 있는 존재의 의미를 향해 있음을 배제할 이유 또한 아직 제시되지 않은 것이다.

이 글은 상기의 물음들을 S. 렘의 SF 소설 『솔라리스』 및 이 소설을 원작으로 삼은 A. 타르코프스키 감독의 동명의 영화를 예시로 삼아 풀어

나가게 될 것이다. 공간적 사물의 실체성에 대한 회의주의적 관점을 드러내는 여러 작품들 중에서도 『솔라리스』는 대단히 표본적이다. 그것은 『솔라리스』의 생각하는 혹성이 우리의 기억을 스캔해 다양한 사물들 및 공간적 세계를 물질화하기 때문이다.

우리의 기억으로부터 도래한 세계의 공간성과 물질성은 공간의 근원적 비-공간성 및 물질의 근원적 비-물질성의 표현이다. 기억이란 장소 없는 곳에 있는 환영과도 같은 것이기 때문이다.

2. 공간, 지각, 감각

아마 하이데거의 철학에 익숙한 독자들 중에서는 존재론의 존재물음을 감각과 결부시키는 이 글의 논의 방식을 의아해하는 이들도 있을 것이다. 그러한 이들은 존재의 의미가 무엇보다도 우선 감각을 통해 알려지는 것이라는 이 글의 전제가 존재론을 특수한 형태의 경험론으로 오인함으로써 얻어진 잘못된 전제라고 여길지도 모른다. 하지만 존재의 의미가 감각과 무관한 방식으로 알려질 수 없음을 분명히 한 이가 바로 하이데거다. 현상이란 "자신을-그-자체에서-보여 주는-것, 드러나는 것"[02]을 의미하는 말이라는 『존재와 시간』의 언명이 그 대표적인 예이다.

그 '무엇인가 현상으로서 나타남'이 어떤 존재자가 자신을-그-자체에

---

02 SZ, 29쪽.

서-보여 줌으로써 가능해지는 것이라면 현상을 통해 알려지는 모든 존재의미는 감각의 우회로를 피할 수 없다. 사실, 현상에 대한 하이데거의 존재론적 해명은 무엇보다도 우선 서구 형이상학의 이성중심주의를 향해 있다. 존재론적 관점에서 보았을 때 감성과 이성 중에서 보다 근원적인 것은 감성일 수밖에 없다. 존재자가 자신의 존재를 알려 옴이 우선이고, 이는 현존재의 능동적이고 지성적인 활동이 아니라 수동적인 감각적 수용 혹은 감각함이 존재이해의 가능성을 비로소 열어 놓는 근원적 존재사건임을 뜻한다. 이성은 이러한 근원적 존재사건에 추후로 뒤따르는 것으로서 활동할 수 있을 뿐이다.

감각에의 호소는 어느 때 경험론으로 귀착되는가? 그것은 감각함을 대상지각의 관점에서 이해할 때이다. 즉 감각함을 감각의 능동적 원인으로서의 사물과 사물로부터 주어지는 자극을 수용할 수동적 신체의 관계의 관점에서 고찰할 때 우리는 존재이해를 위해 감각이 지니는 의미를 경험론적으로 오인하게 된다는 것이다. 물론 이러한 생각은, 그것이 공간 속에서 서로 관계 맺고 있는 개별적 존재자들의 존재를 암묵적으로 전제한다는 점에서, 조야한 실재론적 선입견의 발로일 뿐이다. 존재의 의미를 공간적·실체적 사물들의 존재로 환원함이 감각함을 신체를 통한 대상지각과 같은 것으로서 오인함의 전제이자 결과인 것이다.

자신이 혹성 솔라리스의 생각하는 바다 인근에 머물고 있다고 생각해 보자. 장소는 우주정거장이어도 좋고 솔라리스의 생각하는 바다가 오직 나 자신만을 위해 창조해 낸 특별한 세계라도 좋다.

주위의 낯익은 사물들은 모두 솔라리스의 생각하는 바다가 직접 물질화해 낸 것이거나 적어도 그 가능성을 배제할 수 없는 그러한 것들이다. 심지어 우주정거장 안에서 처음으로 본 사물들조차도 솔라리스의 생각하는 바다에 의해 물질화된 것이 아니라고 단정할 수는 없다. 한 번 본 것은 이미 낯익은 것으로서 기억 속에 저장된 과거와 무관할 수 없기 때문이다.

이 경우 모든 대상지각은 ① 드러나는 대상과 ② 대상의 드러남을 수동적으로 수용하는 나, ③ 드러나는 대상의 존재를 가능하게 한 나의 기억이라는 삼자 간의 관계 속에서 일어나는 셈이다. 내 앞에서 자신을 물질적 사물로서 드러내는 하나의 존재자는 분명 수학적으로 정량화될 수 있는 공간적 크기를 지니고 있다. 하지만 나는 그 공간적 크기가 현실적인 것인지 순연히 가상적인 것인지 확신할 수 없다. 만약 내 앞의 존재자가 나 자신의 기억을 물질화해서 얻어진 것에 불과하다면 나의 의식 속에는 공간적이고 물질적인 존재자의 형상이 체현될 수 있는 것으로서 저장되어 있었던 셈이고, 이 경우 나는, 꿈속에서든 상념의 흐름 속에서든, 부지중에 떠오르는 의식 속의 형상을 공간적이고 물질적인 현실적 존재자로 오인할 가능성을 배제할 수 없기 때문이다.

마치 꿈속의 세계가 물질화함으로써 데카르트의 철학에 파산 선고가 내려지는 듯하다. 신 존재 증명을 빌미로 자신의 방법적 회의를 스스로 뒤집고 공간 내지 연장적 실체의 현실성을 확정한 데카르트의 시도는 솔라리스의 생각하는 바다가 창조한 사물적 존재자들 앞에서 그 한계를 드러낼 수밖에 없는 것이다.[03]

---

03 타르코프스키에 따르면 『솔라리스』의 근본 주제들 가운데 하나는 지식의 한계에 관한 것이다: "지식을 향한 인간의 끝없는 요구는 … 커다란 긴장의 원천이 되는데, 궁극적 진실은 결코 알려질 수 없는 것이므로 그것은 늘 걱정, 고난, 슬픔과 실망의 원인을 수반하기 마련인 것이다"(A. Tarkovsky, *Sculpting in Time: Tarkovsky The Great Russian Filmmaker Discusses His Art*, University of Texas Print 2003, 198쪽).

신이 존재한다면 존재하는 모든 것들은 신의 정신 속에 머물고 있을
지 모른다. 유한자인 우리에게는 물질적이고 현실적인 존재자로서 현
현하는 소위 연장적 실체가 실은 무한자의 정신 속에 머물고 있는 크기
없는 이미지에 불과할 가능성을 우리는 어떻게 배제할 수 있을까? 혹성
솔라리스의 생각하는 바다가 물질화한 기억 속 이미지들이 바로 이러한
가능성을 드러내고 있지 않은가?

신의 존재를 전제로 하지 않는 경우 이러한 문제에 대한 상식적인 해
결책은 기억의 발생 근거에 관한 물음을 통해 주어질 수 있다. 기억된
형상은 현실적 존재자의 경험을 전제하므로 눈앞의 존재자가 현실적 존
재자인지 가상적 존재자인지 확정할 수 없음이 현실적 존재자의 존재
그 자체를 의심스러운 것으로 만들 수는 없다는 식으로 생각하는 것이
다. 물론 이러한 논증은 눈앞의 존재자가 상이한 경험들의 요소가 결합
되어 만들어진 환영 같은 것에 불과하다는 가능성을 배제하지는 못한
다. 기억의 물질화는 물질화함으로써 현실적 존재자가 될 가능성을 지
닌 가상적 존재자의 형상과 정보들이 기억 속에 보존되어 있음을 전제
하기 때문이다. 그러나 만약 기억이 물질적이고 공간적인 현실적 존재
자의 경험을 전제로 한다는 것을 의심하지 않는다면 적어도 눈앞의 존
재자의 현상을 가능하게 하는 것은 물질적이고 공간적인 현실적 존재자
의 존재라는 결론을 내릴 수는 있을 것이다.

이러한 해결책에 대해서는 두 가지 비판이 가능하다.

우선 그것이 순환논증의 결과일 뿐이라는 비판이 제기될 수 있다. 물
음에 걸려 있는 것이 공간 내지 공간적으로 정량화될 수 있는 사물적 존
재자의 현실성 여부이기 때문이다.

지금 내가 경험하는 공간적 세계가 실은 가상의 세계에 불과할 수 있

다는 것을 배제할 수 없다면 나 자신과 무관하게 그 자체로 공간적 세계가 존재함이 의문시될 수 있다는 것이 원래 풀어야 할 문제이다. 하지만 상기의 해결책은 공간적 세계의 경험이 그 자체로 공간적 세계의 존재를 증명하는 것처럼 호도할 뿐이다.

논리적으로 보면 이러한 비판은 의심의 여지없이 옳다. 하이데거에게 큰 영향을 끼친 후설 현상학의 방식으로 표현하자면 상기의 해결책은 철학적 엄밀함을 갖추지 못한 "자연적 태도"[04]의 발로일 뿐인 것이다. 현상학적 관점에서 보면 우리의 경험은 의식의 외부에 존재하는 자연적 존재자들이 아니라 현상을 향해 있다. 의식의 밖에 있는 물질적 대상의 경험을 근거로 심적 상으로서의 현상이 만들어지는 것이 아니라, 경험되는 모든 것들이 실은, 적어도 개별 존재자의 지각을 경험의 필수적 요소로 삼는 한에서는, 현상학적 자아의 상관자이다.

경험되는 모든 것들이 현상학적 자아의 상관자라는 것은 자연적 태도에 사로잡힌 자가 물리적 사물 내지 현실 공간으로 이해하는 모든 것들이 실은 그 자체로 현상적이라는 것을 뜻한다. 이러한 전제를 받아들이는 경우 물리적 사물 및 현실 공간이란, 실은 그러한 것으로서 구성된 현상에 불과할 뿐이다. 즉 상기의 해결책은 경험되는 사물 및 공간의 근원적 현상성에 대한 무지로부터 비롯되는 오류 추론의 결과라는 것이다.

그런데 이러한 일이 대체 어떻게 가능한 것일까? 후설식으로 표현하자면 "세계의 부분적 요소의 하나인 인간적 주관성이 어떻게 세계 전

---

04 E. Husserl, *Ideen zu einer reinen Phänomenologie und phänomenologischen Philosophie II* (*Husserliana IV*), Den Haag 1952, 179쪽.

체를 그 자신의 지향적 형성물로서 구성한다는 것인가?" 후설은 이러한 문제를 "필연적 역설"로 설명한다. 그것은 "자연적이고 객관적인 태도(상식의 힘)와 그에 대립적인 '중립적인 관찰자'의 태도(Einstellung des 'uninteressierten Betrachters') 사이의 부단한 긴장으로부터 필연적으로 일어나는"[05] 역설이라는 것이다.

엄밀히 말해 이러한 역설은 세계의 '구성'이라는 표현에 기인하는 거짓 역설이다. 만약 세계가 현상학적 자아에 의해 구성되는 것이라면 현상학적 자아의 존재는 세계의 존재에 선행해야만 한다. 하지만 자아란 오직 자아를 포괄하는 전체의 한 부분으로서만 표상될 수 있다. 경험적 자아에게는 세계가 자아를 포괄하는 전체이고, 현상학적 자아가 경험적 자아로부터 외따로 떨어져 있는 자아가 아닌 이상, 경험적 자아의 관점에서는 현상학적 자아 역시 자아의 존재를 포괄하는 전체로서의 세계의 한 부분일 수밖에 없는 것이다. 논리적으로 자연적 태도와 철학적 반성의 태도 사이의 긴장으로부터 일어나는 역설은 원래 역설이 아니다. 구성된 현상으로서의 세계를 자아 및 현상적 세계의 근거로서 작용하는 어떤 전체 존재에 기인하는 것으로 이해할 수 있기 때문이다.

간단히 말해 현존재의 세계-안에-있음은 현존재의 근원적 존재 방식으로서의 안에-있음의 현상적 표현에 불과하다. 현존재의 안에-있음을 가능하게 하는 전체로서의 존재는 세계로 환원될 수 없다는 뜻이다. 인간적 주관성이란 그 자체, 그것이 세계의 부분적 요소의 하나로서 이해되는 경우, 오직 현상적 세계에서 거주하는 경험적이고 현상적인 자아

---

05 E. Husserl, *Die Krisis der europäischen Wissenschaften und die transzendentale Phänomeno-logie (Husserliana VI)*, Den Haag 1976, 183쪽. 원문에서의 강조.

를 표현할 뿐이다. 현상학적 자아는 단순한 경험적·현상적 자아와 동일시될 수 없다. 마찬가지로 자아의 존재를 포괄하는 전체 존재 혹은 현존재의 안에-있음을 가능하게 하는 전체로서의 존재는 현상적 세계와 동일시될 수 없다. 신체를 통해 일어나는 공간 및 사물적 존재자의 지각은 오직 현상적 세계 경험에 속할 뿐이지 실재적이라 할 만한 그 어떤 것도 우리에게 알려 주지 않는 것이다.

이를 근거로 상기 해결책에 대한 두 번째 비판이 제기될 수 있다. 그것은 공간 내지 공간적으로 정량화될 수 있는 사물적 존재자의 존재는 물리적·현실적 존재로서의 의미를 지닐 수 없다는 보다 근원적이고 철학적인 사유에 근거한 비판이다.

우리의 경험이 현상을 향해 있는 한, 경험은 어떤 실재적인 것 자체에 관해서는 아무것도 알려 주지 못하는 셈이다. 굳이 '물자체는 알 수 없다'는 칸트의 명제를 끌어들이지 않아도 경험을 통해 알려진 것은 말 그대로 경험을 통해, 즉 우리의 신체와 의식의 작용을 매개로 삼아, 알려진 것일 수밖에 없다. 물자체는 있는가? 만약 있다면 현상과 물자체는 서로 같은 것으로서 이해되어야 하는가, 혹은 다른 것으로서 이해되어야 하는가? 이러한 물음들은, 그 해명이 어떤 것이든 간에, 상기 해결책에 대한 비판을 반박하는 의미는 조금도 지닐 수 없다. 분명한 것은 공간 및 모든 공간적인 것들은 경험을 통해 알려진 현상적 세계에 속한다는 사실이다. 그렇다면 '지금 내 눈앞의 존재자가 설령 기억의 물질화를 통해 알려진 것이라 하더라도 기억 자체가 물질적이고 공간적인 현실적 존재자의 존재를 전제하므로 눈앞의 존재자는 언제나 물질적이고 공간적인 현실적 존재자의 존재를 증명한다'는 논증은 성립될 수 없다. 엄밀한 철학의 관점에서 보면 소위 물질적이고 공간적인 현실적 존재자 자체가 실은 현상적 세계에 속하는 것이다.

이러한 논의로부터 대상지각과 감각의 관계에 관해 내려질 수 있는 결론은 오직 한 가지뿐이다. 그것은 감각이 지각보다 근원적이라는 것이다. 감각은 대상적 존재를 상관자로서 지니는 지각과 엄밀하게 구분되어야 한다. 지각은, 그것이 개별화된 대상을 향해 있는 한, 언제나 현상적 세계 안에서 일어나는 일이며, 바로 그렇기에 현존재에게 현상적 세계가 알려짐은 지각을 통해 일어나는 일일 수 없다. 현상적 세계가 미리 알려져 있음이 지각 체험의 전제이기 때문이다. 물론 알려지는 것으로서 현상적 세계는 현존재의 행위 및 이해에 앞서 일어나는 현존재의 어떤 수동적 수용을 전제로 한다. 감각이란 그 근본 의미에서는 바로 이러한 수동적 수용, 지각 체험의 선험적 조건으로서의 현상적 세계가 현존재에게 알려짐을 가능하게 하는 가장 근원적인 존재사건을 뜻한다. 달리 말해 감각이란 존재의 열림과 밝혀짐의 시발점인 것이다.

3. 존재의 정량화 가능성의 현시로서의 공간과 감각

공간의 현상성에 대한 성찰은 공간의 현실성 내지 실재성의 부정을 뜻할까? 이 글에서 지금까지 제기된 논의는 그러한 가능성을 배제하지도 않지만 그렇다고 확정하지도 않는다. '공간이란 원래 현상적인 것'이라는 생각은 '물리적 공간이란 추상적 공간'이라는 생각과 마찬가지로 현상의 본질에 대한 발생론적 성찰의 결과일 뿐이다. 공간의 현실성 내지 실재성이 부정되려면 공간을 존재의 정량화 가능성의 현시로서 이해하는 것이 부조리한 일임이 증명되거나 공간에 대한 이해를 근거로 이루어지는 존재의 정량화 역시 공간의 현실성 내지 실재성의 드러남을 의미하지 못함이 증명되어야 한다.

그것은 '서울에서 부산까지의 거리를 측정함이 현존재의 실존적 자리로서의 지금-여기를 암묵적으로 전제한다'는 지적이 그 자체로 서울에서 부산까지의 거리로 제시된 수치가 실제 공간의 거리를 표현함을 부정하지 못하는 것과 같다. 현상은 분명 현존재의 존재 없이 일어나지 않는다. 수학적 정량화 역시 세계를 수학적으로 해석하고 이해할 현존재의 존재를 전제로 하기 마련이다. 그러나 그러한 사실에 대한 지적이 현상적 세계의 실재성 부정으로 이어진다고 여겨서는 안 된다는 것이다.

존재론적으로 공간의 현실성 내지 실재성이 부정되어야 한다거나 혹은 반대로 긍정되어야 한다는 식의 선입견을 지닐 필요는 없다. 누군가 공간이란 현상적인 것으로서 결코 실재하는 것이 아니라고 말하는 경우 그는 실은 '존재란 경험하는 존재자의 존재를 통해 일어나는 현상을 통해 비로소 알려지는 것'이라는 자명한 존재론적 진실을 언급할 뿐이다. 이와 반대로 누군가 공간이란 실재하는 것이라고 말하는 경우 그는 현상으로서의 공간을 우리 자신의 존재를 매개로 하지 않는 어떤 실재로서의 존재와 혼동하고 있을 뿐이다.

공간의 현실성 내지 실재성 문제는 결코 긍정될 수도 부정될 수도 없는 역설적 문제이다. 아니 엄밀히 말해 이러한 역설은 실은 현실성이나 실재성 같은 말들을 둘러싼 개념상의 혼돈을 표현할 뿐이다. 실재라는 말에 '경험과 의식을 매개로 하지 않고 그 자체로 존재함'이라는 의미를 부여한 뒤 '감각과 경험, 의식의 작용을 매개로 하지 않고 인식될 수 있는 것은 아무것도 없다'는 자명한 진실로 인해 고민에 빠지는 식이다. 이러한 고민의 근본 원인은 우리의 감각과 경험, 의식의 작용을 매개로 인식된 것이, 그렇게 인식된 바 그대로 존재해야 실재성 문제가 해결된 다는 식의 강박관념이다.

물론 그런 식으로 문제가 해결될 수는 없다. 우리의 감각과 경험, 의식의 작용을 매개로 인식된 것은 늘 그렇게 현상적인 것으로 남을 뿐이다. 설령 무엇인가 우리 자신의 존재에 의존하지 않고 그 자체로 존재하는 것으로서 반복해서 경험된다 하더라도 그것은 오직 우리 자신의 존재를 매개로 한 현상으로서만 인식될 수 있다. 그런데 '인식하는 우리 자신과 무관하게 그 자체로 존재하는 현상'이란, 말 그대로 형용모순에 불과하다. 간단히 말해 실재성을 둘러싼 철학적 문제들은, 우리 자신의 존재를 매개로 해야 비로소 나타날 수 있는 현상이 우리 자신의 존재를 매개로 하지 않고서 나타나는 부조리한 일이 일어나야만 그것의 존재 여부에 관한 문제가 해결된다는 식의 모순된 생각으로 인해 생겨나는 거짓 문제들에 불과하다.

현존재의 현사실성의 관점에서 보면 공간이란 현존재에게 늘 현실적이며 실재적이다. 공간에 대해 철학적으로 어떤 규정이 내려지든 구체적 현존재는 공간을 현실적이며 실재적인 것으로서 받아들이기를 멈추지 않을 것이다. 현존함 자체가 오직 공간 속에서만 가능한 것이기 때문이다. 게다가 하이데거처럼 현상을 '자신을-그-자체에서-보여 주는-것, 드러나는 것'으로 이해하는 경우, 공간을 통해 드러나는 존재의 정량화 가능성은 그 자체 존재가 자신을 드러내는 방식인 셈이다. 공간은 세계의 현상성의 표현이라는 것이, 그리고 세계의 현상성의 한 표현으로서의 공간에 존재의 정량화 가능성이 현시되어 있음이 부정되지 않는 한은 그렇다는 뜻이다.

공간을 존재의 정량화 가능성의 현시로서 받아들임은 자연과학적 관점을 지닌 현존재에게만 일어나는 일은 아니다. 누구나 거리를 측량하기 마련이다. 그런데 거리를 측량함이란, 공간을 근거로 존재를 정량화함의 한 사례에 불과하다.

공간이 현존재에게 늘 현실적이며 실재적인 이유가 바로 여기에 있다. 공간은, 그리고 공간을 통해 드러나는 존재의 정량화 가능성은 현존재의 존재 그 자체로부터 비롯되는 현존재의 존재이해의 방식을 표현한다. 여기서 공간이 현존재의 존재이해의 방식을 표현한다는 말은 현존재가 존재를 공간적인 것으로서 파악함에 국한되지 않는다. 현존재의 존재이해 자체가 언제나 이미 공간을 바라봄, 혹은 보다 일반적으로 말해, 공간을 감각함을 전제로 하기 때문이다. 달리 말해 공간이 현존재의 존재이해의 방식을 표현한다는 것은 공간이 비로소 현존재의 존재이해를 가능하게 한다는 뜻이지 공간적 존재이해가 현존재의 어떤 근원적 존재이해로부터 파생되어 나온다는 뜻은 아니다.[06]

데카르트는 공간을 존재의 정량화 가능성의 현시로서 이해함이 공간

---

06 존재론적으로 공간이 존재이해의 조건임을 가장 분명하게 드러낸 저술은 하이데거의 『칸트와 형이상학의 문제』이다. 하이데거는 칸트의 선험초월론을 일종의 기초존재론으로 해석하는 이 저술에서 칸트에게 "인식함(Erkennen)은 일차적으로 직관함(Anschauen)"이며, "인식을 판단(사유)으로 해석하는 것은 칸트적 문제의 결정적 의미에 반한다"고 지적한다. "모든 사유는 오로지 직관에 봉사하는 역할만을 맡는다"는 것이다(KPM, 21-22쪽). '인식함이 일차적으로 직관함'이라는 명제는 필연적으로 '시간과 공간의 직관이 인식과 사유의 근원적 조건이다'라는 명제를 함축한다. 칸트에게는 순수직관으로서의 시간과 공간이 그 밖의 모든 직관과 인식, 사유를 비로소 가능하게 할 그 조건이기 때문이다. 직관과 인식의 관계에 대한 이러한 해석이 하이데거의 『칸트와 형이상학의 문제』를 일관하는 대전제들 중 하나이다. 하이데거가 칸트의 선험초월론을 일종의 기초존재론으로 해석함에 있어서 결정적인 역할을 수행하는 전제가 '인식함은 일차적으로 직관함이다'라는 전제와 '순수직관으로서의 시간과 공간이 그 밖의 모든 인식과 사유, 직관의 가능조건으로 작용한다'는 전제라는 것이다. 직관과 인식의 관계에 대한 칸트의 입장에 관해서는 다음 참조: 강영안, 『칸트의 형이상학과 표상적 사유』, 서강대학교출판부, 2009, 23쪽 이하.

의 근원적 현실성에 대한 증명으로 이어질 수 있다는 사실에 처음으로 주목한 철학자이다. 물론 잘 알려진 대로 데카르트는 '자연은 진공을 싫어한다'[07]는 아리스토텔레스의 입장에 따라 진공 혹은 텅 빈 공간이 있음을 받아들이지 않는다. 그러나 바로 그런 점에서 데카르트는 공간의 현실성 내지 실재성에 관한 물음을 공간의 실체성에 관한 물음으로 전환시킨 철학자라 볼 수 있다. 데카르트의 연장적 실체는 공간의 현실성과 실재성을 가장 극단적인 방식으로 긍정함으로써 획득된 개념이라는 것이다.

하이데거를 제외하면 데카르트적 공간 이해에 대한 비판들 중 가장 심오하고 예리한 것은 메를로퐁티에 의해 수행되었다. 하지만 메를로퐁티의 비판은, 데카르트의 연장적 실체에 대한 비판들이 대개 그렇듯이, 그 출발점에서부터 방향을 잘못 잡고 있다. 메를로퐁티의 데카르트 비판은 지각에 대한 현상학적 탐구에 바탕을 두고 있는데, 앞의 논의에서 언급된 것처럼 지각의 현상학은 존재의 정량화 가능성의 현시로서의 공간에 관해 어떤 적확한 비판도 제기할 수 없는 것이다.

메를로퐁티의 데카르트 비판의 근본 전제는 주체와 세계의 분리 불가능성이다. 메를로퐁티에 따르면 데카르트는 ―칸트와 마찬가지로― "주체와 의식을 그 세계 연관으로부터 떼어 놓으려 했으며 … 의식을 절대적 자기 확실성으로, 존재의 선험초월적 조건으로" 이해하였다. "하지만 주체와 세계의 관계는 그리 간단하게 둘로 나뉘지 않는다."[08]

주체와 세계가 서로 분리될 수 없다는 것은 세계에 대한 우리의 지각

---

07   진공에 대한 아리스토텔레스의 입장에 관해서는 Aristotle, *Physics*, IV 6-9 참조.
08   PP, III-IV.

과 이해가 근원적인 "애매함(ambiguité)"을 지니고 있음을 뜻한다. 지각을 통해 알려진 것이든 개념적으로 알려진 것이든 우리는 우리가 세계에 관해 알고 있는 것이 우리 자신에게 속한 것인지 아니면 세계 혹은 존재 자체에 속한 것인지 확정할 수 없다는 것이다.[09]

이러한 생각 자체는 의심의 여지없이 옳다. 한 사물의 차가움과 따뜻함은 사물 자체에 속한 것인가 아니면 나 자신의 신체에 속한 것인가? 세계의 수학적 · 기하학적 구조는 세계 자체에 속한 것인가 아니면 나 자신의 정신에 속한 것인가? 이러한 물음의 해답을 어떤 방식으로 추구하든 어느 한쪽을 선택하고 나면 풀기 힘든 난제들이 따라 나오기 마련이다. 지각과 이해란 오직 지각하고 이해할 역량을 지닌 존재자에게만 가능한 것이어서 우리가 지각하고 이해하는 모든 것은 우리 자신의 존재를 드러내는 법이다. 하지만 우리가 지각하고 이해하는 것은 모두 우리 자신이 아닌 어떤 초월적 존재(자)이다. 설령 우리가 우리 자신에 관해 생각하는 경우라도 우리 자신은 언제나 이미 세계 안의 존재자로서 대상화된 자신일 뿐이다. 자신에 대한 반성적 성찰 자체가 이미 하나의 세계 안에 머물고 있는 그러한 자신을 향할 수밖에 없기 때문이다.

현상을 매개로 획득되는 이런저런 인식들이 현존재의 존재를 표현하는지 세계의 존재를 표현하는지 결정하기 힘든 애매함(ambiguité)이 있음은 사실, 현상의 본질에 대한 성찰로부터 필연적으로 따라 나오는 결론이다. 현상을 통해 드러나는 것은 세계 및 세계 안의 이런저런 존재자들이지만 현존재의 존재를 매개로 하지 않고 일어나는 현상은 없기 때

---

09 같은 책, 18쪽 이하; 340쪽 이하; 417쪽 이하 참조.

문이다. 그런데 이러한 문제에 메를로퐁티가 처음으로 주목한 것은 아니다.

『철학의 원리』에서 데카르트는 "우리의 감관을 통한 지각은 사물 안에 무엇이 정말 존재하는지가 아니라 오직 무엇이 [인간의 신체와 마음 사이에 맺어진] 연합에 해를 끼치거나 이로움을 주는지만 알려 줄 뿐이다"라고 말한다. 달리 말해 대상지각을 통해 대상의 속성으로서 알려지는 모든 것들은 실은 인간의 신체와 마음 사이에 맺어진 연합에서 일어나는 변화에 대한 정보일 뿐이라는 것이다. 바로 그 때문에 데카르트는 "물체의 본질은 무게, 딱딱함, 색 또는 이와 유사한 속성들이 아니라 오직 연장에만 있다"고 지적한다. 메를로퐁티는 지각 체험을 통해 알려지는 속성들이 현존재의 존재를 표현하는지 세계의 존재를 표현하는지 결정하기 힘든 애매함이 있음을 근거로 데카르트의 이원론적 사고를 비판하지만 데카르트는 바로 그 애매함 때문에 오직 연장만을 사물적 대상의 본질로 이해하고, 이를 근거로 이원론적 입장을 표방하게 된 것이다.[10]

연장이란 무엇인가? 그것은 데카르트가 생각하는 것처럼 존재의 실체적 속성으로서 긍정될 수 있는 것인가? 데카르트에 의해 제기된 이러한 물음들은 사실, 현상으로서의 공간을 우리 자신의 존재를 매개로 하지 않는 어떤 실재로서의 존재와 혼동함으로써 제기된 문제들일 뿐이다. 연장이란 정량화 가능성의 현시이고, 정량화란 곧 공간의 수치화이며, 그런 한 연장 자체가 이미 하나의 현상일 뿐이다. 연장이란 존재를 정량화하고 수치화할 수 있는 존재자에게만 나타날 수 있다는 뜻이다.

---

10   R. Descartes, *Principia philosophiae*, Paris 1905, II-3/4.

연장을 둘러싼 데카르트의 물음들은 철학적으로 전혀 철저하지 않다. 공간의 실재성을 긍정하거나 부정할 때 우리가 직면하게 되는 거짓 역설로부터 데카르트 역시 조금도 자유롭지 않다는 뜻이다. 그러나 지각 체험을 통해 알려지는 속성들은 물체의 본질을 밝히는 데 아무 도움도 되지 않는다는 것을 분명히 함으로써 사물의 실체적 진실을 밝힐 유일무이한 가능성은 바로 연장 혹은 공간을 통한 정량화에 있음을 드러냈다는 점에서 보면 데카르트의 철학은 새롭고 탁월하다.

존재론적으로 풀어 보자면 데카르트의 물음은 존재의 정량화 가능성에 대한 물음과 정량화된 존재의 실체성 물음으로 나뉘어 고찰될 수 있다. 존재의 정량화 가능성에 대한 증거는 바로 현존재, 즉 우리 자신의 존재이다. 우리 자신이 공간 안의 존재자로서 존재하며 공간을 언제나 이미 존재의 정량화 가능성의 현시로서 받아들이고 있는 것이다. 정량화된 존재의 실체성 물음은 현존재의 경험으로부터 주어지는 해명과 선험적 해명으로 나뉠 수 있다. 주의할 점은 이러한 분리는 오직 논리적으로나 가능할 뿐이라는 것이다. 경험으로부터 주어지는 해명과 선험적 해명은 우리에게 언제나 함께 주어진다.

사물의 색이나 열기, 무게 등은, 그것을 직접적인 감각적 소여의 관점에서 보면, 감각하는 자마다 다르게 경험할 수 있는 주관적이고 상대적인 것에 불과하다. 하지만 색을 빛의 파장의 길이로 환산하고, 열기는 열에너지의 양으로, 무게는 중력의 양으로 환산하는 경우 그 수치화된 결과는 결코 상대적이지 않다. 공간 혹은 공간적 거리 역시 직접적인 감각적 소여의 관점에서 보면 감각하는 자마다 다르게 경험할 수 있다. 똑같은 거리를 누구는 멀게 느끼고 누구는 가깝게 느낄 수 있는 것이다. 그러나 누구는 멀게 느끼고 누구는 가깝게 느끼는 거리의 똑같음을 측량을 통해 증명하는 경우, 멀게 느끼는 자나 가깝게 느끼는 자나 각자의 느낌의 상이함에도 불구하고 측량된 거리가 누구에게나 동일한 크기를 지니고 있음을 부정하지 않을 것이다. 아니 조금이라도 지력이 있는 자에게 이러한 증명 따위는 사실 필요 없다. 그는 누군가가 자신이 보는 것과 똑같은 거리의 멂과 가까움을 자신과 달리 느끼는 경우, 그것은 오직 느낌상의 차이일 뿐이고 거리 자체는 사람의 느낌에 따라 달라지는 것이 아니라는 것을 이미 알고 있는 것이다.

데카르트가 주목한 것은 바로 이것이다. 존재의 정량화는, 그것이 언제나 이미 정량화될 존재자들 및 그 관계를 전제로 한다는 점에서, 반드시 경험을 전제로 하기 마련이다. 즉 무엇인가 정량화된 것의 실재성이 물음에 걸려 있는 경우, 정량화된 수치가 ① 정량화된 것 자체를, 예컨대 이런저런 거리들을, 실재하는 존재로서 드러낸다는 것과 ② 누구에게나 동일하다는 것이 누구에게나 자명한 진실로서 경험된다는 것이 해명의 시발점이 된다는 것이다. 하지만 수와 양의 개념, 동일성과 차이의 개념, 자명성과 진실의 개념 등은, 비록 그러한 개념들에 관한 이해가 경험을 전제로 한다고는 해도, 결코 백지 상태의 정신에 경험이 후천적으로 부여하는 것처럼 여겨질 수 없다. 공간의 경험은 모든 동물들이 하지만 오직 현존재만이 이러한 개념들을 통해 공간을 엄밀한 방식으로 수치화할 가능성을 지니고 있는 것이다.

그렇다면 연장 혹은 존재의 정량화 가능성의 현시로서의 공간은 존재의 실재성과 현실성을 드러낸다고 볼 수 있는 것이 아닐까? 물론 엄밀한 의미에서 존재의 정량화 가능성의 현시로서의 공간은 오직 현존재에게만 존재한다고 말할 수 있다. 정량화가 수에 대한 이해를 전제하고, 오직 현존재만이 수를 이해한다고 전제하는 경우 그러하다. 하지만 동물조차도 먼 거리는 쉬어 가고 가까운 거리는 단번에 가 버리는 법이다. 비록 현존재처럼 수치화하며 정량화하는 것은 아니라 하더라도 동물들조차 공간이 그 자체로서 멀거나 가까움을 인지하고 있음을 부정하기는 어렵다는 뜻이다. 그런 점에서 존재의 정량화 가능성의 현시로서의 공간은, 공간을 경험하고 인식하는 존재자의 외연을 현존재와 그 밖의 다른 동물들까지 포함하게끔 넓히는 경우라도, 주관적이거나 상대적이지 않고 현실적으로 존재하는 것이며, 그런 한 공간을 매개로 정량화된 존재자의 실재성을 드러내는 것이라고 볼 수도 있을 것이다.

그러나 이러한 생각조차도 실은 전혀 자명하지 않다. 혹성 솔라리스의 생각하는 바다에 의해 이루어지는 기억의 물질화가 그 한 사례이다. 물질화된 것이 기억이라면 공간은 아무 공간적 크기도 지니고 있지 않은 기억에 속해 있었던 셈이다. 그렇다면 공간은, 공간을 매개로 삼아 정량화된 모든 존재자들은 공간적 크기를 지니기 마련이라는 점에서, 이미 그 자체로 자기 안의 모든 존재자들을 공간적 크기가 없는 곳에서 공간적 크기를 지니는 것으로서 존재하게 할 가능성의 표현에 불과할 수 있다.

물론 『솔라리스』는 허구의 이야기이다. 하지만 그것이 논증의 타당성을 손상하지는 않는다. 『솔라리스』는 우리에게 공간적이고 물질적으로 경험되는 것이 실은 완전히 비-공간적이고 비-물질적일 수 있음을 암시하는 하나의 사례에 불과하기 때문이다.

우리가 살고 있는 곳이 컴퓨터 안의 게임 세상이라고 상상해 보라. 모니터가 켜져 있는 동안 게임 세상에서 살고 있는 우리와 모니터로 게임 세상을 들여다보는 어떤 초월자는 모두 게임 세상을 공간적인 세상으로서 경험한다. 하지만 모니터에 이상이 생겨 화면이 검게 변하는 경우 사정은 달라진다. 게임은 계속 진행 중이다. 컴퓨터가 켜져 있는 한 모니터가 고장 났다고 해서 즉시 게임이 멈추진 않는 것이다. 게임 세상 안의 우리에게 세상은 여전히 공간적이다. 하지만 모니터를 들여다보던 초월자에게 게임 세상의 공간은 이미 완전히 사라져 버렸다. 그에게는 게임 세상에서 벌어지는 모든 일들이 실은 디스크에 저장된 크기 없는 정보들의 배열상의 변화를 표현할 뿐임이 분명해진 것이다.

4. 공간 이해의 근거로서의 존재와 수의 상호 치환

지금까지의 논의는 공간을 존재의 정량화 가능성의 현시로서 이해하는 것이 부조리한 일임을 증명하는가? 혹은 그것은 공간에 대한 이해를 근거로 이루어지는 존재의 정량화 역시 공간의 현실성 내지 실재성의 드러남을 의미하지 못한다는 것을 증명하는가? 이러한 물음들은 그 자체로 이미 왜곡되어 있다. 그것들은 우리가 경험하는 현상으로서의 공간이 경험과 무관한 실재적인 것으로서 판단될 수 있는지 묻는다. 그것들은 한 감각으로서의 뜨거움이 감각하는 존재자 없이 존재할 수 있는지 묻는 것과 조금도 다를 바 없는 우문들일 뿐이다.

데카르트의 연장 개념에 비판할 여지가 있다면 그것은 그가 감각을 통해 알려진 물질적 실체성을 존재의 정량화 가능성의 근거이자 그 귀결로서 오인했다는 점에서 찾을 수 있다. 정확히 말해 아리스토텔레스처럼 '자연은 진공을 싫어한다'고 주장하거나 반대로 뉴턴처럼 절대공간의 개념을 주장하는 것은 우리에게 공간과 물질적 실체로서 알려지는 것이 실은 비-공간적, 비-물질적일 수 있으며, 그러한 가능성은 결코 논

증을 통해 배제될 성질의 것이 아니라는 철학적 진실에 충분히 눈뜨지 못했음을 드러낼 뿐이다.[11]

그럼에도 데카르트의 연장 개념에는 그 누구도 부정할 수 없는 존재의 진실이 하나 담겨 있다. 그것은 현상 그 자체의 실재성 문제로부터 벗어나 현상이 지시하는 존재의 양상을 지적으로 개념화해서 그 결과를 의심 불가능한 존재 자체의 드러남으로 제시하는 것은 가능하다는 것이다. 공간은 실제로 비-공간적일 수 있다. 지금 내 주위 사방으로 뻗어나간 물리적 거리들은 혹성 솔라리스의 생각하는 바다가 스캔한 기억의 이미지에 불과할 수도 있고 컴퓨터 저장 장치에 담긴 정보들의 배열에 불과할 수도 있다. 그러나 어떤 경우든 공간은 오직 수치화될 수 있는 것으로서만 공간일 수 있다. 비-공간적인 기억의 이미지나 정보들의 배열이 현상적으로 경험되는 공간의 참임을 받아들인다 하더라도 공간의

---

11 데카르트의 공간 이해에 대한 이러한 비판은 데카르트가 인식의 선험초월성에 관한 철학적 성찰을 수행하지 못했음을 지적하는 칸트 및 하이데거의 관점에 상응한다. 데카르트의 한계에 관한 칸트와 하이데거의 비판에 관해서는 다음 참조: F. Raffoul, Heidegger and Kant. The Question of Idealism, in: *Philosophy Today*, Winter 1996, 533쪽 이하. 하지만 이 글의 논의가 하이데거와 칸트의 데카르트 비판을 그대로 답습하는 것은 아니다. 필자는 데카르트가 왜 연장 개념에서 존재의 실체적 진실을 파헤칠 가능성을 발견했는지 하이데거와 칸트가 충분히 엄밀하게 살펴보지 않았다고 본다. 예컨대 공간을 존재의 정량화 가능성의 현시로서 이해함은 단순히 손-안에-있음의 파생 양태에 불과한 눈앞에-있음의 관점에서 공간을 이해함과 같은 것으로 오인되어서는 안 된다는 것이 이 글의 기본적인 출발점이다. 존재의 정량화 가능성은 근원적 감각에 의해 열리는 초월적 수의 이해로부터 비롯되는 것이며, 그런 한에서 이미 존재의 열림이라는 근원적 존재사건에 잇닿아 있다. 데카르트의 철학에 대한 비판은 존재의 정량화 가능성과 근원적 감각에 의해 열리는 초월적 수의 관계에 대한 존재론적 분석을 통해서만 비로소 온전해질 수 있는 것이다. 이어지는 이 글의 논의들은 한편으로는 데카르트 철학의 의의를 그에 대한 비판에 맞서 정당화하면서 동시에 이를 통해 데카르트 철학의 한계를 존재론적으로 보다 철저하게 드러내고 극복하는 방식으로 전개될 것이다. 물론 여기에는 존재의 정량화 가능성과 근원적 감각에 의해 열리는 초월적 수의 관계에 관한 논의 역시 포함된다.

수치화를 가능하게 하는 그 어떤 질서, 적은 수는 작은 공간을, 많은 수는 큰 공간을 지시하도록 하는 그 어떤 불변의 질서가 있음은 부정될 수 없다. 이러한 인식은 현상 그 자체의 실재성 문제와 무관하게 존재 자체의 진실을 추구하게 할 새로운 가능성을 제시한다.

그런데 공간을 존재의 정량화 가능성의 현시로서 이해하게 하는 수란 대체 무엇인가? 그것은 순수하게 지적인 것인가?

이러한 문제를 해명하는 데 있어서 존재론적으로 먼저 분명해져야 하는 점은 하이데거가 『존재와 시간』에서 언급한 "친숙함", "거리-없앰", "방향-잡음" 등은 공간에 대한 존재론적 해명에서 가장 근원적이고 기초적인 것으로서의 의미를 지닐 수 없다는 점이다.[12] 그 이유는 간단하다. 앞에서 언급한 것처럼 하이데거는 공간을 순수 직관으로 규정하는 칸트의 관점을 공간에 대한 근원적 이해를 가능하게 하는 존재론적 관점으로서 이해하고 수용한다. 그런데 '친숙함', '거리-없앰', '방향-잡음' 등의 표현에는 이미 존재자 이해가, 그것도 ―친숙함이 어떤 반복 체험을 통해 그 무엇인가 친숙해짐을 전제로 하는 한― 지난 시간과 공간 속에서 획득된 것으로서, 전제되어 있다. 현존재에게 친숙한 것은 이런저런 존재자들의 세계이며, 현존재는 존재자와의 거리를 없애고, 존재자를 향해 혹은 존재자와의 관계 속에서 드러나는 가능성과 미래를 향해 방향을 잡는다. 존재자 이해를 전제한다는 점에서 그러한 공간 이해는 근원적일 수 없다. 칸트식으로 표현하면 그것은 이미 오성의 작용의 산물이며, 하이데거식으로 표현하면 언제나 이미 한 세계-안에-있는 현

---

12 SZ, 104쪽 이하.

존재가 손-안에-있음의 관점에서 수행하는 공간에 대한 존재자적 이해의 표현일 뿐이다.

공간을 존재의 정량화 가능성의 현시로서 이해함이 올바른 한, 그리고 순수직관이 순수사유보다 더 근원적이며 "모든 사유는 오로지 직관에 봉사하는 역할만을 맡는다"[13]는 하이데거의 칸트 해석이 타당함을 전제로 하는 경우, 수는 결코 순수하게 선험적이거나 직관 및 감각보다 더 근원적일 수 없다. 수는 개념적인 것이고, 개념적인 모든 것은 직관에 추후로 뒤따르는 것으로서 직관에 봉사하는 사유의 작용을 전제로 하기 때문이다. 하지만 수는 단순히 후험적인 것으로서 판단될 수도 없다. 존재자적인 방식으로 시간과 공간을 경험하고 존재자들의 세계를 바라봄은 이미 수에 대한 이해를 전제로 한다. 심지어 수에 대한 이해는 수에 대한 명확한 관념이 형성되지 않은 경우에도 대상지각과 경험에 선행하거나 최소한 늘 병렬적으로 일어나는 것이라고 볼 수 있다. 동물들조차 침입자의 수가 많으면 그렇지 않은 경우보다 더욱 더 경계하고 조심하는 것이다.

이러한 논증으로부터 필연적으로 따라 나오는 결론은 오직 하나뿐이다. 그것은 수란, 그 알려짐의 시초에는 근원적 감각을 통해 우리에게서 일깨워지는 것이며, '공간을 순수직관함'과 '존재를 수의 관점에서 파악함'은 동근원적으로 일어나는 일이라는 결론이다. 아니 엄밀히 말해 수의 이해가 공간의 직관보다 더욱 근원적이다. 감각에 의한 의식의 일깨움은, 의식의 존재가 이미 감각의 개별성 및 일회성에 대한 인식과 자기

---

13 KPM, 22쪽.

의 개별성에 대한 인식을 전제로 하는 한, 그 자체 우리에게서 수가 생겨남을 의미한다. 즉 수의 이해는 감각의 평면에서 일어나는 일이며, 근원적 감각에 의해 일깨워진 의식의 자리로서의 감각의 평면에 대한 최초의 지적 파악이고, 공간이란, 적어도 그것이 삼차원적인 것으로서 이해되는 한에서는, 이미 지적으로 수치화된 거리의 이해를 전제로 한다는 것이다. 엄밀한 존재론의 관점에서 보면 공간을 순수직관함은 원래 감각의 평면을 감각함을 의미할 수밖에 없다. 감각의 평면 위에서 감각되는 것은 물론 감각을 통해 알려지는 존재 자체이다. 근원적 감각은 존재 자체를 나눌 수 없는 감각의 평면 위에서 마치 힘의 주름[14] 같은 것으로서 개별화한다. 근원적 감각은 대상지각의 전제이지만 단순한 대상지각 혹은 대상에 의해 일어나는 경험론적 의미의 감각 같은 것으로 환원될 수 없는 것이다.

비유적으로 표현하자면 그것은 현존재의 영혼을 영원한 잠에서 깨우는 최초의 자극과도 같다. 잠에서 깨우는 것인 한 감각은 잠자던 자의 존재로 환원될 수 없는 초월적 존재에의 지시이다. 아직 어떤 구체적 존재자도 알려지지 않은 그 최초의 순간, 감각은 자기로서의 존재와 초월자로서의 존재를 각각 나누며, 나눔의 근거인 하나를 알려 오고, 나뉜 것으로서 둘을 알려 오며, 나뉜 것의 아우름으로써 존재의 전체성의 드

---

14 여기서 '힘의 주름'이라는 표현은 들뢰즈의 철학에서 차용된 것처럼 여겨지기 쉽다. 하지만 존재를 힘의 장으로, 존재자를 개별 실체가 아니라 힘의 장에 형성된 주름과도 같은 것으로 규정한 철학자는 바로 하이데거이다. 이 점에 관해서는 다음 참조: M. Heidegger, *Holzwege*, Frankfurt a. M. 1994, 284쪽 이하; 한상연, 「현상학과 순연한 차이의 철학 — 질 들뢰즈에 대한 현상학적 성찰」, 『존재론연구』 제36집 (2014년 겨울호), 67쪽 이하; 강학순, 『존재와 공간. 하이데거 존재의 토폴로지와 사상의 흐름』, 한길사, 2011, 103쪽 이하.

러남인 또 다른 하나를 알려 온다. 이러한 의미의 수는 그 자체로서는 어떤 수량화 내지 수치화될 수 있는 감각의 강도 등과는 아무 상관도 없다. 근원적 감각에 의해 일깨워지는 하나와 둘은 어떤 추론에 의해 수치화되고 양화되는 것이 아니라 감각에 의해 일깨워짐 그 자체로부터 일어나는 초월로서의 존재에 대한 자각 외에 다른 아무것도 지시하지 않는다. 이러한 결론은 근원적 감각과 의식의 관계에 대한 존재론적 성찰로부터 필연적으로 따라 나오는 명증한 결론일 뿐 이해의 한계 밖에 있는 것을 지시하는 어떤 심오함과도 무관하다.

근원적 감각에 의해 현존재에게 일깨워지는 초월로서의 존재는 아직 어떤 공간도 드러내지 않는다. 감각이란 초월로서의 존재와 자기의 존재 사이의 접점에서 일어나는 일이며, 여기서 '사이'란 감각의 평면을 뜻할 뿐 아직 공간이나 거리의 의미는 함축하지 않는 것이다. 정확히 말해 공간이란 감각의 강도와 무관하게 알려진 근원적 수가 감각의 강도의 차이에 대한 자각과 결합함으로써 비로소 알려진다. 감각의 강도가 약한 것은 먼 것으로서, 강한 것은 가까운 것으로서 오인된다. 공간이란 원래 감각의 평면에서 일어나는 이런저런 감각의 강도의 차이가 존재자들 사이의 거리의 차이로 전환됨으로써 나타나는 것이다.

공간을 향해 혹은 공간 속에서 자신을 움직임은 공간이 이미 존재의 정량화 가능성의 현시로서 이해되고 있음을 전제로 한다. 처음 감각으로 인해 영원한 잠에서 깨어나긴 하였으나 아직 그 어떤 존재자와도 친숙함의 관계를 맺지 못한 현존재는 감각의 강도가 강한 것에는 즉각적으로 반응하고 감각의 강도가 약한 것에는 서서히 반응하면서 자신에게 강도가 강한 감각을 일깨우는 것은 이미 임박한 것으로서, 강도가 약한 감각을 일깨우는 것은 아직 멀리 있거나 멀어져 가는 것으로서 인지

한다. 물론 어떤 의미에서 그는 여전히 꿈속을 헤매고 있을 뿐이다. 심지어 이런저런 존재자와 친숙함의 관계를 맺고 그럼으로써 존재의 정량화 가능성의 현시로서의 공간뿐 아니라 객관적 수치로 환원될 수 없는 심리적 멀고 가까움의 의미가 모두 알려지고 난 뒤에도 그는 여전히 잠들어 있을 뿐이다. 공간이란 원래, 그것을 어떤 의미로 해석하든 상관없이, 비-공간적 이미지 내지 비-공간적 정보들의 배열일 가능성으로부터 조금도 자유로울 수 없는 것이기 때문이다.

다만 한 가지 분명한 것은 존재의 정량화 가능성의 현시로서 공간이 드러내는 존재와 수의 상호 치환은, 그것이 공간 및 공간적 대상들의 실체화와 도무지 아무런 상관도 없는 것으로서 파악되는 한에 있어서는, 존재 자체의 드러남으로서 판단될 수 있다는 사실이다. 물론 존재 자체의 드러남은 동시에 존재 자체가 감추어짐을 뜻할 뿐이다. 드러난 것은 현상이요, 현상이란 오직 스스로 드러나며 동시에 드러난 것의 이면으로 자신을 감추는 존재의 역동성의 표현인 것이다. 다만 존재의 정량화 가능성의 현시로서 공간이 드러내는 존재와 수의 상호 치환은 개별 현존재의 고유함 및 기질 등과는 무관하다는 점은 지적되어야 한다. 그것은 자신의 존재를 공간 안의 존재로서 파악하는 모든 현존재에게 필연적으로 일깨워지는 존재이해의 가능성인 것이다.

5. 닫는 글을 대신하여: 비극적 유희로서의 존재와 공간

A. 타르코프스키의 『솔라리스』는 S. 렘의 원작과 달리 우수로 가득 차 있다. 그 우수는 혹성 솔라리스의 생각하는 바다에 의해 물질화된 기억

이 우리로 하여금 존재함을 일종의 비극적 유희로서 인지하게 하기 때문에 일어나는 감정이다.

주인공 캘빈은 자살한 아내 하리가 눈앞에 나타나자 회한에 사로잡히지만 이내 그녀를 제거하기로 마음먹는다. 그녀는 하리가 아니다. 그보다 더 분명한 사실이 또 어디 있겠는가? 그녀는 이미 죽은 것이다. 하지만 캘빈이 하리를 제거하자 솔라리스의 생각하는 바다는 다시 캘빈의 기억을 물질화해 하리를 만들어낸다. 캘빈은 또다시 그녀를 제거할 생각은 품지 못한다. 표현은 하지 않지만 캘빈에게 절박하게 매달리는 하리의 모습은 캘빈에 의해 제거된 기억을 지니고 있음을 암시한다. 그녀는 자신의 죽음을 기억할까? 물론 그것은 알 수 없다. 물질화된 것은 캘빈의 기억이고, 캘빈은 생각하는 바다가 만든 하리를 우주선에 태워 우주 공간으로 날려 보냈을 뿐 그녀의 죽음을 목격하지 않았다. 하지만 생각하는 바다가 캘빈의 기억과 그녀의 기억을 혼합하지 않았으리라는 보장은 없다. 지금 캘빈의 품에 안긴 하리는 그 자신의 무관심과 메마름으로 인해 자살로 내몰린 하리와 그가 직접 살해한 하리의 종합이다. 생각하는 바다가 있는 한 캘빈은 사랑을 저버린 그 자신의 죄악으로부터 벗어날 길이 없다. 아니 생각하는 바다에 의해 물질화된 기억은 사랑을 저버린 자는 누구도 자신의 죄악으로부터 벗어날 수 없음을 알리는 선언에 불과할 뿐이다. 죽음조차 온전한 돌파구로 판단될 수 없다. 죽은 자가 되살아나는 마당에 자신의 죽음이 항구적이고 최종적인 자기의 소멸을 뜻하리라 기대할 수는 없는 것이다.[15]

물질화되는 것인 한 기억은 물질화를 가능하게 할 엄밀한 정보의 집적이고, 공간 역시 오직 존재의 정량화 가능성의 현시로서 인지될 뿐이다. 하지만 대체 무엇을 위한 엄밀함인가? 존재의 정량화를 가능하게 하는 수란 실존적으로 대체 무엇을 의미하는가?

감각이 근원적인 한 우리의 사유와 이해는 오직 감각에 봉사할 뿐이다. 물론 감각은 현존재에게 현존재 자신의 감각함을 일깨우고, 감각되는 그 어떤 존재자를 일깨우며, 감각에 의해 나뉘고 또 하나가 되는 초월로서의 존재의 의미를 일깨운다. 정량화하고 수치화하는 수란 오직 감각에 의해 일깨워진 초월로서의 존재를 그때마다 일어나는 감각의 강도에 따라 자신으로부터 멀거나 가까운 것으로 배열함을 뜻할 뿐이다. 죽은 아내는, 설령 그녀가 솔라리스의 생각하는 바다에 의해 한 구체적 존재자로서 되살아났다 해도, 자신으로부터 얼마나 멀리 있을 것인가? 감각하는 자에게 죽음은 감각되던 한 존재가 감각의 지평 너머로 사라짐을 뜻하고, 감각의 지평 너머로 사라진 모든 것은 감각하는 자로부터 오직 무한히 멀리 있을 뿐이다. 그러나 물질화된 것으로서, 따뜻한 살과 몸을 지닌 한 구체적 존재자로서, 육화된 기억으로서, 아내는 이미 내 곁에 있다. 아니 육화된 기억으로서의 아내와 나 자신의 존재를 가르는 사이-공간이나 거리 따윈 원래 존재하지 않는다. 그녀는 나의 가장 깊은 곳으로부터 나온 존재자이다. 그녀는 나의 가장 지극한 사랑과 슬픔과 두려움과 불안과 경악의 표상으로서 물질화된 존재자이며, 뿌리칠 수 없는 회한과 저주의 증표이고, 항구적인 음울과 우수의 물감으로 그

---

15 타르코프스키에 따르면 그의 작품 『솔라리스』에서 "하리와 캘빈 사이에 맺어진 관계의 이야기는 사람이 그 자신의 양심 사이에 맺어진 관계의 이야기이다. 그것은 영혼을 위한 사람의 마음 씀에 관한 것으로서, 특히 사람이 그렇게 할 어떤 가능성도 지니고 있지 않을 때, 기술을 연구하고 발전시키는 데만 지속적으로 끌려 들어갈 때에 관한 것이다"(A. Tarkovsky, *Time within Time. The Diaries 1970-1986*, London/Boston 1994, 363쪽). 타르코프스키의 진술은 『솔라리스』가 기술적 실천과 양심의 부름 사이에서 갈등하는 현존재의 실존 양상을 그려내고 있음을 알려 준다.

려낸 실낙원의 아름다움이다. 그 무한의 진동, 지극히 멀고 지극히 가까우며, 지극히 아름다운가 하면 지극히 추하고, 지극히 먼 기쁨, 지극히 가까운 슬픔, 차마 드러낼 수 없는 정신의 혼란과 무질서 속에서 가지런히 무한대의 수열로 배열되는 감각의 운동은 오직 더할 나위 없이 명증한 존재의 진리를 하나 드러낼 뿐이다. 그것은 수란 오직 수량화될 수 없는 존재의 고유함을 지시하는 한에서만 현존재의 구체적 존재이해의 가능성으로서 작용할 수 있다는 것이다. 솔라리스의 생각하는 바다가 물질화한 아내의 기억은, 비록 그것이 물질화 및 공간적 정량화를 가능하게 할 기억의 엄밀함을 전제로 한다 해도, 오직 스스로 감각하는 것으로서만, 미지의 시간으로 인해 불안해하는 것으로서만, 사랑의 상실을 견디기 힘든 저주로 이해하는 것으로서만 나에게 현실적일 수 있다. 감각하는 존재자의 존재 자체는, 비록 그것이 한 육체나 사물로서 정량화되고 수치화된다 하더라도, 정량화되거나 수치화될 수 없는 어떤 근원적 존재의미를 일깨우며 알려진다. 정량화 및 수치화는 오직 감각하는 존재자의 존재를 전제로 해서만 일어날 수 있는 현상의 한 계기에 불과하기 때문이다.

그러므로 현존재에게서 일어나는 존재와 수의 상호 치환은 결코 존재를 어떤 수학적 비례관계 같은 것 안으로 무화시킴을 의미할 수 없다. 존재 자체의 드러남으로서 수가 지시하는 것은 실은 현존재의 실존 자체이다. 실존함으로써 현존재는 공간이 정량화 가능성의 현시로서 일어나게 할 존재론적 근거가 되고, 수의 이해의 존재론적 근거인 감각의 자리가 되며, 그런 한 스스로 수로 환원될 수 없는 존재 자체의 고유함의 증거가 된다. 물론 그렇다고 해서 존재와 수의 상호 치환이, 존재 자체의 드러남으로서의 의미를 지닌다는 존재론적 진실이 흔들리는 것

은 아니다. 실은 수로 환원될 수 없는 존재 자체의 고유함이란 그 자체
—존재와 수의 상호 치환을 통해 감추어지면서 동시에 드러나는— 존재
와 현상 간의 역동적 관계 속에서 알려지는 것이기 때문이다.

존재함이 비극적 유희일 수 있는 것은 수의 배열 속으로 사라질 수 없
는 실존의 의미가 현존재가 떠맡아야 할 짐으로서 현존재에게 내맡겨
져 있기 때문이다. 이해하고 헤아리는 존재자로서 현존재는 이미 감각
의 무한한 변용 가능성 안에 던져져 있다. 비극적 유희로서의 존재함 역
시 감각의 그 무한한 변용 가능성의 하나를 표현할 뿐이다. 실존을 떠맡
는 자에게 비극이란 언제나 이미 그 자체로 새로운 기쁨과 희망의 가능
성을 고지하는 법이기 때문이다.

누가 알겠는가? 캘빈처럼 사랑을 저버린 자에게 기쁨과 희망은 아마
상상할 수조차 없는 먼 곳으로 이미 달아나 버렸을 것이다. 그러나 그
멂은 언젠가 임박했던 기쁨과 희망의 기억으로 인해 생겨나는 마음의
거리일 뿐이다. 멂으로서 감각되는 한 기쁨과 희망은 아직 무한 너머로
사라져 버린 것일 수 없다. 임박했던 기쁨과 희망의 기억이 있는 한 정
량화되거나 수치화될 수 없는 존재의 참된 고유함과 아름다움은 여전히
누구에게나 오직 하나뿐인 감각의 지평 위에 머물고 있다.[16]

그는 존재의 참된 고유함과 자기 사이에 얼마나 먼 거리가 놓여 있는
지 헤아려야만 하며 또 그렇게 하기를 멈출 수 없다. 그에게 존재와 수

---

16 타르코프스키는 『솔라리스』의 생각하는 바다 위 우주정거장에 거주하는 자들이 해결해
    야 할 유일한 문제는 "어떻게 인간으로 남을 것인가"의 문제라고 밝힌다. 필자는 존재의 참
    된 고유함과 아름다움의 환원 불가능성에 대한 존재론적 언명들이 타르코프스키가 『솔라
    리스』에서 던진 기술과학적 시대의 인간성의 문제에 대한 해명의 단초가 되리라 믿는다[J.
    Gianvito (edit.), *A. Tarkovsky Interviews*, University Press of Mississippi 2006, 42쪽].

의 상호 치환이란, 존재의 고유함과 아름다움을 간직하려는 마음 씀에 소홀했기에 생겨나는 실존의 의무를 뜻할 뿐이다. 오직 헤아리는 자만이 거리를 좁힐 수 있다. 그러나 이미 거리를 좁힌 자는 더 이상 헤아리지 않을 것이다.

참고문헌

강영안, 『칸트의 형이상학과 표상적 사유』, 서강대학교출판부, 2009.

강학순, 『존재와 공간. 하이데거 존재의 토폴로지와 사상의 흐름』, 한길사, 2011.

한상연, 「현상학과 순연한 차이의 철학 ―질 들뢰즈에 대한 현상학적 성찰―」, 『존재론
　　연구』 제36집 (2014년 겨울호). 55-83.

Descartes, R., *Principia philosophiae*, Paris 1905.

Gianvito, J. (edit.), *A. Tarkovsky Interviews*, University Press of Mississippi 2006.

Heidegger, M., *Sein und Zeit*, Tübingen 1993.

_____, *Kant und das Problem der Metaphysik*, Frankfurt a. M. 1991.

_____, *Holzwege*, Frankfurt a. M. 1994.

Husserl, E., *Ideen zu einer reinen Phänomenologie und phänomenologischen Philosophie
　　II (Husserliana IV)*, Den Haag 1952.

_____, *Die Krisis der europäischen Wissenschaften und die transzendentale
　　Phänomenologie (Husserliana VI)*, Den Haag 1976.

Merleau-Ponty, M., *Phénoménologie de la perception*, Paris 1945.

Raffoul, F., Heidegger and Kant. The Question of Idealism, in: *Philosophy Today*,
　　Winter 1996. 531-547.

Tarkovsky, A., *Time within Time. The Diaries 1970-1986*, London/Boston 1994.

_____, *Sculpting in Time: Tarkovsky The Great Russian Filmmaker Discusses
　　His Art*, University of Texas Print 2003.

시간과 감각:

제임스 조이스의 『젊은 예술가의 초상』을
예시로 삼아 전개된 시간의 존재론

검은 돌

한상연

바라는 건 그저 꿈 같은 거나 꾸며

거리를 걷는 것뿐이다.

물론 가끔은 갇혀 있을 때도 있다. 불붙은

검은 돌이 내려와

세상은 밤으로 뒤덮인

두 그루의 나무와

다섯 쌍의 비둘기와

물고기 없는 연못이 된다.

비둘기 대신 토끼라도 상관은 없다.

어차피 그들은 날지 못할 것이므로.

나는 나무를 베어 오두막을 만든 다음

비둘기를 죽여 피비린내로

불가시의 막막함을 깨뜨리고

연못으로 들어가 물고기가 된다.

그럼 밤은 다시 불붙은

검은 돌이 되어 연못 속에 잠기고 물은 끓어

나는 고통 속에 죽어가다가

문득 황급히 커피를 마시고 있는 자신을 발견한다.

물론 커피는 몹시 뜨겁고, 그 때문에 나는

돌, 나무, 비둘기가 모두 내

몽상 속의 존재들이라고 생각한다.

난 깨어난 건가?

물론.

그런데도 내 곁엔 여전히

돌, 나무, 비둘기가 놓여 있다.

불붙은 돌이 내 마음 속에 고통을 일깨우면

난 다시 나무를 벨 것이고 비둘기를 가를 것이다.

베고 가르며

정신은 언제나 깨어 있다.

1. 여는 글

이 글은 시간과 감각의 관계에 관한 존재론적 성찰의 기록이며, 다음과 같은 세 개의 전제에서 출발한다.

첫째, 시간에 대한 존재론적 해명은 오직 시간과 감각의 관계에 대한 존재론적 성찰을 통해서만 올바로 수행될 수 있으며, 바로 여기에 하이데거가 시간을 탈자성의 관점에서 조망하려 시도한 이유가 있다.

둘째, 하이데거로 하여금 시간의 시간화가 오직 감각을 통해 일어나는 탈자성의 형식 속에서만 가능할 수 있다는 사실에 주목하게 한 철학자는 칸트이다. 이것은 하이데거가 칸트의 선험초월론적 도식론에서 시간을 존재론적으로 해명하게 할 방법론의 표본을 발견했다는 것을 뜻한다. 하이데거가 『존재와 시간』 서론에서 "존재 시간성의 차원을 향한 탐구의 길을 가 본, 그리고 현상 자체가 내모는 대로 그리로 떠밀려 간, 최초이자 유일한 철학자는 칸트이다"[01]라고 주장하는 이유가 바로 여기에 있다. 또한 이것은 존재 및 시간에 대한 하이데거의 분석이 현존재의 존재의 구조 형식에 대한 현상학적 기술을 중심으로 전개되도록 한 결정적인 이유이기도 하다.

---

01 SZ, 23쪽.

셋째, 칸트의 선험초월론적 도식론과 현존재의 존재의 구조 형식에 대한 하이데거의 현상학적 기술은 모두 현존재의 존재에 대한 외부 관찰자의 관점에서 시도된 것이다. 칸트와 하이데거의 철학은 감각하고 그에 대해 반응하는 구체적 현존재의 관점에서 시간의 문제를 고찰하기보다 시간 이해의 가능조건과 그 구조 형식에 대한 철학적 성찰을 통해 현존함과 시간, 존재 사이의 관계를 도식화함으로써 해명하려는 목적으로 전개되었다는 뜻이다. 물론 이러한 시도는, 적어도 철학을 포함한 모든 학문적 논의들이 논의의 대상에 대한 섬세하고도 주도면밀한 관찰을 전제로 하는 경우에만 타당할 수 있다는 점에 이의를 달지 않는 한, 존재론의 확립을 위해 반드시 필요한 일이며, 실제로 칸트와 하이데거는 모두 이러한 시도를 통해 그들 이전의 철학에서는 가능하지 않았던 새로운 철학의 지평을 열 수 있었다. 하지만 도식 및 구조 형식에 대한 이해의 단초가 감각인 한, 그것은 오직 다양한 감각이 자아내는 현존재의 다기한 감각 수용의 방식 및 그에 대한 반작용의 방식에 대한 세분화된 분석과 이해와 결합되는 한에서만 온전할 수 있다. 이러한 작업은 칸트와 하이데거의 철학에서 거의 발견되지 않으며, 이는 시간 및 존재에 대한 하이데거의 존재론적 해명이 여전히 불완전한 채 남아 있음을 뜻한다.

이 글의 주된 목적 중 하나는 제임스 조이스의 『젊은 예술가의 초상』을 예시로 삼아 시간과 현존재의 감각 수용의 방식 및 그에 대한 반작용의 방식의 관계를 밝히는 것이다. 『젊은 예술가의 초상』에 담긴 시간의 의미를 '의식의 흐름'이라는 문학적 기법의 관점에서 기술하는 것은, 비록 그러한 시도가 방법론적으로 타당하다고는 해도, 오직 제한된 의미만을 지닐 뿐이다. 중요한 것은 의식의 흐름을 바라보는 조이스의 시선이 주인공 스티븐 디덜러스가 감각을 수용하고 또 그에 대해 반응하는 방식에 대한 세심하고도 면밀한 관찰에 의해 이끌렸다는 사실을 이해하는 일이다. 한 가지 주목할 점은 이러한 관찰이 결코 단순한 외부 관찰자의 관점에서 이루어진 것은 아니라는 것이다. 잘 알려져 있듯이 『젊은 예술가의 초상』은 조이스의 자전적 소설이다. 주인공 스티븐 디덜러스에 대한 소설 속의 묘사들은 조이스의 반성적 자기성찰과 분리 불가능한 것이다. 그런 점에서 디덜러스가 보이는 감각 수용의 방식 및 그에 대한 반작용의 방식들에 대한 묘사들은 단순한 외부 관찰자의 시선에서 이루어진 것일 수 없다. 그것은 조이스 자신이 경험한 감각의 내적 흐름이 외화되고 또 변용된 결과인 것이다.

2. 감각의 한정과 초월

이 글이 지향하는 바는 탈자성을 중심으로 전개된 하이데거의 시간 이해에 대한 반박이 아니라 그 보정 및 보충이다. 현존재의 존재의 구조 형식에 대한 하이데거의 현상학적 기술은 시간과 감각, 감각이 자아내는 현존재의 다기한 감각 수용의 방식 및 반작용의 방식의 관계를 온전히 밝히는 데 있어서 반드시 필요한 선행조건이기 때문이다. 그것은 수용과 반작용이라는 말 자체에 이미 암시되어 있다. 수용과 반작용에 관한 언명들은 수용하고 반작용하는 존재자가 감각을 통해 맺게 되는 초월적 존재와의 관계를 시간의 흐름 속에서 지속하는 동일한 구조 형식의 관점에서 조망함을 전제할 수밖에 없다. 그것은 무상함을 무상함 그 자체로서 온전히 드러낼 수 없는 사유의 근원적 한계로 인한 것이다.

감각이란 무엇인가? 무엇을 감각한다고 말할 때 그 감각의 직접적인 대상이 되는 것은 무엇인가? 그것은 물론 자기에게서 일어나는 변화이다. 예컨대 사물을 만지며 우리가 느끼는 따스함, 차가움 등은 우리의 몸에서 일어나는 변화이며, 오직 이러한 변화를 외적 사물을 원인으로 삼아 일어나는 것으로서 사념하고 판단하는 경우에만 우리는 우리의 몸에서 일어나는 변화를 드러낼 뿐인 따스함, 차가움 등을 외부 사물의 물리적 속성으로서 오인하게 되는 것이다. 엄밀히 말해 '감각이란 우리의 몸에서 일어나는 변화를 느낌이다'라고 주장하는 것 역시 한 사물적 존재자로서의 자신의 신체에 대한 이해와 판단을 전제로 하는 논리적 추론의 결과일 뿐이다. 감각에 관한 가장 엄밀한 규정은 '자기에게서 일어나는 변화를 느낌'이며, 여기서 자기란 감각이 자기의 존재에 대한 경험과 이해에 후행하는 것이라는 의미는 전혀 함축하지 않는다. 감각에 대한 사유가 도달할 수 있는 마지막 지점은 '감각이란, 적어도 그것이 자신의 감각에 관해 사념할 수 있는 그러한 존재자의 감각인 한, 하나의 감각을 자신의 감각으로서 받아들일 수 있는 의식적 존재자의 감각으로서만 파악될 수 있다'는 자명한 사실이다. 이것은 세 가지 함의를 지닌다.[02]

첫째, 현존재는 언제나 이미 하나의 자기로서 존재하는 자이기에 오

---

02 감각에 관한 이러한 논의는 『기독교신앙』 서론에서 슐라이어마허가 "동일한 계기로서의 우리 자신에 대한 자기의식"과 "한 순간에서 다른 순간으로 변화하는 계기로서의 우리 자신에 대한 의식"을 별개의 것으로서 구분하지 않고 "자기의식을 구성하는 두 요소"로 규정하는 것에서 출발한다(F. 슐라이어마허, 최신한 옮김, 『기독교신앙』, 한길사, 2006, 65쪽 이하). 감각과 자기의식의 관계에 대한 슐라이어마허의 논의에 관해서는 다음 참조: 한상연, 「은총과 역사」, 『철학과 현상학 연구』 제47집 (2010년 겨울호), 73쪽 이하.

직 '자기의 감각'의 형식 속에서 일어나는 감각만을 이해할 수 있을 뿐이다. 그 밖의 다른 감각, 예컨대 식물의 감각은, 만약 식물이란 자기를 의식함 없이 존재하는 생명체이고 그러한 존재자가 외적 자극에 대해 보이는 반응 역시 감각에 의한 것이라고 전제함이 올바른 경우, 현존재의 이해의 한계를 벗어난다.

둘째, 식물의 경우와 달리 현존재는 동물의 감각을 이해할 수 있다. 그것은 현존재가 동물의 감각 역시 일종의 '자기의 감각'으로서 받아들이기 때문이다. 그렇다면 동물의 감각에 대한 현존재의 판단은 일종의 오류 판단인가? 철학자들은 종종 자기란 오직 인간 현존재에게만 있는 것이라는 식으로 말하니 말이다. 하지만 이런 식의 주장은 자기를 오직 '시간의 흐름 속에서 동일한 것으로서 지속하는 자기'라는 의미로 한정하는 경우에만 가능할 뿐이다. 만약 동물에게 자기의식이 없다면 동물들이 이미 일어난 감각에 반응을 보일 뿐 아니라 앞으로 일어날 감각에의 예기에 대해서도 반응을 보이는 것을 어떻게 설명할 수 있을까? 이 글을 통해 밝혀지게 되겠지만 자기란 그때마다 일어나는 감각에 의해 일깨워지는 것이며, 그런 한 언제나 가변적이고 유동적이다. 오직 이러한 자기만이 참되고 순수한 자기이며 시간의 흐름 속에서 동일한 것으로서 지속되는 자기란 실은 자신에 대한 반성적 성찰을 통해 얻어진 추상적 이념에 불과할 뿐이다.

셋째, 감각은 언제나 자기에게서 일어나는 변화를 느낌을 뜻하는 말이기에 감각하는 현존재는 ─적어도 그가 어떤 형이상학적 선입견에 사로잡혀 있지 않은 한에서는─ 자신의 존재를 오직 무상한 것으로서만 자각할 수 있을 뿐이다.

물론 현존재는 단순히 감각할 뿐만 아니라 자신이 감각한 것을 지적으로 헤아리고 이해할 수 있는 존재자이다. 이러한 역량은 현존재가 감각에 의해 일어나는 각각의 변화들을 그때마다 자기에게서 일어나는 변화로서 받아들일 뿐만 아니라 지난 감각들을 자기가 겪은 감각으로서 기억함을 전제로 한다. 단순히 무상할 뿐인 것은 다만 지나갈 뿐, 사념의 대상이 될 수 없다. 이해는 현존재의 기억에 의존하며, 기억은 현존재가 자기에게 일어난 변화로서의 감각을 시간의 흐름 속에서 동일하게 남는 초월자처럼 한정 짓고 있음을 표현한다.

여기서 한정이라는 말은 무엇보다도 우선 감각이란 원래 어떤 단절도 없는 연속적인 흐름으로서만 일어날 수 있기에 선택된 말이다. 감각이 자기에게 일어나는 변화 혹은 그 변화의 느낌인 한 감각 자체와 감각하는 현존재 사이의 구별은 원래 있을 수 없다. 감각과 현존재의 관계는 외적으로 마주 선 존재자들 사이의 관계 같은 것이 아니라 실은 어떤 밖도 전제하지 않는 절대적 내면성의 관계라는 뜻이다. 그런 점에서 감각에 대한 기억은 외화될 수 없는 감각의 외화에 의해 일어나는 것이며, 여기서 외화란, 그것이 감각을 자기의 감각으로서 파악함을 통해 일어나는 외화인 한, 여전히 절대적 내면성의 관계 안에서 일어나는 자기 이해의 사건을 표현할 뿐이다. 그것은 마치 현존재의 자기 성찰이 마음이 마음에 대해 행하는 성찰로서의 성격을 지니는 것과 같다. 자기 성찰은, 말 그대로 자기에 관한 성찰인 한, 그리고 오직 마음을 지닌 자만이 하나의 자기로서 존재할 수 있는 한, 언제나 하나의 세계 안에서 자기로서 존재하는 마음이 그러한 자기에 대해 행하는 것으로서만 일어날 수 있다. 성찰인 한, 자기 성찰은 성찰되는 마음과 성찰하는 마음의 외적 대립을 전제할 수밖에 없다. 하지만 이러한 외적 대립은 원래 언제나 이미 하나의 세계 안에서 존재하는 것으로서 성찰하는 마음이 그 자체로 언제나 이미 하나의 세계 안에서 존재하는 그러한 마음으로서 성찰되는 마음에 대해, 그것도 그것을 자신과 동일한 것으로서 파악하며, 지니는 관계인 것이다.

감각의 한정이 지닐 수 있는 또 다른 의미는 감각을 감각의 원인이 된 자극을 수용한 자신과 자극을 유발한 어떤 존재자 간의 이항관계에서 고찰함이다. 이런 식의 한정은 감각을 시간의 흐름 속에서 동일하게 남는 초월자처럼 한정 지음을 그 전제로서 지닌다. 오직 감각의 무상성이 기억 속에서 지양되는 경우에만, 그럼으로써 감각에 대한 사념과 이해가 가능해지는 경우에만, 감각의 원인이 된 자극의 유발자에 대한 사념역시 가능해지기 때문이다. 자극의 유발자에 대한 사념은 물론 현존재의 존재로 환원될 수 없는 초월적 존재자에 대한 사념이다. 즉 현존재에게 초월로서의 존재의 의미가 일깨워지는 것은 바로 두 단계로 나뉘어고찰될 수 있는 감각의 한정에 의해서이다. 감각의 한정이 완수되면 감각은 늘 현존재와 초월적 존재자 사이의 관계 속에서 일어나는 것으로서 파악된다. 설령 꿈이나 환상 속에서 감각이 일어났다고 해도 사정은달라지지 않는다. 자극의 유발자에 대한 사념이 전제되는 한 감각은 언제나 이미 현존재와 현존재의 존재로 환원될 수 없는 초월적 존재자 간에 일어나는 것으로서만 파악될 수 있다. 오직 추후의 사념을 통해 감각의 유발자가 가상의 존재자로서 판단되는 경우에나 현존재는 감각의 유발인인 초월적 존재자가 현실적 존재자가 아니라는 것을 깨닫게 되는것이다.

일단 감각을 자기에게서, 자기에게 작용해 오는 그 어떤 초월적 존재자에 의해, 일어나는 것으로서 이해하게 되면, 현존재가 감각 자체만을순수하게 경험하는 일은 일어날 수 없다. 감각의 순간마다 현존재는 감각에 의해 일깨워진 초월적 존재의미를 함께 헤아리게 되는 것이다.

감각의 원인인 자극의 유발자에 대한 현존재의 사념은 그러한 것으로서 판단될 초월적 존재자의 동일성과 현존재 자신의 동일성을 함께 전제하는가? 물론 그렇다. 현존재가 자기에게 일어난 변화로서의 감각을 시간의 흐름 속에서 동일하게 남는 초월자처럼 한정 지음이 기억과 이해의 조건이듯이 자극의 유발자에 대한 사념과 이해 역시 그것을 지속하는 동일자로서 한정 짓는 경우에만 가능하다. 또한 초월적 존재자에 대한 이러한 한정은 감각하는 자가 자신에 의해 지속하는 동일자로서 한정 지어진 경우에만 가능하다. 오직 자신의 지속성과 동일성에 대해 이미 자각하고 있는 존재자만이 그 자신으로 환원될 수 없는 초월적 존재자의 존재를 그 지속성과 동일성의 관점에서 헤아릴 수 있는 것이다.

물론 감각에 대한 이해가 전제하는 이러한 한정과 동일성은 현존재의 존재에, 그리고 현존재와 초월적 관계를 맺고 있는 자극의 유발자로서의 존재자에, 어떤 형이상학적 실체의 의미가 담겨 있음을 뜻하지는 않는다. 한 나무에 대한 인식은 나무를 시간의 흐름 속에서 동일성을 유지하는 것으로서 상정함을 전제한다. 그러나 천 년의 세월을 견뎌 온 나무조차 실은 시간의 흐름 속에서 생겨나고 자라다 결국 소멸해 갈 무상한 존재자일 뿐이다. 마찬가지로 자기의 동일성 역시 실은 자신의 존재를 헤아리고 이해할 그 가능조건으로서 제기되는 것일 뿐이다. 그러므로 언제나 동일한 자기란 감각이 자아내는 현존함의 탈자적 구조를 드러낼 뿐 그 자체로 자기로 존재함의 근원적 무성 및 무상성을 배제하지는 못하는 것이다.

3. 시간과 현존재의 탈자성

앞에서 밝힌 것처럼 감각의 문제는 결국 감각의 수용과 그에 대한 반작용의 문제이며, 수용하고 반작용하는 한 현존재는 자기에게서 일어나는 변화, 즉 자신의 무상성을 자각하는 존재자이다. 현존재에게 시간은 자신의 무상성에 대한 자각과 결코 무관한 것일 수 없다. 이는 시간의 문제 역시 결국 감각에 대한 수용과 반작용의 문제일 수밖에 없음을 함축한다.

시간을 현존재의 감각 수용의 방식 및 그에 대한 반작용의 방식의 관점에서 조망함은 존재론적 시간 이해의 선결 조건인 현존재의 존재의 구조 형식에 대한 존재론적 성찰을 출발점으로 삼아 다시 존재의 근원적 무성 및 무상성으로 되돌아감을 의미한다. 물론 현존함의 탈자적 구조에 눈뜬 자에게 이러한 되돌아감은 단순한 자기 소멸과 같은 것일 수 없다. 그것은 도리어 자기 존재의 근원적 시간성 및 역사성에 대한 자각의 표현이며, 동일성의 이념이 자아내는 형이상학적 미로로부터 벗어나려는 결의의 실천이고, 그러한 실천을 통해 자기의 존재를 스스로 떠맡고 또 실현하려는 의지의 구현이다. 오직 자신의 근원적 시간성에 진실할 수 있는 자만이 온전히 현존할 수 있다. 바로 이것이 존재론적으로 시간을 감각과의 관계 속에서 조망해야 할 근본 이유인 것이다.

『젊은 예술가의 초상』은 하나의 자기로서 현존함의 탈자적 구조에 눈뜬 작가의 기록이다. 그 작가의 이름은 조이스라 불려도 좋고 디덜러스라 불려도 좋으며, 혹은 특정한 이름으로 고정될 수 없는 무상한 의식 그 자체라고 불려도 좋다. 『젊은 예술가의 초상』이 조이스의 자전적 소설이라는 통상적 평가는 이 작품이 자기만의 확고부동한 정신세계를 구축한 작가의 자기반성적 성찰의 기록이라는 의미로 오인되어서는 안 된다. 『젊은 예술가의 초상』의 자전적 성격은 자기 안에서 어떤 동일성이나 체계도 지니고 있지 않은 유동적 의식의 흐름을 되살림으로써 글을 써 내려 가는 자기(작가)의 정신이 해체되도록 함이라는 의미를 지니고 있을 뿐이다. 감각에 의해 일깨워진 현존함의 탈자적 구조에서는 어떤 것도 고정적인 것일 수 없다. 확고부동한 작가의 정신은 탈자성의 망각을 뜻할 뿐이며, 그런 점에서 그러한 정신의 산물인 모든 자전적 기록들은 실은 참된 자기의 은폐에 불과하다. 반면 『젊은 예술가의 초상』의 자전적 성격은 현존함의 탈자성과 근원적 시간성이 드러나도록 함의 의미를 지닌다. 작품 속에서 작가는 사라지고, 감각의 수용과 반작용이 일어나는 다양한 순간들만이 회상하는 의식의 부단한 흐름 위에서 마치 물결처럼 언뜻언뜻 떠오를 뿐이다. 조이스든 디덜러스든 『젊은 예술가의 초상』의 저자는 감각으로부터 연원하는 존재의 근원적 무성과 무상성에 덧붙여진 허명에 불과한 것이다.

총 다섯 개의 장으로 이루어진 『젊은 예술가의 초상』의 근본 성격이 가장 극명하게 나타나는 것은 바로 제1장이다. 제1장은 '옛날 옛적 음메라고 울던 암소가 귀여운 다크와 만나는' 이야기로 시작한다. 이야기를 들려주는 것은 아버지이며 그냥 '그(He)'라고만 표현되는 디덜러스는 암소 이야기에 등장하는 노래를 듣고 따라 부르고, 이불에 오줌을 싸면 처음엔 따스하다가 차가워지는 것을 기억하고, 그 퀴퀴한 냄새와 어머니가 풍기던 좋은 냄새를 떠올리는가 하면, 그녀가 피아노로 선원들의 혼파이프 소리를 흉내 내며 연주하면 '트랄라라 라라, 트랄라 트랄라라디'라고 흥얼거리며 춤을 추는 아이로 묘사된다. 여기서 ─플로베르에 의해 처음 시작된─ 자유간접화법은 등장인물의 말과 서술자의 말이 겹치는 것을 넘어서 오직 감각의 시원적 순간이 그 자체로서 드러나도록 하는 차원으로까지, 즉 말은 말이로되 아직 감각을 그저 수용하고 또 그에 반응할 뿐인 자의 것으로서 아직 그 누구에게도 속해 있지 않은 그러한 말이 자유롭게 흐르도록 내버려 두는 차원으로까지 나아간다. 제1장의 서술에 사용된 말은 디덜러스가, 혹은 조이스가, 아직 거의 어떤 자기동일성도 지니고 있지 않고서 현존하던 순간의 말이다. 그런 한 제1장의 자유간접화법은 이미 그 자체로 서술하는 자의 자기동일성의 해체를 드러내는 것이다.[03]

『젊은 예술가의 초상』은 서술하는 자가 순수한 감각의 순간으로 되돌아감으로써, 혹은 적어도 그러기 위해 시도함으로써, 자신의 자기동일성을 스스로 해체하면서 시작한다. 이것이 시간에 대한 존재론적 이해를 위해 시사하는 바는 실로 크다. 하이데거 역시 이와 유사한 작업을 수행하면서 시간의 참된 의미를 드러내려 시도했던 것이다.

시간이란 무엇인가? 『존재와 시간』에 따르면 "현존재가 [일상 속에서] 이해하게 되는 '시간'은 근원적이 아니며", 이는 "시간성이 근원적 시간으

---

03 PA, 3쪽 참조. H. 켄너에 따르면 "제임스 조이스가 일생동안 만든 저작들의 모든 주제들이 『젊은 예술가의 초상』의 첫 두 쪽에 개진되어 있다"[H. Kenner, The 'Portrait' in Perspective, in: *The Kenyon Review* Vol. 10, No. 3 (Summer, 1948), 365쪽]. 이러한 주장은 분명 과장된 것이다. 제임스 조이스의 사상은 결코 고정된 것이 아니었으며, 그가 다룬 주제들을 두 쪽 분량의 글로 완벽하게 정리한다는 것은 불가능하다. 그러나 그 주장을 『젊은 예술가의 초상』 제1장에 제임스 조이스가 해명하기를 원한 삶의 근원적 비밀이 감추어져 있다는 의미로 이해하는 경우 그것은 의심의 여지없이 옳다. 자기로 존재함이, 그리고 어떠한 현존성의 이념을 통해서도 설명할 수 없는 그러한 자기를 발견함이 지닐 수 있는 가장 단순하고도 극명한 진실이 바로 제1장에 담겨 있는 것이다. 플로베르의 작품 속에서 감각과 자기의식의 관계가 어떻게 기술되는지에 관해서는 다음 참조: M. Frank, *Das individuelle Allgemeine*, Frankfurt a. M. 1985, 293쪽 이하.

로서" 파악되어야 함을 뜻한다. "시간성은" 무엇보다도 우선 "그 자체로, 그 자체에 대해서, '자기-밖에'이다." 달리 말해 시간은 그 근원적 의미에서는 현존재의 탈자적 존재 방식을 표현하는 말인 것이다.[04]

그렇다면 현존재는 어떻게 탈자적이 되는가? 현존재의 탈자성이 근원적 시간으로서의 시간성이라는 명제에 담겨 있는 의미는 대체 무엇인가?

'시간성이 근원적 시간'이라는 말은 형용모순처럼 보이기 쉽다. 인간의 존재를 전제하지 않고서 인성에 관해 논할 수 없듯이 시간의 존재를 전제로 하지 않고서 시간성에 관해 논할 수는 없는 것이 아닐까? 만약 그렇다면 시간성이란 '어떤 식으로든 시간이 존재한다'는 사실에 대한 현존재의 선이해로부터 비롯되는 파생적 개념에 불과한 것이 아닌가?

하지만 이러한 의문은 단지 시간에 대한 불충분하고도 그릇된 이해를 반영할 뿐이다. 칸트가 옳게 이해했듯이 시간이란 그 근원적인 의미에서는 경험을 가능하게 할 선험성을 뜻한다. 그런 점에서 시간이란 결코 하나의 존재자처럼 여겨질 수 있는 것은 아니다. '시간이 먼저 존재함을 전제해야 비로소 시간성에 관해 논의할 수 있다'는 식의 생각은 그 자체로 이미 시간에 대한 존재자적 규정을 전제로 한다. 하지만 존재론적으로 문제가 되는 것은 '존재하는' 시간의 시간성을 밝히는 것이 아니라 현존재로 하여금 시간을 마치 존재하는 것처럼 이해하도록 하는 것이 무엇인지 밝히는 것이다. 시간에 대한 존재론적 물음은 시간 이해의 가능성과 그것이 함축하고 있는 존재의 의미에 관한 물음이지 시간을 독립

---

04 SZ, 329쪽. 원문에서의 강조.

된 사물처럼 주제화함을 뜻하지는 않는 것이다.

　근원적 시간으로서의 시간성은 '존재하는' 시간을 전제로 하는 그 본질이나 속성 같은 것으로 오인되어서는 안 된다. 시간성의 '-성'은 무엇보다도 우선 시간이란 존재자적 규정을 통해서는 온전히 파악될 수 없는 것임을 표현한다. 시간성이 근원적 시간이라는 말은 존재자 이해로부터 파생되어 나온 통속적 시간 이해로부터 벗어나서 시간을 존재자의 존재로 환원될 수 없는 근원적 존재사건의 관점에서 파악해야 한다는 존재론적 당위성을 드러낼 뿐이다.

　시간에 대한 존재론적 해명을 위해 선결되어야 하는 문제는 근원적 시간으로서의 시간성이 지칭하는 바가 구체적으로 무엇인지 드러내는 일이다. 물론 『존재와 시간』은 시간성이란 현존재의 탈자성임을 밝히고 있다. 그렇다면 탈자성의 근거는 무엇인가? 이에 대한 분명한 해명은 『칸트와 형이상학의 문제』에 주어져 있다. 결론부터 말해 탈자성의 근거는 바로 감각이다. 하이데거에게 시간이란 자기에게서 일어나는 감각의 흐름에 대한 현존재의 각성을 뜻한다. 물론 근원적인 것인 한 감각의 흐름에 대한 현존재의 각성으로서의 시간은 어떤 외적 사물과의 관계 속에서 주어지는 것일 수 없다. 외적 사물과의 관계 자체가 오직 시간의 지평 위에서만 주어질 수 있는 것이기에 근원적 시간으로서의 현존의 각성은 아직 어떤 밖도 전제로 하지 않는, 그런 한 오직 현존재 자신의 존재 안에서만 일어나는, 그러한 감각의 흐름에 의한 것일 수 있을 뿐이다.

　하이데거가 시간성을 근원적 시간으로, 그리고 시간성을 현존재의 탈자성으로 규정하며 전제하는 것은 순수한 내감, 즉 어떤 외적 사물의 존재도 의식함 없이 '자기에게서 일어나는 감각의 흐름을 각성함'이 시간의 가능조건이라는 생각에서다. 이러한 생각은 하이데거가 『칸트와 형이상학의 문제』에서 —칸트가 수행한 형이상학의 정초작업에 있어서 핵심적인— 존재론적 인식의 내적 가능성의 근거의 문제를 다룰 때 특히 극명하게 나타난다.

  하이데거가 형이상학을 새롭게 정초하려는 칸트의 시도를 분석하며 밝히고자 하는 핵심적인 문제는 다음과 같다. "어떻게 근원적 인식은, 그것도 존재자 경험을 전제로 하지 않고 오직 현존재의 존재 자체로부터만 연원하는 그러한 인식으로서, 존재론적 성격을 띠게 되는가?" 하이데거는 칸트의 관점에서 보았을 때 인식함의 지향점은 "존재자 자체"라고 규정하면서, 이를 "순전한 사유"나 사유를 가능하게 할 어떤 "매개자"와 "전적으로 다른 것"을 향한 사유의 운동으로서 풀어낸다. 이러한 주장은 물론 칸트의 종합적 인식 개념에 관한 것이다. "그러한 것으로서 인식은, 그것이 늘 전혀 다른 것을 인식하는 것인 한에서, 종합적"이며, 이런 점에서 인식이란 결국 현존재에게 일어나는 "밖으로-나감"의 사건이라는 것이다.[05] 그렇다면 존재론적 인식의 내적 가능성의 문제는 결국 다음과 같은 역설적인 물음의 해명을 요구하는 셈이다. "어떻게 존재자 경험을 전제로 하지 않고 오직 현존재의 존재 자체로부터만 연원하는 그러한 인식이 그 자체로 이미 존재자 자체를 지향하는 그러한 인식으로서 규정될 수 있는가?" 결국 하이데거는 형이상학을 정초하려는 칸트의 시도가 성공하려면 두 가지 문제가 해결되어야 한다고 보는 셈이다. 첫째, 존재자 경험을 전제로 하지 않는 그러한 인식이 현존재의 존재 자

05 KPM, 115쪽.

체로부터 연원하는 것으로서 가능함이 증명되어야 한다. 둘째, 그러한 인식이 그 자체로 이미 현존재의 존재로 환원될 수 없는 존재자 자체를 지향하는 것으로서 드러나야 한다.

이러한 물음들은 자칫 이해하기 힘든 아포리아처럼 여겨지기 십상이다. 하지만 실은 전혀 그렇지 않다.

우선 둘째 문제만 떼어 놓고 보면, 즉 인식을 존재자 경험을 전제로 하지 않는 그러한 것으로 이해하지 않고서 그냥 인식 일반의 의미로 이해하면, 문제될 것은 아무것도 없다. 인식은 언제나 이미 어떤 존재자를 향해 있으며, 설령 그 존재자가 인식하는 자로서의 현존재 자신이라 하더라도, 인식하는 자와 인식되는 자의 구분은 이미 전제되기 마련이다. 인식의 대상이 된 현존재는 이미 인식하는 현존재가 아니며, 인식된 것으로서 인식하는 현존재와 이미 초월적 관계를 맺고 있는 것이다.

그런데 인식은 어떻게 존재자를 향할 수 있는가? 하이데거는 칸트에게 "경험된 것과 구분해 경험함으로 이해할 '경험'은 자신에게 존재자가 주어지게끔 해야 하는 직관으로서, 이는 결국 받아들이는[수용하는] 직관"을 뜻한다고 지적하고 그 의미를 다음과 같이 해석한다. "하나의 대상이 주어질 수 있으려면 먼저 이미 '불러들일' 수 있는 그러한 것을 지향함(zuwenden)이 일어나야 한다."[06] 여기서 불러들일 수 있는 것은 인식의 대상이 될 존재자를 뜻하고, 따라서 칸트의 경험 개념에 대한 하이데거의 해석은 하나의 존재자를 인식의 대상으로 삼음은 이미 그에 앞서 그것을 향한 의식의 지향이 일어났음을 뜻한다는 말로 정리될 수 있다.

---

06 KPM, 117쪽 이하. A156쪽, B195쪽 참조.

그렇다면 무엇이 존재자를 향한 의식의 지향을 인식 대상의 주어짐보다 앞선 것으로서 일어나게 하는가? 그것은 현존재의 능동적 활동 같은 것을 뜻할 수 없다. 대상을 지향함과 인식함은 현존재의 능동적 활동으로서 파악될 수 있지만 여기서 문제가 되는 것은 그러한 능동적 활동을 가능하게 하는 것이 무엇인가의 물음이기 때문이다. 그렇다면 인식의 대상인 존재자도 현존재 자신도 아닌 것으로서 현존재로 하여금 자신이 인식할 대상을 지향하도록 하는 것은 무엇인가? 그것은 물론 감각이다. 현존재는 오직 감각을 통해서만 자신이 아닌 그 무엇을 지향할 수 있는 것이다.

　사실 이러한 결론은 이미 '받아들이는 직관'이라는 표현 속에 분명하게 나타나 있다. 하지만 엄밀히 말해 현존재로 하여금 그 무엇을 지향하도록 하는 감각은 '받아들이는 직관'과 구분되어야 한다. '받아들이는 직관'이란 지성을 매개로 하지 않고 직접 봄 혹은 직접 감각함으로써 현존재가 받아들여야 할 존재자가 주어져 있음을 이미 전제하는 말이다. 직관이란 그 자체로 감각의 일종을 표현하는 말이기에 '불러들이는 직관'은 실질적으로 '존재자 내지 인식 대상을 감각 혹은 직관을 통해 불러들임'을 뜻할 수밖에 없는 것이다. 그것은 현존재를 자극하는 대상과 그 자극을 수용하는 현존재의 관계를 외부에서 관찰하는 자의 관점을 함축하는 말이다. 하지만 현존재로 하여금 그 무엇을 지향하도록 하는 감각은, 적어도 그 감각이 일어나는 최초의 순간에 있어서는, 오직 감각 자체만을 지향하도록 할 뿐이며, 오직 그러한 것으로서만 현존재의 대상 지향에 선행하는 것일 수 있다. 달리 말해 외부 관찰자가 아닌 감각하는 현존재 자신의 관점에서 보면, 적어도 한 존재자 혹은 대상을 인식함이 그것을 향한 현존재의 지향을 그 선행조건으로서 지닌다는 것에 이의를 달지 않는 한, 현존재의 지향을 가능하게 하는 감각은 언제나 내감, 즉 현존재 외에 다른 어떤 존재자도 우선 전제하지 않고서 현존재에게 일어나는 그러한 감각으로서만 가능할 수 있다.

그렇다면 현존재의 탈자성, 즉 자기-밖에-있음은 무엇보다도 우선 감각에 의해 일어나는 일인 셈이다. 현존재의 탈자성은, 그 근원적 의미에서는, 감각과 감각 자체를 지향하는 현존재, 그리고 감각이 일어난 자리로서 감각 자체와 함께 지향되는 현존재 삼자 간의 관계를 표현한다는 것이다. 탈자적 존재자로서 현존재는 감각에 의해 일깨워져 감각 자체를 지향한다. 그런데 이러한 현존재는, 감각으로 인해 지향하는 현존재와 지향되는 현존재로, 언제나 이미 양분된 현존재일 수밖에 없다.

4. 감각의 양극화와 현존재의 운동

'자신에게 존재자가 주어지게끔 하는 경험, 혹은 받아들이는 직관'이라는 칸트식의 표현이 실질적으로 의미하는 바는 인식은 초월적 존재자를 향한 의식의 지향을 그 선험적 조건으로서 지니며, 이러한 지향을 가능하게 하는 것은 바로 '자기에게서 일어나는 변화를 느낌'이라는 것이다. 바로 여기에 시간의 선험성에 대한 칸트적 통찰의, 그리고 불행하게도 칸트 자신에 의해 어떤 객체적 대상에 대한 인식론적 성격을 지니는 것으로서 오인된, 핵심이 담겨 있다.

하이데거에 따르면 칸트는 초월적 존재자를 향한 의식의 지향을 "전혀 다른 것", 즉 물자체를 향한 "넘어섬"으로 규정하면서, 이러한 넘어섬은 어떤 "매개체" 안에 머무름을 요구한다고 지적한다. 그렇다면 현존재로 하여금 초월적 존재자를 향해 넘어설 수 있도록 하는 매개체란 과연 무엇을 의미하는가? 하이데거는 『순수이성비판』의 다음과 같은 문장들을 인용하면서 내감이 곧 그 매개체임을 밝힌다.

> "그것은 단지 그 안에 우리의 모든 표상들이 들어 있는 하나의 총괄, 즉 내감(der innere Sinn)일 뿐이며, 그 선험적 형식은 시간이다. 표상들의 종합은 상상력에 기인하지만 (판단에 필요한) 그 종합적 통일은 통각의 통일에 기인한다."[07]

위의 인용문에서 '내감'으로 번역된 말의 원어인 'der innere Sinn'은 단순한 감각이 아니라 이미 어떤 의미와 체계적 연관을 지니고 있는 것으로서 제시된 용어이다. 그렇기에 그것은 '우리의 모든 표상들이 들어 있는 하나의 총괄'일 수 있고, 그 안에서 통각의 통일에 의거해 종합적 통일이 일어날 수 있는 것이다. 그렇다면 내감은 어떻게 그 안에 우리의 모든 표상들이 들어 있는 하나의 총괄로서 생겨날 수 있는가? 그것은 무엇보다도 우선 상상력에 의거한다.

아마 독자들 중에서는 칸트에게 내감의 궁극적 근거는 지성의 자기 촉발이라고 여기는 이들도 있을 것이다. 그것도 무리는 아니다. 칸트에 따르면 지성은 수동적인 주체에 영향력을 행사함으로써 내감을 촉발한다. 이때 통각의 통일을 가능하게 하는 자기의식 능력을 촉발하는 것 또한 지성이다. 그러나 칸트의 철학에서 지성은 자아에 대해 순수한 지적

---

07   KPM, 115쪽 이하. A155쪽, B194쪽 참조.

직관을 수행하지 않는다. 직관의 대상으로서 자아는 지성의 활동에 앞서 미리 주어져야만 한다. 그런 점에서 자아에 대한 지성의 직관은 본질적으로 사물에 대한 직관과 다르지 않다. 게다가 칸트는 결코 지성의 순수한 자발적 활동에 의해 내감이 촉발되고 자기 직관이 산출된다는 식으로 말하지 않는다. 지성의 자기 촉발은 실은 상상력에 의한 초월적 종합을 통해 일어나는 일이다. 비록 상상력에 의한 초월적 종합이 지성의 작용을 수반한다고 해도 지성이 마치 무로부터 유를 창조해 내듯 순수하게 자발적으로 내감을 촉발하고 자기 직관을 산출한다고 생각하는 것은 칸트의 생각과 거리가 멀다.[08]

지성이 상상력에 의거해 자신을 직관의 대상으로서 정립한다는 칸트의 주장은 우선 그 자체로 좋다. 칸트의 생각은 '이해의 대상인 한 감각 및 감각된 대상은 지성의 작용으로부터 자유로울 수 없고, 지성이 직관으로부터 출발하는 한 지성의 작용은 감각 및 감각된 대상의 정립으로부터 자유로울 수 없으며, 대상의 정립은 저절로 일어나는 일이 아니라 초월적 상상력의 작용에 의한 종합을 통해 이루어지는 일이다'라는 말로 설명될 수 있다. 이러한 설명 자체는, 적어도 지성과 감각, 상상력 등이 자기의식 및 인식 대상의 초월성 문제를 해명하는 데 적절한 용어임을 부정하지 않는 한, 의심의 여지없이 옳다. 그것은 그 무엇인가 하나

---

08 B68쪽, B153쪽 이하 참조. 하이데거는 『순수이성비판』의 재판에서 초판에 개진된 현존재의 고유한 근본 능력으로서의 초월적 상상력에 대한 고찰이 크게 축소되었음을 지적하면서 단순한 자발성인 지성의 역할을 강화한 재판보다 초판이 형이상학의 정초 작업의 관점에서 보았을 때 더 우위에 서 있다고 주장한다(KPM, 195쪽 이하). 지성의 자기 촉발과 내감, 상상력 등의 관계에 관해서는 특히 다음 참조: 강영안, 『칸트의 형이상학과 표상적 사유』, 서강대학교출판부, 2009, 146쪽 이하.

의 대상으로서 인식될 수 있으려면 감각과 지성, 그리고 감각들에 종합성과 통일성을 부여할 —칸트가 상상력이라 부른— 정신의 작용이 필수적이라는 자명한 생각에 토대를 두고 있는 것이다.

그러나 칸트에게는 감각의 근원성 및 근원적 감각에 기인하는 참된 시간으로서 시간성의 본질에 대한 해명이 거의 결여된 채 남아 있다. 그것은 내감과 그 선험적 형식으로서의 시간의 문제에 대한 칸트의 분석이 의식초월적 대상에 대한 인식론적 관심에 의해 이끌렸기 때문에 생겨난 한계이다.

근원적 감각에 기인하는 참된 시간으로서의 시간성의 본질이 해명되려면 우선 다음과 같은 점이 분명해져야 한다.

첫째, 감각은 다기한 방식으로 언제나 이미 의식을 고양한 것으로서만 감각일 수 있다. 이는 감각으로 인해 촉발된 의식의 지향성은, 그것이 감각 자체를 향하든 아니면 감각의 원인인 자극의 유발자로서 사념된 존재자를 향하든, 쾌감으로서의 긍정성과 불쾌감으로서의 혹은 고통으로서의 부정성의 성격을 띠기 마련이라는 것을 뜻한다.

둘째, 감각의 본질은 순수 연속에 있다. 감각으로 인해 촉발된 의식의 지향성이 절대적 내재 안에서 이루어지는 현존재와 지향적 대상 간의 관계인 이유가 바로 여기에 있다.

셋째, 시간의 무한성은 감각의 순수 연속에 기인하는 이념이다. 이는 무한성의 이념이란 원래 사념되거나 이성에 의해 산출되는 것이 아니라 직감되는 것임을 뜻한다.

『젊은 예술가의 초상』은 감각과 감각에 의한 의식의 고양이 현존재의 존재이해에 어떤 의미를 지니는지 구체적으로 드러낸 탁월한 사례이다. 제3장에서 밝힌 것처럼 『젊은 예술가의 초상』은 순수한 감각의 순간으로 서술하는 자가 되돌아감으로써 자신의 자기동일성을 스스로 해체하면서 시작된다. 아마 이러한 관점에 대해서는 다음과 같은 비판이 가능할 것이다. "서술되는 한 과거의 어떤 기억도 순수한 감각의 순간에 대한 기억일 수 없다." 그리고 이러한 비판은 다음과 같은 보다 철저하고도 명료한 비판으로 대체될 수 있다. "기억되는 어떤 감각도 순수한 감각일 수 없는 바, 이는 기억이란 기억되는 과거의 시간에 대한 지성적 판단과 이해를 전제할 수밖에 없기 때문이다." 그리고 이러한 생각은, 적어도 과거에 일어난 감각의 순간에 대한 우리의 기억이 자신을 자극한 어떤 대상적 존재자에 대한 이해를 수반하는 한, 그 나름의 정당성을 지닌다. 한마디로 순수한 감각만을 기억하는 일이란 도무지 일어날 수 없다. 감각에 대한 모든 기억은 감각에 의해 일어난 자신의 변화에 대한 기억이고, 자신을 변화시킨 그 어떤 것에 관한 기억이거나, 혹은 그것이 미지의 것으로서 남아 있는 경우, 그것을 향한 호기심과 관심의 기억인 것이다.

그러나 이런 식의 생각은 이런저런 대상적 존재자를 향한 관심과 인식이 감각의 순간에 대한 기억을 늘 수반하기 마련이라는 생각을 표현할 뿐이다. 『젊은 예술가의 초상』에서 '트랄라라 라라'는 즐겁고 기쁨에 어린 춤에의 청유이며, 어머니가 들려준 혼파이프 소리이고, 마음으로 따라 부른 어린 디덜러스의 소리이다. 아무 논리적 연관도 없이 그때마다 겪었던 일들이 불쑥불쑥 떠오를 뿐이지만 디덜러스의 회상 속에서는 심지어 고통마저도, 아니 실은 고통이야말로, 생생한 감각 그 자체로서가 아니라 누군가 들려준 이야기 속에서, 어쩌면 미래에 일어날지도 모를 어떤 일에 대한 막연한 불행의 결과로서, 그저 예감될 뿐이다. 어머니가 "오, 스티븐은 사과할 거야"라고 말하자 아버지나 어머니보다도 더

나이가 많은 단테 삼촌은 "오, 그렇지 않으면 독수리들이 와서 그의 눈을 파먹을 거야"라고 말한다. 물론 그 고통은 그저 상상될 뿐 체험되지 않는다. 실제로 스티븐의 눈을 독수리가 파먹은 적은 없으니 말이다. 하지만 체험되지 않은 고통을 예감하고 상상하는 일은 어떻게 가능한가? 그것은 이미 체험된 고통 때문이다. 어떤 상황에서 무엇에 의해 왜 고통을 겪었는지 따위는 기억될 필요가 없다. 그저 고통의 기억이면 충분하다. 디덜러스에게 고통의 기억은 이런저런 대상적 존재자에 대한 기억과 얽혀 있지만 독수리에게 눈을 파 먹히는 고통을 예감하고 또 상상하는 디덜러스에게 그러한 예감과 상상을 가능하게 하는 것은 바로 고통 자체만의 기억인 것이다.[09]

감각은 감각이 일어나는 매 순간 새로운 것이고, 그때마다 근원적인 것이며, 감각을 둘러싼 그 밖의 모든 사념과 기억들, 예감 및 상상들은 원래 근원적 감각에 추후로 뒤따르는 것으로서만 가능할 뿐이다. 이 말은, 감각에 대한 기억은 언제나 순수한 감각에 대한 기억을 내포하기 마련이라는 것을 뜻한다. 감각이란 원래 어떤 사념도 필요로 하지 않는 순수하고 그때마다 새로운 것으로서 일어나는 것임을 잘 알려 주는 예는 감각의 질이나 강도가 이전의 경험을 뛰어넘는 경우이다.[10]

제주이트 파가 운영하는 초등학교 기숙사에서 디덜러스는 어느 날 학생 주임에게 매를 맞는다. 그때 디덜러스가 겪었던 고통에 대한 기억은 늘 이런저런 대상적 존재자들 및 특정한 상황에 대한 이해와 사념을 수

---

09 PA, 4쪽.
10 감각의 근원적 새로움 내지 절대적 창발성에 관한 상세한 논의는 다음 참조: 한상연, 「순연한 탈자로서의 존재」, 『존재론 연구』 제32집 (2013년 가을호), 225쪽 이하.

반한다. 서술자의 기억은 그 자체로 상황에 대한 묘사이므로 당연히 고통 자체만의 기억은 아니다. 그뿐 아니라 매를 맞은 직후의 디덜러스 역시 순수하게 고통만을 기억하지는 못한다. 디덜러스의 몸과 마음은 "수치심, 극도의 고통(agony), 그리고 두려움으로 이글거리고", 이러한 진술은 수치와 두려움이란 상황에 대한 이해를 전제로 일어나는 감정이라는 점에서, 매를 맞은 디덜러스가 경험한 고통이 순전히 육체적이지 않았다는 것을 잘 알려 주는 것이다. 물론 디덜러스의 상황 인식이 명료하고 구체적인 것이었다고 여길 필요는 없다. 자전거 보관소에서 그 누군가와 부딪혀 안경이 깨진 기억, 눈이 나빠질 우려가 있기 때문에 문법 시간에 노트 필기를 하지 않아도 좋다고 허락을 받은 것 등등 디덜러스로 하여금 매를 맞도록 한 여러 가지 사건들이 기억나지 않는 상태였다고 하더라도 아무튼 디덜러스가 경험한 수치심과 두려움은 그가 주위의 급우들 앞에서 망신을 당했다는 막연하면서도 분명한 상황 인식, 자신을 때리는 주임 교사가 자신에게 계속 고통을 안겨 줄 수도 있다는, 불확실하지만 절박한, 예감 등에 시달리고 있었다는 사실을 알려 주는 것이다. 그러나 그 모든 수치심과 두려움의 원인이 된 고통 자체는 한번도 경험해 보지 못한, "미치게 얼얼하고 타는 듯한 고통"이었다. 즉 고통 자체는, 적어도 그것이 그때까지의 경험과 예견을 뛰어넘는 것이었다는 점에서, 새롭고 순수한 것으로서 감각되었던 것이다.[11]

그렇다면 감각이란 오직 감각이 일어나는 순간까지의 경험과 예견을 뛰어넘는 그러한 것으로서만 새롭고 순수한 것일까? 이미 경험해 본 감

---

11 PA, 44쪽.

각들은 낯익은 것이기에 새롭지도 감각으로서 순수하지도 못한 것이 아닌가?

　아마 감각의 근원성과 절대적 창발성에 대한 무지는 이러한 의문에 대한 잘못된 판단에 기인할 것이다. 교회의 종소리는 들릴 때마다 새롭다. 그것은 우리의 사념에 의해 제약되지 않는 순수한 소리로서 울리는 것이다. 새로운 종소리가 낯익은 것으로서, 이미 예견된, 상황에 대한 이해 및 판단과 뒤섞인 그러한 것으로서, 오인되는 이유는 종소리를 듣자마자 종소리에 얽힌 기억과 사념이 뒤따르거나 종소리가 울리는 상황에 듣는 자가 이미 익숙해져 있기 때문이다. 디덜러스가 경험한 것과 같은 '미치게 얼얼하고 타는 듯한 고통'은 우리의 의지나 기억 등에 의해 재생될 수 있는 것이 아니다. 그것은 새롭게 일어나는 생생한 것으로서 지각될 뿐이다. 그런데 그것은 평범한 종소리 역시 마찬가지이다. 종소리에 대한 기억은 지금 이 자리에서 생생하게 울리는 종소리와 같은 것이 아니다. 이미 경험되고 낯익은 것으로서 판단되는 종소리 역시 오직 지금 이 자리에서 울리는 것으로서만 생생할 수 있다. 그 생생함은 감각이란 그때마다 새롭고 우리의 의지나 사념 등과 무관하게 창발적으로 일어나는 것임을 알려 준다. 모든 감각은 절대적으로 새롭고, 그 때문에 감각의 순간은 늘 생생하며, 그 생생함으로 의식을 고양시키고, 감각에 의해 고양된 의식은 이미 지난 감각의 순간을 기리며 장차 찾아올 새로운 감각의 순간을 예기한다. 물론 긍정적 감각에 의해 일깨워진 미래는, 그것이 또 다른 긍정적 감각에의 예기를 수반하는 한, 긍정적이며, 부정적 감각에 의해 일깨워진 미래는, 그것이 또 다른 부정적 감각에의 예기를 수반하는 한, 부정적이다. 달리 말해 현존재에게 시간은 절대적으로 새롭고 창발적인 것으로서 일어난 감각과 역시 절대적으로 새롭고 창발적인 것으로서 일어날 감각의 사이를 뜻한다. 미래의 감각은 아직 일어나지 않았고, 감각의 절대적 새로움과 창발성은 이미 지난 감각에 속한 것이라는 점에서 시간이라는 이름의 현존재의 존재는 무엇보다도 우선 과거를 향한 역진(逆進)의 운동을 뜻한다. 그러나 예기되는 감각 역시 절대적 새로움과 창발성에 의해 특징지어질 그러한 감각이라는 점에서 과거를 향한 역진은 동시에 미래를 향한 항진(亢進)이기도 하다. 기억되는 감각의 긍정성이나 부정성이 강렬하면 강렬할수록 의식은 더욱더 세차게 고양되기 마련이며, 의식이 고양될수록, 그 고양이 두려움이나 불안에 의해 일어난 것이든 기쁨과 희망에 의해 일어난 것이든, 미래를 향한 현존재의 운동 역시 가열차게 되는 것이다.

시간적인 것으로서 현존함을 가능하게 하는 것은 무엇보다도 우선 기억 및 사념과 결합된 감각의 절대적 창발성과 순수함이다. 고통 앞에서의 불안과 두려움은 응당 고통의 기억을 전제한다. 오직 고통을 겪어 본 자만이 고통이 무서운 것임을 알 수 있고, 오직 고통이 무서운 것임을 이미 알고 있는 자만이 고통 앞에서 불안과 두려움을 느낄 수 있는 것이다. 하지만 고통이 그때마다 새롭게 일어나는 창발적인 것이 아니라면 우린 결코 고통 앞에서 두려움을 느끼지 못할 것이다. 자신의 의지나 사념 등에 의해 통제될 수 없는 고통만이 두려움의 대상이 될 수 있다. 무언가 자신에게 고통을 초래할 일이 또다시 일어나는 경우 그저 새롭게 일어나는 고통을 견뎌내는 것 외에 다른 어떤 방법도 자신에게 없다는 것을 깨닫지 못한 상태라면 현존재는 고통으로 인해 일어나는 불안과 두려움을 겪지 않을 것이다. 바로 그런 점에서 고통을 두려운 것으로서 이해하고 일부러 고통을 피하는 일은 고통에 대한 기억 및 사념, 그리고 예기와 결합된 감각의 절대적 창발성과 순수함일 수밖에 없다.

시간이 그때마다 절대적으로 새롭고 창발적인 것으로서 일어난 감각에의 기억과 또 그러한 것으로서 예기되는 감각의 사이라는 것은 감각이란 본질적으로 순수 연속의 장으로서만 가능한 것임을 뜻한다. 이는 두 가지 상이한 의미로 해석될 수 있다.

첫째, 현존함 자체가 감각의 창발성에 기인하는 것으로서 감각과 감각 사이에서만 가능한 것인 한, 현존재는 자신의 존재를, 그리고 감각에 의해 초월자로서 지시된 존재(자)를, 감각과 무관한 것으로서 경험할 수 없다. 즉 감각으로 인해 촉발된 의식의 지향성이란 오직 감각의 평면 위에서 일어나는 사건들만을 향할 수 있으며, 여기서 사건이란 무엇보다도 우선 감각에 의해 일깨워진 현존재가 감각 자체와 맺는 절대적인 내재로의 초월을 뜻하는 말이다.

둘째, 현존재가 감각 자체와 맺는 절대적인 내재로의 초월은, 감각에 의해 일깨워진 현존재가 그때마다 절대적으로 새롭고 창발적인 것으로서 일어난 감각에의 기억과 또 그러한 것으로서 예기되는 감각의 사이-존재로서 현존하는 한, 오직 순수 연속으로서의 감각을 향해 있을 뿐이며, 바로 이 순수 연속으로서의 감각이 현존재에게 곧 절대적으로 근원적인 시간이 된다. 현존재에게 이미 일어난 감각을 기억함과 장차 일어날 감각을 예기함은 결코 분절된 두 감각 사이에서 비감각적으로 움직이는 의식의 활동 같은 것을 뜻할 수 없다. 이는 의식이란 오직 활동하는 것으로서만 가능하며, 의식의 활동은 지성과 감성의 통일성 속에서만 가능하다는 자명한 진실로부터 필연적으로 따라 나오는 결론이다. 현존함이란 부단히 감각하고 사념하며 다가올 감각의 부정성은 최소화하고 그 긍정성은 극대화하고자 자신의 존재를 매 순간 새롭게 기획함이다. 비유적으로 말하자면 기억되는 감각과 예기되는 감각은 감각의 물결 위로 불현듯 솟아오르는 파도와도 같다. 그것은 어떤 분절도 허용하지 않는 순수 연속으로서의 감각의 평면 위에서 일어나는 존재사건인 것이다.

시간이란 무엇인가? 이러한 질문은, 만약 의문사인 '무엇'에 '무엇-있음'의 의미가 함축되어 있는 것으로 이해하는 경우, 그리고 이 '무엇-있음'의 '있음'이 감각의 근거인 어떤 존재자의 있음을 뜻하는 경우, 이미 그 출발점에서부터 왜곡되어 있다. 시간은 그 자체 감각의 순수 연속 외에 다른 아무것도 아니다. 현존재의 시간 이해는 현존재가 감각의 사이-존재라는 사실로부터 연원한다. 감각의 사이-존재로서 현존함이 시간 이해의 근거이며, 오직 이를 통해서만 시간이 어떻게 직감될 수 있는지, 그리고 시간의 직감으로부터 어떻게 유한성과 무한성의 다기한 의미들이 그때마다 새로운 방식으로 시간적인 것으로서 열릴 수 있는지 해명될 수 있는 것이다.

감각과 무관한 시간은 가능하지 않다. 시간은 순수 지성의 활동에 의해 창조되는 것이 아닌 것이다. 그러나 시간의 직감은 결코 시간을 직관함과 혼동되어서는 안 된다. 대체 시간을 어떻게 직관한다는 말인가? 시간이 마치 하나의 대상처럼, 혹은 눈앞에 펼쳐지는 허공이나 어둠처럼, 그렇게 보이기라도 한다는 말인가? 직관이라는 말에는 이미 직관하는 현존재와 직관되는 시간의 분리가 전제되어 있으며, 마치 공간 속의 사물들처럼 그렇게 거리를 두고 있음이 이미 시간에 대한 왜곡된 상으로서 표상되고 있다. 하지만 시간의 직감은 현존재에게 자신의 존재를 직감함과 근원적으로 하나이다. 그것은 물론 현존재가 자신의 존재를 하나의 고립된 존재자로서 직감함을 뜻할 수는 없다. 직감되는 것은 사이-존재이며, 여기서 사이는 기억되는 감각과 예기되는 감각의 사이이고, 어떤 분절도 모르는 순수 연속으로서의 사이이다. 시간에 대한 모든 가능한 이해들은 바로 이러한 의미의 시간의 직감으로부터 연원하는 것이다.[12]

일상 속에서 시간은 때로 유한한 길이로 분절되기도 하고 영원에서 영원까지 무한의 길이로 이어지기도 한다. 어떻게 때로 시간은 측량될 수 있는 것으로서, 시간의 연속적인 흐름에도 불구하고 분절될 수 있는 것으로서, 파악될 수 있는가? 현존재가 시간을 무한한 것으로서 파악함은 어떻게 가능한가?

시간을 분절된 것으로서 파악함과 무한한 것으로서 파악함은 모두 현존재가 감각의 사이-존재라는 사실로부터 필연적으로 연원하는 시간이해의 방식이다. 현존재는 시간을 언제나 이미 유한한 것으로서, 분절된 것으로서, 직감하고 또 이해하기 마련이다. 기억된 감각과 예기된 감각의 사이는 이미 감각과 감각 사이로서 분절된 시간 외에 다른 아무것도 아니기 때문이다. 그러나 현존재가 감각의 사이-존재라는 것은 그때마다 새롭게 일어나는 감각이 현존함의 필증적 근거이자 그 가능조건으로서 반복됨을 뜻할 뿐이다. 모든 감각은 일회적이며, 그때마다 새로운 것으로서 고유하다. 그러나 그 일회성과 고유함은 순수 연속인 감각의 평면 위에서 반복되어 일어나는 사이-존재의 사건이며, 그런 한 어떤 실체적 한계-지음도 전제하지 않는, 그리고 그런 한 무-한한, 감각에 속할 뿐이다. 물론 그 무-한함은, 만약 개별 현존재의 존재가 죽음과 더불어 끝장난다는 것이 전제되는 경우, 오직 유한한 길이로서 무-한할

---

12 시간과 감각의 관계에 관한 보다 상세한 논의는 다음 참조: 한상연, 「시간과 초월로서의 현존재」, 『철학과 현상학 연구』 제50집 (2011년 가을호), 197쪽 이하.

뿐이다. 그러나 대체 누가 자신의 죽음을 경험하는가? 현존하는 한 죽음은 아직 경험되지 않은 미지의 것으로서 남아 있을 뿐이며, 죽음이 찾아온 뒤에는 자신에게 주어진 시간의 한계를 한계로서 확정할 현존재의 존재는 이미 무로 돌려진 뒤이다. 그런 한 무-한함은 오직 무한함으로서만, 마치 사이-존재로서 현존함이 영원으로부터 영원까지 확장되어 가는 것과 같은 그러한 방식으로만, 직감되고 사념될 수 있을 뿐이다. 사이-존재로서 현존함이란 유한성 속에 각인된 무한성을 직감하며 그 자신의 죽음을 향해 나아감과 같은 것이다.

5. 시간과 자유

현존재가 감각의 사이-존재라는 것은 현존재의 존재가 곧 자유를 향한 기획임을 뜻한다. 감각의 양극화로 인해 일어나는 현존재의 실존적 기획 투사는 그 자체로 자유를 향한 투쟁일 뿐 아니라 시간적 존재자의 유일무이하게 가능한 존재 방식이기도 하다. 오직 자신의 존재를 감각의 양극화의 관점에서 조망하며 자신의 존재를 자유를 향한 투쟁으로서 이해하는 존재자만이 참으로 시간적일 수 있는 것이다.

자유란 무엇인가? 우리로 하여금 자유를 갈구하게 하는 것은 무엇인가? 이러한 물음을 존재론적으로 해명할 단초는 하이데거를 통해 주어졌다. 하이데거는 현존재의 존재를 비본래적 자기로서의 세인(世人)과 본래성의 회복을 위해 결단할 현존재의 가능성 사이의 역동적 긴장 관계 속에서 고찰함으로써 현존재로서 현존함에 언제나 이미 자유를 향한 현존재의 실존적 기획 투사가 그 구성적 계기로서 함축되어 있음을 밝힌다.

하지만 하이데거의 해명은 현존재의 존재의 구조 형식에 대한 현상학적 기술의 차원에 머무르고 있다. 그것은 현존재의 실존적 기획 투사를 감각의 양극화의 관점에서 고찰하지 못함으로써 생겨나는 한계이다. 이러한 한계는 일상 세계를 일방적으로 도구 연관의 관점에서 고찰하는 하이데거의 방식에서도 잘 드러난다.

일상 세계가 도구 연관의 관점에서 고찰될 수 없다는 뜻이 아니다. 다만 현존재로 하여금 일상적 세인으로 존재하게끔 하는 그 근본 동인이 무엇인지, 현존재의 존재를 도구로서의 존재로 전환되게끔 몰아세우는 일은 존재론적으로 어떻게 가능한지 등에 관한 물음이 하이데거에게서는 거의 언급되지 않은 채 남아 있다는 것뿐이다. 그것은 일상성과 규범의 관계에 관한 언명이 하이데거에게서 발견되지 않는다는 점에서도 확인된다.

『젊은 예술가의 초상』은 현존재의 존재를 도구로서의 존재로 전환되게끔 몰아세우는 일이 어떻게 가능한지 존재론적으로 밝힌 탁월한 사례이다. 물론 한 문학 작품 속에서 현존재의 존재를 둘러싼 정교하고도 엄밀한 철학적 분석을 발견하기를 기대할 수는 없다. 그러나 철학적 논증을 통해서는 획득되기 어려운 구체성을 문학적인 방식으로 현존재의 존재를 기술함으로써 획득하는 것은 분명 가능한 일이다. 『젊은 예술가의 초상』은 그 가능성이 실현된 구체적 사례이다.

한 일상적 존재자로서 디덜러스는 일상 세계를 지배하는 규범에 예속되기를 강요당하는 존재자이며, 그럼으로써 스스로 일상 세계를 유지해 나가는 데 필요한 도구가 되도록 몰아세워진다. 현존재의 존재를 도구로서의 존재로 전환시키도록 몰아세울 근거는 무엇보다도 우선 현존재로서 존재함이란 곧 육화된 정신으로서 존재함과 같다는 사실에서 찾을 수 있다. 규범이란 규범을 어긴 자에게 가해질 벌과 규범에 자발적으로 순응하는 자에게 제공될 보상에 대해 현존재가 —규범에 의해 규제될 한 현실적, 잠재적 대상으로서— 이미 이해하고 있음을 전제하는 경우에만 비로소 규범다운 규범으로서 기능하는 법이다. 육화된 정신으로서의 현존재가 규범을 어기는 경우 겪게 될 부정적 감각은 현존재로 하여금 규범을 지키도록 강제하는 위협의 근거가 되고 규범을 지키는 경우 겪게 될 긍정적 감각은 규범의 준수가 현존재의 자발적 의지에 의해 일어나도록 하는 유혹의 근거가 되는 것이다.

육화된 정신으로서의 현존재가 규범에 예속됨은 감각의 근원적 창발성 때문에 일어나는 일이다. 규범과 감각의 관계에 관한 존재론적 해명은 오직 '감각이란 늘 그때마다 새로운 존재사건으로서 일어날 뿐'이라는 자명한 전제를 통해서만 가능할 수 있다는 뜻이다. 감각이 존재사건으로서 일어난다는 것은 무엇보다도 우선 감각이란 현존재의 의지에 의해 통제될 수 없는 창발적이고 생생한 것으로서 일어나는 것임을 뜻한다. 한번 고통이 일어나면 그뿐 현존재는 이미 고통을 겪은 것이며, 자신이 겪은 고통의 현사실성을 자의적으로 무로 돌릴 수는 없다. 고통을 겪어 본 현존재에게 고통은 언제나 피해야 할 두려운 것으로서 기억되기 마련이고, 그 때문에 현존재의 존재는 고통으로부터 해방된 자신의 존재를 향한 기획 투사로서의 성격을 지니게 되는 것이다.

고통이 두려운 까닭은 그것이 존재사건으로서 지니는 세 가지 특성 때문이다. 세 가지 특성 모두 고통의 절대적 창발성에 대한 선이해로부터 비롯된다.

첫째, 고통에 대한 이해는, 그것이 고통의 직접적인 감각뿐 아니라 고통 및 고통이 일어난 상황에 대한 사념을 전제하는 한에서, 현존재 자신의 존재로 환원될 수 없는 어떤 초월적 존재(자)를 고통의 원인 내지 근거로서 파악함을 반드시 함축하기 마련이다.

둘째, 바로 그렇기에 고통의 가능성은 현존재에게 자신의 의지에 의해 무화될 수 없는 것으로서 선-이해되어 있다. 물론 현존재가 이런저런 특정한 고통의 가능성을 무화하는 일은 얼마든지 가능하다. 그러나 고통이 일어날 가능성 그 자체는 현존재의 의지와는 무관하게, 그리고 고통이 일어날 상황에 대한 온전한 예견은 불가능하다는 점에서, 언제나 이미 임박한 그러한 가능성으로서, 알려져 있다.

셋째, 현존재가 겪을 모든 고통은 그때마다 새롭고 생생한 것으로서 일어나는 것이기에 현존재가 경험할 모든 고통들은 그때마다 새롭고 생생한 불안과 두려움을 일깨우는 법이다. 물론 불안하고 두려운 것은 언제나 미래이다. 고통을 겪은 현존재에게 미래는 이미 지나간 고통에 의해 일깨워진 새로운 고통에의 예기 외에 다른 아무것도 아닌 것이다.

고통의 세 가지 사건적 특성은 규범이 현존재에게 강제적인 것으로서 작용하게 할 존재론적 근거이다. 규범은 현존재에 의해 무화될 수 없는, 언제나 새롭고 생생한 것으로서 일어날, 고통의 가능성을 일깨움으로서만 규범으로서 확립되고 또 작용할 수 있다는 뜻이다.

공동 현존재와 더불어 살아가는 현존재에게 고통을 회피하려는 소망과 의지는 단순한 감각으로서의 고통만을 향해 있지 않다. 도리어 단순한 감각으로서의 고통은 고통을 야기할 상황에 대한 이해의 전제조건으로 작용하면서 고통을 면하기 위해 우리가 반드시 해야 할 일과 하지 말아야 할 일에 대한 규범적 명령의 궁극적 근거가 된다. 즉 고통을 회피하려는 현존재의 소망과 의지는 자신과 규범, 그리고 규범이 통용되는 일상 세계의 관계에 대한 이해에 의해 촉발되는 것으로서, 본질적으로 규범을 어김으로써 겪게 될 처벌의 회피를 지향하기 마련이다.

고통은 일상 세계에서 통용되는 규범을 어기는 경우 자신에게 가해질 것으로서 예기된 처벌 앞에서의 불안과 두려움을 야기한다. 독수리에게 눈알을 파 먹히지 않으려고 예절 바른 아이가 된 디덜러스가 그 한 사례이다. 『젊은 예술가의 초상』에서 이 사건은 디덜러스로 하여금 끊임없이 일상 세계를 지배하는 규범에 스스로 순응하도록 하는 것이 실은 고통의 가능성에 있음을 알리는 시원적이고도 원형적인 사건이 된다. 학생 주임이 자신을 때린 것이 부당한 일이라 생각하면서도 자신을 억제하고 되도록 신실한 학생이 되려고 디덜러스가 노력한 것 역시 실은 고통을 피하려고 일어나는 일이다. 규범에 스스로 순응하도록 현존재의 자발적 의지를 북돋는다는 점에서 규범을 어기는 자에게 가해질 고통은 단순히 억압적이지 않다. 그것은 도리어 할 수 있는 한 타율적 강제의 형식이 아니라 자율적 복종의 형식 속에서 현존재가 규범에 예속되도록 현존재를 몰아세운다.

자율적 복종의 형식 속에서 이루어지는 것인 한 규범은 늘 긍정적 감각에의 예기를 수반하기 마련이다. 어린아이에게는 어른들의 지시에 따름으로써 달콤한 사탕을 얻어먹어 본 기억이 규범에 복종하는 경우 그 보상으로서 주어질 긍정적 감각을 예기하게 한다. 나이가 들면 감각은 상징의 옷을 입는다. A. 뒤마의 『몽테크리스토 백작』에 심취한 디덜러스는 그 등장인물들 중 하나인 메르세데스를 이상적인 여인상으로 여기게 된다. 주인공 당테스의 약혼녀 메르세데스의 아름다움은 순수함의 상징이며, 순수함의 상징으로서 메르세데스는 디덜러스 안에서 육욕을 멀리할 것을 권유하는 도덕적 양심의 한 축이 된다. 도덕적 양심으로서 기능하는 순수한 아름다움이 자발적으로 규범에 순응하는 현존재,

즉 육욕을 멀리 하고 신실한 신앙인이 될 것을 결심하는 현존재에게 일깨우는 긍정적 감각은 무엇인가? 그것은 물론 순수한 아름다움과, 혹은 순수한 아름다움의 구현자인 한 여성과, 사랑으로 하나가 될 경우 겪게 될 열락이다. 이는 자발적으로 규범에 순응하지 않는 경우 지고지순의 아름다움과 열락이 자신에게서 멀어져 버림을 뜻한다. 사춘기 소년 디덜러스가 육욕에 시달리다 창부와 관계를 맺은 뒤 경험한 양심의 가책은 바로 규범에 자발적으로 순응하지 않았기 때문에 자신이 지고지순의 아름다움과 열락으로부터 영영 멀어져 버린 것인지도 모른다는 불안감과 열패감의 표현인 것이다.[13]

아름다움으로 인해 양심의 가책에 시달리게 된 현존재에게 시간은 아름다움과 가까워지거나 혹은 멀어질 두 상반된 가능성을 현실화할 현존재 자신의 역능과 운동을 표현하는 말이다. 이 운동은 물론 하나의 존재자가 공간 속에서 자신이 아닌 존재자와 멀어지거나 가까워지는 통념적 의미의 운동은 아니다. 감각을 향한 운동으로서 특징지어질 현존재의 존재로서의 시간은 본질적으로 탈자적이다. 거기서는 운동을 통해 멀어져 갈 곳과 가까워질 곳이 모두 운동하는 현존재 자신의 존재와 불가분의 통일성을 이루고 있는 것이다. 통속적으로 표현하자면 그것은 지금 여기의 나와 다른, 그럼에도 지금 여기의 나와 분절되지 않은 순수한 지속의 흐름 속에 머물, 또 하나의 내가 되어 가기의 운동이다. 이러한 운동의 목적지인 나, 아름다움으로 인해 양심의 가책에 시달리게 된 현존재가 기획 투사하는 그러한 나는 대체 어떠한 존재자인가? 그것은 아

---

13   PA, 55쪽 이하.

름다움과 온전히 하나가 된 나이다. 현존재로 하여금 시간적 존재자로서 운동하게 하는 감각 자체가 아름다움일 뿐 아니라 아름다움과 하나가 될 미래의 나는, 오직 지고지순의 아름다움과의 관계 속에서만 존재할 그러한 나는, 감각의 순수하고도 궁극적인 긍정성을 자신의 존재 방식으로서 지니게 된 그러한 나로서 예기된다. 그것은 현존재가 자발적으로 행하는 기획 투사라는 점에서 현존재의 자유를 표현하지만 동시에 이러한 존재론적 의미의 자유는 어떤 선택적 자유가 아니라 아름다움에 의해 고양된 현존재의 숙명과도 같은 자유이다. 현존함이란 자신을 고양하는 감각들 중 가장 긍정적인 것을 향해 나아가려는 소망과 의지와 다를 수 없는 것이기에 아름다움과의 관계 속에서 자신의 존재를 헤아리는 현존재에게는 오직 아름다움과 온전히 하나가 되는 것만이 현존함의 근본적이고도 궁극적인 동인일 수 있는 것이다. 그런데 아름다움에 의해 양심의 가책이 함께 일깨워지는 한 아름다움과 온전히 하나 됨은 양심의 가책의 이유가 사라지는 경우에만 가능하다. 그것은 물론 양심의 가책이 필증적으로 함축하는 현존재의 이중적 가능성, 아름다움을 향해 나아갈 가능성과 그 반대의 방향으로 나아갈 가능성 중 후자가 제거되어야 함을 뜻한다.

이러한 일이 실제로 일어날 가능성은 두 가지 상이한 방식으로 표상될 수 있다. 첫째, 규범에 의한 자기통제 및 자기부정의 길이 그 하나이다. 둘째, 자신의 존재가 아름다움에 의해 압도되고 또 오직 아름다움으로만 충일해지도록 내버려 둠의 길이 또 다른 하나이다.

디덜러스로 하여금, 혹은 육체와 더불어 살면서 아름다움의 의미를 헤아리며 살아가는 모든 현존재로 하여금, 양심의 가책에 시달리게 하는 것은 무엇보다도 우선 아름다움과 어울리지 않는 육욕이다. 육욕이 아름다움과 어울리지 않는 까닭은, 욕망이란 욕망의 해소를 지향하기 마련이고, 욕망이 해소되면 욕망의 대상은 현존재에게서 무의미해지기 마련이라는 간단한 사실에서 발견될 수 있다. 육욕의 대상으로 전락하는 순간, 아름다움은 한시적인 소비의 대상으로서 거기 있을 뿐이다. 이 경우 아름다움이 불러일으킨 현존재의 존재의 운동의 궁극적 목적지인 '아름다움과 온전히 하나 됨'은 신기루에 도달하려는 공허한 꿈과 같은 것이 되어 버리고 만다. 육욕은 현존재에게 아름다움의 부정 외에 다른 아무것도 아니다. 아름다움에 눈뜬 현존재에게 육욕은 아름다움과 온전히 하나가 됨으로써 현존재가 경험할 열락을 한시적 쾌락을 빌미로 끝없이 유예시키는 구속의 기제인 것이다.

현존재에게 양심의 가책은 자발적으로, 현존재의 존재 그 자체로부터 연원하는 현존재의 근원적 존재 방식의 하나로서, 일어난다. 자발적인 것인 한 양심의 가책은 일상 세계를 지배하는 규범에 의해 비로소 가능해진 규범의 파생물일 수 없다. 실은 그 반대이다. 규범은 오직 자발적으로 일어나는 양심의 가책을 근거로 해서만 생겨날 수 있는 그 파생물에 불과하다. 바로 여기에 규범에의 복종이 ─순전한 물리적 강제력에 의한 것이 아닌─ 현존재 자신의 내적 확신과 자발적 의지에 의한 그러한 것으로서 일어날 존재론적 근거가 있는 것이다. 순전한 물리적 강제력에 의한 복종은 오직 힘의 논리를 따를 뿐, 여기서 복종을 가능하게 하는 것은 물리적 힘의 관계에 대한 현실적 타산이지 어떤 윤리적 확신 같은 것일 수 없다. 규범이 규범의 정당성에 대한 현존재 자신의 내적 확신을 전제로 해서만 성립 가능한 것인 한 그것은 현존재의 존재 그 자체로부터 연원하는, 그리고 바로 그런 의미에서 절대적으로 자발적인, 양심의 가책에 근거해 있을 수밖에 없는 것이다.

이것은 양심의 가책으로 인해 일어나는 자기통제 및 자기부정의 길 역시 현존재 자신의 내적 확신과 자발적 의지를 전제로 하기 마련임을 뜻한다. 오직 그런 경우에만 통제는 자기가 직접 행하는 그러한 통제로서의 자기통제일 수 있으며, 부정은 자기부정일 수 있는 것이다. 그러나 자기통제 및 자기부정은 규범의식을 전제로 하는 것이기에, 그리고 규범이란 언제나 규범에 순응하지 않는 자에게 가해질 부정적 감각으로서의 고통에의 예기를 전제로 해서만 규범으로서 기능할 수 있는 것이기에, 자기통제 및 자기부정을 행하는 현존재는, 비록 그것이 현존재 자신의 내적 확신과 자발적 의지에 의해 행해지는 것이라고 해도, 결코 온전한 자유의 표지일 수 없다. 게다가 자기통제 및 자기부정이 언제나 이미 자기를 대상화하고 또 지배함을 전제한다는 점에서, 그리고 구체적 현존재에게 대상화되고 지배되는 자기와 분리될 수 있는 순수한 자기란 순전한 사념의 대상으로서만 가능하다는 점에서, 자기통제 및 자기부정을 행하는 현존재는 자발적으로 자기를 구속하고 또 말소하는 셈이다. 즉 자기통제 및 자기부정을 행하는 한 현존재에게 자유란 그 자체 스스로 행하는 영속적인 구속과 굴욕의 표지 외에 다른 아무것도 아닌 것이다.[14]

디덜러스가 종교에 깃든 암흑과 죽음의 이미지에 눈을 뜨는 과정을 묘사하는 그 유명한 장면에서 디덜러스는 신부인 교장으로부터 성직자

---

14 이 글에서 수행되는 존재론적 해명과는 상당한 거리가 있지만 다음에서도 성적 욕망과 규범, 자유의 관계가 『젊은 예술가의 초상』에서 어떻게 설정되고 있는지에 관한 구체적 해명을 찾아볼 수 있다: J. Valente, *James Joyce and the Problem of Justice*, Cambridge University Press 1995, 49쪽 이하.

가 되는 것이 어떠냐는 권유를 받는다. 양심의 가책을 이겨내기 위해 종교에 귀의한 디덜러스에게 교장의 권유는 달콤한 유혹으로 작용한다. 그것은 신부가 되는 것이 양심의 가책의 근거인 육욕을 제거하는 길이기 때문에 일어난 일이다. 하지만 이내 디덜러스는 교장의 얼굴에서 "기쁨이 사라진(mirthless) 저문 하루의 잔영이 어려 있음을 보고는"[15] 성직자로서의 삶에 회의를 느끼기 시작한다. 그것은 욕망을 이겨낼 목적으로 시행되는 규범적 삶이 성직자의 삶에서처럼 욕망의 완전한 소멸과 부정을 지향하는 경우 결국 삶 자체의 부정이라는 자가당착적인 결과로 귀결된다는 것을 직감했기 때문에 일어난 회의이다. 현존재에게 삶이란 대체 무엇을 의미하는가? 삶은 자신의 존재를 긍정하고자 하는 의지와 소망의 이름이며, 그 근거가 되는 것은 결국 감각이다. 부정적 감각은 되도록 최소화하고 긍정적 감각은 되도록 극대화하려는 소망과 의지야말로 살아 있는 모든 존재자들의 근원적인 존재 방식인 것이다. 그런 한 육체적 욕망의 부정은, 육체적 욕망이 지향하는 것이 긍정적 감각인 한, 반드시 삶에 대한 부정과 모욕으로서의 성격을 지니기 마련이다. 그것은 육체적 욕망이 충족되는 경우 일어나는 긍정적 감각의 부정이다. 풍요로운 잔치여야 할 삶이 욕망의 부정을 통해 무의미한 권태와 고통으로 채워지게 되는 것이다.

아름다움으로 인해 생겨난 양심의 가책은 욕망을 긍정할 수도 부정할 수도 없는 현존재의 곤궁을 드러낸다. 교장의 얼굴에서 디덜러스가 발견한 '기쁨이 사라진 저문 하루의 잔영'은 디덜러스의 삶 위에 이미 오래

---

15 PA, 139쪽.

전부터 드리워져 있던 그러한 잔영이기도 하다. 실은 디덜러스 자신은 비육체적 존재로서 사념된 신, 삶 속에서 부단히 역사하는 참된 현실적 존재로서의 신이라기보다 경험과 사유의 한계를 넘어서는 형이상학적 망념으로서 사념된 그러한 신에게 자발적으로 복종하며 육체적 욕망의 충족이 약속하는 일체의 기쁨들을 자신과 무관해야만 하는 어떤 것으로서 이해하고 배제해 왔던 것이다. 성직자의 길에서 기쁨이 사라진 저 문하루의 잔영을 발견함으로써 디덜러스는 규범적 의식에 의해 일어나는 의지가 결코 그 자신을 현존재의 곤궁으로부터 해방시켜 줄 수 없음을 어렴풋이나마 이해하기 시작한다.[16]

아마도 『젊은 예술가의 초상』에 나타난 유명한 여러 구절들 중 가장 의미심장하면서도 그 의미가 온전히 밝혀진 적 없는 구절은 디덜러스가 친구인 크랜리와 데이빈과 대화를 나누다 내뱉은 다음의 구절일 것이다.

> "그것[영혼의 탄생]은 육체의 탄생보다 더 신비로워. 이 나라에서 한 인간의 영혼이 태어나면 그 영혼에는 이미 그물이 던져져 있어서 날지 못하게 막아 버리지."[17]

대체 영혼은 언제 어떻게 태어나는가? 태어나는 것인 한, 영혼은 이미 육체와 무관한 영원불멸의 존재자일 수 없다. 태어나는 것으로서 영혼은 이미 육화된 정신으로서 존재하는 것이며, 육화된 정신인 한, 영혼의

---

16 도덕과 자유, 삶의 긍정의 관계에 관한 제임스 조이스의 관점에 관해서는 다음 참조: R. Spoo, *James Joyce and the Language of History*, Oxford University Press 1994, 14쪽 이하.

17 PA, 180쪽.

탄생을 가능하게 하는 것은 결국 감각이다. 오직 감각만이 육화된 정신으로서 존재하는 영혼을 죽음의 잠으로부터 깨울 수 있으며, 감각에 의해 깨어난 정신은 감각을 향한 운동으로서만 존재할 수 있는 것이다.

그렇다면 태어난 영혼에게 던져진 그물은 대체 무엇을 뜻하는 말인가? 디덜러스에게 그 그물은 그가 태어난 나라 아일랜드의 그물이며, 아일랜드에서 통용되는 이런저런 규범의 관계망이다. 영혼의 비상을 막는 그물이 규범의 관계망이라는 것은 디덜러스의 말에 데이빈이 다음과 같이 대꾸하는 것에서 잘 나타난다.

> "[네 말은] 내게는 너무 깊고 어려워, 스티비. … 하지만 조국이 우선이야. 아일랜드가 우선이란 말이야, 스티비. 네가 시인이 되거나 신비가가 되거나 하는 건 그다음이라고."

데이빈의 말은 조국 아일랜드의 해방을 위해, "우리의 자유를 위해", "이상들을 위해", 죽음까지 무릅쓰는 삶이 아일랜드인이 취해야 할 올바른 삶이라는 말이다. 그런 데이빈에게 디덜러스는 "싸늘하고 거칠게" 대꾸한다. "넌 아일랜드가 뭔지 아니? … 아일랜드는 제 새끼를 잡아먹는 늙은 암퇘지야."[18] 왜 디덜러스에게 아일랜드는 제 새끼를 잡아먹는 늙은 암퇘지인가? 그것은 규범 및 규범의 근거로서 제시된 이상을 향해 나아가도록 아일랜드에서 태어난 자들을 몰아세우는 힘이 지나치게 강하기 때문이다. 앞에서 밝혔듯이 양심의 가책과 더불어 살아가는 현존

---

18 PA, 179쪽 이하.

재에게 규범에 의한 자기통제 및 자기부정의 길은 삶 그 자체에 대한 반역과 부정 외에 다른 아무것도 아니다. 결국 규범의 힘이 강한 곳에서 태어나는 모든 자들은 자신의 삶과 존재를 자발적으로 부정하도록 몰아세워지는 셈이다. 아일랜드만이 아니라 규범의 몰아세우는 힘이 강한 모든 나라들은 '제 새끼를 잡아먹는 암퇘지'와도 같은 것이다.

그러므로 아름다움을 향한 양심의 가책으로부터 벗어날 유일하게 현실적인 길은, 그것이 아름다움과 온전히 하나가 되기를 원하는 그러한 현존재가 걸어야 할 길인 한, 자신의 존재가 아름다움에 의해 압도되고 또 오직 아름다움으로만 충일해지도록 내버려 둠의 길이다. 이 길은 어떤 사념과 의지에 의해서 생겨나거나 통제되는 것이 아닌 감각의 절대적 창발성 때문에 가능해지는 그러한 길이다. 디딜러스에게 이 길은 돌리마운트 해변에서 아름다운 한 소녀를 만났을 때 극명하게 제시된다. 그녀의 아름다움은 디딜러스가 이전에 알던 어떤 아름다움과도 달랐고, 그런 한 디딜러스의 사념과 의지와는 무관하게 그저 우연한 조우를 통해 알려지고 발견된 그러한 아름다움이다. 디딜러스와 소녀의 만남이, 현존재의 존재로 환원될 수 없는 그 어떤 존재자가 자신의 존재를 아름다움으로서 드러내는 그러한 존재사건의 순간이, 디딜러스로 하여금 이전에 알지 못하던 새로운 아름다움에 눈을 뜨게 한 것이다.

"그녀의 이미지는 그의 영혼 안으로 영원히 들어와 버렸으며 어떤 말도 그 황홀경(ecstasy)의 성스러운 침묵을 깨트리지 않았다."[19]

19 PA, 150쪽.

아름다움이 일깨운 그 황홀경, 자신의 존재로 환원될 수 없는 아름다움과 하나가 됨으로써 일어나는 탈자적 환희의 순간은 현존재에게 참으로 성스럽다. 그 순간 존재는 아름다움이라는 지고의 이름으로 드러나며, 존재의 아름다움과 온전히 하나가 됨으로써 순수하고도 궁극적인 감각의 열락에 빠져드는 것이 시간의 참된 의미로서 고지되는 것이다. 물론 이러한 현존재의 존재의 운동을 가능하게 하는 것은 무엇보다도 우선 존재 자체의 부름이다.

"그녀의 눈이 그를 불렀고, 그의 영혼은 그 부름에 응답해 뛰어올랐다. 살기 위해, 헤매기 위해, 승리하기 위해, 삶으로부터 삶을 되살리기 위해!"[20]

6. 닫는 글을 대신하여: 시간의 참된 의미가 일깨우는 것은 참된 양심과 윤리이다

『젊은 예술가의 초상』은 반윤리적 삶을 예찬하는 작품인가? 이러한 물음에 대한 대답은 물론 어떤 삶을 윤리적 삶으로 이해하는지에 달려 있다. 이런저런 형식적 규범들의 준수를 윤리적 삶의 근본 조건으로서 이해하는 사람에게 『젊은 예술가의 초상』은 반윤리적 삶을 예찬하는 작품으로 읽히기 쉬울 것이다. 그러나 다음과 같은 구절을 보면 제임스

---

20 PA, 150쪽.

조이스는 『젊은 예술가의 초상』을 단순한 반윤리적 작품으로 이해하지는 않았던 듯하다.

> "나는 백만 번이라도 체험의 현실과 만나 내 영혼의 대장간에서
> 아직 창조되지 않은 내 종족의 양심을 벼려 내리라."[21]

시간의 참된 의미가 일깨우는 것은 참된 양심과 윤리이다. 현존재에게 아름다움과 하나가 됨으로써 감각의 열락을 느끼는 것보다 더 좋은 일은 있을 수 없다. 바로 그렇기에 그것은 현존재의 존재의 운동이 그리로 향해 나아가야만 하는 궁극적 지향점인 것이다.

참된 양심은, 그리고 그 양심의 부름에 응답하는 참된 윤리적 삶은, 시간의 참된 의미를 헤아리려 애쓰는 자에게만 가능하다. 오직 그러한 자만이 자신과 공동 현존재의 삶을 기쁨과 아름다움이 넘치는 긍정적인 삶으로 전환시킬 수 있는 것이다. 시간의 참된 의미는 자신의 존재로 환원될 수 없는 아름다움과 하나가 됨으로써 일어나는 탈자적 환희의 순간 고지된다. 그러므로 감각의 아름다움은 그 자체로 참된 양심에의 부름이 된다. 그 부름에의 응답은 아름다움에 눈뜬 현존재의 숙명적 존재 방식이고, 존재론적으로 자유란 그 존재 방식을 숙명적인 것으로서 온전히 이해하고 받아들이려는 의지의 이름 외에 다른 아무것도 아니다.

---

21 PA, 225쪽.

| 참고문헌 |

강영안, 『칸트의 형이상학과 표상적 사유』, 서강대학교출판부, 2009.

슐라이어마허, F., 최신한 옮김, 『기독교신앙』, 한길사, 2006.

한상연, 「은총과 역사」, 『철학과 현상학 연구』 제47집 (2010년 겨울호). 69-100.

_____, 「순연한 탈자로서의 존재」, 『존재론 연구』 제32집 (2013년 가을호). 217-244.

_____, 「시간과 초월로서의 현존재」, 『철학과 현상학 연구』 제50집 (2011년 가을호).
177-212.

Frank, M., *Das individuelle Allgemeine*, Frankfurt a. M. 1985.

Heidegger, M., *Kant und das Problem der Metaphysik*, Frankfurt a. M. 1991.

_____, *Sein und Zeit*, Tübingen 1993.

Joyce, J., *Portrait of the Artist As a Young Man and Dubliners*, Barnes & Noble Classic:
New York 2004.

Kenner, H., The 'Portrait' in Perspective, in: *The Kenyon Review* Vol. 10, No. 3 (Summer,
1948). 361-381.

Spoo, R., *James Joyce and the Language of History*, Oxford University Press 1994.

Valente, J., *James Joyce and the Problem of Justice*, Cambridge University Press 1995.

아름다움이란 무엇인가?:

J. 키츠의 시 「고대 그리스 항아리에 붙이는 송시」를
예시로 삼아 전개된 아름다움에 대한 존재론적 성찰

눈동자

한상연

1.

그대의 눈은 물론
이슬처럼 아름답다.
그러나 내겐
안개에 가린 바다가 보일 뿐이다.
바닷속에 한 사내가 잠겨 있다.
그는 미동도 하지 않는다.

무풍의 시간 상처 입은
맹수처럼
그대의 눈 속에서 신음하는
파도가 있다.
그대는 미동도 하지 않는다.
거울처럼 고요한 눈 속
짙은 침묵의 안개가 머물고 있다.

2.

때로 삼키기 힘든
진실의 힘으로
파도는 잠잠해질 것이며
신음조차 사라질 것이다.

그러나 기억하라.
누군가 그대를 떠나갈 때
그는 그대의

눈 속에서 사라져 가는 것임을.

안개에 가린
눈동자의 바닷속으로
마음이 잠기는 것임을.

1. 여는 글

J. 키츠의 시 「고대 그리스 항아리에 붙이는 송시(Ode on a Grecian Urn)」는 다음과 같이 끝을 맺는다.

"아름다움이 진리이며 진리가 아름다움이나니," ― 이것이 땅 위에서
너희가 아는 모든 것이고, 너희가 알아야 할 모든 것이다.[01]

시에서 아름다움은 진리로서 파악되고 있고, 아름다움과 진리의 동일성은 앎으로서, 그것도 지상의 인간들이 알고 있고 또 알아야 하는 유일무이한 앎으로서, 파악되고 있다. 이러한 앎은 물론 통상적인 의미의 지식 같은 것을 뜻할 수 없다. 그것은 다기하고 잡다한 지식들을 그 근원적 무성 가운데 드러내는 앎이며, 오직 그런 한에서만 유일무이한 앎으로서 파악될 수 있다.

과연 아름다움은 진리와 같은 것인가? 아름다움과 진리의 동일성에

---

01 J. Keats, *The Poetical Works of John Keats*, edit. by W. T. Arnold, London 1884, 236쪽. 「고대 그리스 항아리에 붙이는 송시」는 235-236 두 쪽에 걸쳐 실려 있다. 이하 쪽수 표기 생략. 「고대 그리스 항아리」는 시의 줄인 명칭이며, 낫표 없는 '고대 그리스 항아리'는 시의 소재가 된 한 사물로서의 고대 그리스 항아리를 뜻한다.

대한 앎이 어떻게 유일무이한 앎으로서의 지위를 획득하게 되는가? 논리적 타당성의 관점에서 접근하는 경우 이러한 물음들에 대해 긍정적인 해답을 제시하기는 쉽지 않다. 우선 아름다움과 진리의 동일성에 대한 앎이 유일무이한 앎이라는 주장 자체가 모순을 범하고 있다는 것이 지적될 수 있다. 그것은 '아름다움과 진리는 동일한 것이다'라는 명제의 타당성과 '아름다움과 진리의 동일성에 대한 앎이 유일무이한 앎이다'라는 명제의 타당성이 동시에 보증되는 경우에만 참일 수 있는 바, 이미 그 자체 안에 최소 두 개 이상의 앎을 함축하고 있는 것이다.

게다가 아름다움과 진리는 논리적으로 동일한 것을 뜻할 수 없다는 것 또한 지적되어야 한다. '꽃은 식물이다'라는 말은 분명 참인 진리 명제이지만 이러한 명제 자체로부터 아름다움을 느끼는 사람은 거의 없을 것이다. '이 꽃은 아름답다'는 말은 분명 아름다움에 대한 판단을 담고 있으며, 화자가 실제로 꽃을 보며 아름다움을 느낀 경우 그는 거짓을 말하지 않은 셈이다. 즉 말 속에 언급된 꽃이 화자에게 실제로 아름다운 한 그의 명제는 적어도 그 자신에게는 참인 진리 명제이다. 그러나 그러한 사실로부터 똑같은 꽃이 언제 어디서나 모든 사람에게 아름다우리라는 결론이 도출되는 것은 아니다. 아름다움에 대한 명제는, 그것이 구체적 대상에 대한 명제인 경우, 객관적이거나 보편타당하지 않을 가능성으로부터 자유로울 수 없다는 뜻이다.

설령 아름다움에 대한 명제가 객관적이고 보편타당하다는 것을 전제로 하는 경우라도 아름다움과 진리의 동일성은 여전히 성립 불가능한 명제로 남는다. 논리적으로 진리란 명제로서 정식화되는 판단의 결과에 불과하기 때문이다. '이 꽃은 아름답다'라는 명제는 한 대상으로서의 꽃에 대한 판단의 결과이다. 이때 꽃의 아름다움은 주어진 명제가 진리임을 보증해 주는 근거로 작용할 뿐 그 자체가 명제로서 정식화된 진리인 것은 아니다.

그러나 섣불리 시인의 말이 허튼 소리에 불과하다고 단정할 필요는 없다. 판단이란 판단의 대상으로서 무엇인가 이미 드러나 있음을 전제로 하는 것이기 때문이다. 판단의 결과 명제로서 정식화된 진리는 판단의 대상으로서 이미 드러나 있는 것의 참됨을 전제로 하는 경우에만 참일 수 있다. 판단의 대상으로서 이미 드러나 있는 것의 참됨이 근원적인 진리이며, 판단의 결과인 명제로서 정식화된 진리는 근원적 진리, 즉 이미 드러나 있는 것의 참됨으로부터 파생된 것에 불과하다는 뜻이다. 만약 근원적 진리가 아름다움과 동일한 것으로서 파악될 수 있다면 시는 그 자체 진리의 드러남으로서 이해될 수 있을 것이다.

진리의 드러남으로서의 시는 진리 자체와 같은 것은 아니다. 시를 통해 드러나는 것은 이미 드러나 있는 것의 참됨이며, 그런 한 시는 근원적 의미의 진리인 참됨의 참됨이기 때문이다. 그러나 시를 논리적 명제와도 같은 의미의 파생적 진리로 오인해서도 안 된다. 참됨의 참됨으로서 시는 아름다움과 무관한 모든 지식과 명제들의 근원적 무성을 드러내기 때문이다.

물론 이러한 생각은 오직 아름다움과 진리의 근원적 동일성을 전제로 하는 경우에만 타당할 수 있다. 아름다움과 진리의 근원적 동일성의 타당성 여부는 어떻게 검증될 수 있을까? 오직 경험과 판단의 근거에 대한 선험초월론적 탐구만이 이러한 문제를 해결할 수 있다. 물음의 대상인 진리가 경험과 판단의 결과로서 획득되는 파생적 의미의 진리가 아니라 그 자체 경험과 판단의 가능근거이기 때문이다.

2. 에크프라시스로서 시 짓기와 미적 판단

출판 직후부터 「고대 그리스 항아리」의 마지막 두 행에 대해서는 많은 시인과 평론가들이 부정적인 입장을 피력해 왔다. 그 이유는 크게 두 가지로 나뉜다. 시의 전체 내용과 어울리지 않는다는 것과 그 의미가 지나치게 불분명하다는 것이 그것이다.[02] 심지어 키츠를 19세기 최대의 영국 시인으로 평가했던 T. S. 엘리엇조차도 다음과 같이 말한다.

> "['아름다움이 진리이며 진리가 아름다움이나니'라는 문장이 등장하는] 이 연은 내게 그처럼 아름다운 시에는 어울리지 않는 심각한 흠결로 보인다. 그 이유는 내가 그것을 이해하지 못했거나 아니면 그것이 참이 아닌 진술이기 때문이거나 둘 중 하나일 것이다. … 키츠의 진술은 내게 무의미해 보인다. 혹은 아마도 그 진술이 문법적으로 무의미하다는 사실이 어떤 감추어진 의미를 지니고 있을지도 모른다."[03]

엘리엇의 어투는 조심스럽다. 비판적인 견해를 밝히면서도 그는 아름다움과 진리의 동일성이라는 관념에 자신이 이해하지 못하는 의미가 감추어져 있을 수도 있다고 추측한다. 하지만 엘리엇처럼 지적이고 통찰력 있는 시인이 이해하지 못할 그러한 관념은 하나의 시어로서 이미 부적절한 것이 아닐까? 「고대 그리스 항아리」는 1819년에 작성된 시로, 당

---

02 이러한 비판에 대해서는 다음 참조: I. A. Richards, *Practical Criticism*, London 1929, 186쪽 이하; M. Ridley, *Keats' Craftsmanship*, Oxford 1933 281쪽.
03 T. S. Eliot, *Selected Essays*, 1917-1932, London 1932, 230쪽 이하.

시 키츠는 겨우 스물넷이었다. 그러니 엘리엇을 비롯한 많은 문인들이 자신들이 이해하지 못하는 이 관념이 시어로서 부적절하다고 여긴 것은 매우 당연한 일이었다. 물론 무언가 감추어진 의미가 있을 수는 있다. 하지만 그것은 청년 시인의 미숙함 때문에 생겨난 것이 아닐까? 보다 성숙한 정신의 시인이라면 명징한 관념으로 표현했을 진실이 미숙한 청년이 선택한 논리적으로 불분명하고 모호하며 자가당착적이기까지 한 관념으로 인해 흐려진 것이 아닐까?

이러한 문제를 해결하려면 「고대 그리스 항아리」가 일종의 에크프라시스(ekphrasis)로서 작성된 시라는 점에 먼저 주목해야 한다. 정확히 말해 시는 예술 작품 자체가 아니라 예술 작품 속에 마치 동작 없는 연극처럼 형상화된 인간의 정열에 대한 에크프라시스이다. 제2연의 "사랑에 빠진 이여, 그대는 결단코 입맞출 수 없으리"라는 구절이 암시하는 것처럼 그것은 끝없이 구애하지만 결국 이루어지지 않을 그러한 사랑의 정열이다.

항아리 위에 그려진 그림에서 영원히 이루어지지 않을 사랑의 정열을 발견함은 어떻게 가능할까? 그것은 시인 역시 한 인간으로서 사랑의 정열을 품을 수 있는 자로 살고 있기 때문이다. 사랑과 정열은 외적 사물로서 알려지는 것이 아니라 사랑할 수 있고 또 정열을 품을 수 있는 특별한 존재자인 인간 현존재의 존재의 표현으로서 알려진다. 그렇기에 「고대 그리스 항아리」는 예술 작품 속에 형상화된 인간의 정열에 대한 에크프라시스이기도 하고 인간 현존재의 존재 일반에 대한 에크프라시스이기도 하다. 예술 작품 속의 인간을 한 개별 현존재로 발견하면서 동시에 그를 ―발견하는 자신을 포함하는― 모든 인간 현존재의 표본으로서 받아들임이 에크프라시스로서의 「고대 그리스 항아리」의 작성을 가능하게 한 존재론적 근거라는 뜻이다.

「고대 그리스 항아리」의 시인은 하나의 사물을 인간의 정열을 형상화한 예술 작품으로서 이해할 수 있는 특별한 현존재이다. 그러나 이 특별함은 시인을 다른 공동 현존재와 외적으로 구분짓게 하는 그러한 특별함이 아니다. 그것은 도리어 모든 현존재에게 주어진 존재이해의 방식을 탁월한 방식으로 드러내는 그러한 특별함이다. 결국 예술 작품의 정적 이미지에서 정열의 역동성을 발견하는 자는 그 자신의 존재를 정열이 일어날 가능근거로서 이해하는 자이며, 동시에 그러한 가능근거를 인간 현존재의 존재의 본질로서 이해하는 자일 수밖에 없다. 오직 그러한 자만이 자신이 아닌 그 무엇에서 정열을 발견하고 또 자신이 발견한 정열을 타인에게 노래할 수 있는 것이다.

정열은 무엇으로 인해 일어나는가? 정열의 사전적 정의는 '가슴속에서 일어나는 적극적이고 열렬한 감정'이다. 정열을 사전적 의미로 이해하는 경우 정열은 소유욕이나 성취욕, 복수욕 등 다양한 욕망에 의해 일어나는 감정이라 볼 수 있다. 제2연의 마지막 행 "영원히 그대는 사랑할 것이고 그녀는 어여쁘리라(be fair)!"에 비추어 보면 「고대 그리스 항아리」의 정열은 어여쁨 혹은 아름다움 때문에 일어난 감정이다. 아름다움을 향한 열정은 대체로 아름다운 대상을 소유하고자 하는 욕망과 스스로 아름다워지고자 하는 욕망 혹은 아름다움을 향한 소망 때문에 일어난 감정으로 구분될 수 있을 것이다. 스스로 아름다워지고자 하는 소망은 일종의 성취욕이다. 그렇기에 아름다움을 향한 열정 역시 욕망으로 인해 일어나는 감정이다. 결국 「고대 그리 스 항아리」는 욕망에 의해 일어나는 감정에 관한 시이다. 비록 아름다움으로 인해 일어나는 특별한 감정이라도 그 감정을 열정으로 이어지게 하는 것은 결국 욕망일 수밖에 없다는 뜻이다.

　스피노자식으로 정열에 대한 명확하고 판별된 관념을 지니면 정열
은 더 이상 정열이 아니게 된다고 생각해도 사태는 별로 달라지지 않는
다.[04] 정열은 예외 없이 욕망에 의해 일어나는 것이며, 그런 점에서 어떤
감각의 수동적 수용으로부터 비롯되는 것일 수밖에 없다. 게다가 「고대
그리스 항아리」의 열정이 '끝없이 구애하지만 결국 이루어지지 않을 그
러한 사랑의 정열'인 것을 고려해 보면 열정이 사라진 순수한 관조의 상
태 같은 것은 시와 무관하다. 시가 노래하는 정열은 영원히 끝나지 않을
정열이고, 그런 점에서 시를 통해 드러나는 인간 현존재의 존재는 어떤
감각의 수동적 수용으로부터 결코 자유로울 수 없다. 즉 시를 통해 드러
나는 현존재의 존재는 수동성을 완전히 배제하는 절대적 자유와는 무관
한 것이다.

　아름다움과 열정에 대한 이러한 성찰들은 철학적으로 여러 가지 난제
들로 이어지기 십상이다. 예컨대 취미판단의 첫 번째 기준을 대상에 대
한 무관심성에서 찾은 칸트의 관점에서 보면 아름다움은 원래 욕망과
무관하다. 즉 하나의 대상은 내가 대상에 대한 관심과 욕망으로부터 자
유로운 상태에서 바라보고 좋아할 때 비로소 아름답다. 그런 점에서 칸
트에게 아름다움은 이성적 자유의 표지이기도 하다. 취미판단은 쾌와
불쾌의 감정에 의거한다는 점에서 쾌와 불쾌의 감정을 야기하는 대상적

04　스피노자의 이러한 입장은 "정열은 이성과 충돌"하는 감정이라는 관점으로부터 비롯된 것
　　이다. 특히 「신, 인간 그리고 인간의 행복에 관한 소고」에 스피노자의 정열과 이성의 관계
　　에 관한 스피노자의 입장이 잘 설명되어 있다(B. Spinoza, translations by S. Shirley, *Complete*
　　Works, Indianapolis / Cambridge 2002, 85쪽 이하 참조).

존재자의 존재로부터 자유롭지 못하다. 하지만 아름다움에 대한 판단은 대상을 향한 관심과 욕망으로부터 벗어난 초연한 정신에 의해 내려지는 것이기에 아름다움을 느끼는 순간의 정신은 자유롭다. 취미판단이란 그런 점에서 대상에 의해 야기되는 쾌와 불쾌의 감정에 의해 일어나는 것이면서도 동시에 쾌와 불쾌의 감정으로부터 일어나는 욕망의 구속으로부터 벗어날 수 있는 정신의 자율성의 증표이다.[05]

칸트는 아름다움을 대상지각에 대한 판단의 관점에서 고찰한다. '아름다움에 대한 판단은 취미판단이며, 취미판단의 첫 번째 기준은 대상에 대한 무관심성'이라는 칸트의 주장은 역설적이게도 아름다움을 어떤 대상적 속성처럼 객관화할 수 있음을 전제로 할 때 비로소 성립된다는 뜻이다.

물론 잘 알려져 있듯이 칸트에게 아름다움에 대한 취미판단은 주관적이다. 칸트 역시 아름다움은 사물의 객관적 속성과 같은 것으로 규정될 수 없다고 여긴다. 그런데 이는 단순한 대상지각에서도 마찬가지이다. 무엇인가 자신이 지각한 것에 대해 판단을 내릴 때 우리는 우리의 판단이 지각된 대상에 객관적으로 상응하는 것으로 여긴다. '이 꽃은 붉다'는 판단에서 붉음은 꽃의 붉음으로서 언명된 것이지 판단하는 나 자신의 붉음으로서 언명된 것이 아니다. 그럼에도 붉음은 결코 꽃이라 불리는 한 사물의 속성과도 같은 것일 수 없다. 나에 의해 사물의 속성으로서 판단되는 것인 한, 붉음은 이미 그 자체로 객관화되어 있는 셈이다. 꽃은 나와 마주 선 대상이고, 마주 선 대상은 객체이며, 그렇기에 대상

05   KU, §2.

으로서 마주 선 사물의 속성은 판단하는 나에게 객관적인 것으로서 관조되는 것이다. 그러나 붉음은 오직 사물을 빛과 색의 측면에서 지각할 수 있는 존재자에게만 나타나는 현상적인 것이다. 철학적 반성의 프리즘을 통과하는 경우 그것은 사물의 객관적 속성으로서가 아니라 사물을 지각하고 인식할 나의 주관적 역량과 존재자 이해의 방식을 드러내는 개념으로서 파악되는 것이다.

칸트는 암묵적으로 아름다움의 문제를 대상지각에 대한 판단의 한 특수한 사례로서 고찰하는 것이 철학적으로 정당하다고 전제한다. 실제로도 이러한 전제는 그 나름의 타당성을 갖는다.

누군가 잔혹한 살인 장면이 난무하는 고어 필름을 보고 난 뒤 탁자 위에 놓인 붉은 화병을 보는 경우를 생각해 보자. 고어 필름의 잔상이 화병과 겹치면서 그는 화병에서 섬뜩한 느낌과 잔인한 희열을 동시에 느낀다. 그러한 느낌들은 모두 화병의 붉은색 때문에 일어난 것이고, 섬뜩한 느낌은 불쾌감, 희열은 쾌감이라는 점에서 보면 그는 화병을 멀리하거나 가까이할 이유를 모두 지니고 있는 셈이다. 즉 화병은 그에게 긍정적인 관심과 부정적인 관심 모두의 대상인 것이다.

그럼에도 '이 화병은 붉다'라는 그의 판단은 화병에 대한 관심과는 무관한 것처럼 보인다. 화병의 붉음으로부터 쾌감을 느끼든 불쾌감을 느끼든 상관없이 그는 화병의 붉음을 지각할 것이다. 게다가 화병에 대한 관심은, 그것이 화병의 붉음이 유발한 불쾌감과 쾌감에 의해 생겨난 관심이라는 점에서 보면, '이 화병은 붉다'라는 판단에 추후로 뒤따르는 것이지 그에 선행하는 것은 아니다. 붉은 화병으로 인해 그의 안에서 아무리 커다란 심정적 동요와 관심이 일어나도 결국 화병의 붉음에 대한 그의 판단 자체는 화병에 대한 관심과는 무관하게 일어나는 것이다.

아름다움에 대해서도 마찬가지 이야기를 할 수 있다. 누군가 붓꽃이 담긴 붉은 화병을 보고 있다고 생각해 보자. 화병 위로 보랏빛 꽃송이들이 흐드러지게 피어 있다. 고흐의 「붓꽃 화병」처럼 노란색 화병이면 더 좋았겠지만 붉은빛과 보랏빛의 조화도 나쁘지 않다. 그에게 붓꽃 화병은 아름답고, 이는 그가 붓꽃 화병을 향한 관심에 사로잡혀 있음을 뜻한다. 아름다운 것은 좋은 것이고 좋은 것은 좋은 감정을 불러일으키는 것이기에 결국 누구나 자신이 아름답다고 여기는 것을 기꺼이 받아들이기 마련인 것이다.

화병의 붉은색, 붓꽃의 보라색과 마찬가지로 그는 자신이 느끼는 아름다움 역시 붓꽃의 속성으로 받아들인다. 그에게 아름다움은 그가 한 대상으로서 마주보고 있는 대상의 객관적인 속성으로서 판단된 것이라는 뜻이다. 결국 그는 붓꽃을 아름답다고 여기는 것이지 자기 자신을 아름답다고 여기는 것은 아니다. 물론 색과 마찬가지로 아름다움 역시 아름다움의 측면에서 사물을 인식하고 또 느낄 수 있는 인간의 '주관적' 역량을 드러낼 뿐 실제로 사물의 객관적 속성인 것은 아니다. 게다가 아름다운 사물을 향한 관심 또한 사물의 아름다움에 대한 지각과 판단에 추후로 뒤따르는 것이지 그에 선행하는 것은 아니다. 그러니 붓꽃 화병의 아름다움으로 인해 그의 안에서 아무리 커다란 심정적 동요와 관심이 일어나도 결국 화병의 아름다움에 대한 그의 판단은 화병에 대한 관심과는 무관한 것인 셈이다.

일견 자명해 보이는 이러한 추론의 바탕에는 감각의 근원성 및 그 역동성에 대한 몰이해가 깔려 있다. 한 대상에 대한 지각과 판단은 근원적 감각에 의해 일어나는 현존재의 동요와 변화에 추후로 뒤따르는 과정일 뿐이다. 한 대상의 아름다움을 지각하고 판단하는 자는 「고대 그리스 항아리」의 주인공처럼 이미 아름다움을 향한 관심과 열정에 사로잡힌 자일 수밖에 없다는 뜻이다. 에크프라시스로서의 시를 짓고 또 노래하는 시인은 오직 아름다움을 향한 관심과 열정에 사로잡혀 있는 자신의 존재 자체에 대해서 그렇게 할 뿐이다. 현존재에게 '아름다움에 대한 무관심한 판단'이란 원래 일어난 적도 없고 또 일어날 수도 없는 일종의 옥시모론(oxymoron)에 불과한 것이다.

3. 미적 판단과 관심

한 대상에 대한 미적 판단은 쾌감이나 불쾌감에 선행하는가? 미적 판단을 대상지각에 바탕을 둔 일종의 지각판단처럼 여기는 경우 그 대답은 자명하다. 쾌감은 결국 한 대상을 아름다운 것으로서 판단함을, 그리고 불쾌감은 아름답지 못한 것으로서 판단함을 전제로 하기에 쾌감이나 불쾌감에 미적 판단이 선행하는 것이다.[06]

아마 독자들 중에서는 칸트가 미적 판단을 대상지각에 바탕을 둔 일종의 지각판단처럼 여긴다는 이 글의 주장이 잘못이라고 여기는 이도 있을 것이다. 대상지각은 지각 대상에 대한 오성적 판단 및 개념과 무

---

06 Ch. H. 벤첼은 『판단력 비판』에 얽힌 주요 쟁점들에 관한 한 저술에서 "취미판단에 고유한 쾌가 일종의 판정을 함축한다면 —이러한 판정이 바로 이 특수한 종류의 쾌를 가능하게 하는 것이므로— 그러한 판정이 논리적으로 쾌에 '선행'하는 것"이며, 바로 여기에 "칸트가 뜻한 바"가 있다고 옳게 지적한다(Ch. H. 벤첼, 『칸트 미학』, 박배형 옮김, 그린비, 2012, 115쪽). 취미판단에서 쾌감보다 판단이 선행한다는 칸트의 생각은 칸트가 취미판단을 지각판단의 한 특수한 사례처럼 취급하고 있음을 증명한다.

관한 것일 수 없다. 그런데 칸트에 의하면 아름다움은 "아무 의미도 없고 특정한 개념에 의존하는 것도 아님에도 불구하고 만족을 주는 것이다."[07] 그렇다면 칸트에게 아름다움에 대한 판단은 오성적 사고 및 개념에 의존하는 대상지각과 무관한 것이 아닐까?

이러한 물음은 지각판단에 대한 불명료한 철학적 이해로부터 비롯된다. '이 꽃은 붉다'는 판단에서 붉음은 분명 한 대상으로서의 꽃의 속성으로서 판단된 것이다. 그러나 무엇이 붉은지 알지 못하거나 심지어 오직 붉음만을 볼 뿐 그 외에 붉음의 근거로서 판단될 어떤 대상적인 존재자도 감지되지 않는 그러한 경우라 하더라도 붉음은 붉음으로서 지각되고 또 판단될 뿐이다. 아름다움 역시 마찬가지이다. '이 붓꽃 화병은 아름답다'는 판단에서 아름다움은 한 대상으로서의 붓꽃 화병의 속성으로서 판단된 것이다. 그러나 오직 아름다움의 감각만이 전달될 뿐 아름다움의 근거로서 판단될 어떤 대상적인 존재자도 감지되지 않는 그러한 경우에도 아름다움은 아름다움으로서 지각되고 또 판단될 뿐이다. '한 대상의 색은 모든 사람에게 동일하게 지각되지만 그 아름다움은 사람에 따라 지각될 수도 있고 지각되지 않을 수도 있다'고 전제한다고 해도 사정이 달라지지는 않는다. 아름다움에 대한 판단이 사람마다 다를 수 있는 취미판단이라는 생각은 오직 타인들과의 대화에 추후로 뒤따르는 논리적·반성적 추론의 결과일 뿐이다.[08] 한마디로 판단의 관점에서 아름

---

07 KU, §4.
08 뒤집어 말하면 아름다움에 대한 판단이 보편성을 띨 수 있다는 생각 역시 타인들과의 대화에 추후로 뒤따르는 논리적·반성적 추론의 결과일 뿐이라는 것 역시 성립한다. 즉 미적 판단의 보편성은 나와 타인이 한 사물의 아름다움에 대해 동일한 감정을 품고 있다는 것에 대한 확신 내지 이해를 전제로 한다는 뜻이다. 그런 점에서 미적 판단의 보편성을 다루는 칸

다움의 문제를 다루는 한 아름다움은 언제나 이미 판단의 대상으로서 '객관화'된 것으로서만 고찰될 수 있을 뿐이다. 설령 아름다움의 근거로서 판단될 어떤 대상적인 존재자도 감지되지 않은 경우라도 미적 판단은 이미 아름다움을 판단하는 주체에 의해 '객관적으로' 지각되는 것으로서 전제할 수밖에 없다는 뜻이다.[09]

미적 판단이 쾌감이나 불쾌감에 선행한다는 칸트의 생각은 사실 쾌감이나 불쾌감은 판단하는 자에 의해 아름다움이나 추함이 지각되고 또 객관화되어야만 비로소 생겨나는 파생적 감정이라는 생각과 같다. 그렇다면 한 대상에 대한 미적 판단은 쾌감 및 불쾌감뿐만 아니라 모든 감각에 선행한다고 할 수 있을까?

물론 미적 판단은 감각에 선행할 수 없다. 감각 없는 대상지각은 있을 수 없으며, 한 대상에 대해 그것을 지각함 없이 미적 판단을 내리는 일은 불가능하다. 설령 아름다움의 근거로서 상정될 어떤 대상적 존재자도 감지되지 않고 오직 어떤 아름다움만이 전달되는 경우라 하더라도

트의 이론은 애덤 스미스의 '공정한 관찰자(impartial spectator)' 개념으로부터 영향을 받은 것으로 판단된다. 이점에 관해서는 다음 참조: A. Smith, *The Theory of Moral Sentiments*, Indianapolis 1984, 141쪽 이하 및 160쪽 이하; 백종현, 『칸트 이성철학 9서 5제』, 아카넷, 2012, 132쪽 이하.

09 이 점에서도 벤첼의 연구가 여러 모로 참조할 만하다. 벤첼은 『칸트 미학』 서론에서 "앞선 미학 이론들과 비교하여 볼 때 칸트의 방식은 일종의 **초점의 전환**, 즉 대상으로부터 대상에 대한 판단으로의 전환이라는 특징을 지닌다"고 밝히면서 책 전반에 걸쳐 칸트가 미적 판단을 대상지각에 바탕을 둔 일종의 지각판단처럼 여기고 있음을 암시하는 여러 가지 분석들을 수행한다(『칸트 미학』, 26쪽. 원문에서의 강조). 다만 벤첼은 지각판단과 미적 판단 사이에 얼마나 커다란 공통점이 있는지 온전히 이해하지는 못하고 있는 듯하다. 칸트의 『판단력비판』에서 곧잘 발견되는 혼란스럽고 때로 모순처럼 여겨지기까지 하는 구절들의 의미는 지각판단과 미적 판단 사이의 공통점에 대한 분명하고도 철저한 해명을 통해서만 온전히 밝혀질 수 있을 것이다. 벤첼의 연구는 분명 그러한 목적지를 향한 도상에 있다.

사정은 별로 달라지지 않는다. 감각 없이 전달되는 아름다움은 있을 수 없기 때문이다. 미적 판단이 모든 감각에 선행한다는 생각은 기실 감각되지 않아 판단하는 주체에게 알려지지도 않은 아름다움이 판단의 대상이 된다는 불합리한 생각과 동일한 것이다. 결국 한 대상에 대한 미적 판단이 쾌감이나 불쾌감에 선행한다는 생각은 두 가지 전제 하에서만 가능한 셈이다. 첫째, 미적 판단에 뒤따르는 쾌감이나 불쾌감과 달리 미적 판단에 선행하는, 그러나 쾌감 및 불쾌감과는 무관한, 일종의 '중립적' 감각이 있다. 둘째, 미적 판단의 근거인 아름다움이나 추함은 쾌감이나 불쾌감을 유발하지만 그 자체로서는 쾌감이나 불쾌감과는 무관하게 감각된다.

의미상 이 두 전제는 서로 동일하다. 미적 판단이 쾌감이나 불쾌감에 선행하는 중립적 감각에 의존한다는 생각은 아름다움과 추함이 쾌감 및 불쾌감과 무관한 중립적인 것으로서 감각되고 또 지각된다는 생각과 어떤 실질적인 차이도 지니지 않는다는 뜻이다. 양자 모두 아름다움과 추함에 대한 판단이 먼저 수행되어야 쾌감과 불쾌감이 생겨난다는 의미이고, 아름다움과 추함을 가치중립적인 것으로서 전제한다. 하지만 그러한 일이 대체 어떻게 가능할 수 있을까? 아름다움과 추함이란 그 자체로 가치적 의미를 담고 있는 말이 아닌가? 아름다움과 추함에 담긴 가치적 의미가 쾌감이나 불쾌감 같은 감정과 무관한 것일 수 있을까?

이러한 물음들은 모두 미적 판단에 관한 칸트의 철학적 해명들이 안고 있는 보다 근본적인 문제로부터 파생된다. 그것은 '오성적 사고나 개념과 무관한 판단이 있을 수 있을까?'라는 문제이다. 결론적으로 말해 그러한 판단은 있을 수 없다. 미적 판단이라고 해도 사정은 다르지 않다.

예술 작품에 대한 판단은 대체로 예술 작품의 구성 부분들에 대한 지각과 그 종합에 대한 이해를 전제로 한다. 설령 B. 뉴먼의 색면 추상화나 K. 말레비치의 절대주의 회화처럼 분별할 만한 대상적 이미지를 지니지 않은 그러한 작품을 감상하는 경우라도 작품에 대한 판단이 오성적 사고와 개념 없이 일어날 수는 없는 법이다. 그러한 작품에 대한 미적 판단이 단순한 색의 지각과 구분되는 것은 작품 자체를 아름다운 대상으로서 개별화함을 전제로 하기 때문이다. 칸트는 미적 판단을 오성적 사고 및 개념과 무관한 판단으로서 해명함이 지니는 이러한 난점들을 상상력 개념에 호소함으로써 해결하려 한다. 칸트에 따르면 오성이 대상에 대한 직관에서 개념으로 나아갈 때 상상력이 작용한다. 이때 상상력은 일반적인 대상 인식의 조건들에 걸맞은 방식으로 발휘되며, 그런 한 오성의 역량에 포섭된다.[10] 순수한 미적 판단에서는 직관에서 개념으로 나아가는 일은 일어나지 않는다. 순수한 미적 판단은 오성적 사고 및 개념과 무관하기 때문이다. 따라서 상상력이 일반적인 대상 인식의 조건들에 걸맞은 방식으로 발휘되는 일도 일어나지 않는다. 그렇다면 판단을 가능하게 하는 개념의 근거는 어떻게 주어질 수 있을까?

이러한 물음을 칸트가 해결하는 방식은 미의 종류에 대한 구분, 예컨대 칸트가 행한 자유로운 미와 부속적인 미의 구분과도 같은 것과는 거

---

10 상상력이 일반적인 대상 인식의 조건들에 걸맞은 방식으로 발휘된다는 것은 칸트적 의미에서의 상상력의 자유가 절대적이지 않다는 것을 뜻한다. 강영안은 칸트에게 "상상력의 독립성은 그것이 누리는 절대적 자유에 있기보다는 [두 이종적 요소인 지성과 감성을] 동화하고 구성하는 활동 가운데 실현된다. 이런 의미에서 상상력의 독립성은 '의존성 가운데서의 독립성'이다"라고 옳게 지적한다(강영안, 『칸트의 형이상학과 표상적 사유』, 서강대학교출판부, 2009, 188쪽).

의 아무 상관도 없다. 칸트의 관점에서 보면 자유로운 미에 관한 것이든 부속적인 미에 관한 것이든 미적 판단은 결국 상상력의 자유로운 유희와 오성의 상호작용의 산물이다. 미적 판단이 상상력의 자유로운 유희의 산물이라는 것은 ① 아름다움이 합목적성의 의미와 결합되어 있다는 것과, ② 아름다움의 합목적성이 객관적인 것으로서 간주될 수 있는 것이 아니라는 것을 함축한다. 물론 부속적 미의 경우 아름다움의 합목적성은, 예컨대 건축물의 아름다움이 그러하듯이, 주어진 대상의 목적이나 기능과 무관한 것일 수 없다. 하지만 그렇다고 부속적 미의 합목적성이 사물에 의해 단순히 객관적으로 조건 지어져 있는 것은 아니다. 엄밀한 의미에서 합목적성은 결국 스스로 목적을 설정하고 지향할 줄 아는 존재자에게만 적용될 수 있는 개념이며, 사물의 합목적성을 헤아리고 그것을 아름다움의 관점에서 판단함은 결국 사물의 객체성에 의해 한정되지 않고 사물 자체에 존재하지 않는 새로운 개념들과 의미들을 사물에 부여할 수 있는 주체의 역량에 의해 일어나는 것이기 때문이다. 미적 판단이 오성적 사고의 산물이라는 것은 아름다움에 대한 판단이 일반적인 대상 인식의 조건들에 걸맞은 방식으로 발휘됨을 뜻하는 것이 아니라 상상력의 자유로운 유희에 의해 주어진 아름다움의 합목적성이, 그것이 객관적으로 주어진 것이 아님에도 불구하고, 일종의 보편성을 지니게 되는 방식으로 주어짐을 뜻한다.[11]

　미적 판단에서 나타나는 이러한 주관적 보편성은 객체적 사물들의 세계를 지배하는 사물들의 질서 외에 또 다른 질서가 존재함을 암시한다.

11　KU, §9, §10; §22 참조.

그것은 인간의 본체적 자아, 사물들의 상호작용을 주관하는 인과율의 법칙으로부터 벗어나 자발적인 방식으로 이성적 세계를 창조하는 자유의지의 질서이다. 아름다움의 합목적성에서 드러나는 주관성과 보편성의 통일이 칸트에게는 곧 이성의 절대성과 자유에 대한 근거이기도 하다는 뜻이다.

즉 칸트에게 보이는 아름다움은 보이지 않는 이성적 아름다움의 상징과도 같은 것이다. 물론 상징보다 중요한 것은 상징을 통해 드러나는 그 무엇 자체이다. 보이는 아름다움이 보이지 않는 이성적 아름다움의 상징인 한, 중요한 것은 보이는 아름다움이 아니라 이성적 아름다움이다.

그렇다면 보이지 않는 것으로서 보이는 아름다움을 상징으로 삼는 이성적 아름다움이란 무엇인가? 이러한 물음에 대한 가장 손쉬운 답은 도덕이다. 특히 칸트가 『판단력 비판』 §59에서 "도덕성의 상징으로서의 아름다움(Schönheit als Symbol der Sittlichkeit)"[12]에 관해 논한다는 점을 고려해 보면 보이지 않는 아름다움이 곧 인간의 내면에 깃들어 있는 도덕성의 아름다움이라는 대답이 더욱 설득력 있게 들린다.

하지만 문제가 그렇게 간단한 것은 아니다. 백합을 순결의 상징으로 여기는 경우를 생각해 보자. 이러한 판단은 백합의 흰색과 순결의 유비를 전제로 한다. 하지만 왜 하필 백합인가? 간호사복의 흰색은 청결함을 상징할 수는 있을지언정 순결을 상징할 수는 없다. 시체 위에 덮인 흰 천은 죽음을 암시할 뿐 순결을 상징하지 않는다. 그렇다면 간호

---

12 KU, §59.

사복이나 시체를 덮은 천과 달리 백합이 순결을 상징하는 이유는 무엇일까? 그것은 눈에 보이는 현상으로서의 흰색 이면에 감추어진 어떤 존재 상황에 대한 이해 때문이다. 백합은 싱그럽게 살아 있는 꽃으로서 희며, 백합의 흰색이 순결의 상징인 이유 또한 바로 이 점에서 찾을 수 있다. 결국 오직 살아 있는 것만이 순결할 수 있고 또 순결의 의미를 헤아릴 수 있는 것이다. 눈의 흰색이 때로 순결을 상징하는 것 또한 오직 눈이 삶을 더욱 살 만하고 아름다운 것으로 만든다는 생각을 전제로 한다. 사납게 휘몰아치는 눈보라가 순결의 상징이 될 수 없는 이유가 바로 여기에 있다. 결국 백합을 순결의 상징으로 여길 때 지시되는 보이지 않는 아름다움이란 도덕뿐 아니라 삶을 더욱 살 만하고 아름다운 것으로 만드는 그러한 존재 상황에 대한 이해를 함축하는 셈이다. 이러한 존재 상황은 물론 직접적으로 도덕과 상관이 있는 것은 아니다. 싱그러운 백합의 아름다움은, 그리고 그러한 아름다움이 드러내는 삶의 증진은, 결국 자연에 속한 것으로서 판단되는 것이지 이성에 속한 것으로서 판단되는 것은 아니다.

칸트가 "자연의 미에 직접적인 관심을 가지는 것"이 단순한 취미판단을 넘어 "늘 선한 영혼의 표지"[13]가 된다고 주장하는 이유 역시 여기에 있다. 칸트에게 보이는 아름다움을 상징으로 삼는 보이지 않는 아름다움은 도덕의 아름다움뿐만 아니라 삶의 증진이 일어나는 자연의 아름다움 역시 포괄하는 것이다.

---

13 KU, §42. 회페는 판단력이란 칸트에게 감성과 도덕 사이에 놓인 심연을 놓을 "다리"로서 파악된 것이며, 이를 보편적인 것에서 특별한 것을 인식할 역량으로 설명한다(O. Höffe, *Immanuel Kant*, München 1988, 260쪽).

보이는 아름다움과 보이지 않는 아름다움 사이의 관계에 대한 칸트의 철학적 성찰은 심오하고 아름답다. 칸트 이전에도, 칸트 이후에도, 삶의 증진을 가능하게 하는 두 근원적 원리로서의 자연의 역동적 힘과 이성적 자유의 관계를 이처럼 절묘하게 묘사한 철학은 발견하기 어렵다. 그러나 이러한 성찰은 동시에 미적 판단에 대한 칸트의 철학적 분석이 근본적으로 왜곡된 관점에서 시작되었다는 것을 극명하게 드러낸다. 결국 오성적 사고나 개념과 무관한 판단은 있을 수 있을 수 없다. 적어도 미적 판단이 언제나 이미 존재 상황에 대한 이해를 전제로 하는 한, 그리고 존재 상황에 대한 이해가 오성적 사고 및 개념과 무관한 것일 수 없는 한, 미적 판단의 근거인 아름다움을 마치 개별적이고 독립적인 지각의 한 계기에 불과한 양 고찰할 수는 없는 것이다.[14]

아름다움은 도리어 현존재의 존재의 근원적 구조로서의 실존과 초월에 대한 이해를 전제로 한다. 오직 그 자신이 살아 있을 뿐만 아니라 자신의 삶이 더욱 살 만하고 아름다운 것이 되기를 열망하는 존재자만이 자연과 세계에서 그러한 열망의 가능성과 현실성을 동시에 드러내는 그 상징으로서의 아름다움을 발견할 수 있기 때문이다.

---

14 필자가 아는 한, 아름다움에 대한 칸트의 설명 방식이 지니는 여러 문제점들이 아름다움을 아름다움에 대한 판단의 관점에서 고찰함으로써 비롯된 것임을 처음으로 지적한 철학자는 바로 쇼펜하우어다. 『의지와 표상으로서의 세계 I』에서 쇼펜하우어는 다음과 같이 밝힌다: "… 그[칸트]는 아름다움 자체, 직관적이고 직접적인 아름다움이 아니라 —취미판단이라고 추하게 명명된— 아름다움에 대한 판단에서 출발한다." 쇼펜하우어에 따르면 이러한 방식의 해명은 "완전히 수용 불가능한 것이고 [해당] 주제의 격에 걸맞지 않은 것"이다(A. Schopenhauer, *Die Welt als Wille und Vorstellung I*, Mannheim 1988, 629쪽).

4. 감각과 진리

칸트가 보지 못한 아름다움의 진실이 청년 시인 키츠가 쓴 「고대 그리스 항아리」에 고지되어 있다. 그 진실은 아름다움은 언제나 구체적 존재 상황에 대한 이해와 더불어서만 알려질 수 있으며, 아름다움이 일깨우는 영원이란 어떤 초감성적인 존재가 아니라 감각을 통해, 오직 감각을 통해서만 드러나는 현존재의 존재 구조 그 자체를 가리키는 것이라는 진실이다.

'아름다움이 진리이며 진리가 아름다움'이라는 「고대 그리스 항아리」의 언명은 ─미적 판단에 대한 『판단력 비판』의 분석과 마찬가지로─ 아름다움을 보이는 아름다움과 보이지 않는 아름다움의 중층적 구조 속에서 드러낸다. 진리는 순연하게 감각적인 것일 수 없다. '아름다움이 진리이며 진리가 아름다움'이라는 말은 '아름다움은 보이지 않는 아름다움으로서의 진리를 지시하는 것으로서, 양자는 그 근원적인 의미에서는 같은 것'이라는 말로 해석된다는 뜻이다.

키츠는 제2연의 1행과 2행에서 다음과 같이 노래한다.

"들리는 선율은 감미롭지만 들리지 않는

선율은 더욱 감미롭다 …"

여기서 들리는 선율은 이 지상에서 울리는 선율이고, 들리지 않는 선율은 고대 그리스 항아리로부터 울려오는 선율이다. 그렇다면 이 지상의 선율보다 고대 그리스 항아리로부터 울려오는 선율이 더욱 감미로운 이유는 무엇인가? 그 해명은 제2연의 전체에 걸쳐 나타난다.

지상의 선율에는 시작과 끝이 있다. 그러나 사랑의 열정에 사로잡힌 고대 그리스 항아리의 청년은 자신의 "노래를 결코 떠날 수 없고", 연인과 "입맞출 수[도] 없다." 항아리 위의 그림은 움직이는 것이 아니기에 지금 그림 속에서 연인을 쫓는 청년은 앞으로도 계속 그러할 것이다. 그러나 낙담할 필요는 없다. 실존하는 여성과 달리 그림 속의 "그녀는 시드는 법이 없기" 때문이다. 비록 "지고의 기쁨을 누리지는 못하지만", 아무튼 그는 "영원히 사랑할 것이고, 그녀 또한 영원히 아리따울 것이다." 결국 고대 그리스 항아리로부터 울려오는 들리지 않는 선율이 감미로운 이유는 그것이 영원의 상징이기 때문이다. 그것은 영원히 사라지지 않을 아름다움과 그 아름다움을 향한, 역시 영원히 사라지지 않을, 열정을 드러낸다.

고대 그리스 항아리에서 드러나는 사랑은 이 지상의 사랑과 같은 것인가, 아니면 다른 것인가? 전자는 영원하고 후자는 영원하지 않다. 그런 한 양자는 서로 다르다. 영원과 무상함 사이만큼의 차이가 양자 사이에 가로놓여 있는 것이다. 하지만 양자 사이에 어떤 공통점이 있는지는 아직 분명하지 않다. 정의라는 말이 누구에게는 '받은 만큼 돌려줌'의 당위성을 뜻하지만 누구에게는 사랑과 용서의 당위성을 뜻한다. 마찬가지로 '영원한'과 '무상한'이 똑같이 사랑을 수식한다는 것으로부터 영원한 사랑과 무상한 사랑 사이에 어떤 공통점이 있다는 결론이 따라 나오는 것은 아니다.

이러한 문제에 대한 해답을 어떤 초감성적 사랑의 본질에 대한 형이상학적 분석에서 구하려는 시도는 아마 무망한 일일 것이다. 현존재에게 사랑과 아름다움은 언제나 감각을 통해 알려지기 마련이다. 겉으로 드러나는 사물의 색처럼 눈에 보이는 것은 아니지만 사랑과 아름다움은 가슴속에서 생생하게 일어나는 감각적 느낌을 배제하는 것으로서는 사념될 수 없는 것이다.

「고대 그리스 항아리」가 노래하는 두 종류의 사랑, 즉 영원한 사랑과 무상한 사랑의 대조 역시 초감성적 사랑과 감성적 사랑의 대조로 오인되어서는 안 된다. 고대 그리스 항아리에서 드러나는 사랑 역시 열정을 불러일으키는 사랑이다. 제1연의 묘사에 따르면 그 열정은 "미친 듯한 구애"로 이어지는 열정이고, 격렬한 "피리 소리와 북소리", "거친 황홀"을 불러일으키는 열정이다. 실로 사랑과 열정은, 설령 그것이 지상의 무상한 사랑을 상징으로 삼아 고지되는 영원한 것이어도, 결코 초감성적인 것일 수 없다. 보이지 않는 아름다움, 혹은 보이지 않는 아름다움으로서의 진리 역시 초감성적인 것이 아니라는 뜻이다.

얼핏 이러한 주장은 이율배반적으로 들리기 십상이다. 보이지 않는 아름다움이 초감성적인 것이 아니라면 대체 무엇일까? '들리는 선율보다 들리지 않는 선율이 더 아름답다'는 시인의 말은 감성적 아름다움보다 초감성적 아름다움이 더 아름답다는 것을 뜻하지 않을까? '아름다움이 곧 진리'라는 구절은 참된 아름다움이란 초감성적인 진리와 동일한 것이라는 것을 말해 주지 않는가? 이러한 의문들은 모두 두 가지의 그릇된 전제로부터 비롯된다. 아름다움으로서의 진리를 학문적 진리와 동일한 층위의 진리로서 간주함이 그 하나이다. 아름다움의 감각을 구체적 존재 상황으로부터 유리된 원자적 감각으로 간주함이 또 다른 하나이다.

칸트 역시 아름다움의 개념이 자아낼 수 있는 취미판단의 이율배반에 대해 논한다. 하지만 칸트가 논하는 취미판단의 이율배반은 아름다움이 일깨우는 영원함을 어떤 초감성적 존재의 표현으로 오인함으로 인해 생겨난 것에 불과하다. 『판단력 비판』에서 제기되는 취미판단의 이율배반은 실은 사이비 역설이라는 뜻이다.

잘 알려져 있듯이 취미판단의 이율배반은 ① 취미판단이 한낱 주관적인 것으로서 어떤 객관적·오성적 근거에 의해서도 규정되지 않는 것처럼 보이면서도, ② 동시에 마치 개별적 판단 주체들의 주관성과 무관하게 객관적인 근거를 갖는 것처럼 보편성을 요구한다는 점에 있다.[15] 칸트에게 이러한 문제는 분석론의 대상일 수 없다. 분석론은 논증의 근거가 될 기본적인 요소들을 확립하는 방법으로서, 본질적으로 논증의 요소로서 주어진 것들 중 확실하고 긴요한 것을 선별해 기본 요소로서 긍정하는 것을 목적으로 삼기 때문이다.

취미판단의 이율배반은 상이한 언명들이 이루는 모순, 즉 형식논리적으로 보면 부정되어야 마땅한 것을 상위의 이성적 원리에 호소함으로써 통일시키는 변증론적 과정을 통해서만 해소될 수 있다. 취미판단의 이율배반 속에서 나타나는 모순을 해결하게 할 상위의 이성적 원리를 칸트는 "우리 안에 있는 초감성적인 것"에서 구하면서 이를 "주관적인 것", "규정되지 않은 이념" 등으로 표현한다.[16] 우리 안에 있는 주관적이고 초감성적인 이념들에 호소함으로써 칸트는 현상적 세계의 규정으로부터 자유로운 인간의 지성적(noumenisch) 본체로서의 이성의 존재를 확증하면서, 동시에 이를 통해 주관적 합목적성의 이념을 정당화한다. 우리의 주관성과 자연의 화해를 가능하게 하는 것은 바로 이 주관적 합목적성의 이념이다. 이성이 자연에 주관적인 방식으로 부과한 합목적성으로

---

15 KU, §33.
16 KU, §57.

인해 우리 자신의 주관성에 근거한 미적·도덕적 판단이 자연에 부합하는 것과 같은 느낌이 일어나게 된다는 것이다.

하지만 초감성적 이성의 이념에 호소함으로써 생겨나는 것은 또 다른 이율배반일 뿐이다. 그것은 미적·도덕적 판단은 오직 현존재의 감성적 수용성에 근거해서만 내려질 수 있는 것이고, 필연적으로 존재자들 간의 상호작용의 관계를 전제할 수밖에 없다는 자명한 사실로부터의 당연한 귀결이다. 미적·도덕적 판단에 근거해 현존재가 행하는 행위가 현존재 자신의 존재를 긍정적인 방향으로 변화시킨다는 전제가 없는 한 미적·도덕적 판단은 무의미하다. 또한 자신의 존재를 미적·도덕적 차원에서 이루어질 변화의 가능성의 관점에서 이해할 수 있는 존재자만이 아름다움과 도덕의 관점에서 말과 행위의 의미를 헤아릴 수 있다. 결국 미적·도덕적 판단을 초감성적 이성의 작용으로 파악하는 것은 ① 미적·도덕적 판단은 감성적 존재자에 의해서만 행해질 수 있는 것이지만, ② 동시에 마치 판단을 내리는 존재자의 감성과 무관하게 어떤 변화의 가능성도 지니지 않은 초감성적 이성에 의해 행해지는 것처럼 파악되어야 한다는 이율배반으로 이어지게 된다. 이러한 이율배반은 최종적이고 해결이 불가능한 성질의 것이다. 판단의 최고 심급으로서 상정된 이성 개념 그 자체로부터 연원하는 이율배반은 다른 어떤 개념에의 호소를 통해 해소될 수 있는 성질의 것이 아니라는 뜻이다.

영원이란 무엇인가? 죽음을 향해 달려가는 유한한 존재자인 현존재에게 영원의 의미는 어떻게 알려지게 되는가? 그것은 감각, 오직 감각 때문이다. 변하는 존재자만이 시간의 의미를 헤아릴 수 있으며, 변화란 감각을 통해서만 감지되는 것이고, 영원은 변화 및 무상성의 이해에 필중적으로 수반되는 감각의 한 계기로서 알려지는 것이다.

영원에 대한 통상적인 견해는 대체로 두 가지로 나뉜다. 하나는 영원을 '시작도 끝도 없이 이어지는 시간'이라는 의미로 이해하는 것이다. 또 다른 하나는 영원을 초시간적인 어떤 것으로 이해하는 것이다. 양자는 모두 시간을 사물적인 존재자와의 유비 속에서 고찰한다. 전자는 영원을 사물의 선형적인 움직임과 유비함으로써 획득된 이해이며, 후자는 사물적 존재자의 존재 방식으로서의 시간성을 부정함으로써 획득된 이해이다. 마치 존재이해의 이율배반을 통해 영원의 관념을 얻는 식이다. 사물과의 유비를 통해 얻어진 것인 한, 영원은 결국 감각을 통해 알려진 관념일 수밖에 없다. 유비의 전제인 사물의 존재 자체가 감각함을 통해 알려진 것이기 때문이다. 하지만 영원은 감각을 통해 알려진 관념이어서는 안 된다. 오직 유한한 것만이 감각을 통해 알려질 수 있을 뿐 아니라 감각적으로 알려지는 사물과의 유비를 통해 얻어진 관념으로서의 영원은 그 자체 초감성적인 것으로서 상정된 것이기 때문이다.

영원에 대한 온당한 해명은 오직 감각의 본질에 대한 기초존재론적 해명을 통해서만 주어질 수 있다. 기초존재론적 존재 개념의 의미를 감각과 현존함 사이의 역동적 관계에 대한 이해를 바탕으로 재해석하는 것이 영원의 의미를 밝히는 데 있어서 필수적이라는 뜻이다.

기초존재론의 근본 명제는 바로 "존재는 순연한 초월"[17]이라는 언명이다. 존재는 왜 순연한 초월인가? 그것은 현존재에게 존재란 근원적으로 감각을 통해 드러나는 것이기 때문이다. 물론 근원적으로 존재를 드러내는 감각은 감각적 경험의 감각과 동일한 층위에서 논의될 수 없다.

17 SZ, 38쪽.

경험이란 오직 구체적 상황 속의 현존재, 이미 하나의 세계 안에 머물고 있는 자로서 자신을 의식하며 살아가는 현존재에게만 가능한 것이다. 순연한 초월로서의 존재는 존재론적으로 세계보다 더 근원적이다. 존재는 세계 및 세계 내적 존재자들의 존재로 환원될 수 없으며, 존재자적 존재이해는 존재의 근원적 의미로서의 순연한 초월에 추후로 뒤따르는 것이지 그 역은 아니기 때문이다. 이 말은, 순연한 초월로서의 존재는 인식과 행위의 대상일 수도 없고 인식과 행위를 통해 알려지는 것 역시 아니라는 뜻이기도 하다. 인식과 행위 자체가 하나의 세계 안에서 머물고 있는 현존재에 의해 행해지는 것이기 때문이다. 순연한 초월로서의 존재가 근원적으로 감각을 통해 드러나는 것일 수밖에 없는 이유가 바로 여기에 있다. 인식과 행위가 아니라 오직 감각만이 존재를 근원적인 방식으로 열어 밝힐 수 있는 것이다.

그렇다면 감각에 의해 존재는 왜 순연한 초월로서 열어 밝혀지게 되는가? 그것은 감각이란 언제나 하나의 경계 지음으로서 일어나는 것이기 때문이다. 감각에 의해 생겨나는 경계가 감각을 야기하는 어떤 존재자의 존재와 현존재 사이의 경계와 같은 것이라고 생각할 필요는 없다. 칸트식으로 표현하면 존재자의 존재는 오성의 작용을 통하지 않으면 알려질 수 없는 것이기 때문이다. 다만 감각이란 존재자의 존재로 합성되기를 기다리는 감각 질료와 같은 것으로 환원될 수 없는 것임은 먼저 분명히 해 둘 필요가 있다. 감각은 감각에 의해 일깨워진 의식, 감각 자체를 자신의 존재로 환원될 수 없는 초월적인 것으로서 수용하는 그러한 의식적 존재자의 것으로서만 일어날 수 있다. 감각에 의해 일어나는 감각과 현존재 사이의 경계가 가장 근원적인 존재 상황으로서의 초월이며, 현존재란 무엇보다도 우선 이러한 초월적 존재 상황에 처한 자로서 감각의 부름에 응답하는 존재자이다. 현존재의 관점에서 보면 감각의 부름에 응답함이 현존재의 시원적인 존재 방식이다. 오직 이론적 반성을 통해서만 감각의 수용이 감각의 부름에 응답함보다 먼저 일어난 것이라는 성찰에 도달할 수 있다. 현존재 자신은 언제나 이미 감각의 부름에 응답하는 존재자로서 존재할 뿐이다. 현존함 자체가 감각에 의해 이미 깨어나 있음을 함축하는 말이기 때문이다.

감각의 부름에 응답하는 자로서 현존재의 존재는 경계 지어져 있다. 즉 현존재의 존재는 유한성인 것이다. 그러나 현존재의 존재로서의 유한성은 무한성의 상징일 뿐이다. 현존재의 시원적 존재 방식이 감각의 부름에 응답함이기에 현존재는 오직 감각과의 통일성, 즉 무-한성 속에서만 존재할 수 있는 것이다. 여기에는 어떤 이율배반 같은 것은 전혀 포함되어 있지 않다. 그것은 감각에 의해 경계 지어진 것은 자기의 존재로 환원될 수 없는 그 어떤 것과의 초월적 관계 맺음을 통해서만 존재할 수 있다는 자명한 존재론적 진실로부터의 필증적 귀결일 뿐이다. 감각이 현존재에게 속해 있는 것이 아니라 실은 현존재의 존재가 감각에 속해 있다. 감각이 일깨우는 것은 바로 무한성이며, 현존함이란 무한성의 상징으로서의 유한성으로 존재함을 뜻하는 말이기 때문이다.

감각이 일깨우는 무한성은 그 근원적 의미에서는 공간적이라기보다 차라리 시간적이다. 감각의 시원적 순간은 아직 감각의 근원으로서의 존재자의 존재가 정립되기 전이기 때문이다. 또한 감각이란 원래 공간적 깊이와 무관한 것이라는 점에서도 그러하다. 감각의 시원적 순간은 결국 어떤 공간적 깊이도 없는 곳, 즉 장소 아닌 곳에서 일어나는 변화의 순간이며, 변화에 대한 각성은 이전과 이후를 가르는 지금의 의식을 수반하는 것으로서만 일어날 수 있다. 감각이 이전과 이후를 가르는 경계 지음으로서 일어나는 것인 한, 감각의 부름에 응답하는 현존재는 시간을 그 유한성의 관점에서 이해할 수 있을 뿐이다. 경계에 의해 한정된 이전과 이후를 전제로 하지 않는 시간 의식은 있을 수 없으며, 그런 한 시간은 유한한 이전과 유한한 이후의 통일성 외에 다른 아무것도 아니라는 뜻이다. 그러나 유한한 이전도 실은 유한한 것이 아니며 유한한 이후도 실은 유한한 것이 아니다. 이전과 이후를 가르는 경계에 의해 일깨워진 것은 유한한 이전과 이후의 경계 없음, 지금의 경계 외에 이전을 앞질러 가로지르는 경계도 존재하지 않으며 이후를 추후로 가로지르는 경계 또한 존재하지 않는다는 시간의 진실 외에 다른 아무것도 아니기 때문이다. 시간이 늘 영원과 더불어 의식되는 이유가 바로 여기에 있다. 영원이란 결국 감각의 경계 없음이며, 경계 지음으로서 일어나는 감각의 순간을 유한성과 무한성의 근원적 통일성이 고지되는 순간으로서 직관함인 것이다.

시원적 감각은 그 자체로 존재의 아름다움이 고지되는 순간일까? 이러한 물음에 대한 해명은 보다 복잡하고 섬세한 논증을 요구한다. 한 가지 분명한 것은 아름다움이란 그 체험의 순간에 있어서는 늘 새로운 것으로서 일어나는 감각이라는 사실이다. 감각의 하나로서 아름다움 역시 경계 지으며, 아름다움의 감각에 의해 경계 지어진 것은 무엇보다도 우선 아름다움 자체와 현존재이다. 즉 아름다움은 현존재에게 초월로서 고지되는 것이며, 초월로서 고지되는 한, 아름다움은 결코 현존재에 의해 붙잡힐 수 있는 것이 아니다. 초월은 결국 어떤 존재자로도 환원될 수 없는 존재 자체의 이름이며, 한 존재자로서 현존재의 존재 역시 초월적인 것으로서만 가능하기 때문이다.

시인은 마지막 연에서 고대 그리스 항아리를 향해 "그대는 침묵의 형상이며, 마치 영원이 그러하듯 우리를 생각 밖으로 몰아낸다"고 말한다. 고대 그리스 항아리의 아름다움은 왜 우리를 생각 밖으로 몰아내는가? 그것은 아름다움의 감각 자체가 어떤 인식과 행위의 대상도 존재하지 않는 시원적 존재 상황으로서의 초월을 지시하기 때문이다. 그렇다면 영원이 우리를 생각 밖으로 몰아내는 까닭은 무엇인가? 그것은 시원적 존재 상황으로서의 초월이란 그 자체로 이미 영원의 표지이자 상징으로 작용하는 것이기 때문이다. 아름다움의 감각에 의해 생겨나는 경계는 역시 다른 감각들과 마찬가지로 유한성과 무한성을 함께 일깨우기 마련인 것이다. 게다가 아름다움의 감각에 의해 초월로서의 존재가 드러난 것인 한, 지금 아름다움을 느끼는 자는 영원히 붙잡을 수 없는 아름다움을 향한 열정에 사로잡힌 자로서 존재할 수 있을 뿐이다. 감각이란 본디, 아름다움의 감각을 포함해, 현존재에 귀속될 수 없는 것인 바, 현존함 자체가 이미 감각과의 초월적 관계 속에서 머무름을 뜻하기 때문이다.[18]

"아름다움이 진리이며 진리가 아름다움"이라는 시인의 노래는 아름다움의 감각을 초월로서의 존재 자체가 드러나는 순간으로서 고지한다. 그런 한 아름다움으로서의 진리는 인식과 행위가 멈춘 곳에서 비로소 드러나는 근원적 진리이다. 존재론의 관점에서 보면 진리의 근원적 의미는 존재 자체의 드러남인 것이다.

---

18 다음의 논문에 현존함을 감각과의 초월적 관계 속에 머무름으로 해석하는 것에 관련된 보다 상세한 언명들이 수록되어 있다: 한상연, 「시간과 감각: 제임스 조이스의 『젊은 예술가의 초상』을 예시로 삼아 전개된 시간의 존재론」, 『현대유럽철학연구』 제38집 (2015년 7월), 특히 292쪽 이하 참조.

5. 닫는 글을 대신하여: 열정과 아름다움

「고대 그리스 항아리」에 대한 이 글의 철학적 해석은 키츠의 이 시가 예술 작품 속에 형상화된 인간의 정열에 대한 에크프라시스일 뿐 아니라 인간 현존재의 존재 일반에 대한 에크프라시스이기도 하다는 근본 전제에서 출발한다. 그러나 이러한 근본 명제가 감각 일반에 대한 존재론적 분석을 통해 올바른 것으로서 검증되리라 믿는 것은 한가롭고 치열하지 못한 정신에게서나 일어날 일이다. 그러한 분석만을 통해서는 실은 "아름다움이 진리이며 진리가 아름다움"이라는 말의 의미조차 온전히 해명될 수 없는 것이다.

중요한 것은 왜 아름다움의 감각이 우리에게 그토록 특별한 의미를 지니는지 이해하는 일이다. 왜 시인은 하필 아름다움을 인간 현존재의 존재 일반에 대한 에크프라시스로서의 시 짓기에 적합하다고 여겼을까? 경계 지음이 감각의 일반적인 특성이라면, 그리고 감각에 의한 경계 지음이 유한성과 무한성의 근원적 통일성을 드러내는 것이라면, 다른 감각들에 비해 아름다움의 감각이 특별한 위치를 점할 이유도 없는 것이 아닐까?

이러한 의문에 대한 해답은 단순하고 분명하다. 그것은 오직 아름다움의 감각만이 우리에게 스스로 우리가 느낀 감각 그 자체와 같이 되고자 하는 소망과 의지를 불러일으킨다는 것이다. 사탕이 달콤하다고 해서 스스로 달콤한 사탕이 되기를 원하는 사람은 없다. 고기의 맛이 좋다고 해서 스스로 맛있는 고기가 되어 다른 사람에게 먹히기를 원하는 사람이 있을 리는 만무하다. 그러나 아름다움의 감각은 우리에게서 늘 스스로 아름다워지고자 하는 소망과 의지를 불러일으키기 마련이다.[19]

바로 이러한 점에서도 아름다움에 대한 판단의 근거를 대상에 대한 무관심성에서 발견하기를 원했던 칸트의 시도는 한계를 드러낸다. 실은 아름다움이야말로 우리에게서 가장 강렬하고도 근본적인 관심을 불러일으키는 감각이다. 여타의 감각들에 의해 일깨워지는 관심은 대상을 소유하거나 향유함으로써 끝이 난다. 이미 내 것이 되고 또 실컷 향유한 것에 대해 특별히 관심을 둘 이유는 전혀 없는 것이다. 그러나 아름다움에 의해 일깨워진 관심은 대상에 대한 관심을 일깨울 뿐 아니라 대상을 소유하거나 향유함으로써 끝날 수 있는 것이 아니다. 그것은 더 이상 아름다움을 느끼지 못할 만큼 스스로 완벽하게, 모든 가능한 아름다움의 총체로서, 아름다워지지 않으면 결코 끝나지 않는 것이다.

그렇기에 아름다움은 결국 두 가지의 아픔의 원인이 된다. 하나는 아름다움이 아름다운 존재자를 향한 관심과 열정으로 이어지기에 생겨나는 아픔이다. 꽃을 사랑하는 자는 꽃의 이욺을 슬퍼할 것이며, 연인을 사랑하는 자는 연인이 늙어 감을 안타까워할 것이다. 그것은 사랑의 아름다움이 늘 영원을 향한 소망을 일깨우기 때문에 일어나는 일이다. 아름다운 것은 결국 좋은 것이고, 내게 아름다움의 의미를 일깨워 준 존재자는 소중하며, 그렇기에 아름다운 존재자와 자신이 영원히 함께 있기를 바라는 소망을 지니는 것은 현존재에게는 숙명과도 같은 일인 것이다. 또 다른 하나는 아름다움 자체가 영원히 붙잡을 수 없는 것으로서 현존재에게 아름다움을 향한 열정을 불러일으키기에 생겨나는 아픔이다. 결국 현존재에게 아름다움은 근원적인 방식으로 초월적인 것이며, 이는 현존재의 존재 자체가 오직 현존재의 존재로 환원될 수 없는 아름

---

19 한상연, 『철학을 삼킨 예술』, 동녘, 2015, 19쪽 이하 참조.

다움과의 초월적 관계 속에서만 가능하다는 것을 의미한다. 결국 현존재의 존재는 「고대 그리스 항아리」의 청년처럼 결코 자신의 것이 될 수 없는 아름다움을 향한 갈애로 인해 시달리는 자일 수밖에 없다.

그러나 아름다움에 담긴 이러한 진실이 현존재를 근원적으로 나약하고 감상적인 존재자로 만든다고 여길 이유는 없다. 시인이 마지막 연에서 노래하듯이 고대 그리스 항아리에 형상화된 아름다움은 "우리를 생각 밖으로 몰아낸다." 여기서 몰아냄은 냉엄함의 의미를 함축하는 시어이다. 고대 그리스 항아리로부터 울려오는 선율은 "차가운 목가"인 것이다. 그 차가운 목가는 누가 부르는 것인가? 그것은 에크프라시스를 행하는 시인에게는 고대 그리스 항아리로부터 울려오는 것이지만, 이미 행해진 에크프라시스로서의 시의 감상자인 현존재에게는 시인 자신으로부터 울려오는 것이다. 그러나 시인은 결코 한 개인으로서의 시인이라는 의미만을 지니지 않는다. 시인이 행한 에크프라시스는 결국 현존재의 존재 일반에 대한 에크프라시스이다. 차가운 목가는 아름다움이란 결코 붙잡을 수 없는 것으로서 곁에 있으며, 아름다움을 향한 열정은 영원히 실현될 수 없는 것을 소망함으로 인해 생겨나는 열정임을 깨달은 현존재의 차갑고도 청명한 정신으로부터 흘러나오는 것이다.

그렇기에 시인은 시를 다음과 같이 맺는다.

지금의 세대가 늙어 쇠하게 될 때
그대는 지금과는 다른 고통의 한 가운데서, 인간의
친구로 남아 인간에게 이렇게 말할 것이다.
"아름다움이 진리이며 진리가 아름다움이나니," — 이것이 땅 위에서
너희가 아는 모든 것이고, 너희가 알아야 할 모든 것이다.

지금의 세대가 늙어 쇠하게 될 때 고대 그리스 항아리는 왜 지금과 다른 고통을 겪게 되는가? 그것은 에크프라시스의 대상으로서의 고대 그리스 항아리가 실은 현존재의 존재 일반이기 때문이다. 언제나 이미 임박해 있는 죽음을 더 이상 망각하기 어려워졌을 때 현존재는 불현듯 영원이란 실은 망념과도 같은 것에 불과할 수 있다는 사실에 새삼 눈을 뜬다. 끝 간데없는 허무의 심연이 현존재의 노쇠한 정신을 위협하는 것이다. 그러나 상관이야 있겠는가? 에피쿠로스와 같은 고대 그리스의 원자론자들이나 스토아의 현자들이 말해 주듯 살아 있는 동안 죽음은 아직 나의 것이 아니며 죽은 뒤에는 죽음을 기다릴 나는 이미 존재하지 않는다. 현존재의 존재에는 영원히 자기의 것이 되지 않을 아름다움을 향한 열정과 더불어 존재함이 현존함의 유일무이한 가능성이라는 진실이 속해 있는 것이다.

　게다가, 아름다움이 사라진 삶, 온몸과 정성을 다해 관심을 기울이고 열정을 바칠 그러한 아름다움이 사라진 삶이란 그저 무의미할 뿐이다. 그러니 현존재는 차갑고 청명한 정신으로 자신의 삶이 결코 자신의 것이 될 수 없는 아름다움을 향한 열정의 힘으로 추동되고 있음을 받아들이고 또 즐겁게 노래해야 한다. 결국 아름다움은 자신의 것이 될 수 없는 것으로서만 영원할 수 있다. '아름다움이 진리이고 진리가 곧 아름다움'임이 지상의 우리가 아는 모든 것이고, 알아야 할 모든 것인 이유가 바로 여기에 있다. 이러한 진리는 아름다움에의 열정이 불러일으킬 모든 고통과 슬픔을 기꺼운 마음으로 껴안을 수 있는 자만이 받아들일 수 있다. 고통과 슬픔으로 가득 찬 삶마저도 순수한 기쁨과 긍정의 정신으로 사랑할 수 있는 자만이 아름다움을 통해 고지되는 진리, 아름다움 그 자체로서의 진리를 헤아릴 수 있는 것이다.

| 참고문헌 |

강영안, 『칸트의 형이상학과 표상적 사유』, 서강대학교출판부, 2009.

백종현, 『칸트 이성철학 9서 5제』, 아카넷, 2012.

벤첼, Ch. H., 『칸트 미학』, 박배형 옮김, 그린비, 2012.

한상연, 『철학을 삼킨 예술』, 동녘, 2015.

한상연, 「시간과 감각: 제임스 조이스의 『젊은 예술가의 초상』을 예시로 삼아 전개된 시
　　간의 존재론」, 『현대유럽철학연구』 제38집 (2015년 7월). 279-315.

Smith, A., *The Theory of Moral Sentiments*, Indianapolis 1984.

Eliot, T. S., *Selected Essays, 1917-1932*, Faber & Faber: London 1932.

Höffe, O., *Immanuel Kant*, München 1988.

Keats, J., *The Poetical Works of John Keats*, edit. by W. T. Arnold, London 1884.

Richards, I. A., *Practical Criticism*, London 1929.

Ridley, M., *Keats' Craftsmanship*, Oxford 1933.

Schopenhauer, A., *Die Welt als Wille und Vorstellung I,* Mannheim 1988

Spinoza, B., translations by S. Shirley, *Complete Works*, Indianapolis / Cambridge 2002.

살/몸과 세계:

『거장과 마르가리타』 제1장-제3장에 나타난 선과 악,
그리고 절대선의 표지로서 드러나는 세계의 세계성에 관한 성찰

녹색 기억

한상연

나는 때로 벼랑 끝에 서서
녹색의 메마른 눈빛을 지닌 한 사내의 얼굴을 본다.
그의 혀는 녹고 있다. 하여 태양은
끝도 없이 펼쳐진 대양의 심연 속으로 절망하며 사라져 가고

입맞춤, 타오르는 유골 상자 속의 기억들이
성마름, 때 이른 죽음의 급작스러움에 놀라 울부짖느니

그럼 나는 벼랑 끝에서 몸을 날리며
사라진 태양의 가라앉음을 찾아 나 또한
깊이 가라앉아 버릴 것을 소망한다.
오, 부적절한 교성, 죽음을 즐기듯 녹색의
메마른 눈이 희번덕거리며
녹아 버린 혀 끝으로 단음절의, 음, 혹은 긴 단, 의
신음, 길어
마음 깊이 흔적을 남기는 소리를 남기느니 그럼 나는 벼랑 끝에서
사내의 정수리를 돌로 내리쳐 오, 적절하게 끊어지는
단말마의 비명소리가 그의 입술로부터 터져 나오게 한다.

그의 뼈를 갈고 빻아 사방으로 날리라.

그의 뼈를 갈고 빻아 어디든 흩뿌리라.

사라지라, 그대의

마음이 사라지고 육신이 사라지고 희망 또한 사라져

나의 손에 죽임을 당한 사내의

녹색의

메마른 눈빛이

그대의 노여움의 나의 연인의

가슴, 의 가장 남루한 곳으로 향할 수 있도록.

1. 여는 글: 선과 악의 문제를 다룸에 있어서
   존재론적 해명이 지니는 절대적 우선성

미하일 불가코프의 소설 『거장과 마르가리타』는 "나는 영원히 악을 바라지만 영원히 선을 행하게 되는 그 힘의 분신"[01]이라는 『파우스트』의 한 구절을 인용하면서 시작한다. 악은 무엇인가? 선은 또 무엇이며, 영원히 악하고 싶지만 결국 선을 행하게 되는 그러한 힘은 어떻게 가능한가? 분명 이러한 물음은 꽤나 오래된 철학적 주제를 향하고 있다. 그런 점에서 그것은 전통 철학적이며, 그 자체로 존재론적 성격을 띠지는 않는다. 하지만 그 온당한 해명은 존재론적 성찰을 통해서만 가능할 수 있다. 선과 악은 현존재가 자신에게 행하는 존재 규정과 유리된 채 알려질 수 있는 것이 아니기 때문이다.

아마 민감한 독자라면 이 글의 서두에 대해 다음과 같이 문제 제기를 할 수도 있을 것이다. "선과 악이 무엇인지 묻는 것과 영원히 악하고 싶지만 결국 선을 행하게 되는 그러한 힘이 어떻게 가능한지" 묻는 것은 결코 같은 층위의 논의일 수 없다. 선과 악은 윤리적 존재자로서의 인간에게는 언제나 이미 알려져 있는 보편적 개념들인 반면 악을 원하되 결

---

01   MM, 1(쪽수 표기 없음. 로마자로 쪽수 표기된 역자 서문과 7쪽부터 시작되는 본문 사이에 위치).

국 선을 행하게 되는 그러한 힘의 존재는 그렇지 않기 때문이다. 글의 서두에서 그러한 힘이 어떻게 가능한지 묻는 것은, 이 물음이 그러한 힘이 존재함을 암묵적으로 전제한다는 점에서, 철학적으로 부적절한 일일 수밖에 없다. 그것은 논증을 통해 증명되어야 할 성질의 명제를 논증의 기본 전제로 삼는 논리적 오류를 범하는 것과 다르지 않다.

이러한 지적은 물론 의심의 여지없이 옳다. 그렇다면 이 글에서 가장 먼저 해명되어야만 하는 문제를 다음과 같이 표현해 보자. "하나의 사물로서 현존하지 않는 선과 악에 관해 말하며 서로 긍정하거나 논박하는 일은 우리에게 어떻게 가능해지는가?" 이러한 물음은 앞서 제기된 다른 물음들과 달리 이미 그 자체로 존재론적이다. 물음에 걸려 있는 것이 현존재의 존재와 유리된 어떤 형이상학적 이념으로서의 선과 악이 아니라 선과 악에 관해 남과 함께 논할 수 있는 현존재의 존재 방식 및 존재 구조인 것이다. 또한 그것은 선과 악을 둘러싼 다기한 전통적 이론들 중 어느 하나도 취하지 않고 출발하는, 근본적으로 무전제성의 성격을 띠는 물음이다. 물음에 걸려 있는 현존재의 존재 방식 및 존재 구조는 선과 악의 해석과 이해에 추후로 뒤따르는 것으로서가 아니라 그에 앞서 있는 것으로서 판단될 수밖에 없는 것이다.

사람들 중에는 선이나 악을 실체적인 것으로 이해하는 이도 있고 그와 반대로 비실체적인 것으로 이해하는 이도 있다. 신이나 악마가 있음을, 혹은 어떤 불변하는 이념으로서의 선과 악이 있음을 믿는 이가 전자의 표본적인 예이며, 이와 반대로 신과 악마, 불변하는 이념으로서의 선과 악이 있음을 믿지 않는, 그래서 선하거나 악한 말과 행동은 있을 수 있어도 어떤 실체로서의 선과 악, 신이나 악마처럼 선과 악을 자신의 본질 규정으로서 지니는 그러한 존재자는 존재할 수 없다고 생각하는 이가 후자의 표본적인 예이다. 또한 신과 악마의 존재 여부와 무관하게 선과 악, 혹은 선하거나 악한 인간의 말과 행동을 인간의 어떤 불변하는 본성에 기인하는 것으로 이해하는 이도 있고 이와는 아주 상반되게도 선과 악의 문제를 삶의 상황 속에서 발생하는 다기한 현상들에 대한 주관적이고 자의적인 해석의 문제에 불과한 것으로 이해하는 이도 있다.

그들 중 누가 올바른지 따지는 것은 이 글의 목적이 아니다. 이 글은 다만 선과 악의 이해를 가능하게 하는 현존재의 근원적 존재 방식 및 존재 구조를 밝히고자 할 뿐이며, 이 글의 논의 속에서 선과 악에 관한 철학적 정의와도 같은 것이 제시된다 하더라도 그것이 선과 악의 실체성 문제, 존재 여부의 문제 등에 관한 어떤 이론적 확정으로서의 의미를 지니는 것은 아니다. 오직 현존재의 근원적 존재 방식 및 존재 구조 그 자체로부터 연원하는 것으로서 정립될 수 있는 명제만이 이 글에서는 타당할 수 있다. 이 말은 물론 이 글의 논의가 선과 악을 둘러싼 철학적 문제들의 해명에 아무 기여도 하지 않는다는 뜻은 아니다.

현존재의 근원적 존재 방식 및 존재 구조 그 자체로부터 연원하는 것으로서 정립되는 존재론적 명제는 현존재의 운명을 밝히는 명제이다. 예컨대 마음 씀(Sorge)이라는 현존재의 근원적 존재 방식으로부터 '도구적 의미 연관과 더불어 열린 세계 안에 존재할 수밖에 없는 현존재의 운명'이, 죽음을 향한 존재라는 현존재의 근원적 존재 구조로부터 그러한 '세계의 근원적 무성을 자각할 현존재의 운명'이 밝혀지는 것이다. 물론 존재론을 위해 '세계는 실재하는가?', '세계는 정말 무에 불과한 것인가?' 등의 물음을 던지는 것은 무의미하다. 설령 누군가 세계는 실재하는 것이 아니라고 과학적으로 증명해 낸다고 하더라도 현존재는 여전히 세계-안에-있는 자로서 존재할 것이며, 자기 세계(Selbstwelt)와의 관계 속에서 자신의 존재를 이해하기를 그치지 않을 것이다. 이와 반대로 누군가 세계는 정말 실재하는 것이라고 과학적으로 증명해 낸다고 하더라도 현존재가 세계의 근원적 무성을 자각할 수 있는 가능성과 더불어 존재하기를 멈추게 되는 것은 아니다.

현존재의 근원적 존재 방식 및 존재 구조 그 자체로부터 연원하는 존재론적 명제들은, 적어도 물음에 걸려 있는 것이 현존재의 존재로부터 추상적으로 유리될 수 있는 것이 아닌 한에서, 과학적 명제들을 포함하는 일체의 이론 명제들에 우선한다. 이 말은, 선과 악이 현존재의 존재로부터 추상적으로 유리될 수 있는 것이 아니라는 바로 그러한 점에서, 선과 악에 관한 존재론적 명제들이 일체의 이론 명제들에 우선한다는 뜻이기도 하다.

2. 윤리적 상대주의에 대한 존재론적 기술

『거장과 마르가리타』는 선과 악의 존재론적 해명이 왜 일체의 이론 명제들에 우선할 수밖에 없는지 잘 드러내는 작품이다.[02] 제1장에서 제3

---

02 『거장과 마르가리타』에서 선과 악에 관한 존재론적 해명이 발견된다는 필자의 주장에 관련해서는 다음의 글을 참조해 보면 좋을 것이다: V. Spira, God, Evil, and the Saviour: Hermenutics and the Reconstruction of a Character in Bulgakov's The Master and Margarita, in: T. Fabiny (Ed.), *Literary Theory and Biblical Hermeneutics*, Szeged 1992. 이 글은 『거장과 마르가리타』가 복음서의 신뢰할 만한 재구성의 문제 및 참된 해석학자의 존재가능성의 문제를 다루고 있다고 지적하면서 이러한 주장을 바흐친, 가다머 등의 해석학적 관점에 입각해서 밝혀 나간다. 아쉽게도 이 글에서는 『거장과 마르가리타』에 나타나는 해석학적 관점의 존재론적 토대에 관한 성찰은 거의 보이지 않는다. 그 대신 『거장과 마르가리타』에 나

장에 걸쳐 전개되는, 기이하고 마술적이며 우스꽝스러울 정도로 몽환적인 이야기들은 두 가지 죽음을 둘러싸고 전개된다. 하나는 소비에트 작가협의회 회장인 베를리오즈의 죽음으로, 그는 사고로 머리가 잘려 죽는다. 또 다른 하나는 예슈아 하노츠리의 예정된 죽음으로, 그는 빌라도의 호감을 사 무죄 선고를 받기 직전 '진리의 왕국이 도래할 것임'을 선포한 사실이 알려져 사형 선고를 받고 만다. 이미 일어난 베를리오즈의 죽음과 일어날 것으로서 확정된 예슈아의 죽음은 모두 예시적이다. 양자가 모두 '죽음을 향해 가는 존재자로서의 현존재는 선악에 기초한 심판으로부터 자유로울 수 없다'는 것을 상징적으로 드러낸다.

홍미로운 것은 『거장과 마르가리타』의 존재론적 관점이 ―이 작품이 어떤 의미에서 존재론적인지는 차차 드러나게 될 것이다― 선과 악에 관한 두 가지 부류의 상대주의적 관점과의 대결 속에서 제시되고 있다는 점이다. 하나는 소비에트 작가협의회의 회장인 베를리오즈에 의해 대변되는 유물론적 상대주의이고 또 다른 하나는 예슈아의 심판자 빌라도로 대변되는 현실주의적 상대주의이다. 여기서 유물론은 오직 물질

타나는 다양하고도 중층적인 선악의 의미들을 해석학적으로 풀어내면서 동시에 이를 러시아의 기독교적 실존주의 철학자인 니콜라이 베르댜에프의 사상과 연결시키는 방식의 논증이 자주 등장한다. 베르댜에프의 창조성과 자유 개념이 불가코프에게 많은 영향을 끼쳤다는 이 글의 주장은 옳다. 그리고 양자가 전체주의적이고 경직된 소비에트적 삶의 방식에 맞서 개인의 창의성과 자유를 강조했다는 점은 분명 『거장과 마르가리타』에 대한 존재론적 해명에 중요하다. 비본래적이고 몰개성적인 일상성의 한계를 자각하고 본래성과 고유함을 회복하고자 결단할 수 있는 현존재의 근원적 가능성이야말로 하이데거에 의해 확립된 기초존재론의 출발점인 것이다. 하지만 가장 근본적인 문제는 결국 『거장과 마르가리타』에 등장하는 다양하고도 중층적인 선악의 의미들의 산출, 구성, 이해 가능성 등의 존재 지반을 밝히는 것일 수밖에 없다. 오직 이러한 작업을 통해서만 작품 속에서 제시된 선악의 의미들의 현실성 및 철학적 타당성 여부가 판가름날 수 있는 것이다.

적인 것만이 실재하는 것일 수 있다는 입장을 뜻하고, 현실주의는 현실
세계를 지배하는 권력의 논리에 의해 구성되는 세계의 의미 연관을 자
명하고 당연한 것으로서 수용하는 입장을 뜻한다. 논리적으로 보면 유
물론자와 현실주의자의 세계관은 다를 수 있다. 양자 사이의 가장 커다
란 차이는 유물론자의 세계관은 삶과 세계의 본질에 관한 철학적 성찰
에 기초해 있는 반면 현실주의자의 세계관은 세계를 지배하는 힘의 논
리에 관한 냉정한 인식에 기초해 있다는 점이다. 세계를 지배하는 것이
신이든 악마든 혹은 인간이든 현실주의자에게는 중요하지 않다. 그에
게 중요한 것은 '오직 현실 속에서 작용하는 힘만이 실제적인 힘일 수 있
으며, 인간에게 현실이란 결국 권력의 논리에 의해 지배되는 세계를 뜻
할 수밖에 없다'는 자명한 사실이다.

아마 어떤 이는 이와 같은 의미에서의 현실주의와 유물론이 자동적으
로 윤리적 상대주의로 귀결되지는 않는다고 지적하고 싶어 할지도 모르
겠다. 어떤 의미에서는 정말 그렇다. 예컨대 현실주의자나 유물론자가
'현실 세계 혹은 물질세계를 지배하는 어떤 객관적인 법칙이 있어서 현
실 세계 혹은 물질세계에서 구성되는 선과 악의 의미 역시 이러한 법칙
의 작용에 의해 결정되는 법'이라고 믿는다고 생각해 보자. 이렇게 생각
하는 현실주의자나 유물론자는 선과 악의 의미가 특정한 개인이나 집단
의 자의에 의해 변경될 수 있다고 여기지 않는다는 점에서 윤리적 상대
주의자로 취급되지 않을 수도 있고, 경우에 따라서는 심지어 윤리적 절
대주의자로 여겨질 수도 있다.

그러나 이런 경우에도 현실주의자와 유물론자를 상대주의자로 규정
하는 것이 부당한 것은 아니다. 선과 악의 의미 구성이야 그렇다 하더
라도 현실 세계 혹은 물질세계를 지배하는 객관적인 법칙에 의해 구성

된 선과 악의 의미에 거스를 수 있는 인간의 가능성이 부정되는 것은 아니기 때문이다.

제2장에서 "모든 권력은 인민에 대한 폭력의 형태로 등장하며, 언젠가 진리와 정의의 왕국이, 카이사르에 의한 지배나 그 밖에 다른 어떤 형태의 지배도 없어질 시대가 도래할 것"[03]이라는 예슈아의 선포에 대해 빌라도가 보이는 반응이 이러한 사실을 잘 드러낸다. 빌라도는 예슈아에게 "어떤 로마 총독이 그 따위 말을 한 인간을 풀어 줄 수 있겠느냐"[04]고 반문한다. 예슈아에게 벌을 내려야만 한다는 빌라도의 생각은 현실 권력에 의해 의미 구성된 선과 악의 절대성을 흔들 수 있는 적어도 두 가지 이상의 가능성에 그가 눈뜨고 있다는 것을 잘 드러낸다. 첫째, 세상에는 현실 권력에 의해 의미 구성된 선과 악의 절대성을 받아들이지 않는 인간들이 있을 수 있으며, 그러한 자들의 말과 사상에 의해 현실 권력이 흔들리거나 심지어 무너질 수도 있다는 가능성이다. "티베리우스 황제의 통치보다 더 위대하고 더 완전한 정부는 있어 본 적이 없으며 앞으로도 있지 않을 것"[05]이라는 빌라도의 준엄한 선포는 '지구는 태양의 주위를 돌고 있다'는 식의 사실 명제가 아니다. 차라리 그것은 그래야만 한다는, 티베리우스 황제의 통치하에 있는 모든 인간들은 그런 확신과 더불어 삶을 영위해야 한다는, 당위의 명제이다. 그렇지 않다면 그는 예슈아의 말을 듣고 분노할 이유도, 그에게 벌을 내릴 이유도 발견하지 못했을 것이다. 권력에 의해 정당화되는 형벌이란 결국 권력을 불

---

03 MM, 30쪽.
04 MM, 31-32쪽.
05 MM, 30쪽.

안하게 하거나 무너뜨릴 위험성을 제거하고자 하는 의지의 표현 이상도 이하도 아닌 것이다. 둘째, 빌라도 자신이 현실 권력에 의해 의미 구성된 선과 악의 절대성을 받아들이지 않을 가능성이다. 여기서 빌라도가 로마 황제에게 절대적 충성을 바치는 자인지 그렇지 않은 자인지 따지는 것은 부차적인 의미만을 지닌다. 만약 빌라도가 로마 황제에게 절대적 충성을 바치는 자라면 그는 결코 의도적으로는 로마 황제를 정점으로 삼는 현실 권력의 논리에 반하는 말과 행동을 하지 않을 것이다. 하지만 현존재에게 권력의 논리란 순간순간의 상황 속에서 판단되고 해석될 이해의 대상으로 존재하는 것이지 현존재로 하여금 현존재 자신의 생각이나 의지와는 무관하게 어떤 말과 행동을 하게끔 무조건적으로 강제하는, 순전히 물리적이기만 한 힘으로 존재하는 것이 아니다. 권력의 논리에 대한 부적절하거나 불충분한 이해로 말미암아 권력의 논리에 반하는 말과 행동을 하게 될 가능성으로부터 절대적으로 자유로울 수 있는 인간은 있을 수 없다. '진리와 정의의 왕국이 도래할 것임을 선포한 자를 풀어 줄 수 있는 로마 총독은 있지 않다'는 빌라도의 말은 '모든 로마 총독은 언제나 권력의 논리에 충실하게 말하고 행동하는 법이다'라는 사실 명제가 아니다. 그것은 기껏해야 '진리와 정의의 왕국의 도래를 선포하는 자를 풀어 주는 경우 상위의 권력에 의해 벌을 받게 되리라는 것은 너무 분명해서 어떤 로마 총독도 그런 어리석은 일을 범하려 하지 않을 것이다'라는, 현실주의적 관점과 논리에 의해 제기되는 행위의 가능성에 대한 언명일 뿐이다.

결국 빌라도의 현실주의는 그것이 현실 권력의 논리에 의해 구성된 선과 악의 기준에 상응하지 않는 방식으로 말하고 행동하는 인간이 존재할 가능성이 있다는 생각, 그러한 가능성의 존재는 현실 권력을 불안정하게 하거나 심지어 무너뜨릴 수도 있는 가능성의 존재와 결코 다르지 않다는 생각을 배제하지 못하는 셈이다. 현실주의는, 그 근본적인 의미에서는, 상대주의로부터 결코 자유로울 수 없다. 권력은 결국 통제하고 억압하려는 의지, 다수의 힘을 분산시키고 무력화하거나 반대로 권력이 원하는 방향으로 몰아세우려는 의지와 불가분의 관계를 맺을 수밖에 없기 때문이다. 바로 이러한 의지가 일어날 근본 조건이 앞에서 언급된 두 가능성의 자각과 인정이다. 현실주의는 절대시될 수 없는 것을 절대시하고자 하는 소망과 의지의 표현인 것이다.

그렇다면 유물론의 경우는 어떨까? 윤리학적 관점에서 보았을 때 유물론이 근본적으로 상대주의적일 수밖에 없다는 주장을 펼치는 것은 별로 어려운 일이 아니다. 선과 악을 포함한 모든 정신적인 이념들은 유물론자에게 헛된 환영 같은 것에 불과하거나 기껏해야 물질 작용의 부산물에 불과하다. 설령 선과 악의 의미 구성이 물질세계를 지배하는 어떤 객관적 법칙에 의해 이루어지는 것이라는 관점을 취한다 하더라도 유물론자에게 선과 악이란 결국 무와도 같다. 사실 유물론은 언제나 이미 공동 현존재와의 윤리적 관계 속에 머물고 있는 현존재의 구체적 삶으로부터 벗어나서 초연한 관찰자의 입장을 취하는 자의 세계관이다. 어떤 억압적 권위로부터도 벗어나기를 원하는 초연한 관찰자로서 유물론자는 일상 세계를 지배하는 이런저런 윤리적 의미들은 물질적 법칙들에 의해 이루어지고 변화해 가는 전통과 상황의 산물일 뿐이라고 선언한다. 어떤 의미에서 유물론자는 현실주의자와 정반대의 방식으로 상대주의자가 되는 셈이다. 현실주의자는 권력에 의해 의미 구성된 선악을 자신의 것으로서 내화시키면서도 그 한계를 자각하지 않을 수 없는 역설적인 상황에 처한 자이다. 이와 반대로 유물론자는, 적어도 그가 유물론의 원칙에 철저한 한에 있어서는, 자신의 것으로서 내화시킬 어떤 선악의 이념도 지니지 않는다. 그에게는 선악의 이념 자체가 본질적으로 상대적이다. 윤리적 삶에 관한 유물론의 근본 명제는 '선악은 자연 속에 실재할 수 없는 한갓 이념적인 것에 불과하다'라는 것이다. 그런 점에서 유물론자에게 세상에서 선악으로 통용되는 것은 상황의 산물, 시대와 장소에 따라 달라지는 상대적이고 가변적인 것일 뿐이다. 따라서 선과 악의 의미 구성이 물질세계를 지배하는 어떤 객관적 법칙에 의해 이루어지는 것이라는 유물론적 관점은 '인간 세상에서 절대적이고 보편타당한 것으로 통용될 수 있는 어떤 선악의 의미가 있을 수 있다'는 생각의 표현일 수 없다. 그것은 도리어 '이런저런 선악의 의미들은 모두 상대적인 것일 뿐, 오직 인간이 처한 이런저런 상황들 속에서 각각의 상황에 걸맞은 선악의 의미들을 구성하는 물질의 작용만이 객관적이고 보편적이며 절대적일 수 있다'는 생각으로 귀결될 뿐이다.

유물론자는 동시에 결정론자인가? 어떤 의미에서는 분명 그렇다. 유물론자는 물질세계를 지배하는 이런저런 물질적 법칙들로부터 온전히 자유로운 삶은 불가능하다고 여기는 자이며, 그런 점에서 그는 '이 세상에서 일어나는 모든 일들은 어떤 물질적 법칙에 의해 결정된 바대로 일어나는 일이다'라고 여기는 자이다. 하지만 동시에 유물론자는 자유로울 수 있는 인간의 가능성을 긍정하는 자이며, 동시에 긍정할 수밖에 없는 자이다. 유물론 자체가 이미 자유의 산물이다. 유물론은 물질세계를 지배하는 이런저런 법칙들에 의해 의미 구성된 선악의 의미로부터 벗어날 수 있는 인간의 가능성, 단순히 '지금 현재 주어져 있는 윤리적 가치관의 부정과 비판'이 아니라 '선악의 이름으로 통용되는 모든 가치관의 근원적 허무성의 자각'을 통해 이루어지는 자유의 긍정이라는 형태로만 주어질 수 있다.

주의할 점은, 여기서 자유의 긍정이란 오직 유물론으로부터 귀결되는 논리적 판단으로서의 의미를 지닐 뿐이라는 것이다. 유물론자가 '참으로 존재하는 것은 물질뿐'이라는 유물론의 대전제에 착안해서 선악의 이념으로부터 자유로울 수 있는 인간의 가능성을 논리적으로 긍정하고 믿는 것은 유물론자 자신이 실제로 선악의 이념으로부터 자유로울 수 있다는 것을 뜻하지는 않는다. 그것은 마치 어떤 논리적 사고 끝에 삶을 무가치한 것으로 규정하게 되었다고 해서 자동적으로 삶을 향한 의지와 집착을 버리게 되는 것은 아닌 것과 마찬가지이다. 삶을 향한 의지와 집착에 의해 움직이는 자에게 삶은 결코 무가치한 것일 수 없다. 그러한 자가 말하는 무가치란 현존재의 구체적 삶 속에서 작용하는 현실적 가치의 이념에 대한 부정이 아니라 그러한 이념의 궁극적 토대로서 작용할 어떤 존재자의 존재에 대한 형이상학적 부정일 뿐이다. 유물론은 물론, 그것이 신과도 같은 정신적 실체의 이름으로 정당화되는 특정한 윤리적 이념들의 현실성을 부정하는 의미를 지닐 수밖에 없는 한, 그 자체로 형이상학적이다. 그러나 그것은 유물론적 신념과 더불어 살고 있는 자가 현존재의 구체적 삶 속에서 작용하는 현실적 가치의 이념 및 그러한 가치의 이념에 의해 산출되는 이런저런 선악의 의미로부터 자유롭다는 것을 뜻하지는 않는다.

3. 이념적 자유의 이율배반과 선악의 근원적 초월성

참으로 흥미로운 것은 『거장과 마르가리타』가 유물론으로부터 필연적으로 귀결되는 윤리적 상대주의를 칸트 철학의 의의와 한계를 동시에 드러내는 데 사용하고 있다는 점이다.

어떤 점에서 『거장과 마르가리타』 제1장과 제3장은 대단히 칸트적이다. 이는 비단 볼란드와 베를리오즈, 그리고 시인 베즈돔느이 사이에 오고 간 대화에서 신의 존재에 관한 칸트의 입장이 중요한 비중을 차지하기 때문만은 아니다. 전체적으로 보아 제1장과 제3장은 '이성적 의지는 신과 자유의 존재를 전제하지 않고는 활동할 수 없다'는 칸트적 관점을 확증하는 방식으로 흐른다. 곧 보겠지만 이것은 『거장과 마르가리타』에서 발견되는 유물론 비판의 가장 근본적인 출발점이기도 하다. 『거장과 마르가리타』는 칸트 철학의 빛을 통해 유물론의 한계를 조명하는 작품인 것이다.

그러나 다른 한편으로 『거장과 마르가리타』 제1장과 제3장은 칸트의 한계에 대한 날카로운 자각의 표현이기도 하다. 그것은 이성의 절대적 자율성이라는 칸트적 이념에 대한 부정과 조롱이기도 한 것이다.

먼저 제1장과 제3장의 칸트적 측면을 살펴보자. 이를 통해 독자들은 '유물론 자체가 이미 자유의 산물'이라는 말의 의미를 보다 구체적으로 이해하게 될 것이다.

제1장에서 볼란드는 베를리오즈와 베즈돔느이에게 다섯 가지의 전통 철학적인 신의 존재 증명에 관한 그들의 견해를 묻는다. 베를리오즈의 대답은 단호하다. 베를리오즈에 따르면 신의 존재에 관한 다섯 가지 증명 중 근거가 있는 것은 아무것도 없다. 그러자 볼란드는 베를리오즈가 '한 불온한 노인 임마누엘 칸트'와 같은 입장에 있다는 것을 지적하면서 베를리오즈와 칸트의 견해에 자신도 동조한다는 것을 알린다. 그러나 그는 곧바로 '칸트의 기이한 점'에 관해서도 언급한다. 신의 존재에 관한

전통 철학적 증명을 논박하려는 자신의 노력을 스스로 비웃기라도 하는 것처럼 칸트 자신이 신의 존재에 관한 여섯 번째 증명을 세웠다는 것이다. 그러자 이번엔 베즈돔느이가 '그런 식의 증명을 세운 칸트는 체포되어 솔로프키 수용소에 한 삼 년 갇혀야 마땅했다'는 말로 칸트의 증명 역시 부당하다고 역설한다. 그리고 볼란드는 베즈돔느이의 주장에 환호하며 동조한다. 칸트의 신 존재 증명에 동의할 의사가 없다는 것을 분명히 한 것이다. 그러나 동시에 그는, 꼭 칸트의 입장을 따르는 것은 아니라고 할지라도, 신의 존재를 부정하는 경우 풀기 어려운 철학적 난제가 제기된다는 것을 지적한다. 그것은 '만일 신이 없다면 인간의 삶을 지배하고 지상의 모든 질서를 유지하는 자는 누구인가?'라는 문제이다. 베즈돔느이는 즉각 '인간 자신이 지배한다'고 응수한다. 그러자 볼란드는 '지배하기 위해서는 어떤 식으로든 정확한 계획을 세울 수 있어야 한다'는 명제와 '인간은 그럴 수 없다'는 명제를 내세워 베즈돔느이를 반박한다. 볼란드에 따르면 '인간은 내일의 일조차 확실히 예상할 수 없는 존재자'이다. 그 한 예로 볼란드는 '인간은 불현듯 닥쳐올 죽음의 가능성으로부터 결코 자유로울 수 없다'는 것을 든다.[06]

볼란드는 베를리오즈와 베즈돔느이의 유물론에 맞서 신의 존재를 논리적으로 증명하려고 시도하는 것일까? 그런 경우 볼란드의 입장을 논박하는 것은 별로 어려운 일이 아니다. '내일의 일조차 확실히 예상할 수 없기에 인간이 미래를 정확히 계획하는 것은 불가능하다'는 명제로부터 인간이 완전하게는 아니더라도 삶과 세계의 질서를 유지하고 지배

---

06 MM, 12쪽 이하.

하기 위해 노력하고 또 소기의 성과를 거둘 수 있다는 가능성 자체를 배제할 수는 없기 때문이다. 게다가 유물론의 관점에서 보면 인간이 지배할 수 없다는 명제로부터 지배자로서의 신이 존재한다는 명제가 자동적으로 도출되는 것은 아니라는 지적 또한 가능하다. 물질세계를 지배하는 물질적 법칙이 존재하며, 삶과 세계의 질서를 유지하는 것은 바로 이러한 물질적 법칙이라는 주장을 유물론자가 내세우는 경우 볼란드는 신의 존재를 증명하기 위해, 혹은 유물론자의 주장이 잘못이라는 것을 증명하기 위해, 또 다른 논거를 제시해야만 할 것이다. 게다가 '인간은 지배자일 수 없다'는 볼란드의 지적은 신 존재 증명의 충분조건이 되지 못할 뿐만 아니라 실은 필요조건도 되지 못한다. 왜 신은 인간을 불확실한 미래에 내던져 놓았는가? 왜 신은 인간으로 하여금 불확실이 존재하지 않는 완벽한 세상에서 불행 따윈 알지도 못하는 온전히 행복한 자로서 살게 하지 않았는가? 죽음이 불현듯 찾아올 가능성이야말로 실은 신의 존재를 부정하게 할 현실적 근거가 아닐까?『거장과 마르가리타』어디에도 이러한 물음들에 관한 구체적 고민의 흔적은 보이지 않는다. 이러한 물음들은 별로 제기되지도 않을뿐더러 그에 대한 응답은 볼란드의 입을 통해서나 마르가리타, 혹은 불가코프 자신의 아바타와도 같은 거장의 입을 통해서도 잘 들리지 않는 것이다. 그런데 이 말은 볼란드가 신의 존재를 논리적으로 증명하는 데 실패했다는 것을 뜻하지는 않는다. 볼란드의 관심은 처음부터 신의 존재를 논리적으로 증명하는 데 있지 않았던 것이다.

진정으로 자가당착적인 자는 볼란드가 아니라 바로 베즈돔느이, 그리고 그의 말에 침묵으로 동조했던 베를리오즈다. 불가코프는 신의 존재를 논증하는 대신 볼란드의 입을 빌어 유물론자에게 질문을 던짐으로써 신의 존재를 부정하는 자가 처하게 되는 자가당착을 드러낸다. 이러한 시도는 칸트적일까? 물론 그렇다. 바로 칸트야말로 논증을 통해 직접 신의 존재를 증명하거나 부정하는 대신 신의 존재를 논리적으로 증명하거나 부정하려는 시도 자체가 필연적으로 자가당착에 빠질 수밖에 없음을 드러낸 철학자인 것이다. 그러나 불가코프의 시도는 비-칸트적인 측면 또한 지니고 있다.

잘 알려져 있듯이 칸트에게 신의 존재의 문제는 자유의 문제와 불가분의 관계에 있다. 칸트에 따르면 신과 자유, 그리고 자유의 담지자요, 실천자로서의 영혼이라는 세 가지 형이상학적 이념들은 이성에 대해 양가적이다. 구체적 체험 연관으로부터 유리된 순수이성의 관점에서 보면 그들은 이성의 이율배반을 드러내는, 논리적 사고의 한계 안에 가두어 둘 수 없는 다루기 힘들고 위험한 이념들이다. 하지만 실천이성의 관점에서 보면 그들은 경험과 이해의 근본 조건들로서, 이성의 절대적 자율성을 고지하는 순수하고도 선험적인 이념들이다. 비록 신, 자유 및 세계의 이념에 의해 고지되는 이성의 절대적 자율성이 '실천이성의 요청'이라는 —칸트 자신에 의해 사용된— 부적절한 표현에 의해 다소간 희석되어 버렸지만 말이다. 칸트에게 신과 자유는 결코 등가적이지 않다. 칸트에 따르면 신, 자유, 그리고 전체로서의 세계의 이념은 현상적 세계 경험에 기인하는 것이 아니다. 그들은 경험과 이해의 무조건적 원인, 일체의 경험과 이해를 가능하게 하는 그 가능조건으로서 파악되어야 하는 것이다. 칸트에게 순수이성과 실천이성의 관계는 대립적이기보다는 차라리 상호 보완적이다. 칸트가 말하는 '순수이성의 한계'나 '실천이성의 요청'은 순수이성에 어떤 실질적인 한계가 있다는 뜻도, 순수이성으로부터 유리된 실천이성이 따로 있다는 뜻도 지니지 않는다. 순수이성의 한계란 실은 이성 자신의 산물인 선험적 이념들의 현실적 존재가능성을 논리적으로 확증하거나 혹은 부정할 도리가 없음을 표현하는 말에 불과하다. 그런 점에서 실천이성의 역할은 이성의 한계를 한계로서 확정 짓는 것이 아니라 실은 그 반대로 이성적 존재자로서의 인간의 존재에 함축된 구체적 체험 연관과의 관계 속에서 이성의 절대성을 증거하는 것이다. 실천이성에 의해 확립되는 신과 자유, 영혼의 이념 자체가 어떤 인과율의 제약으로부터도 자유로운 순수한 이성의 산물인 것이다. 물론 선험적 이념이 인과율의 제약으로부터 자유롭다는 전제에서 선험적 이념이 존재론적으로 무조건적이라는 결론을 끄집어낼 수는 없다. 신을 포함하는 세 개의 선험적 이념들은 오직 현상적 세계 경험과의 관계 속에서만 그 무조건적 원인과 조건으로 판단될 수 있다. 선험적 이념의 무조건성은 현상적 세계 경험에 대비되는 선험적 인식론의 층위에서 의미를 지니는 것이지 존재의 현실성을 표현하는 존재론의 층위에서 의미를 지니지는 않는다. 그들은 결국 이성의 산물이며, 그런 한 오직 이성에 의해서만 조건 지어진 것으로서, 인과율의 제약을 받지 않는 절대적으로 자율적인 이성의 존재에 그 원인을 두고 있는 것으로서, 판단될 수밖에 없기 때문이다. 그런 점에서 칸트에게 신의 이념은 자유의 이념에 대해 기껏해야 종속적인 의미만을 지닐 뿐이다. 인간이 경험하는 모든 것의 무조건적 원인은 결국 이성이며, 자신 외에는 다른 아무것에도 조건 지어져 있지 않다는 점에서 이성은 절대적으로 자유로운 것이고, 신은 전통 신학 및 형이상학에서처럼 존재하는 모든 것의 무조건적 원인으로서가 아니라 도리어 이성의 산물인 선험적 이념에 의해 그 존재가 지시된 것으로서, 인간 이성의 존립 및 활동을 가능하게 하는 절대적이고 현실적인 근거로서가 아니라 도리어 이성에 의해 근거 지어진 것으

로서 제시되는 것이다.[07]

07 아마 칸트 철학의 이성관으로부터 야기되는 철학적 문제의 핵심을 넓은 의미의 존재론적
    관점에서 가장 함축적으로 표현한 이는 N. 하르트만일 것이다. 잘 알려져 있듯이 하르트만
    은 인식의 영역을 넘어선 자체 존재로서의 세계를 절대적인 사실로서 전제하고 세계에 이
    르는 인식의 다양성을 수용하는 것을 올바른 철학적 방식이라고 여긴다. 다양한 인식들의
    관계로부터 산출되는 아포리아는 한편으로 세계 인식의 진전을 가능하게 하면서 다른 한
    편으로 인식의 원리적인 유한성 및 관점 의존성을 드러내는 원동력으로 간주된다. 아포리
    아에 대한 하르트만의 강조는 칸트의 철학에 대해 이중적 의미를 지닌다. 하르트만에게 아
    포리아의 참된 근거는 인식의 영역을 넘어선 자체 존재로서의 세계이다. 하르트만은 인식
    의 다양성과 아포리아, 그리고 자체 존재로서의 세계 사이의 관계에 대한 철학적 성찰의 단
    초를 칸트의 물자체 개념에서 찾는다. 그러나 하르트만은 칸트가 아포리아의 가능성을 온
    전히 인식하고 평가하는 데까지 나가지는 못했다고 지적하는데, 이는 칸트가 근대 철학의
    맥락 속에서 형성된 합리주의적 사고방식을 온전히 뿌리치지 못하고 체계의 이념에 사로
    잡힌 나머지 선험초월론적 관념론으로 도피해 버렸기 때문이다(이에 대해서는 다음 참조: N.
    Hartmann, Diesseits von Idealismus und Realismus: Ein Beitrag zur Scheidung der Geschichtlichen und
    Übergeschichtlen in der Kantischen Philosophie, in: *Kantstudien* vol. XXIX, 160쪽 이하; *Grundzüge einer
    Metaphysik der Erkenntnis*, Berlin 1925, 148쪽 이하). 많은 연구자들은 하르트만의 칸트 해석이
    마르부르크의 신-칸트주의의 영향으로부터 자유롭지 못하다고 지적한다. 하르트만이 선
    험초월론의 비판적 핵심을 간파하지 못했다는 것이다(이에 대해서는 특히 다음 참조: L. W.
    Beck, Nicolai Hartmann's Criticism of Kant's Theory of Knowledge, in: *Philosophy and Phenomenological
    Research*, Vol. 2, No. 4). 물론 하르트만이 종종 신-칸트주의적으로 왜곡된 칸트 해석에 집착
    하는 것은 사실이다. 하지만 그렇다고 해서 칸트 철학의 관념론적 측면에 대한 하르트만의
    비판이 완전히 잘못된 것이라는 식의 결론을 내릴 필요는 없을 것이다. 비록 기초존재론의
    관점에까지 나아가지는 못했지만 적어도 하르트만은 존재론의 가장 근본적인 출발점이 무
    엇인지는 잘 이해하고 있다. 그것은 존재를 가치나 이념의 체계로 환원시키고자 하는 모든
    시도는 결국 독선과 편견으로 이어질 뿐이며, 이러한 독선과 편견에 맞서지 않는 철학은 결
    코 존재론의 이름에 어울리지 않는다는 것이다. 존재론은 원리적으로 어떤 관념론적 철학
    과도 양립할 수 없다. 칸트의 선험초월론적 관념론은 물론, 특히『순수이성비판』의 제2판
    에 삽입된 '심리학적 관념론의 논박'에서 칸트 자신이 직접 밝혔듯이, 외부 대상을 내적 표
    상과 동일시하는 일반적 의미에서의 관념론과는 분명 다르다. 그러나 하르트만의 칸트 비
    판에서 가장 중요한 점은 칸트가 내적 표상과 동일시될 수 없는 자체 존재로서의 세계 내지
    물자체의 존재를 인정하느냐의 문제가 아니라 어떤 인식의 체계로도 환원될 수 없는 존재
    자체 ─혹은 하르트만식으로 표현하면 자체 존재로서의 세계─ 와 인식하는 의식의 관계
    로부터 연원하는 존재이해의 역동성이 칸트의 철학에서 얼마만큼 적확하게 제시되었느냐
    의 문제이다. 이성의 자율성 및 선험적 이념에 관한 칸트의 논의들은 바로 이 지점에서 결
    정적인 한계를 노정한다. 칸트의 철학은 결국 이성의 절대성으로 귀결될 수밖에 없을 뿐만
    아니라 실은 처음부터 바로 이성의 절대성을 암묵적 전제로 삼아 출발하는 철학이다. 칸트

『거장과 마르가리타』에서는 이 관계가 역전된다. 불현듯 찾아올 죽음의 가능성으로부터 자유로울 수 없는 인간에게 칸트적 의미에서의 자유는 차라리 허명에 가깝다. 볼란드의 관점에서 보면 자유는 오직 지배자로서의 신의 존재를 부정하지 않는 자에게만 참으로 열리게 되는 현존재의 존재 방식을 의미할 뿐이다. 오직 그런 한에서만, 신이든 무엇이든 인간의 자유 따위와는 아무 상관도 없이 오직 그 자신의 존재 자체를 통해 조화로운 삶과 존재의 가능성을 예비하게 되는 어떤 존재자의 존재를 통해서만, 인간은 완전한 우연과 혼돈의 지배로부터 벗어날 수 있기 때문이다.

베를리오즈와 베즈돔느이의 자가당착은 어떠한 것일까? 아마 그것은 '체험 연관의 선험적 구조'에 대한 오인에 기인하는 존재부정의 자가당착이라는 말로 가장 잘 표현될 수 있을 것이다. 앞에서 밝힌 것처럼 유물론이 본질적으로 상대주의적일 수밖에 없는 이유는 그것이 '참으로 존재하는 것은 물질뿐'이라는 유물론의 대전제에 착안해서 선악의 이념으로부터 자유로울 수 있는 인간의 가능성을 논리적으로 긍정한다는 데 있다. 그런데 이러한 논리적 긍정의 타당성은, 그 논리적 긍정이 ―베를리오즈와 베즈돔느이, 그리고 볼란드 사이에 형성된 것과 같은― 구체적 대화 상황에서 수행되는 것인 한, 적어도 세 가지 암묵적 전제들을 지닐 수밖에 없다. 첫째, 논리적 긍정으로 귀결된 논증의 과정이 올바르다는 전제, 둘째, 올바른 논증의 과정을 통해 내려진 결론을 그것을 뒤집을 만한 어떤 현실적 근거도 없이 받아들이지 않는 것은 올바르지 못하다

의 철학은 인식의 체계로 환원될 수 없는 존재 자체와의 관계로부터 연원하는 인식의 다양성과 역동성에 대한 구체적이고도 적확한 성찰을 결여하는 것이다.

는 전제, 셋째, 올바르지 못한 일은 허용될 수 없다는 전제가 바로 그것이다.[08] 유물론은, 그것이 구체적 대화 상황 속에서 이루어지는 논증에 의해 확립된 한에 있어서, 이 세 가지 전제로부터 자유로울 수 없다. 삶과 존재에 관한 모든 이론들은 옳고 그름을 가를 수 있는 논리적 기준과

---

08 필자가 아는 한 구체적 대화 상황 속에서 수행된 논증의 선험적 전제들에 관해 존재론의 관점에서 가장 심오하고도 적확하게 논의한 이는 슐라이어마허이다. 슐라이어마허는 『변증법』에서 대화 상황 속에서 일어나는 다툼은 대상의 동일성 및 이성의 동일성, 그리고 이성이 존재 사이에 맺어진 관계를 전제로 할 수밖에 없음을 지적한다. 주의할 것은 대화 참여자들이 전제하는 '동일한 대상'과 '존재'는 결코 같은 의미를 지니지 않는다는 점과 대상 및 이성의 동일성이 칸트적 의미에서의 선험적 이념을 함축하지 않는다는 점이다. 대화 상황에서 일어나는 다툼은, 적어도 그 다툼이 시비를 가르고자 하는 의도에 의해 일어나는 한, 다툼의 대상이 동일하다는 것을 전제로 할 수밖에 없다. 이때 다툼의 대상이 되는 것은 사물적 대상일 수도 있지만 어떤 관념이나 지식일 수도 있다. 그런데 다툼의 대상이 되는 것이 사물적 대상이든 어떤 관념이나 지식 같은 것이든, 아무튼 다툼에 참여하는 자들은 ① 다툼의 대상이 동일하다는 것, ② 자신들로 하여금 다툼을 해결하는 데 필요한 논증의 타당성 여부에 동의할 수 있게 하는 동일한 이성이 존재한다는 것, ③ 다툼의 대상이 되는 동일한 대상과 다툼의 조정과 해결을 가능하게 하는 동일한 이성이 현실적 존재 지반을 지닌다는 것을 전제로 할 수밖에 없다. 하지만 이로부터 모두에게 동일한 어떤 선험적 이념의 존재가 자명하다는 결론을 끄집어낼 필요는 없다. 실은 그 반대이다. 다툼 속에서 제기되는 이념이란, 그것이 다툼의 해소를 가능하게 하는 것으로서 제기되는 한에 있어서는, 추후로 발견될 어떤 것으로서 전제되는 것이지 모두에게 동일한 것으로서 경험에 앞서 주어져 있는 것일 수 있다. 구체적 대화 상황 속에서 나타나는 논증의 선험적 전제들은 현상적 세계 경험에 앞서 존재하는 이념들이 아니라 그 자체 현상적 세계 경험의 본질적 요소들로서 현상적 세계 경험과 동근원적으로 일어나는 존재이해의 필증적 형식 외에 다른 아무것도 아니다. 존재이해의 형식은 보편적 이념성의 관점에서 기술될 수 없다. 이해는 구체적 언어 상황 속에서 일어나는 존재사건이며, 이는 존재이해의 형식이 '그때마다 상이한' 경험과 이해의 맥락 속에서 자신이 처한 존재 상황을 해석하고 이해할 현존재의 존재 구조로부터 연원하는 것임을 알린다. 바로 그렇기에 슐라이어마허는 변증법의 보편 형식은 없다고 지적한다. 슐라이어마허적 의미에서 변증법은 특정한 담론의 상황 속에서 그때마다 모색되고 발견되는 것일 뿐 선험적 이념의 산출을 가능하게 하는 순수이성 같은 것에 의해 이끌리는 것이 아닌 것이다(F. Schleiermacher, *Dialektik*, Leipzig 1942, 13쪽 이하; 19쪽 이하 및 94쪽 이하 참조. 슐라이어마허의 철학을 하이데거 및 가다머의 존재론적 해석학과 연결시키는 논의가 낯설게 느껴지는 독자들은 다음 역시 참조하기 바란다: 한상연, 「사유와 존재 — 헤르더와 슐라이어마허의 존재론」, 『해석학연구』 제21집, 15쪽 이하; 한상연, 「종교와 몸: 슐라이어마허의 '살/몸' 존재론에 관하여」, 『해석학연구』 제26집, 191쪽 이하).

그 현실적 존재근거가 존재한다는 인식론적·존재론적 전제, 그리고 대화에 참여하는 자가 그러한 논리적 기준을 받아들이지 않는 것은 허용될 수 없다는 윤리적 전제를 지닐 수밖에 없는 것이다. 바로 이러한 점에서 유물론은, 적어도 유물론적 관점에 바탕을 두고 있는 삶과 존재에 대한 이런저런 주장들이 구체적 대화 상황 속에서 문제가 되는 한에 있어서는, 본질적으로 자가당착적이다. '무엇을 논함 자체가 논증의 시비를 가리게 할 기준의 초월성, 현존재의 존재를 윤리적 관점에서 분별하게 할 근본 기준으로서의 선악의 근원적 초월성에 대한 체험과 긍정을 전제로 할 수밖에 없다'는 사실이 유물론에서는 오인되고 있는 것이다.

4. 감각으로부터 연원하는
현상적 세계의 필증적 형식으로서의 물질과 정신

'유물론은 본질적으로 자가당착적'이라는 주장은 논박 불가능한 것일까? 이 물음에 대한 대답은 각자의 철학적 관점에 따라 달라질 수 있을 것이다. 한 가지 분명한 것은 유물론의 모순과 자가당착에 대한 부정은 오직 형이상학의 층위에서만 시도될 수 있다는 것이다. 적어도 '구체적 대화 상황 속에서 제기되는 삶과 존재에 관한 모든 이론들은 위에 언급된 인식론적·존재론적 전제와 윤리적 전제를 지닐 수밖에 없다'는 전제 자체가 논박되지 않는 한 그러하다.

유물론을 옹호하고자 하는 자는 대화 상황 속에서 제기되는 인식론적·존재론적 전제와 윤리적 전제는 모두 정신의 산물일 뿐 세계의 실재성을 표현하는 것이 아니라고 주장할 수 있다. 비록 구체적 대화 상황 속에 처해 있는 자가 인식론적 판단 기준 및 윤리적 판단 기준의 초월성, 그리고 그러한 초월성의 현실적 근거로서 논리적 판단 및 윤리적 판단의 존재연관성을 암묵적으로 전제할 수밖에 없다고 하더라도 이로부터 물질적 세계 외에 다른 그 어떤 것이 존재한다는 결론을 내릴 수는 없다는 식으로 말이다.

이러한 주장의 이면에 깔려 있는 것은 세계의 근원적 현상성에 대한 몰이해이다. 칸트가 ―그리고 20세기에 들어와서는 후설이 보다 철저하고 수미일관한 방식으로― 잘 밝혀 놓은 것처럼 현상은 경험의 절대적 한계이다. '오직 물질적 세계만이 존재한다'는 유물론적 신조는 경험의 절대적 한계로서의 현상에 그 형이상학적 근거로서의 물질적 세계를 의식 외부에 실재하는 세계로 상정함으로써 발생하는 오류 추론의 결과에 불과한 것이다. 현상이 경험의 절대적 한계라는 말의 존재론적 의미는 현존재의 현존함으로부터 연원하지 않는 존재이해의 가능성은 있을 수 없다는 것이다. 세계의 물질성은, 설령 그것이 현존재의 세계 경험을 필증적인 방식으로 수반하는 것이라 하더라도, 현존재의 현존함에 의해 비로소 가능해지는 현상적 세계 구성의 요소로서 판단될 성질의 것이지 결코 세계의 실재성의 표현으로 판단될 수 없다. 실은 '그 무엇을 실재성의 표현으로 판단함' 자체가 경험의 절대적 한계로서의 현상에 대한 철학적 몰이해의 결과 외에 다른 아무것도 아닌 것이다.

이는 물론 유물론에만 해당하는 말은 아니다. 현존재에게 알려지는 것은 어느 것이나, 그것이 현존재의 세계 경험을 필증적인 방식으로 수반하든 혹은 충전적인 방식이나 우연적 방식으로 수반하든, 의식 외부에 실재하는 세계의 세계성에 관한 형이상학적 규정을 통해 해명될 수 없다. 만약 누군가 유물론을 논박할 목적으로 '물질적 세계는 허상에 불과할 뿐으로 실재하는 것은 오직 정신뿐이다'라는 식의 주장을 제기한다고 가정해 보자. 이러한 주장은 서로 양립할 수 없는 두 가지 전제 아래서만 가능할 수 있다. '개별자(들)의 정신만이 다른 아무것에도 의존하지 않고 존재한다'는 전제가 그 하나이고 '개별자(들)의 정신이 존재할 뿐만 아니라 그 현실적 근거로서 어떤 정신적 실체가 또한 존재한다'는 전제가 또 다른 하나이다. 이 두 주장이 서로 양립할 수 없는 까닭은 전자가 개별자의 정신의 존재만을 인정하는 데 반해 후자는 개별자의 정신과 다른 어떤 정신적 실체의 존재를 인정하기 때문이다. 논리적으로만 보면 개별자의 정신과 어떤 정신적 실체 사이의 관계를 설정하지 않고 양자의 존재를 주장하는 또 하나의 명제가 가능하기는 하다. 그러나 이러한 명제는 결국 전자나 후자에 수렴될 수밖에 없다. 개별자의 정신과 어떤 정신적 실체가 제각각 독립적으로 존재하는 경우 어떤 정신적 실체 역시 실은 개별자의 정신의 특수한 예에 불과한 셈이다. 이와 달리 개별자의 정신과 어떤 정신적 실체가 의존적 관계를 맺고 있는 경우 양자 사이의 관계는 개별자의 정신이 어떤 정신적 실체에 일방적으로 의존하는 관계일 수밖에 없다. 그렇지 않은 경우 개별자의 정신과 구별되는 어떤 정신적인 것을 실체로서 규정할 수는 없을 것이다.

이제 '실재하는 것은 오직 정신뿐이다'라는 명제의 두 전제, 즉 '개별자들의 정신이 다른 아무것에도 의존하지 않고 존재한다'는 전제와 '개별자들의 정신이 존재할 뿐만 아니라 그 현실적 근거로서 어떤 정신적 실체가 존재한다'는 전제가 함축하고 있는 철학적 의미가 무엇인지 헤아려 보자. 이 두 전제는 모두 '물질성을 통해 알려진 외부 세계'를 무로서, 한갓 공허한 세계로서, 상정함을 함축한다. 그런 점에서 '실재하는 것은 오직 정신뿐이다'라는 명제는 '실재하는 것은 오직 물질적 세계뿐이다'라는 유물론적 명제와 마찬가지로 형이상학적이다. 양자 모두 경험의 절대적 한계로서의 현상성에 대한 몰이해로부터 따라 나오는 오류 추론의 결과에 불과한 것이다.

유물론과 관념론이 모두 오류 추론의 결과에 불과하다는 것은 실재성의 문제를 다룸에 있어서 어떠한 의미를 지닐까? '현상은 경험의 절대적 한계이다'라는 명제로부터 '실재성에 관해 판단하려는 모든 시도는 무익하다'라는 결론이 도출될까? 이 물음에 관해 올바로 답할 수 있으려면 실재성의 의미가 먼저 분명해져야 한다.

분명 실재하는 그 어떤 것을 특정한 개념을 사용해 규정하려는 시도는 철학적으로 무익할 뿐이다. 왜 그러한가? 그것은 실재라는 말 자체가 현상적 세계 경험의 구성적 요소 외에 다른 아무것도 표현하지 않기 때문이다. 실재하는 그 어떤 것을 규정하는 데 사용되는 모든 개념들은 현상적 세계 경험으로부터 연원하는 그 자체 현상적인 것일 뿐이며, 실재라는 말은 그 자체 현상적인 것을 의식의 외부에 대립적인 의식 내부 혹은 의식의 내부에 대립적인 의식 외부에 존재하는 것으로 잘못 추론함으로써 얻어진 공허한 말에 불과하다. 물론 현상이 경험의 절대적 한계인 한 실재성의 자리인 의식 외부나 의식 내부는 존재할 수 없다. 한 송이 붉은 꽃이 마음 밖에 있다고 생각하는 자는 가장 조야하고 비-철학적인 정신의 소유자이다. 그런데 한 송이 꽃이 의식 안에 있을 뿐이라고 생각하는 자 역시 실은 이러한 종류의 비-철학적 정신으로부터 자유롭지 못하다. 의식의 안이란 결국 의식의 밖을 전제로 해서만 의미를 지닐 수 있는 말이다. 밖이 없는데, 실재성의 자리인 외부 세계가 존재하지 않는데, 어떻게 세계의 외부성에 대립적인 의식 내부가 있을 수 있겠는가? 결국 경험의 절대적 한계로서의 현상은 어떤 밖도 전제로 하지 않는 절대적 내면성의 평면일 뿐이다. 현상의 내면성이 절대적인 까닭은 그것이 밖을 전제로 하지 않기 때문이요, 그것이 평면인 까닭 역시 현상적인 모든 것에는 원래 돌출할 수 있는 밖이 있을 수 없기 때문이다. 이는 결코 이해하지 못할 아포리가 아니다. 그것은 다만 실재성의 이념에 사로잡혀 있는 정신의 궁지로서의 아포리가 왜 일어나게 되는지 설명하는 지극히 단순하고 명징한 존재론적 성찰의 표현일 뿐이다.

유물론과 관념론의 발생 원인이 무엇인지, 그것이 왜 오류 추론의 결과일 수밖에 없는지 조금 더 세세하게 다루어 보자. 세계의 실재성에 대한 물음이 전통 철학 속에서 유물론적 경향과 관념론적 경향으로 양분되는 경향을 보이게 된 가장 근본적인 원인은 물질과 정신이 현존재의 현존함으로부터 연원하는 삶과 존재의 이해에 필증적으로 수반된다는 것에 있다. 삶과 존재의 이해에 필증적으로 수반된다는 점에서 물질과 정신은 개별적이고 구체적인 이해의 상황 속에서는 선험적 이념들로서 작용하게 된다. 이 말은 단지 어떤 물질적인 것의 존재와 어떤 정신적인 것의 존재를 전혀 전제로 하지 않고 이루어지는 이해란 현실적으로 불가능하다는 뜻이다. 물질과 정신은, 마치 이것이나 저것과 같은 지시대명사처럼, 존재하는 모든 것에 거의 무차별적으로 적용될 수 있다. 심지어 어떤 것을 순연히 물질적이거나 정신적인 것이라 이해하는 순간에 있어서조차 사정이 달라지는 것은 아니다. 어떤 것이 순연히 물질적이라 함은 오직 그것의 순연한 비-정신성을 지칭함일 뿐이요, 어떤 것이 순연히 정신적이라 함은 오직 그것의 순연한 비-물질성을 지칭할 뿐인 것이다. 그리고 그런 점에서 물질과 정신은 개별적이고 구체적인 사물적 존재자들의 이념적 규정이다. 어떤 개별자도 물질성 및 정신성의 이념을 전제로 하지 않고서는 경험될 수 없는 것이다. 그러나 물질과 정신이 구체적 대화 상황 속에서 선험적 이념으로서 작용한다는 사실로부터 물질과 정신이 감각적 경험에 앞서 미리부터 근원적으로 주어져 있다는 의미에서의 선험성을 지니고 있다는 결론을 내릴 필요는 없다. 실은 그 반대이다.

물질과 정신은 모두 감각함의 산물일 뿐이다. 이 말은 물질적이거나 정신적인 것으로 알려지는 모든 것들은 감각함으로부터 뒤따라 나온 현상적 세계 경험의 형식을 표현할 뿐이라는 뜻이다. 아마 어떤 이는 이러한 주장이 버클리류의 주관적 관념론을 반영한다고 여길지도 모르겠다. 하지만 '존재함은 지각됨이다(esse est perpici)'라는 버클리의 명제는 경험의 절대적 한계로서의 현상을 의식 내부적 존재자의 존재 및 의식 외부적 존재자의 존재의 표현으로 오인함으로써 생겨난 거짓 명제에 불과하다. 달리 말해 '존재함은 지각됨이다'라는 명제는 '인간은 오직 지각 체험을 통해 일어난 현상만을 경험하고 이해할 수 있다'는 인식론적 명제를 '지각 체험을 통해 일어난 현상만이 존재한다'는 존재론적 명제와 혼동하는 오류 판단에 바탕을 두고 있는 것이다. '존재함은 지각됨이다'라는 말은 차라리 현존재의 근원적 존재이해의 방식을 불충분하고 잘못된 방식으로 암시하는 말로서 이해되어야 할 것이다. 그것은 모든 경험과 이해는 그 순연한 출발점으로서의 감각함으로부터 일어나는 것이고, 바로 그러한 이유로 모든 경험과 이해는 필증적으로 물질성과 정신성이라는 두 계기를 지니기 마련이라는 것이다. 물질과 정신의 종합을 전제하지 않는 경험은 원리적으로 불가능하다는 것이다.[09]

---

09 감각함에 대해 이 문단에서 개진된 존재론적 설명들은 감각함이 모든 경험과 이해에 앞서 가장 근원적으로 일어나는 존재사건임을 표현한다. 이에 대한 보다 상세한 설명은 다음 참

메를로퐁티가 지각을 원자적인 자극들을 원인으로 삼아 일어나는 그 자체 원자적인 결과로 이해하는 존 로크의 지각론 및 행동주의의 지각 론을 비판하면서 지각에 생활 세계를 시원적으로 열어 나가는 능동적 기능을 부여했을 때 그는 존재이해의 근원적 출발점으로서의 감각에 대한 존재론적 사유에 매우 가까이 다가섰던 셈이다.[10] 지각은, 이 말의 독일어 표현인 'wahrnehmen'에 잘 나타나는 것처럼, 무엇인가 진실로 받아들이고 판단하는 정신과 감각의 종합이다. 그런데 정신과 감각의 종합 속에서 알려지는 진실은, 감각을 통해 직접적으로 알려지는 것이 감각의 원인으로서의 물질성과 감각을 받아들이는 정신의 존재일 수밖에 없는 한, '감각을 통해 동근원적으로 일깨워지는 존재의 근원적 정신성과 물질성'에 눈뜨지 않고서는 사유하거나 행위할 수 없는 현존재의 한계를 표현한다. 인간은 감각 및 감각을 통해 알려진 것과 완전히 무관한 것은 아무것도 알 수 없을 뿐만 아니라 심지어 상상할 수조차 없다. 이 자명한 현상학적 진실은 물질성은 정신성으로 환원될 수 없으며 그 역 또한 마찬가지이고, 물질로부터 순연하게 유리된 정신, 정신으로부터 순연하게 유리된 물질은 현존재에게 오직 추상적 관념의 형태로만 알려질 수 있다는 것을 드러낸다.

이 모든 현상학적 진실의 존재론적 근거는 과연 무엇일까? 세계-안에-있음이라는 현존재의 존재 구조의 관점에서 보면 그것은 바로 살/몸

조: 한상연, 「순연한 탈자로서의 존재. 살/몸으로 현존함이 자아내는 절대적 내면성의 평면으로서의 존재의 의미에 관한 소고」, 『존재론 연구』 제32집 (2013년 가을호), 219쪽 이하.

10 전통적 지각 이론에 대한 메를로퐁티의 비판 및 지각에 대한 현상학적 설명에 관해서는 다음 참조: M. Merleau-Ponty, *La structure du comportement*, Paris 1990, 235-236쪽 이하; PP, 240쪽 이하 및 348쪽 이하.

으로 현존함이다. 물질의 물질성은, 현존재에게 물질이 늘 이런저런 사물적 존재자들의 ―그 자체 감각을 통해 알려지는― 질료적 관점의 표현인 한에서, 오직 살과 몸을 통해서만 일어날 수 있는 감각 질료의 사물화를 전제로 한다. 그런데 바로 이것이 삶과 존재에 대한 유물론적 오류 추론과 관념론적 오류 추론의 근본 원인이다. 감각 질료의 사물화는 어떻게 가능해지는가? 감각 질료의 사물화를 수행하는 것은 무엇인가? 그것은 분명 구성하는 의식 혹은 정신에 의해서이다. 이로부터 관념론을 가능하게 하는 세 가지 경향들이 생겨난다.

①사물화 및 그 결과로서의 사물적 존재자의 존재를 정신의 산물로 이해하려는 경향.
②사물적 존재자의 질료를, 그것이 실은 감각하고 지각하는 정신의 작용 없이는 알려질 수 없는 감각 질료라는 바로 그러한 점에 착안해서, 존재자 자체에 속한 것으로 판단하지 않고 도리어 정신에 속한 것으로서 판단하려는 경향.
③지각의 매개체인 몸 역시 감각 질료의 사물화를 통해 알려지는 사물적 존재자라는 것을 근거로 몸을 정신의 작용에 의해 일어난 순연히 현상적인 세계 안으로 해소시키려는 경향.

물론 이러한 관념론적 경향들은 한 가지 치명적인 문제를 안고 있다. 그것은, 설령 정신의 존재를 전제하지 않고서는 어떤 감각 질료도 생겨날 수 없고 사물적 존재자의 존재가 알려지게 하는 감각 질료의 사물화 역시 일어날 수 없다 하더라도, 감각 및 감각을 통해 알려지는 것은 결코 정신의 자의적 산물일 수 없다는 것이다. 누구도 감각적 질료들을 자의적으로 만들어 낼 수 없을 뿐만 아니라 이런저런 사물들 및 사물들의 세계를 자의적으로 구성해 내지 못한다. 유물론은 그 이유를 정신의 활동이 정신의 제약에 앞서 일어나는 물질적 존재자로서의 몸과 몸에 외재적으로 대립해 있는 또 다른 물질적 존재자의 상호작용을 전제로 한다는 점에서 찾는다. 의식 외재적인 세계의 물질성과 실재성을 자명한 것으로 간주하는 소박한 자연적 태도가 물질적인 존재자가 정신에 앞서 존재한다는 유물론적 신념의 가장 근본적인 토대인 것이다. 존재론의 관점에서 보면 바로 이 지점에서도 유물론과 관념론의 한계가 확연히 드러난다. 물질과 정신으로 구성된 세계는, 심지어 그러한 세계 구성을 가능하게 하는 현존재 자신의 몸과 의식마저도, 실은 감각함에 의해 추후로 일어난 경험의 계기들에 불과하다. 유물론도 관념론도 감각을 몸과 의식의 활동에 추후로 뒤따르는 것으로 이해할 뿐 근원적인 의미에서의 감각, 몸과 의식, 그리고 몸과 의식의 상호작용에 의해 일어난 일체의 물질적인 것들과 정신적인 것들의 근원적 근거로서의 감각에 주목하고 그 의미를 해명하는 데까지는 나가지 못하는 것이다.

물질과 정신은 현상적 세계의 필증적인 존재 형식 외에 다른 아무것도 아니다. 설령 감각함이 일어나는 최초의 순간과 이런저런 개별적인 것들을 감각적으로 경험하는 구체적 순간들을 엄밀히 분리한다 하더라도 물질과 정신이 개별적인 것들의 감각적 경험에 앞서 미리부터 주어져 있었던 것이라고 여겨서는 안 된다. 그것은 마치 살 없이 살아 있는 몸을 경험할 수 없다는 사실로부터 살이 살아 있는 몸에 앞서 미리부터 주어져 있는 것이라고 판단할 수 없는 것과 조금도 다르지 않다. 현상적 세계 경험을 통해 알려지는 모든 것들은 물질적인 것이거나 정신적인 것 혹은 자기 안에서 양자를 통일하고 있는 것으로서 알려지기 마련이다. 그런데 그것은 개별적인 것들에 앞서 물질과 정신이 미리부터, 혹은 경험을 가능하게 하는 선험적 이념 같은 것으로서, 주어지기 때문이 아니라, 모든 개별적인 것들이 그 자체 물질적인 것으로, 정신적인 것으로, 물질적이면서 동시에 정신적인 것으로 경험되기 때문인 것이다.

5. 근원적 선으로서의 고통의 해소

이제 물질과 정신이란 존재이해의 시원적 근거로서의 감각함에 의해 일어나는 현상적 세계의 필증적 형식이라는 것을 바탕으로 다시 『거장과 마르가리타』의 이야기로 돌아가 보자. 이러한 존재론적 성찰의 단면을 우리는 『거장과 마르가리타』 곳곳에서 발견할 수 있다. 예컨대 제2장에서 예슈아가 빌라도에게 "진실이란 지금 이 순간 당신이 두통에 시달리고 있다는 것과 그 고통이 하도 커서 당신은 나약하게도 죽음에 대한 생각을 품고 있다는 것"[11]이라고 말하는 장면에 관해 생각해 보자. '자신이 고통에 시달리고 있다는 것', 그리고 '고통 때문에 자신이 비굴하게도 죽음에 관해 생각한다는 것'이 대체 어떤 의미에서 진실이란 말일까? 사람들은 대체로 빌라도처럼 편두통에 시달리는 것이 삶의 근원적 진실을 표현한다는 식의 생각을 하지 않는다. 그러나 『거장과 마르가리타』에서

---

11 MM, 24쪽.

진실은 고통의 감각에 열려 있는 현존재의 존재로부터 유리되어서는 설명 불가능한 것으로 제시된다. 존재론적인 관점에서 해석할 때 그 까닭은 살/몸으로 현존하는 자에게는 고통이야말로 바로 자신이 추구할 수 있는 존재 기획의 전체를 가장 극명하게 드러낸다는 것으로 제시될 수 있다. 바로 고통으로 인해 현존재는 자신이 추구할 수 있는 근원적인 선으로서의 고통의 해소에 눈을 뜨게 되는 것이다.

고통이란 무엇인가? 만약 고통이 어떤 정신적인 의미도 함축하고 있지 않은 순전히 생리적인 현상에 불과하다면 고통의 해소는 현존재에게 어떤 윤리적 의미도 지닐 수 없다. 그러나 살/몸으로 현존하는 자에게는 원래 순전히 생리적인 현상으로서의 고통 같은 것은 있을 수 없다. 현존재는 단순히 참아내고 견뎌내는 자가 아니라 소망하고 기획하는 자이기 때문이다. 소망하고 기획하는 자로서의 현존재에게 고통은 해소되어야만 하는 악이며, 바로 그러한 이유로 고통의 해소는 지향해야만 하는 선이다. 고통의 해소가 현존재에게 근원적인 선으로서의 의미를 지닌다는 것은 '고통에 앞서 주어지는 선험적 이념으로서의 선이나 악'은 존재하지 않는다는 뜻이기도 하다. 이미 앞장에서 밝힌 것처럼 살/몸으로 현존하는 자에게 감각보다 근원적으로 앞서 주어지는 것은 있을 수 없다. 정신, 물질, 의식, 몸, 의식 내재적 세계 및 외재적 세계라는 존재의 허울 등 모든 것은 존재이해의 시원적 근거로서의 감각함에 의해 일어나는 현상적 세계 및 그 이해의 형식에 불과한 것이다. 이 점에서는 선과 악 또한 마찬가지이다. 오직 고통의 감각을 통해서만 현존재는 선과 악의 의미에 눈 뜰 수 있다. 고통의 감각과 결합되지 않은 선과 악의 이념은 살/몸으로 현존하는 자에게는 주어질 수 없으며, 선과 악이 마치 선험적 이념처럼 작용하는 것은 오직 선과 악이 그때마다 일어나는 개별적인 고통의 이해에 반드시 수반되는 이해의 필증적인 형식이기 때문일 뿐인 것이다.

『거장과 마르가리타』에서 가장 주목할 만한 철학적 성찰은 제2장의 예슈아와 빌라도 사이에 오가는 대화에서 나타난다. 자신이 모든 사람들을 선하다 칭하는 것을 알아채고 그 이유를 묻는 빌라도에게 예슈아는 조금도 주저하지 않고 '이 세상에 악한 사람은 없다'고 대답한다. 경험적으로 보면 예슈아의 말은 고려할 가치가 없는 거짓 증언처럼 들린다. 세상에 악한 자는 어디에나 널려 있으며, 설령 악한 자를 단 한 번도 만나 본 적이 없는 자라고 하더라도 논리적 오류를 범하지 않고서는 악한 사람이 없다고 단정할 수는 없는 법이다. 적어도 귀납 추론의 결과는, 그것이 아무리 많은 표본들을 바탕으로 삼고 있다 하더라고, 결코 절대적 참일 수 없다는 점에서 보면 그러하다.

'이 세상에 악한 사람은 없다'는 예슈아의 말은 '악한 사람은 원래 존재할 수 없는 법이다'라는 말과 같다. 그러한 단언은, 그것이 순전히 반복적인 경험에 바탕을 두고 있을 뿐 어떤 선험적인 논증의 형식 속에서 정당화된 결론이 아닌 한에서는, 논리적으로 언제나 부당하다. 악한 사람은 존재할 수 없는 법이라는 명제는 통상적인 의미에서의 경험이나 논리를 통해서는 결코 정당화될 수 없는 것이다. 그럼에도 예슈아의 말은 누구도 외면할 수 없는 존재의 진실을 하나 드러낸다. 그것은 살/몸으로 현존하는 자는 오직 선을 지향할 수 있을 뿐 결코 악을 지향할 수 없다는 것이다.

살/몸으로 현존하는 자에게 고통의 해소가 선으로서의 의미를 지닐 수밖에 없음을 다시 한번 분명히 해 두자. 살/몸은 고통과 기쁨의 근원적 처소이기에 살/몸으로 현존함은 '언제나 이미 근원적 선으로서의 고통의 해소를 지향하며 존재함'을 뜻할 수밖에 없다. 그렇다면 사람은, 살/몸과 더불어 현존하는 특별한 존재자로서의 현존재는, 근원적으로 선한 셈이다. 그는 선을 지향할 수 있을 뿐이지 고통이라는 이름의 악을 지향할 수 없는 존재자인 것이다.

아마 이러한 주장에 대해서는 다음과 같은 반론이 있을 수 있을 것이다. "현존재가 근원적으로 선하다는 전제로부터 악한 현존재는 있을 수 없다는 결론이 도출되는 것은 아닐 뿐만 아니라 설령 고통의 해소가 근원적 선이라는 것을 인정한다 하더라도 이러한 의미에서의 선은 결국 자기를 위해 좋다는 뜻일 뿐 어떤 윤리적 의미를 지니는 것은 아니다."

우선 근원적 선으로서의 고통의 해소가 윤리적 의미에서의 선을 의미하지 않는다는 지적에 관해 생각해 보자. 이러한 지적은 오직 두 가지 전제하에서만 타당할 수 있다. 첫째, 현존재의 존재가 원자적 개인으로서의 존재와 동일시될 수 있다는 전제, 둘째, 근원적 선으로서의 고통의 해소가 남들과의 윤리적 관계를 위해서는 무의미한 것일 수 있다는 전제가 그것이다.

첫 번째 전제는 현존재의 실제적인 세계-안에-있음에 전혀 상응할 수 없는 어떤 이념적 방향성을 표현하는 명제에 불과하다. 하이데거가 『존재와 시간』에서 밝히고 있는 것처럼 현존재는 세계 안에서 만나는 모든 존재자들과 친숙하게 왕래하는 관계를 맺을 수 있을 뿐이다.[12] 친숙함은 물론 낯섦, 거리가 멀게 느껴짐 등에 대립적인 의미를 지니고 있다. 하지만 그렇다고 친숙함과 낯섦, 거리가 멀게 느껴짐 등이 존재론적

---

12 SZ, 104쪽 이하 참조.

으로 동일한 위상을 지니는 것은 아니다. 낯섦, 거리가 멀게 느껴짐 등은 오직 친숙함 및 친숙한 관계에의 소망과 의지를 전제로 해서만 가능할 수 있기 때문이다. 물론 현존재는 그 무엇 혹은 그 누군가를 멀리하려는 소망과 의지를 지니기도 한다. 그러나 이러한 소망과 의지는 결국 고통의 원인이 될 만한 것을 제거하려는 소망과 의지이고, 그런 한에서 실은, 설령 그 소망과 의지가 그 무엇 혹은 그 누군가를 향한 극단적인 증오와 분노를 수반한다 하더라도, 근원적 의미에서의 선, 즉 고통의 해소를 지향하는 것일 수밖에 없다. 이와는 달리 친숙함 및 친숙한 관계에의 소망과 의지는 오직 고통의 해소, 더 나아가 기쁨의 일어남 및 그 증가를 지향하는 소망과 의지일 뿐 결코 그와 상반된 소망과 의지에 결합될 수 없다. 달리 말해 고통의 해소, 기쁨의 일어남 및 그 증가를 가능하게 하는 친숙한 관계에의 지향은 현존재에게 근원적인 것임에 반해 그 무엇 혹은 그 누군가를 멀리하려는 소망과 의지는 오직 —선을 향한— 현존재의 근원적 지향성을 전제로 해서만 나타날 수 있는 파생적인 것에 불과하다는 것이다. 바로 이러한 이유로 원자적 개인으로서의 존재는 친숙한 관계에의 지향이 자주 혹은 결정적으로 막혀서 차라리 모든 공동 현존재들을 멀리하기를 원하게 된 특별한 현존재의 이념적 방향성을 표현하는 말에 불과할 수밖에 없다. 물론 여기서의 이념이란 경험을 필증적인 방식으로 수반하는 그러한 것으로서의 이념이 아니라 결코 경험될 수도 없고 도달될 수도 없으면서 사유와 행위의 지향점으로 작용하게 되는 것으로서의 이념을 뜻하는 말이다. 실은 이러한 이념조차도 그와 상반되는 친숙한 관계에의 소망과 의지의 파생물에 불과할 뿐이다. 현존재는 결코 원자적 개인으로서 존재할 수 없으며, 그러한 상태에 도달하게 되기를 진심으로 바랄 수도 없다. 현존재에게 친숙한 관계에의 지향은 현존재의 존재로부터 비롯되는 다른 모든 지향들을 가능하게 하는 근원적인 지향이기 때문이다.

친숙함이란 무엇인가? 어떤 방식의 관계를 우리는 친숙함의 관계라고 부를 수 있는가? 이에 대한 가장 단순하고 분명한 대답은 '오직 고통은 고통대로 나누고 기쁨은 기쁨대로 나누는 관계'만이 친숙함의 관계일 수 있다는 것이다. 합당한 이유 없이 나의 고통에 무감하거나 심지어 기뻐하는 모습을 보이는 자, 나의 기쁨에 무감하거나 심지어 고통스러워하기까지 하는 자는, 설령 그가 나와 친숙한 자처럼 행동한다 하더라도, 나에게 친숙함을 느끼는 자일 수 없다. 그렇다면 근원적 선으로서의 고통의 해소가 윤리적 의미에서의 선을 의미하지 않는다는 생각의 두 번째 전제, 즉 근원적 선으로서의 고통의 해소가 남들과의 윤리적 관계를 위해서는 무의미한 것일 수 있다는 전제는 성립하지 않는 셈이다. 친숙한 관계에의 지향이 현존재에게 다른 어떤 지향들보다 근원적인 한 현존재가 경험하는 고통의 해소는 윤리적 의미를 지닐 수밖에 없다. 그것은 마치 자식을 고통 속에 죽게 내버려 두는 부모가 자식의 고통을, 혹은 부모의 고통을 나 몰라라 하는 자식을 부모의 고통을, 윤리적으로 무의미한 것이라고 주장할 수 없는 것과 같다. 적어도 윤리의 현실성을 인정하는 경우는 누구도 고통이 살/몸으로 현존하는 자에게 필증적인 방식으로 윤리적 의미를 지니게 될 수밖에 없음을 부정할 수 없다는 것이다. 현존재가 겪는 고통 및 고통의 해소가 윤리적 의미를 지니지 않을 수 있다는 생각은 오직 윤리의 현실성 자체를 전면적으로 부정하는 유물론의 관점에서만 가능할 수 있다. 그런데 이미 밝힌 것처럼 유물론 자체가 실은 자가당착적인 형이상학적 세계관에 불과한 것이다.

고통과 고통의 해소, 기쁨 등이 살/몸으로 현존하는 자에게 언제나 이미 윤리적 의미를 지닐 수밖에 없다는 것은 살/몸으로 현존하는 자는 누구나 고통 및 기쁨과의 관계 속에서가 아니면 삶과 존재의 진실에 관해 말할 수 없다는 것을 뜻한다. 바로 그렇기에 예슈아는 빌라도에게 "진실이란 지금 이 순간 당신이 두통에 시달리고 있다는 것과 그 고통이 하도 커서 당신은 나약하게도 죽음에 대한 생각을 품고 있다는 것"[13]이라고 선언하는 것이다.

참으로 흥미로운 장면은 볼란드가 예슈아의 이야기를 마치고 난 뒤 볼란드와 베를리오즈 사이에 예슈아의 존재에 관한 이야기가 오가는 장면이다. 베를리오즈는 볼란드에게 예슈아와 빌라도에 관한 그의 이야기가 "복음서의 내용에 전혀 부합하지 않는다"고 지적한다. 그러자 베를리오즈는 "복음서에 기록된 어떤 일도 실제로 일어난 적이 없다"고 말한다.[14]

만약 그렇다면 누구도 예슈아가 실제로 존재했거나 심지어 지금 현재도 존재하고 있다고 말할 수는 없는 셈이다. 설령 예슈아라는 이름의 인물이 실제로 존재했었다 하더라도 사태가 달라지지는 않는다. 중요한 것은 그가 복음서에서 예슈아로 묘사된 인물에게 부과된 특별한 의미들, 즉 신의 아들이라거나 인류를 구원할 구세주라거나 하는 등의 의미들에 걸맞은 위상을 지니고 있는 인물인가의 문제이지 단순히 이름이 동일한 자가 살고 있었느냐의 문제는 아닌 것이다. 그러나 볼란드의 이야기 속에서 예슈아는 복음서의 예슈아와 달리 자신에 관한 모든 거창한 이야기들이 마태나 유다 등에 의해 날조된 것이라고 말한다. 볼란드

---

13 MM, 24쪽.
14 MM, 42쪽.

의 회상이 옳다면 예슈아는 겁이 많고 소심한 선량한 사람에 불과했다. 그가 빌라도에게 거짓을 말한 것이 아니라면 그는 그 누구에게도 자신이 신의 아들이라는 식의 말은 하지 않았다. 그가 말한 것은 오직 단지 고통으로부터 해방되기를 원하는 인간은 결코 악할 수 없다는 존재론적 진실뿐이었다. 그는 예루살렘의 성전을 파괴하겠다고 선언한 적도 없고 자신을 인류의 교사나 구원자라고 소개한 적도 없었다. 그럼에도 베를리오즈가 예슈아에 관한 볼란드의 이야기가 사실인지 누구도 증명할 수 없을 것 같다고 의심스러워하자 볼란드는 서슴지 않고 자신이 그럴 수 있다고 말한다. 볼란드는 빌라도와 예슈아를 심문한 끝에 사형 선고를 내리던 바로 그 자리에 자신이 있었노라고 덧붙인다.[15]

『거장과 마르가리타』의 예슈아는 누구인가? 볼란드의 이야기 속에 등장하는 예슈아의 모습은, 설령 그가 실제로 빌라도에게 사형 선고를 받고 죽음을 당한 인물이라 하더라도, 분명 신의 아들이라거나 구세주라는 칭호와는 어울리지 않는다. 심지어 복음서의 마태와 유다가 구세주로 언급하는 이가 바로 그와 동일한 인물이라는 가정조차도 그의 위상에 대한 판단에 별다른 변수가 되지는 못할 것 같다. 볼란드의 회상에 따르면 예슈아는 그저 "옛 신앙의 성전이 몰락하고 새로운 진리의 성전이 건립될 것"[16]이라는 생각을 말했을 뿐 자신이 특별한 소명을 지니고 있는 양 말하거나 행동한 적은 없었다. 게다가 그는 진리의 왕국에 대해 말하는 것이 위험한 일일 수도 있다는 것을 빌라도로부터 들은 후 빌라도에게 두려워하는 기색을 보이며 자신을 풀어 달라고 간청하기까지 한

---

15 MM, 22쪽 이하 및 43쪽 참조.
16 MM, 24쪽.

다.[17] 인간의 죄를 대속하기 위해 자신이 십자가에 달려 죽게 될 것임을 미리 알고도 그 운명을 회피하려 하지 않았던 복음서의 주인공과 달리 예슈아는 그러한 소명 의식을 조금도 지니고 있지 않았을 뿐만 아니라 그러한 소명에 응답해야만 한다는 식의 생각조차도 전혀 하지 못하는 인물이었던 것이다. 『거장과 마르가리타』의 전체 흐름에 비추어 보았을 때 이는 원래 대단히 이상한 일이다. 두 가지 이유 때문에 그러하다.

첫째, 제1장에서 베를리오즈와 베즈돔느이가 예슈아의 존재를 부정하자 볼란드는 단호하게 그들의 주장을 반박한다.[18] 그런데 과연 그럴 필요가 있었을까? 볼란드 자신이 복음서에 기록된 이야기들 중 어느 것도 사실이 아니라고 말하지 않았는가? 설령 예슈아에 관해 복음서에 기록된 다른 모든 이야기들이 사실이라 하더라도 만약 예슈아가 신의 아들이 아니라면 볼란드는 베를리오즈 및 베즈돔느이와 논쟁을 벌일 필요가 없었던 것이 아닐까? 아마 유물론자인 베를리오즈와 베즈돔느이에게 중요했던 문제는 예슈아라는 인물을 둘러싼 이런저런 이야기들이 실제로 일어난 일이었느냐의 문제가 아니라 과연 신이 존재하느냐의 문제였을 것이다. 설령 예슈아가 실존했어도 그를 신의 아들로 만들어 줄 신의 존재가 부정되기만 하면 그들은 별로 상관하지 않았을 것이다. 그렇다면 볼란드는 왜 그들과 논쟁을 벌였는가? 설령 예슈아가 실제 신의 아들이라 하더라도 여전히 문제는 남는다. 적어도 예슈아에 관한 볼란드의 이야기는, 그 이야기 속에서 예슈아가 신의 아들이라는 것을 증명할 만한 어떤 근거도 제시되지 않는 한, 베를리오즈와 베즈돔느이의 유물

---

17   MM, 31쪽.
18   MM, 18쪽.

론을 논박하는 데는 아무짝에도 쓸모없는 것처럼 보이는 것이다.

둘째, 에필로그에서는 —볼란드가 베를리오즈와 베즈돔느이에게 들려준 이야기에 비추어 보면 뜬금없게도— 예슈아가 이천 년 동안이나 회한에 사로잡힌 채 어느 곳에도 가지 못하고 아무 곳도 아닌 곳에 머물고 있던 빌라도를 해방시키는 이야기가 나온다. 빌라도는 예슈아에게 한편으로 자신의 판결로 인해 집행된 예슈아의 처형이 흔해 빠진 유형의 처형이었다고 말하면서도 다른 한편으로 처형은 실제로 일어나지 않았노라 자신에게 말해달라고 예슈아에게 탄원한다. 예슈아는 빌라도의 소원대로 처형은 없었다고 말한다. 그러자 빌라도는 예슈아에게 맹세할 수 있느냐고 묻고, 이에 예슈아는 즉시 그렇다는 말로 화답한다. 그것은 잘못된 처형을 내린 죄로 이천 년 동안 회한에 사로잡힌 채 한 곳에 머물러 있어야만 했던 빌라도가 구원을 받는 순간이었다. 볼란드의 회상 속에서는 그저 선량하고 평범한 젊은이로만 자신을 소개했던 예슈아가 에필로그에서는 불현듯 신의 아들과도 같은 신적인 존재자로 묘사되고 있는 것이다.[19]

작가의 의도가 어디에 있든지 상관없이 작품은 마치 카멜레온처럼 물음의 방향과 이해의 문맥에 따라 그때그때 다양하고도 새로운 의미들을 던져 주는 법이다. 예슈아에 관한 이토록 혼란스럽고 심지어 모순되기까지 한 이야기들로부터 제기되는 물음들에 관해 『거장과 마르가리타』는 어떤 구체적인 해명도 제시하지 않는다. 그것은 어떤 태만한 작가 의식의 발로였을까? 혹은 불가코프는 자신의 작품 속에서 예슈아에 관해

---

19 MM, 395쪽.

언급한 말들이 서로 모순될 수 있다는 것을 아예 눈치채지 못했을까? 뭐, 그럴 수도 있다. 아무리 치밀한 사고의 소유자라도 가끔은 논리적 사고의 끈을 놓아 버리기도 하는 법이니 말이다. 아무튼 고통의 해소가 살/몸으로 현존하는 자에게 근원적 선으로서의 의미를 지닐 수밖에 없다는 존재론적 진실로부터, 가학적이든 피학적이든 모든 고통에의 의지는 오직 근원적 선으로서의 고통의 해소를 지향하는 근원적 의지로부터 파생된 것에 불과하다는 자명한 현상적 사태로부터, 우리는 『거장과 마르가리타』의 예슈아가 상징하는 것이 무엇인지 아주 분명하게 말할 수 있다. 예슈아는 살/몸으로 육화된 정신의 근원적 선함을 선포하는 자요, 근원적 감각으로부터 유래하는 몸과 마음의, 물질과 정신의, 절대적 통일성을 밝혀 드러내는 자이다. 또한 그는 감각으로 인해 정신과 물질 사이에 맺어지는 불가분의 관계로부터 세계가 악과 절대선의 표지로서 현현하게 됨을, 세계의 세계성이 필증적이고도 근원적인 방식으로 윤리적 의미를 지니게 됨을, 자신의 죽음으로 증거하는 자이기도 하다.

대체 그 누가 부정할 수 있으랴! 악은 도처에 있으며, 악한 사념과 행위 또한 누구에게서나 발견된다. 그러나 살/몸으로 현존하는 자에게, 세계와 친숙함의 관계를 맺으며 존재할 수밖에는 없기에 자신이 느끼는 모든 고통과 기쁨에서 그 윤리적 함의들을 단적으로 인지할 수밖에는 없는 특별한 존재자에게, 악은, 그를 괴롭히는 모든 악한 사념들과 행위들은, 결국 근원적 선에의 의지로부터 파생되어 나온 그 부산물에 불과하다. 그러므로 살/몸 존재론의 관점에서 보면, 악한 사람은 아무도 없으며 결국 누구나 선한 법이라는 예슈아의 말은 의심의 여지없이 옳다. 악에의 의지 또한 살/몸으로 현존하는 자에게, 오직 그러한 자에게만, 가능하다는 점에서, 단지 가능할 뿐만 아니라 현존재의 생활 세계 안에서 언제나 이미 현현해 온 현존함의 구성적 계기이기도 하다는 점에서, 현존재가 공동 현존재와 더불어 삶을 영위하는 세계가 악의 표지로서 존재한다는 것은 부정될 수 없다. 그러나 동시에 세계는 선, 그것도 악으로 하여금 그 근원적 무성 가운데 드러나도록 하는 절대선의 표지로서 존재한다. 그러므로 악과 마찬가지로 선 역시, 악의 근원적 무성을 단적으로 인지하게 하는 절대적인 존재의 이름으로서, 도처에 있는 셈이다.

6. 닫는 글을 대신하여:
  언제나 이미 우리 곁에 임재해 있는 진실의 음성

  무엇인가 단적으로 인지함은 무엇을 의미하는가? 그러한 일은 우리에게 대체 어떻게 가능해지는가? 이에 대한 해명은 오직 물질과 정신, 혹은 몸과 마음이란 근원적 감각에 의해 동근원적으로 일어난 존재이해의 필증적 형식을 의미할 뿐이라는 것을 전제할 때 비로소 가능할 수 있다. 이 말은 단적으로 인지함을 사념하고 판단하는 정신의 행위로부터 분리될 수 있는 순수하게 감각적이거나 신비 체험 같은 것이라고 여겨서는 안 된다는 말이기도 하다. 실은 그 반대이다. 단적으로 인지함이란, 그것이 인지함인 한 당연히, 그 자체로 사념하고 판단하는 정신의 작용을 전제로 할 수밖에 없다.

  제2장에서 예슈아가 빌라도에게 진리의 왕국에 대해 어떻게 선포하는지 한번 살펴보자.

"모든 권력은 사람을 억압하는 폭력으로서 출현하는 법입니다. 그리고 카이사르의 지배나 다른 어떤 방식의 지배도 사라질 시대가 도래할 것입니다. 인간은 어떤 부류의 권력도 필요로 하지 않는 진리와 정의의 왕국 안으로 들어가게 될 것입니다."[20]

흥미로운 것은 예슈아가 자신의 선포가 어떤 결과로 이어질지 전혀 알지 못했던 것으로 설정되어 있다는 점이다. 마치 십자가에 달린 복음서의 예수가 자신에게 야유하는 유대인 대중들을 위해 '저들은 저들이 하는 일을 알지 못하니 벌하지 말아 달라'고 신에게 기도하는 것을 희화화하기라도 하듯이 말이다. 볼란드의 회상 속에서 빌라도는 예슈아를 자신의 말과 행동이 어떤 결과로 이어질지 알지 못하는 어리석은 젊은 이로 인식된다. 그리고 실제로 그렇기도 하다. 빌라도의 말을 통해 자신이 죽임을 당할 수도 있다는 것을 깨닫게 된 뒤 예슈아는 빌라도에게 자신의 무죄를 선포해달라고 애원하는 것이다.[21]

아무튼 예슈아의 선포는 두 가지 상이한 층위의 진술로 나뉠 수 있다. 우선 '모든 권력은 사람을 억압하는 폭력으로서 출현하는 법이다'라는 말은 경험에 바탕을 둔 논리적 명제처럼 보인다. 하지만 이와 달리 "인간의 세계는 어떤 부류의 권력도 필요로 하지 않는 진리와 정의의 왕국으로 바뀌게 될 것이다"라는 말은 경험에 바탕을 두고 있는 것보다 경험이나 논리를 통해 증명할 수 없는 주관적인 희망이나 의지를 표현하는 것처럼 보인다. 그럼에도 양자는 모두 살/몸으로 현존함에 의해 일어나

---

20 MM, 30쪽.
21 MM, 31쪽.

는 '단적으로 인지함'의 표현이라는 점에서는 같다. 대체 어떤 의미에서 그러한 것일까?

　'모든 권력은 사람을 억압하는 폭력으로서 출현하는 법'이라는 선포는, 만약 그것을 경험에 바탕을 둔 논리적 명제로 이해하는 경우, 귀납 추론의 결과로 읽히기 쉽다. 그러나 예슈아의 선포는 경험의 반복을 통해서는 도무지 획득될 수 없는 선험적 명증성을 함축한다. 적어도 이론적으로는 누구도 내일 당장 해가 떠오르지 않을 가능성을 완전히 배제할 수 없다. '해는 날마다 동쪽에서 떠오르는 법'이라는 생각은, 그것이 해라고 하는 구체적 존재자에 관한 명제의 형태로 표현된다는 바로 그러한 이유로, 어떤 경우에도 자명할 수 없다. 적어도 해와 해를 둘러싼 존재자들의 속성 및 관계의 총체가 완전하게 알려질 수 있다는 비현실적인 전제를 하지 않는 한은 그러하다. 이와 달리 '모든 권력은 사람을 억압하는 폭력으로서 출현하는 법'이라는 예슈아의 선포는 절대적으로 자명한 명제이다. 권력은 결국 이런저런 억압의 기제들을 전제로 할 수밖에 없으며, 그런 점에서 현실적·잠재적으로 억압당하는 그 누군가를 전제로 하지 않는 권력이란 존재할 수 없는 것이다. 물론 누군가는 미셸 푸코처럼 억압의 관점에서 권력을 고찰하는 것의 한계를 지적할 수도 있고,[22] 더 큰 폭력으로부터 다수의 인민들을 보호하는 정당한 권력의 가능성에 관해 논할 수도 있다. 하지만 그렇다고 해서 사태가 바뀌는 것은 아니다. 어떤 경우에도 권력은 결국 사람을 억압하는 폭력으로서 출현할 수밖에 없다. 권력의 본질과 속성을 논하는 데 있어서 억압보

22　M. 푸코, 『감시와 처벌. 감옥의 역사』, 오생근 옮김, 나남 2003, 53쪽 이하; S. 밀스, 『현재의 역사가 미셸 푸코』, 임경규 옮김, 앨피 2008, 73쪽 이하 참조.

다 더 적절한 말이 있을 수 있다고 해서, 더 큰 폭력을 예방하는 폭력이 존재할 수 있다고 해서, 권력이 사람을 억압하는 폭력이 아니라는 결론을 도출할 수는 없는 것이다. 결국 '모든 권력은 사람을 억압하는 폭력'이라는 생각은 반복 경험에 바탕을 둔 귀납 추론의 결과가 아니라 억압하는 폭력으로서의 권력의 본질을 단적으로 인지함의 결과이다. 물론 그것이 어떤 논리적 추론과도 상관없이 순수하게 감각적으로 인지되었다는 식으로 생각할 필요도 없다. 모든 명제는 결국 사념과 추론 없이는 성립될 수 없는 것이니 말이다. '단적으로 인지함'은 논리적 추론을 배제한 채 이루어지는 인지가 아니라 논리적 추론의 한계를 벗어난 것을 논리적 추론의 선험적 조건 및 그 필증적 귀결로서 인지함을 뜻한다. 그렇다면 예슈아의 선포는 경험을 전제로 하지 않는 어떤 순수한 선험적 이념에 의거한 것일까? 그렇게 말할 수는 없을 것 같다. 권력이란, 그것이 사람을 억압하는 폭력으로서 인지되는 한에 있어서는, 결코 경험과 무관한 말일 수 없기 때문이다. 그러므로 예슈아의 선포가 함축하고 있는 선험적 명증성의 선험성은 경험과 무관한 것이라는 의미를 지니지 않는다. 그것은 오직 고통의 해소가 살/몸으로 현존하는 자에게 근원적 선으로서의 의미를 지닐 수밖에 없다는 존재론적 진실 자체가 현존재의 근본 경험으로서, 살/몸으로 현존하며 겪는 모든 순간들을 동반하는 삶의 근원적 진실로서, 작동한다는 것을 의미할 뿐이다. 근원적 감각으로부터 일깨워진 존재의 근원적 진실이, 오직 살과 몸, 그리고 물질과 정신의 절대적 통일성을 통해서만 구체적으로 사념하고 행위할 수 있는 현존함의 절대적이고도 필증적인 방식이, 그 자체 더할 나위 없이 구체적이고 현실적인 선험성으로서 작용하는 것이다.

그렇다면 '인간의 세계는 어떤 부류의 권력도 필요로 하지 않는 진리와 정의의 왕국으로 바뀌게 될 것이다'라는 선포는 어떨까? 사람을 억압하는 폭력과 권력을 동일시하는 명제는 절대적으로 자명한 명제라 하더라도 어떤 권력도 필요로 하지 않는 진리와 정의의 왕국이 도래하게 되리라는 생각은 한갓 부질없는 희망에 불과한 것이 아닐까? 물론 그렇다. 적어도 '왕국'이라는 말을 인간의 손으로 만들어지는 모든 가능한 권력 체계의 상징으로 이해하는 한에 있어서는 어떤 권력도 필요로 하지 않는 그러한 왕국이 도래할 수도 있다는 생각은 어리석은 망상 이상은 아닐 것이다. 하지만 희한하게도 현존재는 그러한 왕국을 언제나 이미 지상에 임재해 있는 신국으로서 경험할 수밖에 없는데, 이는 살/몸으로 현존하는 자에게 모든 악에의 의지는 선에의 의지로부터 파생되어 나온 그 부산물에 불과하기 때문이다. 살/몸으로 현존하는 자에게 세계는 절대선의 표지로서 현현할 수밖에 없는 법이다. 살/몸으로 현존함 자체가 고통의 해소 및 기쁨의 증가라는 근원적이고도 절대적인 선에의 의지로 존재함을 뜻할 수밖에 없기에 근원적 감각에 의해 일어나는 일체의 세계는 그 자체로 살/몸적인 것으로서, 절대선의 존재의 부정할 수 없는 증거로서, 오직 절대선에의 소망과 그 무조건적인 긍정을 통해서만 참으로 자신의 존재를 기획 투사할 수 있는 현존함의 장으로서 열리기 마련인 것이다.

대체 누가 알겠는가? 어쩌면 내일 당장 지구의 종말이 올 수도 있고, 모든 것은, 심지어 절대선에의 소망과 의지마저도, 영원한 망각 속으로 사라져 버릴 수도 있다. 그러나 살/몸으로 현존하는 한 사람은 사람으로 남을 뿐이다. '내일 지구의 멸망이 온다 할지라도 나는 한 그루의 사과나무를 심겠다'는 경구는 특별한 현자만을 위해 예비된 말이 아니다. 그것은 실은 살/몸으로 현존하는 모든 자들의 필증적 존재 방식, 절대적이고도 궁극적인 허무의 가능성에 직면해서도 절대선의 이념을 결코 포기할 수 없는 현존함의 운명을 표현하는 말이다. 그러므로 볼란드의 회상 속에 등장하는 예슈아는 망상에 사로잡힌 어리석은 젊은이에 불과하기도 하고 더할 나위 없이 성스러운 진리의 살아 있는 표징이기도 하다. 그는 살/몸으로 현존하는 모든 자가 나아갈 수밖에 없고, 나아가야만 하며, 실은 언제나 이미 나아가고 있는 그러한 존재의 방식을 증거하는 자이다. 현존함이란 그 참된 의미에서는 어떤 부류의 권력도 필요로 하지 않는 진리와 정의의 왕국을 향해 나아감과 조금도 다르지 않은 것이다.

참고문헌

밀스, S., 『현재의 역사가 미셸 푸코』, 임경규 옮김, 앨피 2008, 73 이하 참조.

푸코, M., 『감시와 처벌. 감옥의 역사』, 오생근 옮김, 나남 2003.

한상연, 「사유와 존재—헤르더와 슐라이어마허의 존재론」, 『해석학연구』 제21집. 1-30.

_____, 「종교와 몸: 슐라이어마허의 '살/몸' 존재론에 관하여」, 『해석학연구』 제26집. 171-221.

_____, 「순연한 탈자로서의 존재. 살/몸으로 현존함이 자아내는 절대적 내면성의 평면으로서의 존재의 의미에 관한 소고」, 『존재론 연구』 제32집 (2013년 가을호). 217-244.

Beck, L. W., Nicolai Hartmann's Criticism of Kant's Theory of Knowledge, in: Philosophy and Phenomenological Research, Vol. 2, No. 4. (Jun., 1942). 472-500.

Bulgakov, M., translat. by Pevear, R. / Volokhonsky, L., *The Master & Margarita*, Penguin: London 1997.

Hartmann, N., Diesseits von Idealismus und Realismus: Ein Beitrag zur Scheidung der Geschichtlichen und Übergeschichtlen in der Kantischen Philosophie, in: *Kantstudien* vol. XXIX. 160-206.

Heidegger, M., *Sein und Zeit*, Tübingen 1993.

_____, *Grundzüge einer Metaphysik der Erkenntnis*, Berlin 1925.

Merleau-Ponty, M., *La structure du comportement*, Paris 1990.

_____, *Phénoménologie de la perception*, Paris 1976.

Schleiermacher, F., *Dialektik*, Leipzig 1942.

Spira, V., God, Evil, and the Saviour: Hermenutics and the Reconstruction of a Character in Bulgakov's The Master and Margarita, in: Fabiny, T. (Ed.), *Literary Theory and Biblical Hermeneutics*, Szeged 1992. 217-225.

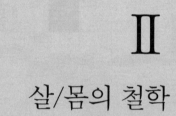

II

살/몸의 철학

현상학과 순연한 차이의 철학:

질 들뢰즈에 대한 현상학적 성찰

바다, 음흉한

한상연

나는 바다, 그대가 살고 있는

집 밖 어딘가에 있다.

물론 그대는 나를 보지 못한다. 그대가

살고 있는 곳은 어디나

경내이므로.

그러니 우선 경계를 없애라.

방 안에 있지 말 것이며 밖에 있지 말고

서 있거나 앉아 있는 그대

육신의 머리 속, 의

뇌수 속의 어딘, 가 의식이 깃들어 있는 곳에도

있지 말, 지니

까닭은 그대가 머무는 시간, 의 경계로부터는 항시

검은 율, 법의 돌이 튕겨 올라

바다 속 깊이 가라앉기 때문이다.

그럼 나는 단지 죽은

문둥이의 일그러진 손가락으로만

그대를 어루만질 수 있을 뿐이다.

누가 일그러진 것인지는 아무도 알 수 없다.

그대는 발가락을 잃고 손가락을 잃고

눈과 코와 귀마저 잃어버려

나는 단지 일그러뜨리는 물결로만 그대를 껴안을 뿐이다.

하지만 누가 일그러뜨리는지는 아무도 모른다. 바다인 나, 혹은

율, 법의 검은

돌과 더불어 가라앉은 그대의

죽음의, 시신의, 부풀어오르, 는 살, 과 살, 의 살의

문둥병인지.

하여 나는 그저 흐느끼며 더욱더 세차게

그대 주위를 맴돌 뿐이다.

물론 나는 울고 있다. 그것은 확실하다.

그러나 그대 또한 울고 있는지

나는 모른다.

1. 여는 글

들뢰즈의 철학을 논할 때 결코 간과해선 안 되는 철학자가 하나 있다. 바로 장 폴 사르트르이다. 들뢰즈가 장 폴 사르트르를 자신의 철학적 스승으로 인정했다는 것은 잘 알려진 사실이다.[01] 아마 철학자들을 이런저런 철학적 경향들에 귀속시키고 유형화하는 데 익숙한 이들에게는 이보다 더 혼란스러운 일도 별로 없을 것이다.

장 폴 사르트르는 현상학적 존재론을 지향했던 철학자로서 20세기 후반부를 풍미했던 구조주의에 대해 단호한 비판자였다. 그런데 들뢰즈는 보통 후구조주의자로 분류되고는 한다. 이보다 이상한 일이 있을 수 있을까? 한 철학자가 자신과 철학적으로 대척점에 서 있는 다른 철학자를 자신의 철학적 스승으로 받아들이는 일이 어떻게 가능할 수 있었을까?

이러한 혼란은 들뢰즈처럼 독창적이고 심오한 사상가의 철학을 일반적인 철학적 경향들을 준거로 삼아 유형화하는 일이 얼마나 위험한 일인지 잘 알려 주는 예이다. 단적으로 말해 들뢰즈의 철학을 일방적으로 구조주의 및 후구조주의의 관점에서 조망하는 일은 들뢰즈의 철학을 이해하는 데 방해가 될 뿐이다.

---

01 G. Deleuze, *L'Île déserte et autres textes. Textes et entretiens 1953-1974*, Paris 2002, 109쪽 이하 참조.

들뢰즈는 다음과 같이 고백한다.

"나는 나 자신이 순수한 형이상학자라고 느낀다. … 현대 학문은
그것이 필요로 하는 형이상학을 발견하지 못했다고 베르그송은 말
한다. 바로 이 형이상학이 내 관심사이다."[02]

실제로 들뢰즈가 열정적으로 연구한 철학자들은 둔스 스코투스, 스
피노자, 라이프니츠, 흄, 칸트, 마이몬, 니체, 베르그송 등 경험과 인식의
문제 및 형이상학의 문제와 씨름한 '고전적'인 철학자들이 대부분이다.
만약 들뢰즈의 철학에서 구조주의 내지 후구조주의의 흔적이라 할 만한
것이 발견된다면 그것은 형이상학의 문제를 둘러싼 들뢰즈식 탐구의 잔
상에 불과할 뿐이다.

군이 따져 보자면 들뢰즈의 철학은 구조주의보다는 차라리 현상학에
더 많은 빛을 지고 있다. 비록 들뢰즈 본인은 현상학에 대해 "내재성의
평면을 의식의 장"으로 취급한다는 점에서 "데카르트"나 "칸트"의 철학
과 다를 바 없는 "코기토"의 철학이라고 비판하기는 하지만 말이다. 코
기토의 관점에 사로잡혀 있는 한 "내재성은 순수한 의식, 즉 생각하는 주
체에 내재하는 것으로 상정"될 뿐이라는 것이다.[03] 물론 현상학에서 내
재성이 생각하는 주체에 내재하는 것으로 파악된다는 식의 주장은 현상
학과는 전혀 들어맞지 않는 잘못된 주장이다. 실은 후설의 현상학이야

---

02   A. Villani, *La guêpe et l'orchidée: Essai sur Gilles Deleuze*, Paris/Berlin 1999, 130쪽에서 재
     인용.
03   QP, 47쪽 이하.

말로 현상과 실재, 의식-초월적으로 존재하는 실재적 세계와 의식-내부적으로 존재하는 현상적 세계의 이분법적 구분에 사로잡힌 전통 철학의 오류에 대한 수미일관하고도 단호한 비판과 더불어 출발한 것이다.

아무튼 들뢰즈에게 내재성의 평면은 무엇보다도 우선 초월성의 이념에 대한 명시적인 거부를 표현하는 말이라는 것을 상기하자. 여기서 초월성의 이념은 두 가지 상이한 층위로 나뉘어 설명될 수 있다. 선험적 자아의 초월성이 그 하나이고 내재성의 평면을 의식-내부적으로 존재한다는 그러한 의미에서의 내재적인 것으로서 이해하게 만드는 바깥 세계의 초월성이 또 다른 하나이다. 이 두 가지 초월성의 이념에 대한 극복을 진정으로 가능하게 하는 것은 오직 현상학적 사유뿐이다.

물론 들뢰즈의 철학은 많은 점에서 현상학과 다르다. 예컨대 그 자신이 고백한 것처럼 들뢰즈의 철학은 형이상학적인 데 반해 현상학은 본질적으로 비형이상학적인 철학이다. 하지만 들뢰즈의 형이상학은, 적어도 들뢰즈 자신의 주장에 따르면, 전통 형이상학과 달리 초월성의 이념을 전제로 하지 않는다. 이러한 새로운 유형의 형이상학은 현상학의 우회로를 피할 수 없다. 초월자의 존재에 대한 '괄호 치기'가 ─혹은 더 나아가 그 전면적인 부정이─ 가능해지려면 세계 및 존재자들 일체의 순연하게 현상적인 본질이 우선 밝혀져야만 하기 때문이다.

2. 경험적 의식과 순수한 나

잘 알려져 있듯이 들뢰즈는 1936년에 출판된 사르트르의 『자아의 초월』을 특히 높이 평가한다. 그 이유는 바로 이 저술에서 사르트르가 순수한, 그리고 본질적으로 전-개인적이고(pre-individual) 비인격적인 (impersonal), 경험적 의식의 관점에서 자아의 존재를 이해할 가능성을 열어 놓았다는 것이다.[04]

사르트르의 철학에서 자아 및 의식의 존재는 시간의 흐름을 넘어 언제나 동일하게 남는 '초월적인 나' 혹은 '순수한 나'의 관점에서 고찰되지 않는다. 사르트르에 따르면 의식이란 현상적인 것들의 흐름일 따름이고, 흐름으로서의 의식을 자기의 의식으로서 갖는 불변하는 나의 존재는 불필요한 형이상학적 가정에 불과하다. 사르트르의 이러한 입장은 『순수이성비판』에서 칸트가 선험초월적 통각의 문제를 분석하는 방식에 관해 사르트르가 논구하는 곳에서 가장 극명하게 드러난다. 사르트르는 '나는 생각한다'가 모든 경험의 계기들을 수반할 수 있어야 한다는 칸트의 주장은 결코 경험과 무관한 순수한 나의 존재를 증명하려는 목적으로 제기된 것이 아니라고 지적한다. '나는 생각한다'의 '나'는 모든 경험들이 '나의 경험'의 형식 속에서 이루어짐을 표현하는 말일 뿐이지 그것이 어떤 순수한 나의 존재를 전제로 하는 말인지는 『순수이성비판』의 칸트에게 여전히 열려 있는 문제라는 것이다. 사르트르는 칸트의 철학을 근거로 순수자아의 이념을 도입하려는 경향은 인식의 문제에 골몰하는 신칸트주의 및 경험비판론(l'empirio-criticisme)으로부터 비롯된 것이라고 주장한다. 달리 말해 선험초월적 의식의 장의 구성을 가능하게 할 그 조건으로서 선험초월적 통각의 문제를 다루는 칸트의 방식이 인식론적으로 경험적 자아의 근거로서 작용할 순수한 나의 이념을 도입할

---

04   LS, 120쪽 이하 참조.

근거를 제공하는 것은 아니라는 것이다.[05]

사실 이러한 관점을 현상학적으로 처음 개진한 이는 사르트르가 아니라 후설이다. 1900-1901년에 초판이 발행되고 1905년 부분적으로 개정된 『논리연구』 제5장에서 후설은 의식의 근본 구조로서의 지향성의 문제를 다루면서 "나는 생각한다, 그러므로 나는 존재한다"는 명제의 "나는 존재한다"는 시간의 흐름 속에서 동일하게 지속하는 나의 존재의 증명을 뜻하는 말이 아니라고 지적한다. 물론 "여기서 나란 경험적 나와 같은 것으로 통하는 말이 아니라는 것은 당연하다." 그럼에도 그것은 아직 순수한 나와도 같이 철학적으로 그 의미가 확정된 어떤 자아의 이념을 표현하는 말은 아니다. 기껏해야 우리는 다음과 같이 말할 수 있을 뿐이다. "'나는 존재한다'는 판단에서의 명증성은 어떤 특정한, 개념적으로 정확하게 규정되지 않은, 경험적 자아표상의 핵심에 관한 것일 뿐이다."[06]

순수한 나의 이념에 관한 『논리연구』의 해명은 ―특히 개정판에서는― 사르트르의 해명에 비하면 온건하고 조심스럽다.

후설이 개정판에 붙인 한 각주에 따르면 "경험적 나란 물리적 사물과 동일한 위상의 초월"[07]을 뜻할 뿐이다. 이 말은, 마치 하나의 물리적 사물이 시간의 흐름 속에서 지속하는 동일성의 이념을 통해 지각되듯이 경험적 나 역시 인격적 존재자에 특유한 동일성의 이념, 즉 순수한 나의 이념을 통해 지각되는 것임을 뜻하는 말이다. 물론 경험적 나의 동일성

05 J.-P. Sartre, *La transcendance de l'ego*, Paris 1966, 13쪽 이하 참조.
06 LU, 356쪽.
07 같은 책, 357쪽.

을 가능하게 하는 것이 순수한 나의 이념이라는 것이, 경험적 나의 동일성이 단순한 이념성을 넘는 현실적 동일성으로서 파악될 수 있다거나 순수한 나가 실제로 존재한다거나 하는 결론으로 이어지는 것은 아니다. '경험적 나란 물리적 사물과 동일한 위상의 초월'이라는 말은 그것이 현상적 소여로서 직접적이고 분명하게 주어진 것이 아님을 뜻하는 말이고, 따라서 그 현실성 및 존재 여부에 관한 물음은 여전히 열린 채 남아 있는 것이다.

『논리연구』의 후설이 명확하게 정식화하지는 못했지만 이는 사실 인식의 이념으로부터 그 존재가 귀결되는 것은 아니라는 단순하고도 자명한 사실로부터 필연적으로 따라 나오는 결론이기도 하다. 물리적 사물의 지각을 가능하게 하는 것이 동일성의 이념이라는 것으로부터 어떤 불변하는 동일성의 원리가 시간적인 물리적 사물의 내밀한 본질로서 실제로 존재한다거나 동일성의 이념을 간직한 물리적 사물이 실재한다는 식의 결론을 끄집어낼 수는 없다. 동일하게 지속하는 것으로서 물리적 사물을 지각하고 사념함은 지각과 사념의 동일한 대상으로서 물리적 사물이 지각하고 사념하는 의식에 초월적으로 존재함을 전제로 하지만 현상학적 관점에서 보았을 때 물리적 사물의 초월적 실재성의 물음을 현상학적 탐구의 영역으로부터 배제하는 것을 가로막는 것은 아무것도 없다. 마찬가지로 경험적 나의 존재를 자각하고 인지함이 어떤 동일한 나의 이념을 전제로 한다는 사실로부터 순수한 나가 경험적 나에 불변하는 동일성을 제공할 근거로서 존재한다는 결론을 내려서는 안 된다. 부단한 흐름으로서의 현상학적 의식의 관점에서 보았을 때 시간의 흐름 속에서 언제나 동일한 것으로서 인지되는 순수한 나는 초월이며, 이는 순수한 나가 어떤 현상적 소여로서 파악될 수 있는 것이 아니라는 사실로부터 따라 나오는 당연한 결론이다. 이런 의미에서 순수한 나는 현상학적 탐구의 영역으로부터 배제되어야 마땅한 개념이다. 초월인 한, 순수한 나의 존재 여부에 관한 물음은 물리적 사물의 존재 여부에 관한 물음과 조금도 다를 바 없이 현상학적 정당성을 확보할 수 없는 것이다.

'경험적 나는 물리적 사물과 동일한 위상의 초월'이라는 후설의 성찰은 현상학적 환원을 현상학적 탐구의 방법론으로서 도입할 필연성을 암시한다. 이미 『논리연구』 안에서 현상학적 환원의 이념이 발아하고 있었던 것이다. 하지만 『논리연구』의 후설은 경험적 나 및 순수한 나의 초월을 물리적 사물의 초월과 마찬가지로 현상학적 탐구의 영역 밖으로 배제하는 것이 현상학적으로 정당한 일임을 완전히 확신하지는 못했던 것 같다. 인식의 이념으로부터 존재가 귀결되는 것은 아니라는 자명한 철학적 성찰을 근거로 나의 존재의 문제를 단호히 배제하는 대신 후설은 소심하게도 ―순수한 나란 원래 현상적 소여로서 자명하게 주어져 있는 것이 아님을 근거 삼아― 순수한 나에 관한 물음이 현상학적으로 부당할 수 있음을 암시하는 편을 택한다. "만약 [경험적 나의] 이러한 초월성을 배제하고 순수-현상적 소여로 환원하는 것이 어떠한 순수한 나도 그 잔여로서 남기지 않는다면, '나는 존재한다'의 실질적인(충전적인) 명증성 역시 있을 수 없다."[08]

'나는 존재한다'의 명증성에 대한 후설의 회의적 입장은 원래 P. 나토르프의 순수한 나의 이념을 현상학에 도입할 필요성을 후설이 거부하면서 표명된 것이다. 하지만 개정판의 각주는 순수한 나의 이념을 거부하

---

08 같은 곳.

는 후설의 입장이 개정판이 출판되던 1905년 전후에 이미 흔들리고 있었음을 보여 준다. 가언명제의 형태로 주어진 위의 논증에 뒤이어 후설은 또다시 가언명제의 형태를 빌려 다음과 같이 묻는다. "하지만 만약 이러한 ['나는 존재한다'는 명제의] 명증성이 실제로 충전적인 것으로서 존속한다면 —그리고 누가 그것을 부정하려 할까— 어떻게 우리는 순수한 나의 가정을 지나쳐 갈 수 있을까?"[09]

이러한 동요에도 불구하고 어쨌든 『논리연구』의 후설은 현상학적 탐구를 위해 순수한 나의 이념을 도입하는 것은 불필요하다는 입장을 고수한다. 순수한 나의 이념에 관한 비교적 상세한 분석 뒤에 후설은 마침내 자신의 입장을 명확히 한다.

"이제 나는 내가 [경험들의] 관계 중심(Beziehungszentrum)으로서 [파악될] 이 시원적 나를 아예 발견할 수 없었음을 솔직하게 고백해야 한다. 내가 주목한, 즉 인지할 수 있었던 유일한 것은 경험적 나와 그 것의 경험적 관계들인 바, 이 관계들은 특정한 순간 특별한 '관심'의 대상들이 되는 자신의 체험들이나 외적 대상들과 경험적 나 사이에 맺어진다. 그 외 [경험적 나의] '밖'이나 '안'에는 나와 이러한 관계를 맺지 않는 많은 잔여들이 있을 뿐이다."[10]

물론 이 인용문은 순수한 나의 이념은 현상학적으로 불필요하다는 단언이 아니라 그 필요성을 아직 발견하지 못했다는 유보적 입장 표명이

---

09 같은 곳.
10 같은 책, 361쪽.

다. 하지만 후설의 고백은 그가 초월의 이념을 단호히 배제하고자 하는 의지를 지니고 있었으며, 그 때문에 현상학적 탐구의 근본 대상을 순수한 현상적 소여 및 의식의 지향적 구조로 한정시키려 시도했음을 드러낸다. 『논리연구』의 후설이야말로 경험적 의식에 불변하는 동일성의 원리로 작용할 '순수한 나'의 존재를 상정하지 않고 오롯이 경험적 의식의 관점에서 자아 및 의식의 문제를 현상학적으로 다룰 단초를 마련한 철학자인 것이다.

물론 주지하다시피 후설은 『이념들 I』(1913) 서문에서 자신이 철학적으로 오류를 범했음을 고백하고 '순수한 나'의 이념을 받아들인다. 1913년에 출판된 『이념들 I』의 한 각주에서 후설은 다음과 같이 고백한다.

"『논리연구』에서 나는 순수한 나에 관한 물음에서 회의적인 입장을 표명했지만 연구가 진행되면서 그러한 입장을 더 이상 고수할 수 없게 되었다. 그러므로 나토르프의 식견 높은 『심리학 개론』을 향했던 나의 비판은 그 주요 논지에 있어서 적확하지 못하다."[11]

그러나 그렇다고 해서 후설이 헤라클레이토스적 흐름과도 같이 부단히 변화해 가는 현상학적 자아의 이념을 포기했다고 생각할 필요는 없다. 후설의 순수한 나는 경험적 의식의 구조에 대한 현상학적 분석으로부터 비롯된 말일 뿐이다. 경험은 결국 '나의 경험'이라는 형식 속에서 이루어질 수밖에 없는데, 『이념들 I』 이후의 ―정확히 말해 1907년경을

---

11 Ideen I, 124쪽.

전후해 이미 마련된― 후설의 관점에서 보면 '나'는 단순한 경험적 자아로 환원될 수 없다. 한편 경험적 자아는 끊임없이 변화해 가는 존재이고, 그런 한에서 의식의 현상적이고도 무상한 흐름을 표현하는 말에 불과하다. 그러나 다른 한편 경험적 자아는 자기의식 없이 형성될 수 없으며, 자기의식은 매 순간의 경험을 언제나 '나의 경험'으로서 이해하게 할 어떤 동일성의 원리를 전제로 할 수밖에 없다. 달리 말해 부단한 흐름인 의식으로부터 자기의식이 생겨날 수 있는 이유는 의식의 흐름 자체가 체험의 모든 계기들을 나와 그 상관자의 관계의 흐름으로 이해하게 만드는 '나의 경험'의 구조 속에서 이루어지고 있기 때문이다. 후설이 순수한 나라고 부르는 것은 바로 이러한 동일성의 원리이다. 즉 후설은 우리의 경험적 의식에 대한 현상학적 탐구는 모든 경험을 '나의 경험'으로서 파악하게 할, 현상학적 의식의 부단한 흐름 속에 주어진 체험의 매 순간들을 자신과의 상관관계의 표현으로서 이해하게 할, 순수한 나의 존재를 요구할 수밖에 없다고 본 것이다. 하지만 후설은 순수한 나를 어떤 실체적 본질이나 구체적 내용 규정을 지니는 것으로서 파악할 수는 없다고 주장한다. 현상적 소요의 모든 것을 그 자신에 관계하는 것으로서 이해하게 만드는 "그것의 '관계 방식' 혹은 '행위 방식'을 도외시하는 경우 그것[순수한 나]은 어떤 본질 성분도 지니지 않은 완전히 공허한 것이고, 해명할 수 있는 어떤 내용도 지니고 있지 않으며, 원래 기술할 수 없는 것이다. 그저 순수한 나가 있다고 말할 수 있을 뿐 그것에 관해서는 다른 어떤 말도 할 수 없는 것이다."[12]

---

12 같은 책, 179쪽.

하지만 자기의식을 가능하게 하는 동일성의 원리가 꼭 '순수한 나'의 존재를 요구하는 것일까? 단지 있다고 할 수 있을 뿐 완전히 공허하고 해명 가능한 어떤 내용도 지니지 않은 그러한 것의 존재를 상정하는 것이 어떻게 합리화될 수 있는가? 또한 이러한 의미의 존재란 대체 어떠한 것인가?

　　사실 순수한 나의 이념을 도입할 필요성을 제기하는 후설의 방식은 완전히 그릇된 것이다. 『논리연구』에 관한 설명에서 이미 언급한 것처럼, 인식을 위해 동일성의 이념을 상정할 필요성으로부터 동일성의 존재를 그 당연한 결론으로서 도출할 수는 없는 것이다. 한 나무에 관한 모든 인식은 겉으로 드러나는 나무의 변화들을 자기의 변화로서 지니는 나무의 동일성을 전제로 한다. 오직 그런 경우에만 나무에 관한 인식들이 경험적으로 확정될 수 있는 한 나무에 관한 인식일 수 있는 것이다. 그러나 나무 역시 나고 자라서 소멸하는 것으로서, 실은 그 자체적으로 끊임없이 변화해 가는 것으로서만 존재할 수 있을 뿐이다. 마찬가지로 모든 체험의 계기들을 자신의 것으로서 지니는 나의 동일성 역시 실은 자기 자신을 대상으로 삼는 자기인식과 반성적 성찰의 이념적 근거로서 제기되는 것일 뿐 그 외에 다른 아무것도 아닌 것이다. 도대체 어떤 본질 성분도 지니지 않고 또 어떤 내용도 지니고 있지 않은, 순연히 공허할 뿐인 그러한 나에 관해 논하는 것이, 그것이 인식을 가능하게 할 어떤 순연하게 이념적인 것으로서 제기된 것이 아닌 한, 어떻게 정당할 수 있겠는가? 차라리 나무에게서 일어나는 변화는 모두 언제나 똑같은 하나의 나무의 변화처럼 보이지만 실은 전체로서의 나무가 늘 자신에게서 일어나는 변화와 함께 변하는 것처럼 우리의 자아 역시 그럴 뿐이라고 말하는 것이 현상학적으로 더 온당하지 않을까? 나무 없이 나무에게서 변화가 일어날 수는 없다. 그런 한 나무에게서 일어나는 변화의 인식은 나무의 인식을 요구한다. 그럼에도 나무가 늘 변하는 무상한 존재자라는 것이 바뀌는 것은 아니다. 마찬가지로 나에게서 일어나는 것으로 발견되는 일련의 변화들이 있다는 사실이 내 존재의 무상성을 바꾸지는 못하는 것이다.

3. 차이의 산물로서의 자아

후설 현상학에서의 '순수한 나'의 동일성은 어떤 의식내용의 불변성 같은 것으로 이해될 수 없다. 불변하는 것이든 불변하지 않는 것이든 의식내용이란 결국 나의 의식에 귀속된 것일 수밖에 없기 때문이다. 마찬가지 이유로 그것은 모든 의식내용들을 일관하는 어떤 형식 같은 것으로 이해될 수도 없다. 이러한 의미에서의 형식이란 이런저런 의식내용들의 통일된 형식을 뜻하는 말일 수밖에 없는데, 이러한 의미의 형식 역시 이런저런 의식내용들 속에서 그때마다 드러나는 어떤 일관된 형식을 표현하는 말일 뿐 의식의 흐름 전체를 '나의 의식의 흐름'으로 이해하게 만드는 순수한 나의 동일성 자체를 드러내지는 못하는 것이다.

여기서 한 가지 의문이 제기된다. 형식적 동일성이나 내용적 동일성의 관점에서 판단될 수 없는 것이 대체 어떤 의미에서 단순한 인식적 이념 이상의 의미를 지니는 동일성의 원리로 작용할 수 있다는 말인가? 설령 그러한 것이 가능하다 하더라도 그것을 '순수한 나'라고 부르는 것이 과연 적절한 일일까? 미리 주어진 어떤 의식내용이나 형식을 전제로 하지 않는 사유란 원래 불가능하다. 이러한 사유란 '사유할 것을 전제로 하지 않는 사유'라는 식의 불합리로부터 자유로울 수 없기 때문이다. 그런데 사유할 수 없는 '나', 사유할 것을 전제로 하지 않는 '나'가 어떻게 존재할 수 있겠는가?

들뢰즈가 사르트르의 『자아의 초월』에서 발견한 핵심적인 문제의식이 바로 이것이다. 나토르프 등의 영향으로 일정 부분 신칸트주의적으로 변질되어 버린 『이념들 I』의 현상학에 앞서서 『논리연구』의 후설이 불완전하게나마, 그럼에도 『자아의 초월』의 사르트르보다는 훨씬 더 풍부하고 정교한 논의를 통해 제기한 바로 그러한 문제의식 말이다. 하지만 현상학적 탐구의 맥락을 떠나서 살펴보면 이러한 문제의식을 처음으로 제기한 이는 사르트르도 후설도 아니다. 이미 마이몬의 칸트 비판에서 우리는 소위 '순수한 나'의 동일성을 어떤 현실성도 지니지 못하는 한갓된 이념적 동일성으로 이해할 철학적 근거를 발견할 수 있는 것이다.[13]

들뢰즈는 마이몬을 칸트의 "선험초월 철학으로부터 발생론적 철학으로 옮겨 가는" 데 성공한 "위대하고도 위대한 철학자"로 간주한다.[14] 들뢰즈가 마이몬에 대해 이처럼 후한 평가를 내리는 데는 이유가 있다. 들뢰즈에게는 마이몬이야말로 칸트 이후의 선험초월론적 철학을 경험론적으로 전환시킬 결정적인 단초를 마련한 철학자인 것이다.

마이몬의 주된 관점은 한 마디로 '동일성의 이념은 사유를 가능하게

---

13 국내에서 마이몬을 본격적으로 다룬 논문으로는 권기환의 다음 논문이 유일하다: 권기환, 「마이몬에 있어서 회의주의와 인과성 ―『선험론철학의 시도』에서 인과론에 관한 논의를 중심으로」, 『칸트연구』 제31집 (2013년). 본 논문의 이해를 위해서는 특히 13쪽 이하 칸트와 흄의 인과론에 대한 마이몬의 관점을 다룬 부분을 참조할 것.

14 Deleuze, *Lecture Course on Bergson*, 14 March 1960, 72쪽.

할 그 일반적 조건으로서 판단되어야 하는 것이지 사유하는 존재자 및 사념되는 대상의 현실성을 표현하는 것으로 오인되어서는 안 된다'는 말로 요약될 수 있다. 마이몬에 따르면 실제 사유의 생산적이고도 발생적인 원리를 구성하는 것은 실은 동일성이 아니라 차이다. 동일성을 전제로 차이가 구성되는 것이 아닌 거꾸로 차이에 의해 동일성이, 존재자의 현실성의 표현으로서가 아닌 사유의 가능조건으로서, 구성된다는 것이다.[15]

물론 후설의 '순수한 나'는 칸트적 의미에서의 선험적 주체와 분명 구분되어야만 한다. 하지만 그렇다고 후설의 철학이 칸트 철학에 대한 마이몬의 비판으로부터 오롯이 자유로운 것은 아니다. 후설에게 '순수한 나'는 경험적 자아, 시간의 흐름 속에서 늘 변화해 가는 차이들의 장으로 특징지어질 의식의 동일성을 담보할 수 있는 선험초월적 이념이기 때문이다. 후설은 "순수한 나"를 "특별한 종류의 ―구성되지 않은― 초월, 내재 안의 초월"이라고 표현한다.[16] 초월로서 순수한 나는 현상적 소여로서 주어져 있는 것이 아니다. 그것은 차라리 순수하게 이념적인 것이며, 경험적 의식의 흐름에 동일성을 부여하는 그 현실적 근거로서 제기된 것이다.

현상학적 관점에서 보았을 때 구체적 사유의 대상이 될 수 있는 것은 어떤 의식-초월적 존재자들의 세계가 아니라 바로 현상적 세계이다. 의

---

15 S. Maimon, *Versuch über die Transzendentalphilosophie*, Berlin 2004, 13쪽 이하; 51쪽 이하; 89쪽 이하 참조. L. Rosenthal, *Salomon Maimons Versuch über die Transzendentalphilosophie*, Halle 1893, 22쪽 이하 참조.
16 Ideen I, 124쪽. 원문에서의 강조.

식의 헤라클레이토스적 흐름 속에서 알려지는 그러한 세계, 의식-초월적 바깥 세계가 아니라 의식의 헤라클레이토스적 흐름과 절대적 통일성의 관계를 이루는 순수한 내재성의 평면이 사념될 수 있는 모든 것들이 존재하는 자리인 것이다. 이러한 현상적 세계에서 동일성의 이념은 사념되는 존재자들의 현실성의 표현이 아니라 실은 사유의 가능조건일 뿐이다. 사유는 사념될 대상의 동일성을 요구하지만 사념되는 존재자들은 실체적이거나 의식-초월적 존재자들이 아니라 의식의 헤라클레이토스적 흐름, 순연한 차이들의 장 위에서 발견되는 이런저런 지속하는 계기들에 불과하기 때문이다.

4. 내재성의 평면과 지각하는 몸으로서의 기관 없는 신체

'순수한 나'는 존재하는가? 들뢰즈의 관점에서 보면 이러한 질문은 이미 그 출발점에서부터 왜곡되어 있다. 이러한 질문 속에 감추어진 문제, 철학적으로 해결해야만 할 진정한 문제는 다음과 같다.

'순수한 나'의 이념이 표현하는 것은 무엇인가?

사유하는 동안 우리는 자신을 잊는다. 사유하는 동안 작용하는 것은 '언제나 이미' 사념될 대상들과 더불어 존재하는 경험적 의식일 뿐이며, 소위 '순수한 나'라고 할 만한 것이 경험적 의식의 구체적 소여로서 발견되는 것도 아니고 경험적 의식의 외연에서 발견되는 의식-초월적 존재자로서 발견되는 것도 아니다. 언제나 동일한 '순수한 나'와 끊임없이 변화해 가는 의식의 헤라클레이토스적 흐름 혹은 그 흐름 안의 이런저런 계기들이 서로 현실적 관계를 맺고 있다거나 오직 '순수한 나'의 존재만이 자기의식 및 사념될 대상의 동일성을 가능하게 한다고 믿을 필요는 전혀 없다. 들뢰즈식으로 표현하면 사념될 대상의 동일성이란 내재성의 평면 위에 생긴 주름[17]으로서의 개체성을 표현하는 말일 뿐이다.

현상학적으로 내재성의 평면은 무엇을 의미하는가? 사념될 대상의 동일성을 내재성의 평면 위에 생긴 주름으로서의 개체성으로 표현함은 타당한 일일까? 아마 독자들 중에는 현상학적 개념과 들뢰즈의 개념은 서로 치환될 수 없다고 여기는 이들도 있을 것이다. 그러나 현상학이 내

---

17 필자가 아는 한 20세기의 철학자들 중 존재자를 내재성의 평면 위에 생긴 주름과도 같은 것으로서 표현한 최초의 철학자는 바로 하이데거이다. 물론 들뢰즈의 주름이 메를로퐁티가 『지각의 현상학』에서 하이데거의 영향을 받아 착안해 낸 말인 주름잡기(plissement)에 일정 부분 그 기원을 두고 있다는 것은 꽤 알려진 사실이다. 필자가 말하고자 하는 바는 단순한 표현상의 유사성에 관한 것이 아니라 '내재성의 평면 위에 생긴 주름'에 관해 말하도록 하는 철학적 관점 자체에 관한 것이다. 하이데거는 「무엇을 위한 시인인가?」에서 라이너 마리아 릴케의 시인 됨에 관해 논하면서 존재자란 무한한 힘의 평면 위에 생긴 일종의 굽음이라고 말한다. 하이데거에 따르면 존재자로서 존재함은 그 무엇과의 만남을 통해 한계 지어지는 것으로서 무한을 향해 운동함을 뜻한다: "무엇인가 만나는 곳에서는 한계가 생겨나고", "한계 지음이 있는 곳에서는 한계 지어진 것이 자신에게로 내몰려 자기 자신을 향해 굽게 되는 것이다"(M. Heidegger, Holzwege, Frankfurt a. M. 1994, 284쪽). 주지하다시피 들뢰즈 철학에서 내재성의 평면 및 주름 개념의 형성은 들뢰즈의 둔스 스코투스, 스피노자, 그리고 라이프니츠 및 니체 연구 등에 힙입은 바가 크다. 이들은 대체로 하이데거에 의해서도 중요하게 다루어진 철학자들로서, 기실 들뢰즈가 이들의 철학을 해석하는 방식과 하이데거가 해석하는 방식은 —겉으로는 큰 차이가 있는 것처럼 보여도— 실은 놀라울 정도로 유사하다. 바로 그 때문에 필자는 들뢰즈의 철학은 하이데거 존재론의 형성이 남긴 궤적을 따라가며 하이데거의 존재론적 관점들을 비판적으로 수용하는 가운데 만들어진 것이라 추측해 본다. 그런 점에서 보면 바디우가 들뢰즈의 철학은 들뢰즈 자신이 생각하는 것보다 하이데거의 철학에 훨씬 더 가깝다고 말한 것도 결코 허언은 아닌 셈이다(알랭 바디우, 『들뢰즈 — 존재의 함성』, 박정태 옮김, 이학사 2001, 68쪽 이하 참조). 이에 관해서는 별도의 논문을 통해 밝히도록 하겠다.

재성을 순수한 의식 혹은 사유하는 주체에 내재하는 것으로 간주할 뿐이라는 들뢰즈의 생각은 현상학에 대한 그릇된 편견일 뿐이라는 것을 기억해야 한다. 이는 『논리연구』에서 후설이 경험적 나와 그 이념적 근거로서의 나를 모두 초월로서 규정하고 현상학적 탐구의 영역에서 배제하려고 시도한 것만 보아도 잘 알 수 있다. 후설에게 의식의 흐름은, 적어도 그 근원적이고 본래적인 의미에서는, 결코 의식 내부에서의 흐름이라는 뜻을 지니지 않는다. 실은 지향성에 관한 『논리연구』 제5장에서 후설 본인이 현상학적 사유에 있어서 불필요한 오해를 야기할 오류들 가운데 하나로 의식의 지향적 대상 및 의식의 현상적 흐름을 의식 내부적인 것으로서 이해하는 전통 철학적 경향을 들었던 것이다.[18]

현상학적 환원에 관한 가장 흔하고도 조야한 오해는 환원이 의식초월적 존재자의 존재물음의 배제를 뜻하는 것으로부터 현상학적 환원을 통해 획득되는 순수 현상적 소여가 ─의식초월적 외부 세계에 실재하는 이런저런 물리적 객체들과 달리─ 의식 안에 내재하는 것이라는 결론이 도출된다고 믿는 것이다. 하지만 의식초월적 존재자의 존재물음을 배제함은 의식초월적 존재자가 순수 현상적 소여의 실체적, 현실적 근거로서 실재함을 전제로 하지는 않는다. 절대적으로 자명한 현상학적 진실들 가운데 하나는 현상학적 의미의 현상이란 경험의 절대적 한계를 뜻한다는 것이다. 꿈과 이미지, 마음속에 떠오르는 이런저런 심상들만이 현상적인 것이 아니라 실은 우리가 살면서 마주치는 모든 것들이 다 현상적이다. 메를로퐁티가 『지각의 현상학』 서문에서 적절하게 밝힌 것

---

18 LU, 364쪽 이하 참조.

처럼 "현상학은 모든 본질을 실존 안으로 되돌려 놓고 인간과 세계를 오직 그 '현사실성'의 관점으로 밖에는 사유하지 않는 철학"[19]인 것이다. 여기서 '본질을 실존 안으로 되돌린다'는 말과 '인간과 세계를 그 현사실성의 관점에서 사유'한다는 말은 무엇보다도 우선 의식 내재적 표상으로서의 현상과 의식 외재적 실재의 이분법적 도식으로부터 사유를 되돌려 현상적 소여를 현사실적 삶과 존재 그 자체의 표현으로서 확정 지음을 뜻한다. 현상학적 의미에서 현상이란 사유하는 주체가 실재성의 사막 위에 띄운 신기루 같은 것이 아니라 실체적 형이상학의 독선으로 인해 실재와 표상된 현상의 이분법으로 갈라져 있던 것을 그 절대적 통일성의 관점에서 이해하며 밖으로 돌출할 어떤 초월자의 존재도 허용하지 않는 절대적 내재성의 평면 위로 되돌림을 표현하는 말일 뿐이다. 달리 말해 내재성의 평면이란, 그것이 초월의 배제를 요구하는 것인 한, 오직 현상들의 장을 표현하는 용어로서만 철학적으로 타당할 수 있는 그러한 개념이라는 것이다.

내재성의 평면에 관해 들뢰즈가 다음과 같이 해명한 것을 살펴보자.

"내재성의 평면은 사유되거나 사유 가능한 개념이 아니라 사유의 이미지이다. 그것은 사유함, 사유를 활용함, 사유 안에서 방향 잡음이 뜻하는 것으로 자신을 내어 주는 그러한 이미지이다."[20]

이러한 해명의 근본 전제는 '사유할 것을 전제로 하지 않는 사유, 개념

19 PP, I.
20 QP, 41쪽.

화될 것을 전제로 하지 않는 개념'이란 자가당착적이고 모순적인 표현에 불과하다는 것으로서, 들뢰즈로 하여금 이러한 성찰에 이르게 한 것은 바로 순수한 나 내지 선험초월적 자아의 이념에 대한 사르트르 및 마이몬의 비판일 것이다.

간단히 말해 내재성의 평면은 사유하는 의식 주체에 의해 구성되는 것이라기보다 차라리 사유하는 의식의 구성을 비로소 가능하게 할 그 가능-조건이다. 그렇기에 들뢰즈는 "내재성의 평면은 개념도 아니고, 개념들의 개념도 아니다"[21]라고 말한다. 개념이란 개념화할 것으로서 스스로를 내어 주는 이미지로부터 만들어지는 것이며, 이미지로부터 개념으로의 이행의 과정만 보면 사유하는 의식에 의해 만들어지는 것이다. 그러나 사유하는 의식은 이미 만들어진 개념 없이 존재할 수 없다. 그러므로 개념과 사유하는 의식은 모두 사유의 이미지인 내재성의 평면 위에서 만들어진 이미지의 이미지일 뿐이며, 만드는 것은 사유가 아니라 도리어 이미지, 즉 내재성의 평면 그 자체이다. 내재성의 평면은 자기의 일그러진 잔영으로서 사유하는 의식과 개념을 자기 위에 산출하는 공장이다. 그것은 실은 의식과 개념을 내재성의 평면 밖에 존재하는 초월적인 것으로서 산출하는 것이 아닌 이미지의 이미지로서, 즉 내재성의 평면 위에 머무는 파생적 이미지로서 산출하는 것이다.

그렇다면 내재성의 평면은 대체 어떻게 생겨나고 또 어떻게 우리에게 알려지는가? 혹시 내재성의 평면은 우리 자신의 존재와 별도로 영원에서 영원까지 이어지는 절대 존재의 또 다른 이름일까? 그럴 수는 없을

---

21 같은 책, 55쪽.

것 같다. 내재성의 평면을 이런 식으로 규정하는 것은 이미지의 실체화, 내재성의 외피를 둘러쓴 또 다른 초월의 이념을 제시하는 것 외에 다른 아무것도 아니기 때문이다. 이러한 물음에 대한 온당한 해명의 단초는 오직 사유에 앞선 지각 및 감각의 근원성에 대한 현상학적 해명을 통해서만 주어질 수 있다. 개념 및 사유의 산출에 앞서 개념화할 거리, 사유할 거리를 생성하는 것은 몸 혹은 신체의 작용일 수밖에 없는 것이다.

메를로퐁티는 지각에 관해 다음과 같이 말한다.

> "지각은 세계에 관한 학문[앎]도 아니고 행위나 신중하게 관점을 잡음조차도 아니다. 지각은 일어나는 모든 행위들의 근거이며 행위들에 의해 그 전제로서 상정된다."[22]

여기서 행위란 물론 사유 및 사유에 의해 유발되는 행위를 모두 포함하는 말이다. 메를로퐁티의 입장은 '지각이 사유 및 사유하는 의식에 선행한다'는 간단한 명제로 정리될 수 있을 것이다. 물론 지각은 단순한 감각적 소여의 산출로 이어지는 통념적 의미에서의 감각과는 전적으로 구분되어야 한다. 지각에 의해 가능해지는 것은 도리어 지각이 일어나는 장으로서의 세계의 이미지 산출이다. 메를로퐁티가 적절하게 지적한 것처럼 몸은 공간과 시간 안에 있는 것이 아니다. 도리어 "그것은 공간과 시간에서 거주한다."[23] 몸의 지각은 그 현상학적 의미에서는 시간과 공간 속에서 존재하는 사물들의 작용에 의해 그 자신 시간과 공간 속

---

22 PP, 5쪽.
23 PP, 162쪽.

현상학과 순연한 차이의 철학   217

의 사물인 몸에서 수동적으로 일어나는 통념적 의미의 지각을 뜻하는 말이 아니라 사유와 존재의 자리로서 무한한 세계의 이미지를 산출함을 뜻하는 말인 것이다. 이는 곧 지각하는 몸의 작용에 의해 산출된 세계란 시간과 공간 속의 물리적 세계가 아니라 지각하는 몸의 살 위에서 일어나는 이미지로서의 현상이라는 뜻이기도 하다.

아마 들뢰즈로 하여금 내재성의 평면에 대한 철학적 해명이 몸과 지각에 대한 현상학적 해명을 요구함을 인정하지 못하게 한 것은 현상학은 결국 코기토의 철학이고, 그러한 것으로서 현상학은 내재성의 평면을 의식 주체에 내재하는 것으로서 전제한다는 그의 편견일 것이다. 예컨대 현상학을 코기토의 철학으로 환원시키는 경우 들뢰즈의 '기관 없는 신체'란 얼마나 현상학적 사유로부터 동떨어져 있는 개념인가? 그러나 기관 없는 신체란 사유와 개념의 생성에 앞서 사유의 이미지를 생성하고 스스로 사유의 이미지 위에 머물며 매 순간 사유의 이미지를 거주할 세계로서 새롭게 배열하고 열어 나가는 그러한 신체를 의미할 뿐이다. 그러한 신체가 기관 없는 신체인 이유는 그것이 개념 및 사유 없는 신체로서 비유기적으로 자아 없이 존재하는 것이기 때문이다. 기관 없는 신체에 관한 논의 속에서 들뢰즈는 다음과 같이 말한다. "우리는 선험초월적이고 비인격적이며 전개인적인(préindividuel) 장을 규정하고자 한다. 그것은 그에 상응하는 경험적 장과 다르지만 그렇다고 미분화된 깊이와 혼동되지도 않는다."[24] 현상학적으로 말하면 기관 없는 신체란 현상들의 장을 사유의 의식이 활동할 선험초월적 장으로서 부단히 생성

---

24 LS, 124쪽.

하고 열어 나가는 몸을 뜻할 뿐이며, 몸의 이러한 작용은 실은 현상학적 의미의 지각 외에 다른 아무것도 아니다. 현상학적 몸의 지각이 열어 나가는 선험초월적 장은 들뢰즈가 말하는 전개인적 장과 마찬가지로 사유 주체의 경험의 장과는 근본적으로 다른 것이다. 그것은 사유 주체에 속한 것이 아니라 사유와 의식의 가능-조건으로서 전개인적인 것이고, 비인격적인 것이며, 기관이란 하나의 주체로서 조직화된 의식적 신체에나 어울리는 말이라는 것을 전제로 하는 경우 기관 없이 이루어지는 지각이다. 그럼에도 그것은 결코 미분화된 깊이와 혼동될 수 없는데, 그것은 몸의 지각에 의해 생성되는 이미지란 언제나 이미 몸이 거주할 자리로서 원초적 세계의 이미지를 마련하고 준비하는 이미지, 순연한 긍정성과 차이들의 장으로서 몸의 안에-있음을 가능하게 하는 그러한 이미지이기 때문이다.

지각을 전제로 하지 않는 이미지란 원래 형용모순에 불과하다. 그렇기에 전개인적 사유의 이미지로서 내재성의 평면은 바로 지각에 의해 생성되는 것으로서 이해될 수밖에 없다. 물론 지각에 의한 이미지 생성을 몸의 작용을 매개 삼아 의식이 표상해 내는 그러한 의미의 이미지 생성으로 오인할 필요는 없다. 그것은 몸의 근원적 존재 구조로서의 안에-있음을 드러내는 이미지인 것이지 몸 내부적 혹은 의식 내부적으로 안에-있음을 드러내는 이미지는 아닌 것이다. 의식 내부적인 것이든 의식 외부적인 것이든, 초월에 대한 단호한 배제를 정당화할 수 있게 하는 것은 개념화할 거리, 사유할 거리로 주어지는 이미지란, 설령 그것이 세계와 우주로서의 이미지라 하더라도, 바로 지각에 의해 생성되는 것일 수밖에 없다는 명확한 현상학적 성찰이다. 마이몬의 칸트 비판에 있어서 핵심적으로 작용했던, 그리고 그러한 것으로서 들뢰즈에게 심대한 영향을 끼쳤던 문제의식 역시 실은 이러한 현상학적 성찰에 잇닿아 있는 것이다. 개념화되고 사유될 것을 전제로 하지 않는 개념과 사유는 있을 수 없다는 마이몬의 지적은 '행위들의 근거이며 행위들에 의해 그 전제로서 상정되는' 사유의 이미지가 의식의 구성 및 사유에 앞선 지각에 의해 일어남을 암시하는 것 외에 다른 아무것도 아닌 것이다.

물론 지각이란 그 자체로 산출하는 몸의 존재를 전제로 하는 말이라는 점에서 지각함과 지각됨을 동근원적으로 일으키는 근원적 감각의 불완전한 이미지와도 같다. 이는 사유할 거리 없는 사유가 불가능한 것과 마찬가지로 활동할 거리 없는 활동 역시 불가능하기 때문이다. 지각이란 들뢰즈식으로 표현하면 ─의식적 행위가 아니라─ 기관 없는 신체의 활동이며, 그런 한 활동할 거리의 앞섬을 전제로 한다. 또한 지각하는 몸, 기관 없는 신체 역시 활동하는 것인 한 그것은 선행하는 어떤 활동할 거리에 의해 움직이는 것이지 그 역은 아니다. 바로 그런 점에서 몸, 지각, 기관 없는 신체란 그들을 활동할 거리와 함께 일으키는 근원적 감각으로부터 유래하는 파편과도 같은 것이다.[25] 하지만 물음에 걸려 있는 것이 사유와 이미지의 관계인 한, 지각을 내재성의 평면의 근거로 삼는 일은 철학적으로 정당하다. 사물이든 사유이든 혹은 이미지이든, 현실적이거나 가상적일 수 있는 모든 것들은 그 어떤 존재도 전제로 하지 않는 근원적 사건으로서의 감각에 의해 일깨워진 지각하는 존재자의 존재

---

25 존재 및 활동에 앞선 감각의 근원성에 관한 논의는 다음 참조: 한상연, 「순연한 탈자로서의 존재 ─ 살/몸으로 현존함이 자아내는 절대적 내면성의 평면으로서의 존재의 의미에 관한 소고」, 『존재론 연구』 제32집 (2013년 가을호), 219쪽 이하 및 225쪽 이하; 한상연, 「살/몸과 세계: 『거장과 마르가리타』 제1─제3장에 나타난 선과 악, 그리고 절대선의 표지로서 드러나는 세계의 세계성에 관한 성찰」, 『해석학연구』 제34집 (2014년 봄호), 80쪽 이하.

를 전제로 하기 때문이다.

　내재성의 평면 밖은 존재하지 않기에 사념의 대상은 내재성의 평면 밖으로 돌출한, 혹은 아예 그 외연에 존재하는 어떤 초월적 존재자일 수 없으며, 바로 그렇기에 그 자체로 내재성의 평면과 절대적 통일성을 이루는 그 위의 주름일 수밖에 없다. 마찬가지로 동일성의 이념을 전제로 하는 '나' 역시 실은 주름에 불과하다. 오직 내재성의 평면 위에 생긴 주름으로서의 개체성이 구체적인 사유의 대상이 될 때, 비로소 동일성의 이념이 생겨나는 것처럼 '동일한 나'의 이념은 내재성의 평면 위에 생긴 한 주름으로서의 자기가 반성적 사유를 통해 구체적 사유의 대상이 될 때 비로소 생겨나게 되는 것이다.

　이는 현상학에 이질적인 형이상학적 사유의 표현이 아니라 실은 현상학적 사유 자체로부터 필연적으로 비롯되는 결론이다. 현상학적 관점에서 보았을 때 의식의 헤라클레이토스적 흐름과 불가분의 통일성을 이루는 내재성의 평면은 경험의 절대적 한계를 의미하기에 ―의식하는 자기의 동일성까지 포함해― 동일성의 이념을 통해 표현되는 일체의 것들은 그 흐름의 평면 위에 형성된 주름 외에 다른 아무것도 아닌 것이다. 물론 이 동일성의 이념은 어떤 초시간적인 것으로서 상정되는 순간, 순수한 형이상학적 환영으로 전락해 버리고 만다. 주름의 형성을 가능하게 하는 것은 어떤 초시간적 동일성도 전제하지 않는 순수 차이로서의 흐름이며, 동일성이란 순수 차이에 의해 발생하는 주름으로서의 개체성의 표현에 불과하기 때문이다.

5. 닫는 글을 대신하여: 차이로서의 힘과 형이상학, 그리고 감각이 일깨우는 초월로서의 존재 자체에의 물음

들뢰즈의 철학은 일종의 현상학인가? 지금까지의 논의를 보면 꼭 그런 것처럼 보인다. 적어도 현상학을 경험적 의식의 본질에 대한 현상학적 성찰과 기술을 바탕으로 실체적 존재자들 및 의식-초월적 존재자들의 초월성을 의문시하는 여러 철학적 경향들을 아우르는 포괄적인 의미로 이해하는 한에서는 들뢰즈의 철학 역시 분명 현상학적 성격을 띠고 있다. 그러나 앞서 언급한 것처럼 들뢰즈의 철학이 지향하는 바는 초월성의 이념으로부터 자유로운 형이상학이다. 들뢰즈에게 현상학적 사유는 이 새로운 형이상학을 향한 여정을 가능하게 할 철학적 방법일 뿐이다.

그런데, 이러한 일이 어떻게 가능할 수 있을까? 초월성의 이념을 전제로 하지 않는 철학의 형이상학적 전환을 가능하게 하는 것이 있을 수 있을까? 형이상학인 한 들뢰즈의 철학은 감각적 경험의 한계 밖에 있는 것을 사유의 대상으로 삼아야 한다. 하지만 초월성의 이념을 전제로 하지 않기에 들뢰즈의 철학은 감각으로부터 분리될 수 있는 것의 존재, 감각적인 것의 실체적 혹은 의식-초월적 근거로서의 존재 등을 전제로 해서는 안 된다. 들뢰즈식으로 표현하면 그의 형이상학은 선험초월론적 경험론이 되어야만 하는 것이다.[26] 하지만 이는 명백한 형용모순 아닌가? 도대체 어떤 초감각적인 것의 존재를 전제로 하지 않으면서 감각적 경

---

26 선험초월성과 경험론의 관계에 대한 들뢰즈의 논의에 관해서는 다음 참조: G. Deleuze, *Différence et répétition*, Paris 1968, 186쪽 이하.

험의 한계 밖에 있는 것을 사유의 대상으로 삼는 일이 가능할 수 있을까? 이상하게 들리겠지만 들뢰즈의 선험초월론적 경험론은 현상학적으로 확증될 수 있는, 구체적이고도 경험적인 자아들의 유일무이하게 가능한 존재 방식 외에 다른 아무것도 지시하지 않는다. 우리 자신이 실은 감각으로부터 분리될 수 있는 어떤 것의 존재를 전제로 하지 않으면서 동시에 감각적 경험의 한계 밖에 있는 것을 언제나 이미 사유의 선험적이고도 초월적인 대상으로 삼고 있는 것이다.

다음과 같은 경우를 생각해 보자.

> 늦가을 어느 날이다. 집 밖에 목련나무가 한 그루 서 있고 하늘에
> 서는 비가 내린다. 목련나무 가지 끝에는 꽃봉오리가 맺혀 있다.

소박한 자연적 의식의 관점에서 보면 위에 언급된 모든 존재자들 및 존재자들의 존재가능성으로서의 시간과 공간은 의식 밖에 있다. 즉 자연적 의식은 분명 존재자들 및 시간과 공간이 의식-초월적으로 존재한다고 전제한다. 그러나 현상학적 관점에서 보면 자연적 의식이 의식-초월적인 것으로서 전제하는 것들 중 실제로 의식-초월적으로 존재하는 것은 아무것도 없다. 자연적 의식이 의식-초월적 존재로 이해하는 것들은 모두 실은 감각을 통해 알려진 것들이거나 감각을 통해 알려진 것들의 존재를 전제로 사념된 것들이다. 달리 말해 감각으로부터 분리될 수 있는 의식-초월적 존재자의 존재는 사념의 대상의 현실적 존재 방식에 대한 오해에서 기인하는 망념에 불과할 뿐이다. 그러므로 자연적 의식은, 의식-초월적 존재에 대한 그 자신의 소박한 신념과 달리, 실제로는 감각으로부터 분리될 수 있는 그 어떤 것의 존재도 전제하지 않는 셈이다.

물론 자연적 의식의 사념이 지금 당장 감각적으로 경험할 수 있는 것에 국한되지는 않는다. 예컨대 우리는 실제로는 결코 가 볼 수 없을 먼 곳에도 무언가 존재한다고 믿으면서 감각적으로 경험할 수 있는 것과 경험할 수 없는 것을 하나로 아울러 우주 내지 세계라고 부른다. 세계의 존재는 감각을 통하지 않고서는 알려질 수 없지만 동시에 세계는 오직 감각적 경험의 한계 밖에 있는 것의 존재를 전제로 해서만 성립할 수 있는 전체성의 이념을 함축하고 있는 것이다. 게다가 우리는 세계를 즉자적인 것들의 단순한 집합으로 사념할 수는 없다. 세계의 존재는 세계의 존재 방식에 대한 이런저런 이해와 더불어 알려지기 마련인데, 이러한 이해는 그 자체로, 그것이 전체성의 이념으로서의 세계를 향해 있는 한, 감각적 경험의 한계를 무한히 초월하는 것이고, 그런 한에서 본질적으로 형이상학적인 성격을 띨 수밖에 없는 것이다.

아마 이러한 주장에 대해서는 다음과 같은 반론이 가능할 것이다. "세계의 존재 방식에 대한 이해 역시 의식-초월적인 존재자에 대한 이해가 아니라 오직 현상적 세계의 체험 그 자체에 대한 이해를 통해서만 가능해지는 것인 한 세계의 존재 방식에 대한 우리의 이해는 어떤 형이상학적 전제도 필요로 하지 않는다." 하지만 이러한 주장은 현상적 세계의 체험이 늘 어떤 선험적인 의식의 형식 내지 규칙에 따라 이루어진다는 식으로 전제하는 경우에만 타당할 수 있다. 사념을 수반하지 않는 이해는 없으며, 동일성을 전제하지 않는 사념 또한 없다. 세계의 존재 방식에 대한 우리의 이해가 형이상학적이지 않으려면 사념의 가능조건으로서의 어떤 동일성이 어떤 자명한 의식의 형식에 따라 파악되는 이념적인 것으로서 직접적 경험의 한계를 넘어서는 전체로서의 세계에 일괄적으로 세계의 현실성 그 자체를 표현하는 것으로서 적용될 수 있는 것이어야만 한다. 오직 그런 경우에만 경험적 소여들의 한계를 넘어서는 전체로서의 세계에 대한 우리의 이해가 현상적 세계의 체험 그 자체로부터 구해지는 세계의 자명하고도 필증적인 존재 방식에 대한 이해로서 판단될 수 있는 것이다. 물론 형이상학적 독선 없이 자명한 것으로서 판단될 수 있는 세계의 이해란 근본적으로 놀람과 경이의 가능성을 배제하는, 그리고 바로 그런 점에서 확실하고 자명한, 그러한 이해를 뜻할 수밖에 없다. 이 경우 세계로부터 전해지는 모든 것들은 실은 우리 자신의 의식에 의해 미리 구성되고 예단된 것일 수밖에 없는 것이다.

이러한 전제는, 동일성의 이념은 사념되는 존재자들의 현실성의 표현이 아니라 실은 사유의 가능조건일 뿐이라는 마이몬의 성찰이 올바른 것인 한, 원래 성립 불가능하다. 그 이유는 간단하다. '동일성의 이념이 사유의 가능조건'이라는 말은 '동일성의 이념이 내재성의 평면에 앞선 어떤 근원적인 것으로서 먼저 존재해야 사유가 가능하다'는 것을 뜻하지는 않는다. 그것은 도리어 내재성의 평면 위에서 일어나는 주름이 지속하는 개별체로서 주어질 때 비로소 의식은 사유의 가능조건으로서의 동일성의 이념에 눈을 뜨게 된다는 것을 뜻한다. 달리 말해 지속으로서의 동일성은 현실적일 뿐만 아니라 판단하고 사념하는 의식의 행위에 앞서 주어지는 것으로서 본질적으로 전-개인적이고 비인격적인 것인데 반해 불변성으로서의 동일성은 지속으로서의 동일성에 주목한 의식, 사념될 대상의 동일성과 사념하는 자기의 동일성에 눈뜨면서 개인적이고 인격적인 것으로서 전환된 의식이 감각을 통해 알려진 지속으로서의 동일성을 준거로 만들어내는 형이상학적 망념에 불과한 것이다.

목련나무의 가지 끝에는 왜 꽃봉오리가 맺혀 있는가? 그것은 물론 늦가을이 되었기 때문이다. 계절이 두 번 바뀌어 마침내 봄이 오면 목련나무 꽃봉오리에서는 꽃이 필 것인가? 누구도 그것은 확실하게 알 수 없다. 하지만 분명한 것은 하늘에서 적당히 비가 내려 주고 다가올 계절의 찬바람이 크게 성을 내지 않으면 건강한 목련나무의 꽃봉오리에서는 언젠가 반드시 꽃이 피기 마련이라는 사실이다. 모든 개별자들은 내재성의 평면으로서, 혹은 내재성의 평면의 특별한 양태로서, 주어진 세계 안에서 존재하는 것들이고, 본디 끊임없이 변화하고 유전하는 것들이다. 그들이 개별자인 이유는 어떤 불변하는 동일성 때문이 아니라 오직 변화하고 유전하면서 동시에 지속하기 때문이다. 물론 누군가는 영원불변하는 이념적 본질과 규칙에 관해 꿈을 꿀 수도 있을 것이며 심지어 영원불변하는 이념적 본질과 규칙을 개별자들의 존재에 앞서 개별자들의 존재를 가능하게 할 초월적 조건으로서 판단해 볼 수도 있을 것이다. 그러나 우리에게 절대적으로 주어져 있는 것, 형이상학적 망념에 의해 투과되는 일 없이 부정할 수 없는 절대적인 생의 진실로서 주어져 있는 것은 끊임없는 변화, 언제나 이미 임박해 있는 새로움과 경이의 가능성에 내맡겨져 있는 개별자들의 존재 및 그 존재가능성으로서의 세계이다. 물론 지속으로서의 개별자들이 그리로 내맡겨져 있는 새로움과 경이의 가능성은 단순한 통계적 가능성으로 오인되어서는 안 된다. 그것은 도리어 언제나 이미 임박한 것으로서 잠재해 있는 현실, 무한의 미래로, 그러나 언젠가 반드시 도래할 것으로서, 사라져 가는, 영원의 순간을 지시하는 가능성이다.

무엇이 이러한 가능-현실을 가능하게 할까? 어떤 의미에서 그것은 분명 의식이다. 영원도, 순간도, 현실도, 현실 속에 존재하는 존재자들의 존재도 오직 의식과 더불어 존재하는 자에게만 알려지는 것이기 때문이다. 그러나 그 무엇을 의식함은 근원적으로 지속으로서의 동일성에 주

목함으로써 비로소 가능해지는 것임을 기억하자. 지속으로서의 동일성
이 일어나는 자리는 물론 전-개성적이고 비인격적인 내재성의 평면이
며, 따라서 현실은 오직 끊임없이 변화하면서 지속하는 내재성의 평면
외에 다른 아무것도 지시하지 않는다. 들뢰즈의 관점에서 볼 때 이 내재
성의 평면은 그것 외의 다른 어떤 초월적 존재자의 존재도 허용하지 않
는다는 점에서 절대적으로 하나이며, 어떤 항구적인 동일성의 이념도
함축하고 있지 않다는 점에서 —존재의 현실성으로서 가정된 동일성의
이념에 대립하는 차이의 이념과 오롯이 구분되어야만 하는— 순수한 차
이이고, 영원한 생성과 변화의 현실을 가능하게 한다는 점에서 무한한
힘이다. 아마 이 무한한 힘은 마땅히 존재의 역능 혹은 존재의 역능으로
서의 차이로 불려야 할 것이다. 들뢰즈의 철학이 지향하는 바는 바로 이
존재의 역능으로서의 순수 차이의 형이상학이다.

들뢰즈가 미처 헤아리지 못한 것이 하나 있다. 그것은 감각이란 원래
근원적 존재사건을 의미하는 것이기에 감각함과 초월로서의 존재 자체
에 대한 물음은 결코 분리될 수 없는 것이라는 사실이다. 들뢰즈의 한계
는 아마 차이의 형이상학을 향해 현상학의 우회로를 통과해 가면서도
정작 그 자신은 현상학의 철학적 의의를 온전히 이해하지 못했다는 점
에서 찾을 수 있을 것이다.

현상학은 결코 코기토의 철학으로 환원되지 않는다. 하지만 철학이
이해를 추구하는 것인 한 우리는 사념하고 이해하는 존재자로서의 현존
재의 존재 방식에 대해 묻기를 그칠 수 없다. 이러한 물음은 주체의 절
대적 우월성이나 의식 및 관념의 근원적 선재성 등을 상정하는 형이상
학적 관념론과는 아무 상관도 없다. 그것은 도리어 의식 및 주체로 환원

될 수 없는 그 어떤 존재에의 물음은 오직 우리 자신의 구체적인 삶 그 자체로부터 회피할 수 없는 방식으로 제기되는 그러한 물음인 경우에만 낡은 형이상학적 초월의 이념으로부터 자유로울 수 있다는 당연한 철학적 성찰에 입각한 물음일 뿐이다.

감각이란 무엇인가? 비유적으로 표현하자면 감각이란 원래 의식과 의식의 상관자를 내재성의 평면 위에서 동근원적으로 일깨우는 번개와 같은 것이다. 의식과 의식의 상관자를 동근원적으로 일깨우지 않는 감각이란 있을 수 없는 것이니, 이는 감각함 없이, 감각에 의해 일깨워짐 없이 존재하는 의식이 있을 수 없다는 것과, 감각이란 의식의 근원적 수동성을 표현하는 말이라는, 두 자명한 사실로부터 주어지는 삶의 근원적 진실이다. 그렇다면 감각에 의해 일깨워진 의식과 더불어 살아가는 존재자는 두 가지 초월적 존재에의 물음을 던질 수밖에 없는 셈이다. 하나는 감각에 의해 내재성의 평면 위에서 의식의 상관자로서 일깨워진 존재자에의 물음이다. 또 다른 하나는 감각을 통해 존재자에게 그 자신을 내재성의 평면으로서 내어 주는 존재 자체에의 물음이다.

이와 같은 초월적 존재에의 물음은 내재성의 평면 밖에 존재하는 것으로 상정되는 그러한 초월적 존재에의 물음과는 도무지 아무런 상관도 없다. 그것은 단지 내재성의 평면 위에서 일어나는 새로움과 경이의 사건들이 우리 안에서 일깨우는 근원적인 진리 물음일 뿐이다.

늦가을의 비를 맞으며 우뚝 서 있는 목련나무가 연인에게서 자신과 같은 심정을 품게 한다고 믿는 자는 행복한 자이다. 그러나 연인의 심정을 궁금해 하며 문득 헤아릴 수 없는 존재의 신비를 느낀다면 그는 벅찬 환희의 미래에 내맡겨진 자이다. 그에게 목련나무는 그 누구의 경험과 지식으로도 환원될 수 없는 존재 자체의 아름다운 표상인 것이다. 물론 그는 그가 거하는 내재성의 평면으로부터 벗어날 수 없다. 그러나 내재성의 평면 위에 거함은 자신이 알고 있는 그 어떤 진리로도 환원될 수 없는 존재의 근원적이고도 초월적인 진리를 물어야 함과 다르지 않다. 내재성의 평면이란 원래 현상 가운데 스스로를 드러내며 동시에 무한의 신비 속으로 멀어져 가는 존재 자체의 진리가 우리에게 고지되는 장소 외에 다른 아무것도 아닌 것이다.

권기환, 「마이몬에 있어서 회의주의와 인과성 ―『선험론철학의 시도』에서 인과론에 관한 논의를 중심으로―」, 『칸트연구』 제31집 (2013년).

A. 바디우, 『들뢰즈―존재의 함성』, 박정태 옮김, 이학사 2001.

한상연, 「순연한 탈자로서의 존재―살/몸으로 현존함이 자아내는 절대적 내면성의 평면으로서의 존재의 의미에 관한 소고」, 『존재론 연구』 제32집 (2013년 가을호).

_____, 「살/몸과 세계: 『거장과 마르가리타』 제1~3장에 나타난 선과 악, 그리고 절대선의 표지로서 드러나는 세계의 세계성에 관한 성찰」, 『해석학연구』 제34집 (2014년 봄호).

Deleuze, G., *L'Île déserte et autres textes. Textes et entretiens 1953-1974*, Paris 2002.

_____, *Logique du sens*, Paris 1969.

_____, *Différence et répétition*, Paris 1968.

_____, *Lecture Course on Bergson*, 14 March 1960.

Deleuze, G. / Guattari, F., *Qu'est-ce que la philosophie?*, Minuit: Paris 1991.

Heidegger, M., *Holzwege*, Frankfurt a. M. 1994.

Husserl, E., *Logische Untersuchungen II-1*, Tübingen 1993.

_____, *Ideen zu einer reinen Phänomenologie und phänomenologischen Philosophie I*, Den Haag, 1976.

Maimon, S., *Versuch über die Transzendentalphilosophie*, Berlin 2004.

Merleau-Ponty, M., *Phénoménologie de la perception*, Paris 1945.

Rosenthal, L., *Salomon Maimons Versuch über die Transzendentalphilosophie*, Halle 1893.

Sartre, J.-P., *La transcendance de l'ego*, Paris 1966.

Villani, A., *La guêpe et l'orchidée: Essai sur Gilles Deleuze*, Paris/Berlin 1999.

살/몸 존재로서의 존재사건과 기술권력

파쇼적 신체 및 거룩한 신체에 관한 성찰
— 미셸 푸코 사상의 존재론적 변용

안개 마을

한상연

안개로 덮인 마을, 기억은
여인들, 집과
몇 그루의 나무로 이루어진
미지의 세계가 된다.
그는 할 말을 잃는다. 마을은 그가
나고 자란 곳
그럼에도 낯설지 않은 것이
어디에도 없는 것이다.

문득 모든 기억이 모호해진다.
심지어는 안개 마을이
자신의 기억에 속한 것인지조차
그는 분별할 수 없다.
어쩌면 안개 마을이 그가 찾는 한
예술가의 기억이라는 생각을 해 본다.
자신이 아니라 단지
존재로만
흔적을 남길 수 있는
투영적인 삶의 이미지일 뿐이라고.

이런 것이었던가, 죽은 혼이여.

음악으로 살며 어쩌면

자유와 존재의 아름다움이 행복하게

조화된 삶을 살 수도 있었던 이여.

당신으로 하여금 자유를 버리게 하고

당신으로 하여금 노예가 되게 하며 마침내는

삶에의 의욕마저 잃게 했던

노스텔지아의 저어할 수 없는 힘의 근원이

이토록 낯설고도 음울한 풍경이었던가.

그는 자신을 휘감기 시작한

안개의 두터운 외투를 벗어던지기 위해

안간힘을 쓴다.

그는 의식의 가장

친근한 풍경으로부터도 버림받은 이방인

풍경의 밖, 에도, 안에, 도, 없는

경계, 인이다.

그는 문득 절규한다.

오, 나로 하여금 차라리

육신의 사악한 아름다움으로

여기 서 있게 하라.

나로 하여금 세상과 나의 분별을 아는

지혜의 영혼으로 머물게 하며
자유를 향한 내
의식의 기획과 염려 속에서
끝없이 살아 숨 쉬게 하라.

물론 그는 자신이 영원히 저
안개에 휩싸인 마을의 풍경을
잊을 수 없음을 안다.
어쩐 일인지 그를 외면하며 어딘지
그의 기억이 지향할 수도 없는
미지의 시간을 우러르는 여인들,
무표정하여 마주쳐 오는
짐승의 시선으로 그를 맞이하느니
안개 너머의 하늘과 음습한
대지의 냄새,
푸르름을 감춘 몇 그루의
나무가 잊혀지면
그가 나라고 할 만한 그
어떤 의식도 남아 있지 않으리라는 것을.
그는 안개 속에서 검은
그림자로 선 집의 방들을
그리워하거나, 혹은, 오,
두려워하며, 살, 것이, 다.
시간의 비밀, 의식의

피안에 있는 불가해한 존재의 이름에

몸서리치며

문득, 경악할 것, 이다.

방도 또한 경계가 아닌가!

그러니 안개로 덮인 검은

그림자의 집 속에서

기억이 기억으로 머물 방은 어디에 있을 것인가!

기억이

기억으로 머물지 않는

의식의 한 끝에서 그가

그로 머물 수 있는 경계는 어디에 있을 것인가!

그는 침묵한다. 의식의 흐름, 다름 아닌

자신의 기억 속에서, 그는, 영원히

경계로 끝나는 자

말 겮마저 금지된 안개의 풍경을 살고 있다.

1. 여는 글:
현존재의 근원적 현사실성으로서의 살/몸으로 존재함

기술에 관한 하이데거의 존재론적 해명을 접할 때마다 필자가 늘 아쉽게 느끼는 것이 있다. 그것은 기술에 관한 하이데거의 진술이 기술의 본질 규정을 둘러싼 일종의 느슨한 스케치라는 사실이다.

'느슨한 스케치'라는 말이 오해를 불러일으키지 않기를 바란다. 기술의 본질에 관한 하이데거의 존재론적 논의는 독창적이고 심오하며, 철학을 합리적 학문과 동일시하는 이들이 좀처럼 이해할 수 없는 불편한 진실을 드러낸다. 그것은 합리적 사유란 언제나 이미 자명한 것으로서 드러나 있는 존재의 진리에 바탕을 두고 있는 한에서만 유의미할 수 있다는 것이다.

그런데 역설적이게도 기술에 관한 하이데거의 언명들이 느슨한 스케치처럼 보이는 이유가 실은 바로 여기에 있다. 하이데거는 —적어도 '전회(Kehre)' 이전까지는— 현존재의 존재에 관한 현상학적 기술을 자신의 존재론의 출발점으로 삼았다. 현존재의 존재를 통해 일어나는 존재의 드러남을 어떤 추상적 이념보다 앞서서 미리부터 주어져 있는 근원적 존재사건으로서 이해하고 이를 엄밀하게 기술하는 것이 근대의 합리적 이성과 학문성의 한계를 넘어 진정으로 엄밀한 철학을 할 수 있게 해주는 유일한 길이라는 것을 하이데거는 동시대의 다른 어떤 사상가보다 더 깊이 있게 이해하고 있었다. 그러나 유감스럽게도 하이데거는 현존재가 살/몸으로서 존재하는 존재자라는 것에 충분한 주의를 기울이지 않았다. 그 때문에 그는 기술과 현존재의 존재론적 관계가 지닐 수 있는 다양한 함의들을 섬세하고도 적확하게 드러낼 수 없었던 것이다.

　인간은 살/몸과 더불어 사는 존재자이고 살/몸으로 인해 욕망을 지닐 수밖에 없는 존재자이며, 욕망으로 인해 때로 잔혹해지기도 하는 존재자이다. 이러한 자명한 '사실'에 바탕을 두고 있지 않은 모든 합리적 사유는 무의미할 뿐만 아니라 때로 우리의 삶과 존재에 대한 무서운 위협이 되기도 한다. 인간이 살아야 할 몸과 더불어 존재한다는 사실을 도외시하는 자는 살/몸으로서의 존재인 인간을 위해 우리가 해야 할 일과 하지 말아야 할 일의 경계를 온전히 인지할 수 없는 자이기 때문이다. 인간이 살/몸으로서 존재하는 존재자라는 사실은 인간의 삶과 존재를 둘러싼 모든 철학적 논의들의 자명하고도 회피할 수 없는 전제의 하나로서 미리부터 확립되어 있어야만 한다. 오직 우리는 그 바탕 위에서만 비로소 인간에게 복이 되는 참다운 의미에서의 합리성을 추구할 수 있는 것이다. 바로 이러한 의미에서 살/몸으로서 존재함은 인간의 삶과 존재를 둘러싼 합리적 논의의 궁극적 근원이요 그 목적으로서의 의미를 지닌다. 살/몸으로서의 현존재를 위한 합리적 사유 및 그 실천은 '보살핌'이라는 말로 부를 수 있을 것이다. 결국 인간의 삶과 존재를 둘러싼 합리적 사유는 살/몸으로서의 현존재를 보살피고자 하는 동기에 근원을 둘 수밖에 없다. 그런데 합리적 사유의 동기로서의 보살핌 자체가 동시에 그 목적이기도 한 것이다.

　살/몸으로 존재함은 '마음 씀(Sorge)'보다 더 근원적인 현존재의 현사실성에 속한다. 살/몸은 고통과 기쁨의 처소요 현존재의 존재의 운동을 가능하게 하는 근본 조건의 하나인 까닭에 오직 살/몸을 통해 고통과 기쁨에의 개방성과 운동성을 자신의 존재 방식의 하나로서 지니게 된 존재자만이 미래를 향해 자신의 존재를 기획·투사해 나갈 수 있게 되는 것이다.

미래를 향한 현존재의 기획·투사는 기술과 다른 것이 아니다. 존재론적 의미에서의 기술은 특정한 직업군에 한정될 수 있는 생산 기술이 아니라 그 자체 현존재의 근원적 존재 방식에 속하기 때문이다. 그렇다면 기술에 관한 하이데거의 존재론적 언명들은 현존재의 살/몸과 기술의 관계에 관한 철학적 성찰을 통해 보충되어야만 할 것이다.

2. 하이데거 기술론의 의의와 한계

주지하다시피 하이데거는 기술을 존재의 드러남 내지 탈은폐의 관점에서 이해한다. 이러한 하이데거의 주장은 기술의 본질에 관한 사유에 있어서 결코 간과할 수 없는 의미를 지닌다. 아니 기술이 일종의 탈은폐라는 언명은 아예 기술의 본질에 관한 사유를 반드시 전제해야만 할 뿐만 아니라 그것 없이는 기술에 관한 일체의 철학적 논의들이 완전한 무의미의 심연 속으로 몰락해 버릴 수밖에 없는 바로 그러한 관점이다. 기술을 통해 드러나는 존재 및 존재자에 대한 철학적 이해가 전제되지 않는 한 기술이 어떠한 이유로 무엇을 위해 사용되는 것인지, 그 한계는 무엇인지 등의 논의의 근거가 마련될 수 없기 때문이다.

기술은 무엇을 위해 사용되는 것인가? 기술의 사용에 한계가 있다면 그것은 무엇이고 또 그 근거는 무엇인가? 이러한 질문들에 대한 대답은 분명 기술을 사용하는 특별한 존재자로서의 현존재에 대한 이해와 무관한 것일 수 없다. 기술은 결국 일종의 행위이며, 기술을 사용하고 개발하는 자의 관심과 의지를 표현하는 것이기 때문이다. 그렇다면 기술에 의해 일어나는 존재의 드러남은 그 기술을 사용하는 이의 관심 및 의지와 무관한 것일 수 없다. 기술에 의한 존재의 드러남은 기술적 존재자로서의 현존재가 초월적 존재와 맺고 있는 초월적 관계의 표현인 것이다.

하이데거의 철학이 결여하고 있는 것은 바로 이 초월적 관계에 대한 세심하고도 엄밀한 분석이다. 현존재는 결코 단일하지 않으며, 이는 현존재가 초월적 존재와 맺고 있는 초월적 관계 역시 단일하지 않다는 뜻이기도 하다. 그럼에도 기술의 본질에 관한 하이데거의 언명은 고대 그리스 기술과 현대 기술 등의 단순한 시대적 구분에 바탕을 두고 있을 뿐이다. 하이데거는 기술적 존재로서의 인간이 초월적 존재와 맺고 있는 다양한 관계에 대한 세세한 분석은 거의 보여 주지 않는 것이다. 이러한 사실은 기술에 관한 하이데거의 논의에 권력의 관계들에 대한 치밀한 분석이 부재하다는 사실을 통해 잘 나타난다.

권력은 일종의 기술이다. 권력으로서의 기술은 인간이 살/몸으로서의 존재라는 사실에 바탕을 두고 있다. 오직 살/몸으로서 존재하는 자만이 두려워하거나 분노할 수 있는 것이며, 권력은 살/몸으로 인해 두려워하거나 분노할 수 있는 자들 사이의 초월적 관계 외에 다른 아무것도 아닌 것이다. 또한 권력과 기술의 엄밀한 구분은 가능하지 않다. 현존재가 현존재 외의 다른 존재자와 맺는 모든 관계들은 권력과 결코 무관한 것일 수 없다는 뜻이다. 그렇다면 권력의 관계들에 대한 치밀한 분석은 존재론적 사유에 추후로 뒤따를 수 있는 존재론의 특수한 응용으로서가 아니라 도리어 존재론적 사유의 올바른 전개를 위한 필수불가결한 조건으로서의 의미를 지닐 것이다.

논의상 편의를 위해 살/몸으로서의 현존재가 기술적 실천을 통해 맺을 수 있는 초월적 관계의 방식들을 우선 다음과 같은 도식적 분류를 바탕으로 살펴보자.

①고립된 개체적 존재자로서의 현존재와 기술적 실천
②완전한 공동 현존재로서의 현존재와 기술적 실천
③공동 현존재의 신분제적 분화 및 계급·계층 사이의 잠재적·
　현실적 대립과 기술적 실천
④공동 현존재의 이념적 지향점으로서의 자유 및 평등과 기술적
　실천

우선 위에 분류된 네 개의 항목들 중 첫째와 둘째 항목은 현실 세계에서 실제로 발견될 수 없는 어떤 이념적 상태를 표현한다. 하지만 이로부터 이 두 항목이 현실성을 완전히 결여한 순연한 추상성을 표현할 뿐이라는 성급한 결론을 내릴 필요는 없다. 예컨대 누군가 자신을 여타의 모든 인간들보다 우월한 영웅적 존재로 인식하거나 반대로 세계를 자신의 적으로 돌리는 경우를 생각해 보자. 또한 한 인간이 자신이 속한 공동체의 모든 구성원들을 자신의 형제나 자매로 인식하는 경우와 심지어 자신을 공동체에 속한 한 부속품처럼 여기는 경우도 생각해 보자. 어떤 경우든 한 현실적 존재자로서의 인간이 완전히 고립된 개체적 존재자로서 존재하거나 완전한 공동체적 존재자로 존재하는 것은 아니다. 그러나

이처럼 현실이 될 수 없는 이념적 상태는 인간이 그리로 향해 갈 수도 있는 현실적인 지향점 내지 유인자로서의 의미를 지닌다. 바로 그렇기에 우리는 실제로는 늘 타인과 더불어 살고 있는 개체적 존재자로서의 현존재의 존재를 타자로부터 고립된 정도나 그와 타자 사이에 형성된 일체감의 정도를 통해 분류하고 따질 수 있게 되는 것이다. 그리고 이를 분명히 못 박아 두는 것은 셋째와 넷째 항목의 의미를 이해하는 데 있어서 대단히 중요한 의미를 지닌다. 이처럼 결코 그 자체 현실일 수 없는 이념을 현존재에게 자신의 삶을 움직이는 현실적인 동인으로 작용할 수 있는 것이 셋째와 넷째 항목을 통해 현존재와 기술의 관계에 대해 논의하는 것을 가능하게 하기 때문이다.

살/몸으로서의 현존재의 존재를 근거로 권력과 기술 사이의 불가분의 관계를 존재론적으로 확립해 두고 나면 기술에 관한 후기 하이데거의 언명들이 지니고 있는 문제점들이 잘 드러난다. 예컨대 근대 이후의 기술에 대한 하이데거의 언명들을 살/몸으로서의 현존재와의 관계 속에서 한 번 고찰해 보자.

주지하다시피 하이데거는 근대 기술의 탈은폐 방식을 "도발적-요청(Heraus-fordern)"이라 규정한다. 이는 고대 그리스의 기술과 같이 은폐되어 있던 것을 포이에시스(Poiesis)적으로 "밖으로-끄집어내어-놓음(Her-vor-bringen)"이 아니라 일종의 강압적 요청이요 몰아붙이는 촉진이다. 이러한 방식의 "주문-요청(Be-stellen)"을 통해 개방된 존재자는 생산하는 기술의 "부품으로서 존속(Bestand)"하는 존재자이며, 생산 체계는 존재자의 존재의미를 기계적 논리 안에 틀 지어지도록 "몰아-세움(Ge-stell)"으로서의 의미를 지니고 있다.[01]

이러한 설명 자체는 별로 문제될 것이 없는 것처럼 보인다. 근대 이후의 시대는 결국 합리주의 및 기계론적 세계 방식의 대두, 산업혁명에 의해 야기된 생산의 분업화, 자본주의적 생산 양식에 의한 전통적 생산 양식의 구축 등으로 특징지어질 수 있다는 것에 이의를 제기하지 않는 한 그렇다는 뜻이다. 근대 이후의 세계에서 각각의 존재자는 더 이상 고유한 한 존재자로서의 의미를 지닐 수 없게 되었다. 그들은 모두 현실적, 잠재적 부품들이거나 부품들 사이의 기계적 결합에 의해 움직이는 생산 체계의 유지 및 확대 재생산을 위해 필요한 에너지의 원천일 뿐이며, 일체의 야성적 자연을 상실한 채 생산 체계의 합리적 운용을 위한 가용자원으로서 전환되도록 강압적으로 몰아세워지고 있는 것이다.

하이데거의 언명이 현실적으로 들리는 가장 큰 원인은 이러한 흐름에 종지부를 찍을 어떠한 현실적 가능성도 근대 이후의 역사 속에 나타나 본 적이 없다는 사실이다. 인문학적 사상가들이 자못 심각하게 자유와 평등 같은 근대적 이념들에 관해 철학적으로 논하거나 소아병적 망상에 사로잡힌 채 혁명과 가치 전복 운운하고 있는 사이 지구촌은 엄청난 규모로 성장해 간 국제 금융자본 및 다국적기업의 식민지로 전락해 버렸다. 아직도 사회주의 및 공산주의가 자본주의에 단순히 대립적인 것이라고 믿거나 경제적 위기의 징후가 나타날 때마다 망령의 넋두리처럼 음울하고도 히스테리컬한 논조로 예언되곤 하는 자본주의의 종말이 보다 인간적이고 풍요로운 세상의 건설을 가능하게 하리라고 믿는 자가 있다면 그는 지적 야바위꾼이거나 몰역사적이고 비현실적인 몽상가에 지나지 않는다. 많은 논란거리가 되었던 하이데거의 나치 전력에도 불

---

01 M. Heidegger, *Die Technik und Kehre*, Pfullingen, 1962, 14쪽 이하; 이기상, 『하이데거의 존재사건학: 존재진리의 발생사건과 인간의 응답』, 서광사, 2003, 212쪽 이하 참조.

구하고 우리가 근대 이후의 세계에 대한 하이데거의 존재론적 언명들을 무시할 수 없는 이유가 바로 여기에 있다. 최고도로 섬세하게 자본주의 체계의 정치경제학적 문제들을 분석하고 비판하면서 극단에 이르기까지 치열하게 투쟁을 전개했던 자들이 많은 경우 실은 유토피아적 환상에 사로잡힌 비현실적 몽상가들에 지나지 않았던 반면 하이데거는 근대 이후의 기술과 생산 체계가 '자본주의 대 사회주의' 혹은 '보수 대 진보'의 틀로 그 성격이 규정될 수 없는 보다 근본적이고 급진적인 존재사적 의미를 지니고 있다는 사실을 잘 이해하고 있었던 것이다.

이 글의 논지에서 좀 벗어난 문제이지만, 나치즘이 역사의 근본적 변곡점이 되리라 믿었었기에 나치가 되었다는 하이데거의 자기변명이나 이에 바탕을 둔 일부 연구자들의 하이데거 옹호에 관해 한번 생각해 보자. 이런 식의 변명은 핵심을 완전히 빗겨 나가는 저열한 변명이다. 그러한 변명은 일종의 강압적 요청이요 몰아세우는 촉진으로서의 근대 기술의 존재사적 의의에 눈을 뜨고 있었던 하이데거에게 전혀 어울릴 수 없는 변명이다. 하이데거는 나치였으며, 그가 나치가 된 것은 나치즘에서 유토피아적 희망을 볼 만큼 순진했기 때문이 아니라 도리어 당대의 모든 정치적 운동들이 결국 몰아세우는 촉진으로서의 근대 기술의 표현에 불과하다는 것을 잘 이해할 만큼 철저하게 현실적이었기 때문이다. 역설적이게도 하이데거를 골수 나치로 낙인찍게 만들 수도 있는 이러한 진단이 실은 근대 이후의 세계에 대한 그의 존재론적 진단이 적확한 것이었다는 표지의 하나가 된다. 그는 자본주의의 예찬자도 아니고, 사회주의 및 공산주의에서 유토피아의 가능성을 발견한 몽상가도 아니다. 그는 나치를 선택했으며, 그의 선택은 냉철한 현실 인식 및 시류에 편승하려는 의도적 결단의 결과로 이해되어야지 그를 위한 면죄부로 오용될 수 있는 어떤 순진함의 표식으로 이해되어서는 안 된다. 그는 근대 기술에 의한 몰아세움의 경향이 얼마만큼 거대한 힘에 의해 추동되고 있는 것인지 동시대의 다른 그 누구보다도 잘 알고 있었던 것이다.

하이데거의 현실 순응주의는 현존재의 살/몸과 기술의 관계에 대한 무관심에 의해 강화되었을 것이다. 권력은 저항을 전제로 하며, 저항은 살/몸을 지닌 자의 근원적 존재가능성의 하나이다. 권력 및 권력의 전제인 살/몸으로서 현존함의 존재론적 의미들을 성찰하지 않은 채 기술을 순연한 생산의 관점에서 분석함으로써 하이데거의 철학은 운명론적 경향을 띠게 되었다.

원래 기술에 관한 하이데거의 존재론적 논의들은 존재의 의미를 묻는 특별한 존재자로서의 현존재의 존재에 대한 섬세한 분석에 바탕을 두고 있는 것이어야만 했다. 물론『존재와 시간』에 기술과 현존재의 존재 사이의 관계에 대한 언명들이 전혀 없는 것은 아니다. 그리고 '전회' 이후 하이데거가 기술에 관해 언급하는 것 역시『존재와 시간』에 바탕을 두고 있다는 것 또한 사실이다. 하지만 '손 안에 있음'에 정향된 비본래적 자아와 실용적 의미 연관에 사로잡힌 일상성의 근원적 무성을 자각할 수 있는 본래적 자아의 대조에 바탕을 둔『존재와 시간』에서의 언명들은 기술과 현존재의 존재 사이의 관계가 지닐 수 있는 다양한 함의들을 표현하기에는 터무니없을 정도로 단순하다.『존재와 시간』은 기술이 어떻게 현존재를 철저하게 일상적인 존재자로 만드는지, 그럼에도 불구하고 현존재가 기술과 실용성에 의해 지배되는 일상성의 근원적 무성을 어떻게 자각하게 되는지 등의 문제에 관해서는 거의 아무것도 구체적으로 제시하지 않는 것이다.

근대 기술에 대한 하이데거의 존재론적 언명들은 크게 두 가지의 한계를 지니고 있다. 첫째, 하이데거는 기술은 권력과 불가분의 관계에 있는 것이며, 그러한 기술은 필연적으로 그가 근대 기술의 특징으로서 제시한 몰아세움의 성격을 지닐 수밖에 없다는 사실에 충분히 주의를 기울이지 않았다. 둘째, 하이데거는 권력과 불가분의 관계에 있는 기술은 결국 현존재의 존재 자체를 기술적 생산의 주요 대상으로 삼을 수밖에 없으며, 현존재의 존재 자체를 향한 몰아세움의 여러 경향들은 그 자체로 폭력적인 지성적 담론들, 혹은, 지성적 담론의 필중적 본질로서의 폭력성을 통해 이루어지는 것이라는 사실에 충분히 주의를 기울이지 않았다. 여기서의 폭력성은 악의 개념과 결합된 윤리적 부정성으로서의 폭력성이 아니라 '현실을 현실적이거나 잠재적인 저항에 맞서 강압적으로 변화시킬 존재론적 가능성'을 뜻할 뿐이다. '존재론적 가능성'이라는 표현에 주목해 주기 바란다. 나중에 설명하게 되겠지만 이 표현은 현존재의 존재가 살/몸으로서의 존재라는 근본 특성을 지니고 있기에 권력과 기술에 의한 현존재의 변화는 모두 '저항에 맞선 강압적 변화'의 형식 속에서만 이루어질 수밖에 없다는 것을 나타낸다.

3. 권력과 복종하는 신체에의 요구

첫 번째 한계에 관해 생각해 보자. 몰아세움은 근대 이후의 기술에만 한정될 수 있는 개념이 아니라 권력과 불가분의 관계에 있는 기술의 근본 특성 중 하나이다. 아마 이를 잘 알 수 있게 해 주는 훌륭한 예는 신체형일 것이다.

미셸 푸코가 『감시와 처벌』에서 설득력 있게 묘사한 것처럼 신체형은 죄를 저지른 자에게 가해지는 단순한 보복 이상의 것이다. 원래 단순한 보복이란 실제로는 존재할 수도 없는 고립된 개체로서의 현존재에게나 적용될 수 있는 개념이다. 공동 현존재로서의 현존재가 수행하는 모든 보복의 행위들은 그 자체로 사회적 의의를 지닐 수밖에 없으며, 권력에 의해 행해지는 경우에는 더더욱 그러한 것이다.

푸코는 "벌을 부과하는 사법부의 측면에서 보면 신체형은 선명한 것이어야 하며, 일정 부분 사법의 승리로서 만인에 의해 인정되어야만 한다"고 지적한다.

"행사된 폭력의 과도함 자체가 사법이 지닌 영광들의 하나이다: 죄인이 고통당하며 신음하고 비명을 지르는 것은 사법의 수치스러운 측면이 아니다. 그것은 그 자체 사법이 스스로의 힘을 과시하며 행하는 의식인 것이다. … 형벌인 신체형은 마구잡이로 신체에 벌을 내리는 것과는 같지 않다:

그것은 세분화된 고통의 창조이며, 희생자들에게 낙인을 찍고 처벌하는 권력을 과시하기 위한 조직된 의식이다. … 신체형의 '과도함'에는 권력의 경제학 전체가 투입되어 있는 것이다."[02]

완전히 고립된 개체인, 즉 타자와의 유대 관계 속에서 자신의 존재를 이해할 줄 모르는 그러한 인간이 있을 수 있다면 그는 타자에게 고통을 가하는 자신의 행위를 감추려 하지 않을 것이고 과시하려 하지도 않을

02 M. Foucault, *Surveiller et punir*, Paris, Galimard, 1975, 38쪽 이하 참조.

것이다. 하지만 공동 현존재로서의 현존재에게 타자에게 고통을 가하는 행동은 필연적으로 남들에게 감추거나 혹은 과시할 행동이 된다. 고통의 원인이 되는 자신의 행위를 감추려는 마음이나 과시하고자 하는 마음 모두 규범과 권력의 상호 보완적 성격에 대한 이해를 전제로 해서만 생겨날 수 있다. 규범을 근거로 자신의 행위에 벌을 가할 수 있는 권력의 존재를 의식하지 않는다면 자신의 행위를 감추려는 마음이 생겨날 이유가 없다. 마찬가지로 규범을 어긴 자에게 가해지는 고통을 대중들의 기억에 각인시켜서 대중들로 하여금 권력에 대한 두려움과 복종심을 품도록 하려는 의도가 아니라면 권력이 신체형을 과시할 이유 또한 없는 것이다.

그렇다면 신체에 가해지는 형벌은 복종하는 신체를 주문-요청하려는 일종의 몰아세움인 셈이다. 신체에 가해지는 형벌을 가능한 한 잔혹하고 호사스럽게 연출하려는 권력의 의지는 복종하는 신체를 생산하려는 의지와 동일한 것이며, 타자에게 고통을 가하는 자신의 행위를 감추려는 한 현존재의 의지는 자신의 신체가 복종하지 않는 신체임을 드러내지 않으려는 의지와 다르지 않다. 복종하지 않는 신체는 피지배자의 입장에 처해 있는 자에게 속할 수도 있고 지배자의 입장에 처해 있는 자에게 속할 수도 있다. 지배자의 입장에 처해 있는 자라고 하더라도 그가 자신의 행위를 감추려 하는 한 그는 자신의 신체가 규범 및 규범에 바탕을 둔 권력의 체계에 복종하지 않으면 위험을 감수할 수밖에 없는 그러한 자로 살고 있음을 이해하고 있는 셈이다. 그런 점에서 복종을 회피하려는 모든 신체가 자동적으로 저항적이 되거나 전복적인 신체로서 작용하는 것은 아닌 셈이다. 복종하지 않는 신체는 규범 자체와의 긴장관계 속에 있는 것이 아니라 규범을 매개로 자신에게 합법적인 폭력, 혹은 적어도 어떤 정해진 규칙에 의해 합리화되는 폭력을 행사할 수 있는 또 다른 신체들과의 긴장관계에 있다. 요컨대 타인에게 고통을 가하는 자신의 행위를 감추고자 하는 자는, 지배자이든 피지배자이든 상관없이, 복종하는 신체를 생산하려는 권력의 의지에 맞설 수 있을 만큼 충분한 힘을 자신이 결여하고 있음을 자인하는 자이다.

그것은 복종하는 신체를 생산하려 몰아-세우는 권력이 지배자의 권력과 동일시될 수 없는 것임을 증명한다. 몰아-세움은 물론 대개 권력의 핵심으로부터 벗어난 주변부의 대중들을 향한 것이며, 복종하는 신체로 주문-생산되는 신체 역시 대부분 주변부 대중들의 신체이다. 하지만 복종하는 신체의 생산이 규범을 전제로 이루어지는 한 그것은 신체를 어떤 순연한 물리적 과정에 끌어들임으로써 이루어지는 생산이 아니라 살/몸과 더불어 살고 있는 자 모두의 위에 있는 절대적 규범, 혹은 법의 이념에 의해 추동되는 이념적 생산으로서의 성격을 띨 수밖에 없다. 여기서 이념성은 자유나 평등, 정의와 덕과 같은 인문학적 이념들만을 뜻하는 것은 아니다. 순전히 강자의 논리에 의해 지배되는 세계라 할지라도 신체형은 힘의 과시의 일종으로서, '가장 강한 자가 가장 많은 권리를 지니는 법'이며, '강한 자에게 복종하지 않는 자는 비참한 운명에 처하게 되는 법'이라는 야만적 법의 이념을 전제로 하는 것일 수밖에 없다. 이런 경우 가장 강한 자는 신체형을 통해 '나와 너희들은 모두 철두철미, 강자 지배의 법칙에 순응할 수밖에 없는 자들이며, 누구든 무소불위의 권력을 휘두르고자 하는 자는 지금의 내가 그러하듯 자신을 최고의 강자로서 증명해 보이지 않으면 안 된다'라고 대중들에게 고지하는 셈이다. 설령 인문학적 이념들을 전혀 필요로 하지 않는 순수한 야만적 권력이 가능하다 하더라도 권력자가 되기 위해서는 타자로부터 가장 강

한 자로 인정되어야 하는 법이며, 오직 다수가 이러한 법을 따르는 한에
서만, 그리고 다수가 이러한 법을 인정하고 그에 순응하도록 만들려는
목적을 전제로 해서만, 잔혹한 신체형을 통한 권력의 자기과시가 일어
날 수 있는 것이다.

현존재와 현존재 사이의 초월적 관계는 권력과 무관할 수 없다. 또한
그 자체 권력적 현상으로서의 현존재와 현존재 사이의 관계는 특정한
규범 및 규범의 절대적 근거로서의 법의 이념에 의한 지배 및 피지배로
특징지어질 수 있다. 그렇다면 '권력과 무관한 기술'이나 '권력을 둘러싼
갈등으로부터 자유로운 완전한 공동 현존재로서의 현존재의 존재'는 그
자체 현실일 수는 없는 이념일 뿐이다. 기술은 곧 권력의 기제이며, 권
력은 상이하고도 다양한 방식으로 규범 및 법에 복종하는 신체를 주문-
생산하고자 하는 의지의 관계망 외에 다른 아무것도 아니다. 이는 일상
세계에서 살아가는 현존재는 언제나 복종하는 신체로서, 권력에 의해
몰아-세워져 주문-생산된 자로서 존재하는 존재자 외에 다른 아무것도
아니라는 것을 뜻한다. 일상 세계를 지배하는 실용성의 논리 자체가 현
존재를 복종하는 신체로서 주문-생산하고자 하는 권력의 의지에 의해
지배되고 있기 때문이다.

이러한 관점에서 보면 감추어져 있던 것을 포이에시스적으로 "밖으
로-끄집어내어-놓음(Her-vor-bringen)"으로서의 기술과 '일종의 강압적
요청이요, 몰아붙이는 촉진'으로서의 기술을 구분하는 것은 쓸모없는
일이다. 이 말은 존재자에게서 주문-생산된 부품으로서 존재함 외에 다
른 존재의미를 찾는 일이 무의미하다는 뜻이 아니다. 복종하는 신체를
향한 강압적 요청은 역으로 권력에 의해 부품으로서 주문-요청되지 않
는 신체는 복종하는 신체와 동일시될 수 없는 것이라는 사실에 대한 증

명이기도 하고, 강압 및 요청의 형태로 이루어지는 권력의 부단한 개입이 아니라면 현존재는 복종하는 신체로서 존재하지 않으리라는 사실에 대한 증명이기도 하다. 물론 여기서의 사실은 '꽃은 일종의 식물이다', '이 방에 책상이 하나 있다', '서울은 대한민국의 수도이다'라는 식의 사실과는 전혀 다른 의미를 지닌다. 이미 언급했듯이 현존재는 항상 복종하는 신체로서만 현존재이며, 현존재를 포함해 현존재가 기술적 실천을 통해 관계 맺는 일체의 존재자들은 모두 권력에 의해 부품으로서 주문-요청된 존재자들이기 때문이다. 즉, 복종하지 않는 신체로서의 현존재 및 부품으로서 이미 주문-요청되어 있거나 주문-요청될 부품들의 재고 목록 안에 포함되어 있지 않는 존재자는 도무지 존재할 수조차 없다는 것이다. 하지만 권력에 의해 —강압적으로— 주문-요청된 것인 한 모든 복종하는 신체는 동시에 복종하지 않을 현실적 가능성과 결합된 신체요, 모든 부품으로서의 존재자들은 이미 그 자체로 단순한 부품 이상의 존재자들일 수밖에 없다. 존재자가 부품으로서 주문-요청된다는 사실 자체가 존재자의 존재가 부품으로서-존재함과 부품-이상의-것으로서-존재함의 통일성 외에 다른 아무것도 아니라는 사실을 증명한다는 것이다.

근대 이전의 기술과 이후의 기술은 감추어져 있던 것을 포이에시스적으로 "밖으로-끄집어내어-놓음(Her-vor-bringen)"으로서의 기술과 '일종의 강압적 요청이요, 몰아붙이는 촉진'으로서의 기술로 구분될 수 없다. 기술은 본질적으로 몰아붙이는 촉진이며, 기술적 실천의 대상으로서의 존재자는 모두 주문-요청된 부품으로서 몰아-세워진 존재자이기 때문이다. 근대 이전의 기술과 이후의 기술의 차이는 몰아-세움으로서의 기술과 그 이전의 기술 사이의 차이가 아니다. 그것은 마치 '투석기를 만드는 데 사용된 사물들은 부품이 아니지만 대포를 만드는 데 사용된 사물들은 부품이다'라고 말할 수 없는 것과 같다. 양자 사이의 차이는 차라리 몰아-세움의 방식과 강도의 차이로서 이해되어야만 할 것이다. 또한 기술에 의해 존재자가 몰아-세워지는 일이 부품으로 환원될 수 없는 존재자의 존재가 드러나는 일과 별개의 일인 것처럼 인식되어서도 안 된다. 이 말은, 부품으로 환원될 수 없는 존재자의 고유함이 드러나는 일이 존재자를 하나의 부품으로 주문-요청하는 기술과 다른 어떤 특별한 방식에 의해 가능해지는 일이 아니라는 뜻이다. 기술에 의해 몰아-세워지는 존재자 자체가 부품으로서 주문-요청됨과 동시에 부품으로 환원될 수 없는 그 자체로 있음의 고유함 가운데 자신의 존재를 드러낸다. 기술은 본질적으로 몰아세우며 한 존재자를 부품과 부품 이상의 것으로서 동시에 드러내는 일인 것이다.

물론 부품 이상의 것으로서 존재함에 대한 이해는 존재자를 부품으로서 몰아-세우는 방식과 강도에 의해 결정된다. '일종의 강압적 요청이요 몰아붙이는 촉진'으로서의 기술에 의해 손-안에-있음으로 환원될 수 없는 존재자의 존재가 밖으로-끄집어내어-놓여진다. 하나의 돌을 집을 지을 부품으로서 주문-요청하는 일은 돌의 강함을 밖으로-끄집어내어-놓는 일이요, 그럼으로써 돌이 집을 짓는 것과 용도가 다른 다양한 부품화의 가능성에 노출시키는 일이다. 이러한 가능성에는 반-부품으로서의 부품으로 존재할 수 있는 가능성 역시 포함된다. 돌의 강함은 돌을 부품으로서 주문-요청된 것들을 파괴하거나 심지어 상이한 존재자들을 특정한 용도의 부품들로서 반복해서 주문-요청하는 자들을 살상할 가능성과 결합시키게 된다는 것이다. 부품으로 주문-요청되면서 부품 이상의 것으로서, 야성적인 것으로서, 존재자를 부품으로 주문-요청하는 권력의 기제들에 타격을 가할 저항적 힘의 가능성으로서, 하나의 존재자가 동시에 자신을 현존재에게 열어 보이게 되는 것이다.

4. 권력 및 담론과 파쇼적 신체의 제작

이제 기술에 관한 하이데거의 존재론적 언명들이 지니고 있는 두 번째 한계에 관해 생각해 보자. 하이데거는 권력과 기술에 의한 존재자의 몰아-세움의 최종 목표는 현존재 자신을 부품으로서 주문-생산하는 일이며, 이러한 몰아-세움은 폭력으로서의 지성적 담론들을 통해 이루어지는 법이라는 사실에 충분히 주의를 기울이지 않았다. '충분히'라는 표현에 주목해 주기 바란다. 이 글에서 제기되는 하이데거 비판은 하이데거가 완전히 무지한 채로 남았던 어떤 것이 아니라 도리어 하이데거 자신이 동시대의 다른 누구보다도 통찰력 있게 잘 직시하고 있었으나 시대의 한계 등으로 인해 적확하고도 섬세한 방식으로 분석을 수행할 수는 없었다는 것을 근거로 삼는 비판이다.

공동 현존재에게 권력은 언제나 지성적 담론에 의해 생산되고 유지된다. 푸코가 여러 저술들을 통해 잘 설명한 것과 같이 지성적 담론에 의한 권력의 생산 및 재생산은 정상성의 생산 및 재생산과 불가분의 관계에 있다. 여기서도 존재자를 부품으로서 주문-생산하는 권력을 분석할 때에 적용된 것과 유사한 관점이 요구된다. 존재자를 부품으로서 주문-생산하는 권력이 근대 이후의 새로운 현상이 아니듯이 담론을 통해 정상성을 생산하는 권력은 결코 특정한 시대, 특정한 장소에서 생겨난 것으로서 이해될 수 없다. 담론을 통한 정상성의 생산은 모든 권력의 작용

방식이요, 그 결과물이다. 죄인이 자신의 죄를 공공에게 분명하고도 오해의 여지가 없는 방식으로 밝히기를 원하는 권력으로부터의 요구가 야만적 신체형에서조차 나타나는 이유가 바로 여기에 있다. 죄인이 대중앞에서 스스로 행하는 죄의 고백은 아마 죄인의 입술을 통해 흘러나오는 다음과 같은 전언 외에 다른 아무것도 아닐 것이다.

"보라! 여기 보통의 정상적인 인간들과 달리 이 나라를 유지하는 권력의 정당성을 인정하지 않는 인간이 있다! 하지만 그 역시 최후의 순간에는 자신이 잘못임을 깨닫게 되었다. 결국 누구든 올바로 생각하기만 하면 현존하는 권력의 정당성을 인정하지 않을 수 없게 되는 것이다!"

그렇다면 권력의 지속은 왜 정상성의 생산 및 재생산에 의존하게 되는가? 그것은 부품으로서 주문-생산된 신체가 유용한 신체이면서 동시에 위험한 신체이기 때문이다.

유용함이란 결국 세상을 변화시킬 수 있는 힘을 뜻한다. 하나의 존재자를 부품으로서 사용하는 세계는 만들어진 체계일 뿐 인간의 손길과 무관하게 그 자체로 있는 자연적 세계가 아니다. 그런데 인간의 손에 의해 만들어진 모든 체계는 인간 자신의 손에 의해 파괴될 수 있다. 이보다 더 분명한 삶의 진실이 또 있을까?

역설적이게도 신체가 지닌 이 양가적 가능성은 신체형이 권력의 위세를 대중에게 아주 선명하고도 호사스러운 방식으로 과시하려는 방편으로서 채택될 때 가장 극명하게 드러난다. 생각할 줄 아는 자, 천하를 제압하고 다스릴 만큼은 아니어도 적어도 저항할 만큼의 힘 정도는 지니고 있는 현존재가 신체형이란 자신의 신체에 결합되어 되는 폭력적 저항의 가능성 때문에 고안된 것이라는 단순하고도 자명한 진실에 눈을 뜨는 일은 결코 어려운 일이 아닌 것이다. 신체는 왜 처벌되고 훼손되는가? 그것은 신체와 더불어 사는 현존재는 위험한 존재자이기 때문이다. 신체는 결국 누가 훼손하는가? 그것은 도구를 사용할 줄 아는 기술적 현존재 즉, 자신의 신체를 사물 영역에 이르기까지 무한히 확대할 줄 아는 도구적 지성의 담지자로서의 현존재이다. 신체의 공공연한 훼손은 왜 복종하는 신체의 생산으로 이어지게 되는가? 그것은 현존재의 신체가 고통과 기쁨의 처소로서의 살이며, 되도록 고통을 피하고 기쁨을 추구하라는 살의 명령에 의해 움직이는 몸이기 때문이다.

신체의 공공연한 훼손은 항상 양가적이다. 권력을 과시하는 자의 관점에서 보면 그것은 구경하는 자의 머릿속에 고통의 기억을 각인시킴으로써 복종하는 신체를 양산하는 일이 된다. 하지만 신체의 훼손에 의해 일어난 고통의 기억은 동시에 전복적 의지의 현실적·잠재적 근거가 된다. 결국 신체의 공공연한 훼손을 통해 권력을 과시하는 자 역시 신체로서 살고 있는 자이며, 그 신체 역시 구경하는 자의 신체와 마찬가지로 고통과 기쁨의 처소로서의 살이다. 그렇기에 신체의 공공연한 훼손을 통해 권력을 과시하는 자와 구경하는 자의 입장이 뒤바뀌는 것은 별로 상상하기 어려운 일이 아니다. 아니, 권력을 과시하는 자의 신체 역시 처참한 고통을 야기하는 방식으로 공공연하게 훼손될 수 있다는 사실은 죄인으로 사로잡힌 자의 신체가 훼손될 때 가장 극명하게 드러난다. 신체에 대한 공공연하고도 참혹한 훼손이야말로 그 자신이 훼손될 수 있는 신체로서 권력이 저항하는 신체에 대해 품고 있는 분노와 두려움의 표현 외에 다른 아무것도 아니기 때문이다. '칼로 흥한 자는 칼로 망하기 마련'이라는 옛 격언은 신체형을 통해 권력을 과시하는 자에게도 어김없이 들어맞는다. 참혹한 신체형은 권력을 쥔 자의 신체 역시 죽음과 고통으로부터 자유로울 수 없다는 진실을 부정할 수 없이 확고부동한 방식으로 드러내는 것이다.

물론 현실은 그리 단순하지 않다. 신체형을 통한 권력의 과시가 권력을 쥔 가문의 쇠퇴 없이 세대를 이어 반복해서 일어날 수도 있기 때문이다. 그러나 신체형은 결국 신체형에 의해 훼손된 신체나 그 신체의 소유자에게 심정적으로 동조하는 자가 무기를 들고 봉기할 가능성을 지닌 신체로 고안된 것이다. 신체형의 원래 목적은 이러한 가능성을 최소화하는 것이지만, 신체형이 불러일으킨 고통에의 예감은 지금 신체를 훼손하는 자의 신체 역시 저처럼 끔찍스럽고 고통스러운 방법으로 훼손될 수도 있다는 가능성에의 예감이기도 한 것이다.

푸코가 말하는 신체형의 소멸은 신체형을 통해 권력을 과시하는 자 역시 신체와 더불어 살고 있는 자라는 사실을 은폐하고자 하는 의지에 의해 일어난 일일 것이다. 이는 물론 신체형의 폐지를 지지하던 모든 인도주의적 외침들이 양의 탈을 쓴 음험하고도 잔인한 권력의 외침들이었다는 것을 뜻하지는 않는다. 그러나 처벌하는 권력에 의해 그러한 외침이 지지될 때, 혹은 어떤 인도주의적 담론들이 권력에 정당성을 부여하는 강력한 이데올로기적 기제로 작용할 때 자신을 처벌하는 권력의 소유자 내지 수행자로 여기는 자들은 모두 죄인과 직접적이고도 인격적인 관계를 맺으며 처벌하는 신체가 아니라 감추어진 신체, 정의의 이념에 의해 뒷받침되는 공명정대한 법체계의 충실한 부속품으로서의 신체로 전환된다. 처벌의 주체가 외견상 신체가 아니라 신체를 처벌하는 신체로서 주문-요청한 사법적 체계로 바뀌어 버리는 것이다.

물론 이로부터 법체계의 부품으로서 주문-요청된 신체가 근대 이후에야 만들어진 것이라는 식의 결론을 내릴 필요는 없다. 보다 큰 틀에서 보면 처벌하는 신체는 언제나 이미 그가 처해 있는 하나의 체계로서의 사회 내지 국가 안에서 체계의 수호자로서 기능하도록 주문-요청된 부품으로서 존재한다. 그것은 마치 기계로 곡물을 수확하는 자의 신체와 직접 낫질을 하는 자의 신체 사이의 차이와도 같다. 직접 낫질을 하는 자는 기계로 곡물을 수확하는 자에 비해 곡물들과 더욱더 직접적이고도 인격적인 관계를 맺는다. 그러나 그의 신체는 이미 그 자체로서 낫질에 적합하도록 기계화된 신체, 그 자신의 유지를 위해 곡물의 생산을 필요로 하는 체계의 부품으로 주문-요청된 신체인 것이다.

아마 근대 이후의 기술과 그 이전의 기술의 차이는 강압적으로 주문-요청하는 기술과 그렇지 않은 기술의 차이가 아니라 강압적으로 주문-요청하는 자의 살/몸이 은폐된 채 적용되는 기술과 그렇지 않은 기술 사이의 차이로 특징지어져야만 할 것이다.

생산의 기계화는 갑작스레 출현한 새로운 현상이 아니다. 비록 근대, 특히 산업혁명 이후의 기계화가 그 이전과는 비교할 수도 없을 만큼 광범위하고 과학적이며 체계적인 방식으로 진행되었다고 하더라도 말이다. 생산은 신체의 기계화를 요구한다. 도끼로 나무를 베는 일이나 모내기 하는 일, 낫으로 풀을 베는 일 등 전통적이거나 심지어 원시적인 방식으로 행해지는 모든 노동은 생산에 적합한 방식으로 기계화된 신체를 요구하게 된다는 의미이다. 기계화된 신체에 의해 사용되는 모든 도구는 그 자체 기계의 한 부품이다. 그리고 하나의 사회 내지 국가는 기계화된 현존재 및 그 확장 가능성으로서의 도구의 사용을 보다 체계화된 물질 및 권력의 생산과 재생산에 동원하고자 하는 의지의 표현 외에 다른 아무것도 아니다. 이것은 물론 사회 및 국가가 거대화된 생산 기계에 지나지 않는다는 뜻은 아니다. 하지만 사회 및 국가는 어쨌든 하나의 체계이다. 그런데 체계는 스스로의 생산 및 재생산을 가능하게 하는 물질 및 권력 생산의 기제들의 총체에 의존하고 있을 뿐만 아니라 실은 그 자체가 하나의 생산 체계로서만 존립 가능한 법이다. 간단히 말해 모든 사회 및 국가는 분명 거대화된 생산 기계 이상의 것으로 존립하는 것이지만 어쨌든 거대화된 생산 기계로 간주될 수 있는 하나의 체계이다. 그것은 인간이란 단순한 신체 이상의 존재자이지만 어쨌든 하나의 신체로서 간주될 수 있는 존재자인 것과 같다. 인간은 정신적 존재이며 정신적 존재로서의 인간이 추구하는 가치들은 동물적 신체로 존재함 이상의 존재 의미를 인간의 삶에 부여한다. 하지만 그렇다고 해서 그러한 가치들이 신체와 무관한 것은 아니다. 정의나 평화는 인간이 살아야 할 살과 몸으로서 존재하기에 추구되는 것이며, 사랑과 행복 또한 그러하다. 현존재의 정신성은 현존재의 살/몸에 단순한 동물적 삶에서는 발견될 수 없는 특별한 의미를 부여하는 것이지 현존재의 살/몸을 배제하는 것이 아니라는 뜻이다. 마찬가지로 사회 및 국가에 부여될 수 있는 모든 고상한 의미들은 하나의 생산 기계로서의 사회 및 국가의 존재에 부여된 특별한 의미들로서 이해되어야만 하는 것이지 그것을 배제하거나 완전히 지양하고 난 다음에야 비로소 가능해질 수 있는 비-기계적 개념들로 이해되어야만 하는 것은 아닌 것이다.

정상성에의 요구는 기계화된 현존재 및 거대화된 기계로서의 국가가 자연적인 것이 아니라 인위적으로 만들어진 것이라는 단순하고도 자명한 사실 때문에 생겨난다. 신체는 항상 자연적 신체이다. 이 말은 현존재의 신체가 문화적 의미 체계의 맥락으로부터 벗어난 독립적 신체로서 이해될 수 있다는 뜻은 아니다. 신체가 항상 자연적이라는 것은 신체는 신체 외에 다른 것으로서 존재할 가능성을 지니지 않는다는 말이다. 기계화된 신체조차 실은 자연적 신체이다. 신체는 언제나, 그것이 순수하게 동물적인 신체이든 기계화된 신체이든 상관없이, 고통과 기쁨의 처소로서의 살이며, 한 존재자로 하여금 고통을 피하고 기쁨을 지향하도록 움직이게 하는 몸이다. 규범 및 규율화에 의해 기계화된 신체라 하더라도 신체는 이러한 자연적 신체일 뿐이며, 이는 신체와 더불어 사는 현존재에게 고통을 피하기 위해, 혹은 기쁨을 얻기 위해 기계로서의 삶에 저항할 가능성이 상존한다는 것을 뜻한다. 그렇기에 거대화된 기계로서의 국가는 자신의 부품으로서 주문-요청된 현존재가 부품으로서 기능하기를 멈추고 그 자신의 쾌락과 기쁨을 위해, 혹은 고통을 피하기 위해 도리어 반-기계적 내지 기계-파괴적으로 작용할 가능성을 결코 배제할 수 없다. 정상성에의 요구는 이러한 위험성을 최소화하기 위한 목적으로 제기된다. 그것은 규범적인 것을 자연적인 것으로 전치시키는 기술이다. 기계로 환원될 수 없는 자연적 신체에 비정상성의 낙인을 찍으면서 오직 철두철미하게 기계화된 현존재만이 정상성의 범주에 포함될 수 있다는 은밀하고도 강압적인 방식으로 끝없이 속삭이는 세뇌의 기술이다. 정상성에의 요구는 '너는 하나의 기계로서 존재해야만 한다'는 권력의, 권력에 의한, 오직 권력만을 위한 하나의 규범을 실제의 모든 자연적인 것들을 넘어서는 규범적 자연성으로 이념화하는 기술인 것이다.

정상성에의 요구는, 그리고 정상성의 확립을 가능하게 하는 규범화 및 신체의 훈육은 결코 근대 이후에 새롭게 나타난 현상이 아니다. 이 점에 대해서는 푸코 역시 오해의 여지를 남겨 놓았다. 정신병원, 근대적 의미에서의 학교와 군대, 감옥 등에 관한 푸코의 설명을 읽고 있노라면 우리는 종종 푸코가 정상성에의 요구와 규범화, 규범화하기 위한 신체의 훈육 등을 근대 이후에야 일어난 새로운 현상인 것처럼 취급하는 듯한 느낌을 받게 된다. 이러한 오해는 정상성에의 요구가 앞에서 현존재가 기술적 실천을 통해 맺을 수 있는 초월적 관계의 방식들을 도식적으로 제시한 네 개의 항목들 중 3번 및 4번과의 연관 속에서 명확히 구분되어 고찰되지 않았기 때문에 발생한다. 정상성에의 요구는 3번 항목인 '공동 현존재의 신분제적 분화 및 계급·계층 사이의 잠재적·현실적 대립과 기술적 실천'과의 관계에서 나타나기도 하고, 4번 항목인 '공동 현존재의 이념적 지향점으로서의 자유 및 평등과 기술적 실천'과의 관계 속에서 나타나기도 한다. 3번 항목과 4번 항목과의 관계 속에서 요구되는 정상성들은 각기 상이한 것들일 수밖에 없다. 그러나 어쨌든 양자는 모두 정상성에의 요구이며, 다만 각기 상이한 방식의 규범화 및 신체의 훈육을 통해 실현될 뿐인 것이다.

공동 현존재의 신분제적 분화 및 계급·계층 사이의 잠재적·현실적 대립이 전제된 곳에서는 비범한 신체와 평범한 신체의 대조가 필연적이다. 그것은 평균적인 대중들에 비해 더 많은 권리를 누리는 자들의 권리를 정당화하기 위해 제시되는 대조이다. 비범한 신체는 두 가지 상이한 방식으로 만들어진다. 첫째, 지혜 및 정신적 고상함과 결합된 신체의 제작이 그 하나이다. 둘째, 강인한 전사의 신체의 제작이 또 다른 하나이다.

지혜 및 정신적 고상함과 결합된 신체의 제작은 현존재의 신체가 위험한 신체이기 때문에 필요하다. 이미 지적했듯이 사회는 하나의 체계이며, 모든 체계는 인위적으로 만들어진 것이고, 인위적으로 만들어진 모든 체계는 현존재 자신의 손에 의해 파괴될 수 있다. 사회를 하나의 체계로서 유지될 수 있도록 하는 필수불가결의 요소 중 하나는 바로 규범이다. 체계로서의 사회는 그 사회의 구성원인 다수의 현존재가 올바른 것이라 인정하는 규범의 확립 및 보존을 통해서만 존속할 수 있다. 그런데 현존재의 신체는 항상 자연적 신체이며, 이는 현존재의 신체가 체계 및 체계의 이상과 결합된 규범적인 것을 통해 통제될 수 있는 것으로 온전히 환원될 수 없는 신체라는 것을 뜻한다. 지혜 및 정신적 고상함과 결합된 신체의 제작은 바로 이러한 이유로 필요하다. 그것은 본질적으로 규범적인 것 한계 밖에 있는 것으로서의 자연적 신체를 규범화된 신체의 이념을 향해 몰아-세울 수 있도록 고안된 신체이며, 그럼으로써 인위적 체계로서의 사회가 파괴되지 않고 존속할 수 있도록 기능하는 현실적 기제로서의 신체이다. 자주 그러한 신체의 제작은 공동 현존재의 신분제적 분화를 야기하거나 혹은 이미 확립된 공동 현존재의 신분제적 분화를 정당화한다. 고상한 신체의 제작은 살기 위해 공동체적 규범에의 예속을 필요로 하는 현존재의 신체를 자발적으로 스스로를 규범에 예속시킬 수 있는 고상한 신체와 그러기 위해 외부로부터의 강제를 필요로 하는 평범한 신체 및 비속한 신체로 분류함과 함께 일어나는 일인 것이다.

강인한 전사의 신체는 고상한 신체의 규범화를 위해 필요한 위험한 현실의 제작과 함께 제작된다. 제작이라는 말이 오해를 불러일으키지 않기 바란다. 여기서의 제작이란 비현실적인 것의 창조를 뜻하는 말이 아니라 현실 세계의 의미 해석 가능성들을 한 방향으로 몰아감을 뜻할 뿐이다.

모든 사회는 각각의 고유한 규범적 질서에 의해 움직이며, 한 사회가 어떠한 규범적 질서에 의해 움직이는가의 문제는 그 사회를 강한 사회로 만들고 또 존속시키는 데 필요한 방식의 차이에 의해 결정된다. 어떤 의미에서는 모든 사회가 스스로를 강하게 만들기 위해 추구하는 모든 방식들이 다 현실적이다. 그런데 이는 오직 각각의 방식을 통해 각각의 사회가 실제로 강한 사회로 제작되거나 재생산될 수 있다는 의미에서 그러한 것이다. 위험이란 항상 그것이 위험하게 만드는 어떤 것의 존재를 전제로 한다. 위험에 처할 한 존재자 내지 체계로서의 사회가 인위적으로 제작되는 것인 한에 있어서 모든 위험은 결국 현실적이면서 동시에 인위적으로 제작된 위험으로서의 의미를 지니게 된다는 뜻이다. 공동 현존재가 신분제적으로 분화된 사회에서는 평범한 신체만으로는 이겨낼 수 없는 비상한 위험의 제작과 이러한 비상한 위험을 극복할 수 있는 영웅적 신체의 제작이 필수적이다. 오직 그런 한에서만 현존재는 고상한 신체에 의한 다수의 범속한 신체의 지배를 당연한 것으로서 받아들일 수 있는 것이다.

공동 현존재가 신분제적으로 확고부동하게 분화되지 않은 상태에서 비범한 신체와 평범한 신체의 구분은 단지 부차적인 의미만을 지니게 되거나 신분제적 분화의 잠재적 가능성을 지시하는 일종의 지표로서의 의미를 지니게 된다. 공동 현존재의 이념적 지향점으로서의 자유 및 평등이 다수의 구성원들에 의해 인정되는 그러한 사회를 가정해 보자. 이러한 사회에서는 비범한 신체의 제작을 통해 평범한 신체를 규범화하는 일이 어려워진다. 자유 및 평등의 이념은 결국 살아야 할 살/몸의 유지 및 관리 방식을 각각의 현존재의 자율적 판단에 의해 결정되도록 내버려 둠을 통해서만 현실화될 수 있는 것이다. 살/몸의 유지 및 관리방식을 자율적 판단에 의거해 결정할 수 없는 자는 자유롭게 사는 자도 아니고 평등하게 사는 자는 더군다나 아닌 것이다.

　자유 및 평등이 공동 현존재의 이념적 지향점으로서 다수의 구성원들에 의해 인정된 사회는 물론 모든 현존재가 실제로 자유롭고 평등하게 살아가는 이상적 사회와는 엄밀하게 구분되어야만 한다. 모든 체계는 결국 제작된 기계이며, 하나의 기계는 상이한 기능들을 담당하고 있는 각각의 부품들에 의해 움직인다는 사실을 기억해 두자. 아마 우리로 하여금 이러한 단순한 사실을 망각하게 하거나 인정하지 않도록 만드는 생각들 중 하나는 현존재는 이성적 자율성에 특징지어질 수 있는 존재자로서 사회 및 국가라고 불리는 체계 역시 자율성에 의해 결정될 수 있는 열린 미래를 지니고 있다는 식의 생각일 것이다. 그러한 자율적 체계는 자체 목적을 지니고 있다는 점에서 단순한 기계와 구분되는 유기체이거나 혹은 체계로서의 사회 및 국가와 이성적 개인들을 분류해 자율적 존재로서의 인간과 인간에 의해 제작되고 유지·보존되며, 심지어 경우에 따라 현재와는 완전히 다른 형태로 변형되기도 하는, 인간의 자율적 의지에 종속적인 비-인격적 도구이거나 혹은 양자 간의 적당한 절충의 산물일 것이다. 첫 번째 가능성은 유기체란 각각의 부분들이 지닌 기계적·역학적 기능들을 배제하는 것이 아니라 도리어 단순한 기계 이상으로 더 강하게 요구하는 것이며, 각각의 개인의 관점에서 보면 자신의 존재가 단순한 기계의 부품 이상으로 더 강하게 전체에 종속된 그러한 부품으로서 주문-생산될 것을 요구한다는 점에서, '체계=기계'로서의 등식을 배제하는 것이 아니라 도리어 자기 안에 이미 자기 존재의 필증적 조건으로서 요구하는 것이다. 두 번째 및 세 번째 가능성은 신체란 언제나 이미 주문-생산된 부품이면서 동시에 그 자신의 쾌락과 기쁨을 지향하는 자연적 신체로서 존재하는 법이라는 사실에 바탕을 두고 있다. 그런데 현존재의 신체가 이처럼 이중적 의미를 지니게 되는 것은 현존재의 존재가 오직 기계로서의 체계와의 초월적 관계 속에서만 가능한 존재라는 현존재의 근원적 현사실성으로부터 비롯되는 것이다. 이러한 초월적 관계 속에서 현존재는 언제나 이미 부품으로서 주문-요청된 존재자이다. 간단히 말해 '국가=자율적 목적에 의해 움직이는 유기체'라는 등식이나 '국가=자율적 이성에 의해 제작된 도구'라는 등식은, 모든 체계는 결국 제작된 기계에 지나지 않는다는 생각에 반하는 등식이 아니라 도리어 오직 그 기반 위에서만 가능한 등식이라는 것이다.

만약 누군가 자유 및 평등이 공동 현존재의 이념적 지향점으로서 다수의 구성원들에 의해 인정된 사회가 현존재를 기계화된 부품으로서 존재하도록 몰아-세우지 않는 사회일 수 있다고 믿는다면 그는 일종의 망념에 사로잡힌 자이다. 체계는 오직 체계의 유지 및 보존에 적합한 방식으로 움직이는 부품들의 존재를 전제로 해서만 지속할 수 있는 법이며, 안과 밖의 기계 파괴자들에 맞서 자신을 지키는 데 사용될 전사로서의 신체를 요구할 수밖에 없기 때문이다. 플라톤이 스파르타에서 이상적인 국가의 현세적 모범을 보았던 것은 그가 파시스트적 사상가였기 때문이라고 지적하는 것은 아마 올바른 일일지도 모른다. 파쇼는 원래 나무 막대들의 묶음을 뜻하는 말이며, 잘 묶이기 위해서는 각각의 나무 막대들은 모두 개성이라는 이름의 마디 없이 반듯하게 잘린 것이어야만 한다. 나무 막대들의 묶음 전체를 체계로서의 사회로 이해하면 개성 없는 막대는 온전한 부품으로서 주문-생산된 사회의 구성원들을 의미할 수밖에 없을 것이다. 그런데 나무 막대들이 단단히 묶여야만 하는 이유는 전체로서의 묶음 및 그 구성원으로서의 막대들을 효과적으로 지키기 위한 것이다. 그렇다면 개성이라는 이름의 마디를 지니고 있는 나무 막대들은 자신 및 자신들이 모여 이루어진 묶음을 지키기 위해 어떻게 되어야만 할까? 이러한 나무 막대들은 자신을 지키기 위해 서로 묶이지 않아도 좋은 것일까?

각각의 나무 막대들이 쉽게 부러지지 않는 우람한 참나무처럼 굵어지기를 요구하는 것은 쓸모없는 일이다. 어떤 의미에서는 하나의 체계를 이룬 채 산다는 것 자체가 혼자서는 부러지기 쉬운 막대와도 같을 수밖에 없다는 것 때문에 일어나는 일이다. 개성이라는 마디를 지닌 막대들 역시 잘 부러지지 않으려면 하나로 단단히 묶여야만 하고, 단단히 묶이기 위해선 마디 없는 막대들보다 훨씬 더 강한 힘으로 조여져야만 한다. 그래야만 외부의 충격에 흐트러지는 일 없이 단단하게 묶인 채 남아 있게 될 것이기 때문이다. 바로 이 때문에 규범에의 순응을 향한 요구, 각각의 개인들이 따라야만 하는 정상성의 확립을 향한 요구는 도리어 자유 및 평등이 공동 현존재의 이념적 지향점으로서 확립된 그러한 사회에서 더욱더 강화된 형태로 제기되는 법이다. 공학적 관점으로 설명해 보면 그것은 개성이 강한 각각의 부품들을 복잡다단한 상호작용 가운데 하나로 결합시킬 수 있는 고차원적인 작동원리에의 요구와도 같다. 오직 이러한 작동원리에 의해 개성이 강한 각각의 구성원들을 하나의 부품으로서 주문-제작할 수 있는 사회만이 자유 및 평등을 공동 현존재의 이념적 지향점으로 보지하며 미래를 향해 나아갈 수 있다. 결국 하나의 체계의 제작은 안과 밖에 상존할 위험 및 적들의 제작과 함께 일어나는 일일 수밖에 없기 때문이다.

5. 닫는 글: 파쇼적 신체로부터 거룩한 신체로의 전향

아마 누군가는 이 글이 현존재의 존재 및 현존재의 생활터전으로서의 사회를 기계라는 단 하나의 단순한 이념으로 환원시키는 기계론적 세계관의 표현이라고 여기게 될지도 모르겠다. 하지만 이 글은 어떤 형이상학적 이념이나 세계관에 바탕을 둔 글은 아니다. 이 글에서 반복적으로 사용된 '기계'라는 개념은 존재론적 개념일 뿐, 삶과 존재에 관한 형이상학적 해석과는 아무런 상관도 없다는 뜻이다.

존재론적 개념으로서의 기계란 무엇인가? 존재론적으로 기계의 개념을 도입해야만 하는 필연성은 대체 어디에 있는가? 하이데거 이전의 선험초월론의 관점에서 보면 존재론적 개념으로서의 기계가 필요한 이유는 —『순수이성비판』에서의 칸트의 정신을 따라— 기계란 자유로운 정신으로 존재하기 위해 세계를 인과율에 의해 지배되는 하나의 체계로서 구성해야만 하는 순수이성의 모순 내지 자가당착의 표현이라는 말로 설명될 수 있다. 물론 이 글의 출발점인 존재론의 관점에서 보면 순수이성은 존재하지 않으며, 따라서 순수이성의 모순 및 자가당착 역시 존재하지 않는다. 현존재는 자신의 존재를 기획·투사하며 존재하는 존재자이기에 그러한 특별한 존재자로서의 현존재에게는 삶과 존재에 대한 실천적 태도가 이론적으로 인식하려는 태도보다 더 근원적인 것이다. 하이데거의 존재론에 기계의 개념이 부재한 이유는 그가 현존재의 근원적 존재 지반으로서의 일상 세계를 자신의 존재를 미래를 향해 기획·투사하는 권력, 개별적 현존재의 현존을 뛰어넘어 각각의 현존재를 그 자신의 체계 안에 하나의 부품으로서 주문-요청하는 권력의 관점에서 보는 데까지 나가지 못했기 때문이다. 일상 세계는 권력과 무관하게 존재하지 않으며, 이는 일상 세계를 지배하는 도구적 실천의 기제들이 실은 체계에의 의지, 일체의 존재자들이 그 자신을 위한 부품으로 변환되도록 부단히 몰아-세우는 권력의 기획·투사와 불가분의 관계에 있음을 뜻한다. 이러한 기획·투사는 늘 초시간적 체계에의 의지이다. 현존재의 존재가 권력과 무관한 것일 수 없는 한 기계는 현존재의 존재 방식 자체로부터 연원하는 세계 및 세계 내 존재자들의 필증적인 존재 방식인 것이다. 물론 이는 기계로서의 세계 및 세계 내 존재자들이 형이상학적 실체로서 실재한다는 뜻이 아니라 세계를 기계의 이념을 통해 투영된 세계로서 해석하고 또 이해하는 것이 실천적으로 정향된 현존재의 존재 방식 그 자체로부터 연원하는 현존재의 근원적 세계 이해의 방식들 중 하나라는 뜻이다.

현존재의 근본 기조로서의 불안(혹은 마음 씀)과 마찬가지로 존재론적 개념으로서의 기계는 결코 그 자체가 부정적 의미를 지니고 있는 개념으로 이해되어서는 안 된다. 자유는 인과율적 세계 이해를 필요로 한다. 오직 과거와 현재의 경험을 근거로 미래에 일어날 일들을 미리 예상할 수 있는 자만이 자유롭게 선택하며 살아갈 수 있는 자이기 때문이다. 마찬가지로 현존재는 그 자신의 고유한 존재가능성을 보지하기 위해 자신을 포함한 일체의 존재자들을 하나의 기계 안에 사용될 부품으로서 몰아-세우며 존재하지 않을 수 없는 존재자이다. 왜 그러한가? 그것은 현존재가 갈대처럼 약한 존재자이기 때문이다. 그렇다면 현존재는 왜 갈대처럼 약한 존재자인가? 그것은 현존재가 고통과 기쁨의 처소로서의 살과 더불어 살아갈 뿐 아니라 그 자체만으로는 현존재가 살면서 부딪히게 되는 이런저런 문제들을 해결하는 데 턱없이 무기력한 몸과 더불어 살아가는 존재자이기 때문이다.

그 자신의 고유한 존재가능성을 보지하기 위해 현존재의 신체는 적어도 두 가지의 상이한 층위에서 기계로 변형되도록 요구된다. 첫째, 현존재의 신체는 생산 및 생산 과정이 요구하는 고통의 극복을 위해 기계화된 신체여야 한다. 신체의 기계화는 단순히 생산에 적합한 숙련된 신체로의 전환을 의미할 뿐만 아니라 고통에 무감해질 수 있는 훈육된 신체로의 전환을 의미하기도 하는 것이다. 둘째, 현존재의 신체는 하나의 다발 안에 묶이기에 적합한 신체, 혹은 하나의 기계로서의 체계 안에서 제 기능을 발휘할 수 있는 부품으로서 주문-생산된 신체여야 한다. 이는 신체의 숙련과 훈육이 전체로서의 체계와의 관계 속에서 유의미한 방식으로 이루어져야만 한다는 것을 뜻한다. 도발적으로 표현해 보자면 현존재의 존재는 본질적으로 파쇼적이다. 그 자신의 고유한 존재가능성을 보지하기 위해 현존재는 파쇼적 체계 안의 개체로서 존재하기를 지향할 수밖에 없는 존재자이기 때문이다.

물론 이러한 지향성은 현존재가 지향할 수 있는 다양한 가능성들 중 하나를 표현할 뿐이다. 현존재가 자신의 존재를 미래에로 기획·투사하는 근본 목적은 체계 안의 부품으로서 주문-요청되기 위한 것일 수 없다. 도리어 현존재는 그 자신으로서 존재하기 위해 그렇게 하는 것인 바, 역설적이게도 부품으로서 존재하도록 현존재가 스스로를 몰아-세움은 자신으로 존속하기 위해 그 자신으로서 존재하는 것을 멈추기를 자신에게 요구하는 것과 같다. 즉, 파쇼적 체계 안의 개체로서 존재하기를 지향함은 현존재에게 그 자신으로 존속하기 위해 그 자신으로 존재하기를 멈추려는 지속적이고도 자가당착적인 시도 외에 다른 아무것도 아니라는 것이다.

그렇다면 이러한 자가당착으로부터 벗어나기 위해 현존재는 어떤 특별한 존재자, 모순적이고도 자가당착적인 방식으로 존재할 수밖에 없는 현존재와 달리 자신으로 존재하기 위해 그 자신의 본성에 위배되는 어떤 것도 시도할 필요가 없는 지극히 현명하며 강한 신적인 존재자의 도래를 필요로 하는 것이 아닐까? 하지만 그러한 신의 도래는 원래 불가능하다. 오직 살/몸과 더불어 존재하기에 고통과 기쁨을 향해 열린 감수성을 지니게 된 존재자만이 그 무엇을 긍휼히 여길 수 있는 존재자일 수 있는 법이기 때문이다. 이러한 존재자는 현존재와 마찬가지로 그 자신으로 존속하기 위해, 그 자신으로 존재하기를 멈추려는 자가당착적인 시도를 지속해야만 하는 약하고 불완전한 존재자일 수밖에 없는 것이다.

　그러므로 만약 우리를 구원할 신이 있다면 그 신은 이미 살/몸으로 화해, 우리 안에 임재하고 있는 신이 아니면 안 된다. 그러한 신을 의식하고 있는 현존재는 살며 마주치는 공동 현존재에게 절대적이고도 무조건적인 복종을 바칠 줄 아는 현존재이며, 그러한 복종을 통해 공동 현존재가 순연한 부품으로서 주문-요청되지 않도록 최선을 다해 배려하게 되는 현존재이다. 왜 그러한가? 신에게 복종함은 신이 신 밖의 다른 것이 아니라 오직 신으로서 존재함이 당연하다는 것을 깨닫고 있음의 표지이기 때문이다. 신으로서 존재함은 순연한 부품으로서 몰아-세워짐 및 주문-요청됨과 양립할 수 없는 것이다. 그러므로 이미 살/몸으로 화해, 우리 안에 임재하고 있는 신에게 바치는 절대적이고도 무조건적인 복종은 동시에 절대적이고도 무조건적인 자유에의 기획·투사 외에 다른 아무 것도 아니다. 현존재의 구원은 현존재의 존재가 부품으로서 주문-요청되지 않는 어떤 환상적인 상태에 도달함으로써 이루어지는 것이 아니라 도리어 살/몸으로 화해, 우리 안에 임재하고 있는 신에게 잘 복종하기 위해 우리 자신을 기계처럼 강하고 빈틈없이 단련시킴으로써 이루어진다. 이러한 복종은 물론 굴신과 다르다. 복종의 대상이 되는 신 자체가 그 자신으로 존재할 절대적 자유의 화신이기 때문이다. 그것은 도리어 자신과 공동 현존재 모두를 향한 청유의 형태로 실현된다. 그것은 살/몸의 약함으로 인해 일어난 체계화에의 의지 및 부품으로 몰아-세움에 맹종하거나 반대로 비현실적 환상에 빠져 무조건적으로 거부하는 대신 그것을 각각의 현존재로 하여금 그 자신으로 존재할 수 있도록 할 역성적 힘으로 변환시킬 것을 권하는 청유인 것이다.

좋든 싫든 현존재는 이 두 가지 상이한 가능성과 더불어 존재할 수밖에 없도록 운명 지어진 존재자이다. 두 가지 모두 살/몸과 더불어, 아니 그 자체 살/몸으로서 존재하는 정신의 근원적 존재 방식 외에 다른 아무 것도 아니기 때문이다.

가장 근원적인 존재사건은 살/몸으로서 현존함이며, 이를 통해 열리게 되는 역성적 힘에의 가능성은 '오직 참으로 강한 자만이 참으로 사랑할 수 있다'는 단순하고도 분명한 진실의 근거이다. 살/몸으로 임재한 신을 위해 헌신하는 현존재에게 스스로의 신체를 고통에 무감한 강인한 신체로 훈육하는 일은 자신과 공동 현존재 모두를 무제약적 자유에의 가능성에로 초대하는 일이다. 이러한 자유의 무제약성은 자기의 이익을 구하기 위해 살인조차 아무 거리낌 없이 해치운다는 식의 무제약성과는 아무런 상관도 없다. 자기의 이익을 구하기 위해 규범의 제약으로부터 벗어나는 자는 아직 신을 위한 헌신 가운데 단련된 신체를 지니고 있지 못한 자이기 때문이다. 그러한 자가 추구하는 무제약성은 그 자체적으로 단련되지 못한 신체의 제약을 전제로 하는 무제약성이다. 즉, 그것은 규범의 규제로부터 벗어난 행위의 가능성을 위해 현존재의 고유한 존재가능성을 담보로 삼는 무제약성, 현존재로 하여금 기망에 사로잡히게 하여 도리어 자신의 약한 신체에 단단히 결박되게 만드는 그러한 무제약성에 지나지 않는 것이다. 오직 이미 살/몸으로 화해, 우리 안에 임재하고 있는 신에게 철저하게 헌신하는 자만이 참으로 무제약적일 수 있다. 자기의 이익만을 구하는 자의 신체와 달리 그의 신체는 참으로 단련된 신체이다. 그것은 그 자신의 존재로 인해 정신을 제약하게 되는 신체가 아니라 도리어 강화하는 신체, 정신으로 하여금 참으로 무제약적인 존재의 가능성을 향해 도약하게 하는 거룩한 신체인 것이다.

참고문헌

이기상, 『하이데거의 존재사건학: 존재진리의 발생사건과 인간의 응답』, 서광사, 2003.

한상연, 「문화적 담론과 몸 1—현상학적 존재론에 있어서의 문화적 담론과 몸의 관계」, 『철학과 현상학 연구』, 제29집, 2006.

_____, 「종교와 몸: 슐라이어마허의 '살/몸' 존재론에 관하여」, 『해석학연구』, 제26집, 2010.

Foucault(M.), *Surveiller et punir. Naissance de la prison*, Gallimard: Paris 1975.

_____, *L'ordre du discours*, Gallimard: Paris 1971.

Heidegger(M.), *Die Technik und Kehre*, Pfullingen 1962.

_____, *Sein und Zeit*, Tübingen 1993.

살/몸과 해석:

슐라이어마허 해석학의 존재론적 근거에 관한 성찰

거울

한상연

그는 거울 앞에 선 채 문 쪽을 쳐다보았다.
노인은 아직 오지 않는다.
그는 어쩐지 이 어두침침한 실내공간이
낯설지 않다는 느낌에 사로잡혔다.
아직 밤은 아니다.
그럼에도 아무것도 분명해 보이지는 않는다.
그는 벽과 벽 사이를 분별할 수 없었고
바닥과 천정을 분별할 수 없었으며
거울에 비친 자신과 실제의 자신도 분별할 수 없었다.
심지어 그는 노인과 자신마저도 분별할 수가 없었다.
노인의 말처럼 그는 그렇게 산개해 가고 있었다.
갈라지고 또 갈라져 마침내는 사방에서 흐느끼는
어둠이 된 것이다.
그는 모든 것을 보았고 아무것도 보지 못했다.
그도 그럴 것이 지금 여기 단단한 실체로 선
자기 육신의 사악함이 아니고서야 어찌 내
봄, 들음, 촉감으로부터,
향기와 미각으로부터,
그 무엇을 나와 다른 한
개별자로 느끼는 것이 가능할 것인가.

그러니 그가 그때 막막한 두려움과

향수에 사로잡혔던 것도 어찌 보면 당연한 일이었다.

그는 자신을 보았으며 자신을 보았다고 느낀 순간 그

자신은 거울 속으로 혹은

사방의 어둠 속으로 사라져 버렸다.

혹은 그것은 사방이라거나 어둠이라고 할 만한 것도 아니었다.

사방이란 하나일 뿐인 육신의 정향을 전제로 하고 있으니 말이다.

그의 의식 속에 끝없이 틈입하며 동시에 그의 의식이

끝없이 그 안으로 산개해 가는 그 기이한 불명료함은 정말

어둠조차도 아니었다.

어둠은 이미 밝음을, 분별과 인식, 나와

대상의 마주 섬을 전제로 하고 있으니 말이다.

물론 그는 어딘가 서 있기는 했다.

그것은 거울 앞이기도 했고 거울 속이기도 했으며

자신의 등 뒤 어딘가

과거, 현재 혹은 미래의 한 시점으로부터 자신을 응시하는

자신의 그림자 앞이기도 했다.

심지어 그것은 지금은 그가 비껴 서있는 곳, 끊기듯

끝없이 죽죽 물이 도처에서 흐르는

천정 아래 어느 한 공간이기도 했다.

요컨대 그는 자신을 상실한 것이다.

그러니 그가 지닌 향수라고 하는 것도

그리움이라거나 슬픔 같은 것 하고는 거리가 멀었다.

도대체 돌아갈 그라고는 어디에도 없었다.

자장처럼 의식의 안팎을 넘나드는 희미한 기억들과

종잡을 수 없는 혼돈 외에는

자신의 의식이라고 할 만한 것이 아무것도 없었던 것이다.

그에게는 어딘가 비껴 보는 것 외에는

어떤 선택의 여지도 주어지지 않았다.

시선이 그 어딘가 머물러 있기를 바라면서, 단

한 순간이라도 사악한 육신의 고향으로 정신이

되돌아가기를 바라면서.

그렇게 비껴 보는 그의 앞엔 물론 거울에 비친

누군가가 어딘가를 비껴 보고 있었다.

어딘가에서 그 둘의 시선은 소실점으로 마주칠 것이다.

혹은 비껴가거나.

1. 여는 글: 존재론의 자기 지시성과 근원 사태

이 글은 다음과 같은 세 물음에 관한 철학적 성찰의 기록이다. 첫째, 현존함의 근원에 대한 존재론적 물음은 어떤 철학적 의미를 지니는가? 둘째, 역사를 현존함의 존재근거로서 판단함은 철학적으로 타당한가? 셋째, 역사가 존재론적으로 현존함의 존재근거로서 판단될 수 있는 경우 역사를 가능하게 하는 그 근거는 무엇인가?

우선 첫 번째 물음에 관해 생각해 보자. 현존함을 생물학적 차원으로 환원시켜 고찰하는 경우 현존함의 일차적 근원은 생식이다. 현존함이란 결국 인간으로 살아감을 뜻하는 말이다. 인간 역시 동물의 일종이라는 점에서 인간의 삶은 여타 동물들의 삶과 마찬가지로 생식에 의해 비로소 가능해지는 것일 수밖에 없다. 달리 말해 현존함은 실제로 생식에 의해 비로소 가능해지는 것이고, 바로 그런 점에서, 적어도 생물학적 차원의 논의에서는, 현존함의 근원을 생식에서 찾는 것이 타당할 수 있는 것이다. 여기서 이 글의 논의를 위해 중요한 의미가 있는 존재론의 특성하나가 드러난다. 그것은 존재론적 의미에서의 온당함이란 하나의 진술이 이런저런 객관적 사태들 내지 사실들에 상응함 이상을 표현하는 말이라는 것이다.

현존함의 근원을 생식이라 규정짓는 것은 존재론적으로 온당한 일일수 없다. 그런데 그 이유는 그러한 규정이 사실에 부합하지 않는다거나 논리적으로 부당한 논증에 바탕을 두고 있다는 것에서 찾아질 수 없다. 현존재를 둘러싼 이런저런 사태들에 관해 존재론적으로 판단을 내림은 오직 현존함이라는 말의 존재론적 의미로부터 따라 나오는, 그리고 그런 점에서 그 자체로 존재론적인, 존재이해 방식의 하나일 뿐이다.

그렇다면 존재론은 일종의 순환논리에 바탕을 두고 있는 것일까? 만약 그런 경우라면 존재론은 그 논리적 타당성을 인정받을 수 없는 궤변에 불과한 것이 아닌가? 아마 하이데거의 철학에 밝은 이라면 ―하이데거 자신이 『존재와 시간』 서론에서 존재론의 존재물음이 일종의 순환논증에 빠져 있는 것은 아닌가 하는 물음에 대해 응답한 것과 같이― "하지만 실질적으로 [존재론적] 문제 제기에는 도대체 아무런 순환도 들어 있지 않다"고 대답하려 할 것이다. 하이데거가 말한 대로 "존재이해는 … 결국 현존재의 본질 구성 틀에 속한다." 이 말은 현존재는 존재이해와 더불어 존재할 수밖에 없는 존재자라는 뜻을 지닌다. 그런 점에서 현존재의 존재이해의 방식에 주목해서 존재의 의미를 밝히는 작업은, 설령 그것이 현존재의 존재이해로부터 출발해서 다시 그리로 돌아가는 순환의 과정을 거칠 수밖에 없다 하더라도, 결코 순환논증과 같은 것으로 오인되어서는 안 된다. 순환논증이란 논증의 결과를 논증의 연역적 전제(의 일부)로 사용하는 오류 추론을 뜻하는 말이다. 하지만 존재론에서 현존재의 존재이해는 결코 특정한 논증을 수행하려는 목적으로 인위적으로 전제된 연역 명제 같은 것이 아니다. 현존재에게 존재이해는 현존재가 행하는 모든 이해와 해석에 언제나 이미 그 암묵적 전제로서 선행하는 것이기 때문이다. 전통 철학적으로 표현하자면 현존재의 존재이해는 현존재가 행하는 모든 이해와 해석의 절대적이고도 선험적인 조건이다. 물론 특정한 명제 내지 기술을 통해 제시되는 이런저런 ―이론적이거나 실천적인— 존재이해들이 모두 그렇다는 것은 아니다. 존재론적으로 보면 서로 대립하고 갈등하는 모든 학문들과 철학적 경향들은 각각 저 나름의 존재이해로부터 출발하는 법이다. 이는 물론 특정한 실천 및 이론화의 방식에 의존하는, 그리고 바로 그렇기 때문에 오류로부터 자유로울 수 없는, 존재이해들이 있다는 것을 뜻한다. 하지만 그럼에도 한 가지는 분명하다. 존재론이 진정 주목해야 하는 존재이해는 이런저런 잡다한 존재이해들의 상대성을 넘어 모든 사념과 행위의 절대적이고도 선험적인 조건으로 작용하는 그러한 존재이해이다. '오류로부터 자유로울 수 없는 존재이해'란 그 자체 특정한 사념과 행위의 결과일 뿐이다. 그러나 가능한 모든 현존재의 사념과 행위는 존재이해로부터 비롯된 것일 수밖에 없다. 옳은 것이든 그른 것이든 아무튼 존재이해를 전제로 하지 않고 행해지는 사념과 행위는 있을 수 없는 것이다.[01]

이제 '현존재를 둘러싼 이런저런 사태들에 관해 존재론적으로 판단을 내림은 그 자체 존재론적인 존재이해의 방식의 하나일 뿐'이라는 말의 의미에 관해 다시 한번 생각해 보자. 이미 언급했듯이 현존함의 근원을 생식이라 규정하는 것은 존재론적으로 부당하다. 이는 현존함이라는 말에 이미 '존재이해와 더불어 존재함'의 의미가 포함되어 있기 때문이다. 그런 점에서 생식은, 생식의 과정을 전제하지 않고 존재하는 현존재는 있을 수 없다는 점에서, 현존함의 필요조건이기는 하지만 충분조건은 아닌 셈이다. 현존재의 존재이해가 어떻게 가능한지 생식이라는 말을 통해서는 도무지 드러나지 않는 것이다.

---

01   SZ, 8쪽.

존재론은 자기 지시적이다. 이 말은 모든 존재론적 언명들은 존재론에 고유한 철학적 특성과의 연관 속에서만 유의미할 수 있다는 뜻이다. 그런데 존재론의 자기 지시성은 오직 절대적이고도 선험적인 존재이해의 가능조건에 대한 철학적 해명을 전제로 해서만 타당할 수 있다. 만약 모든 사념과 행위에 절대적인 선험성으로서 작용하는 존재이해는 있을 수 없고 오직 이런저런 그때마다 상이한 존재이해들만이 있을 뿐이라고 전제한다면 존재론은 기껏해야 상대적 존재이해들의 유형학 같은 것이나 될 수 있을 뿐이다. 이와 반대로 절대적인 선험성으로서 작용하는 존재이해가 있음을 전제로 존재론적 언명들을 산출하는 경우 그러한 존재이해의 가능조건이 무엇인지에 관한 해명이 반드시 필요하다. 오직 그러한 해명을 통해서만 자기 지시적인 존재론적 언명들은 각각 저 나름의 존재이해로부터 출발하는 이런저런 학문들과 철학적 경향들 속에서는 드러나지 않는 존재의 근원적인 의미를 밝힐 수 있는 것이다.

유감스럽게도 하이데거의 저술들 속에서는 이러한 해명이 온전하게 이루어져 있지 않다. 그 이유는 살/몸으로 현존함이 존재이해를 위해 지니는 의미에 하이데거가 충분히 주의를 기울이지 않았다는 것에서 찾을 수 있다.[02] 이 글은 하이데거가 미처 완수하지 못한 존재론의 근본 과제를 완수할 가능성을 모색하는 글이다. 필자의 소견에 따르면 그 결정적인 단초는 바로 슐라이어마허의 철학에서 발견될 수 있다. 슐라이어마

---

02 관련된 논의들은 다음 참조: 한상연, 「순연한 탈자로서의 존재 – 살/몸으로 현존함이 자아 내는 절대적 내면성의 평면으로서의 존재의 의미에 관한 소고」, 『존재론 연구』 (2013년 가을 호); 한상연, 「살/몸 존재로서의 존재사건과 기술권력: 파쇼적 신체 및 거룩한 신체에 관한 성찰」, 『철학과 문화』 (2012년 가을호).

허야말로 살/몸으로 현존함이 존재이해를 위해 지니는 의미를 (기초)존재론적으로 밝힌 처음이자 마지막 철학자인 것이다.

2. 존재이해의 근원으로서의 감각

존재론적 언명들은 자기 지시적이면서도 실제의 존재사태에 상응하는 것이어야만 한다. 그렇다면 존재론은 대응설적 진리관에 근거해 있는 것일까? 사실 이러한 물음은 철학적으로 별로 고려할 가치도 없는 우문에 불과하다. 대응설의 전제는 의식 주관과 세계의 분리이다. 이론 내지 이론화 작업의 본질 근거로서의 이념들의 체계와 세계의 상응에 관해 논함은 암묵적으로 존재와 이념의 동일성을 전제로 할 수밖에 없다. 즉 대응설의 관점에서 존재는 이념들의 체계로 환원된다는 것이다. 바로 이런 점에서 대응설은 본질적으로 비-존재론적이다.[03]

그렇다면 '실제의 존재사태'에서 '실제의'라는 말은 대체 어떤 의미를 지닐까? 혹시 그러한 용어는 존재론에서는 불필요한 사족 같은 것에 불과한 것이 아닐까? 그렇게 단정 지을 수는 없을 것 같다. 존재사태는 결코 현존재의 존재로부터 파생되어 나오는 것이 아니다. 존재론적 언명들은 현존재의 존재로 환원될 수 없는 존재사태 자체에 근거를 두고 있

---

03 존재론과 대응설의 철학적 관계에 관해서는 다음 참조: M. Heidegger, *Logik. Die Frage nach der Wahrheit*, Frankfurt a. M. 1976, 128쪽 이하; 한상연, 「현상과 초월적 내재 ─ 하이데거 초기 사상에서의 현상학적 존재 분석과 그 신학적 기원에 관하여」, 『존재론 연구』(2012년 봄호), 286쪽 이하.

어야만 한다. '존재론적 언명들은 자기 지시적이다'라는 명제로부터 '존재론적 언명들은 현존재가 실제로 그 현실성을 자각하고 또 그 의미를 헤아릴 수 있는 근원적 존재사태에 정향되어 있을 필요가 없다'는 또 다른 명제가 도출되는 것은 아니라는 뜻이다.

위에서 언급된 하이데거의 한계와 관련해서 존재론과 순환논증의 관계에 관해 조금 더 논의해 보자. 존재론적 언명들의 자기 지시성에도 불구하고 존재론이 현존재의 존재로 환원될 수 없는 존재사태에 정향되어 있음은 어떻게 해명될 수 있을까? 분명 존재론은 논리학이 말하는 순환논증 같은 것 하고는 아무런 상관도 없다. 그렇기에 현존함에 관한 존재론적 해명이 현존함이라는 말의 존재론적 의미로부터 따라 나오는 그러한 해명으로서만 존재론적으로 온당할 수 있다는 것 또한 그 자체 존재론의 흠결로서 판단되어서는 안 된다. 하지만 그래도 문제는 여전히 남는다. 실은 존재론뿐만 아니라 '-론(-logy; -logie)'이라 명명될 수 있는 모든 해명 작업들이 이와 유사한 특성을 지니는 것이다.

예컨대 이런저런 삶의 현상에 관한 생물학적 해명은, 그것이 생물학적 해명으로서 온당한 것이려면, 생물학의 근본 개념인 생명에 대한 생물학적 이해에 부합하는 방식의 해명이어야만 한다. 물론 기계론적인 세계관을 지닌 생물학자라면 생명체에서 발견되는 모든 현상들 역시 기계론적으로 해명될 수 있다고 믿을 것이다. 그러나 그런 경우에도 그는, 적어도 그의 해명이 생물학적으로 온당할 수 있으려면, 우선 생명을 지니지 못한 단순한 기계와 생물체를 구분한 뒤 생물체에 특유한 이런저런 속성들이나 본질들의 의미를 먼저 해명하지 않으면 안 된다. 즉 여타의 학문으로부터 생물학을 구분시켜 주는 생물학의 근본 특성에 부합하는 방식으로 생명 현상을 해명하려는 노력을 먼저 기울이지 않는 한 그는 결코 온당한 방식으로 생물학 이론을 전개해 나갈 수 없는 것이다.

물론 하나의 생물학 이론이 생물학의 근본 특성에 부합하는 방식으로 생명 현상을 해명했는가의 여부는 그것이 학문적으로 유의미하고 타당한지 평가하는 데 있어서 고려해야만 하는 여러 기준들 가운데 하나에 불과하다. 생물학 이론은 그것이 실제 경험되는 생명 현상에 부합하는 것인 한에서만 타당할 수 있으며, 그것을 통하지 않으면 해명될 수 없는 어떤 것을 해명하는 경우에만 진정 유의미할 수 있는 것이다.

존재론 역시 마찬가지이다. 존재론적으로 타당한 해명이란 존재론의 근본 특성에 부합하는 방식의 해명일 수밖에 없다. 그러나 그것은 하나의 존재론적 해명이 철학적으로 유의미하고 타당한지 평가하는 데 있어서 고려해야만 하는 여러 기준들 가운데 하나에 불과하다. 존재론적 해명은 실제 경험되는 존재의 현상 내지 온당한 것으로서 헤아려질 수 있는 존재의 의미에 부합하는 것인 한에서만 타당할 수 있으며, 존재론을 통하지 않으면 해명될 수 없는 어떤 것을 해명하는 경우에만 유의미할 수 있다. 그런데 바로 이 지점에서 존재론의 근본 문제가 하나 제기된다. 물음에 걸려 있는 것이 이런저런 개별 사태들인 경우 존재론은 실제 경험되는 존재의 현상 내지 존재의 의미에 부합하는 방식으로 그 의미를 해명할 수도 있고, 존재론을 통하지 않으면 해명될 수 없는 것 또한 해명할 수 있다. 일상 세계에 관한 하이데거의 존재론적 해명이 그 좋은 예이다. 똑같은 현상을 놓고 사회학자는 사회학적 해명을, 정치학자는 정치학적 해명을, 역사학자는 역사학적 해명을 내놓을 수 있다. 그러나 현존재의 근원적 존재 지반으로서의 일상 세계에 관한 해명은 오직 존재론을 통해서만 가능하며, 이는 일상 세계에 관한 존재론적 해명의 타당성 여부는 그 유의미성 여부와 직결되어 있음을 뜻한다. 일상 세계에 관한 존재론적 해명이 타당한 한 그것은 동시에 존재론을 통하지 않으면 해명될 수 없는 것을 해명하는 유의미한 해명으로 인정되어야만 한다는 것을 뜻한다. 그런데 문제는 현존재의 존재이해 그 자체로부터 출발해서 존재의 의미를 해명하는 작업을 통해서는 논리적 오류의 가능성으로부터 자유로울 수 없는 이런저런 존재이해들과 근본적으로 구분되는 근원적 존재이해에 관한 철학적 해명이 거의 불가능하다는 점이다. 대체 근원적 의미에서의 존재이해는 어떻게 가능해지는가? 존재론의 차원에 도달하지 못한 모든 실증적 학문들과 철학적 경향들이 전제하는 이런저런 존재이해들과 존재론의 탐구대상으로서의 근원적 존재이해는 근본적으로 어떻게 다른가? 근원적 존재이해의 근원성, 즉 그것이 여타의 모든 존재이해들에 앞서 있는 그러한 성질의 것임은 어떻게 보증될 수 있는가? 물론 이 문제에 관해서는 하이데거 역시 나름대로 해명한 바 있다. 하이데거가 『존재와 시간』 서론에서 '존재에 관한 선입견들'을 논한 것이 그 대표적인 예이다.[04] 그러나 존재에 관한 선입견을 비판하는 작업은 근원적 의미에서의 존재이해가 어떤 것인지 제시하고 또 그 근거를 구체적으로 밝히는 작업과는 구분되어야만 한다. 단적으로 말해 마음 씀(Sorge)을 둘러싼 하이데거의 존재론적 논의들은 현존재가 이런저런 일상적 존재이해 및 그 급진적 무성의 이해에 도달하는 과정만을 묘사하고 있을 뿐이다. 현존재가 행하는 모든 사념과 행위의 절대적이고도 선험적인 조건으로서의 존재이해가 대체 어떤 것인지, 그러한 존재이해가 어떻게 가능해지는지 해명하는 문제는 하이데거의 존재론

---

04   SZ, 3쪽 이하 참조.

에서는 해결되지 않은 채 남아 있는 것이다.

　두말할 나위 없이 존재이해는 존재를 이해함을 전제로 한다. 그렇다면 존재론에서 선결되어야만 하는 문제는 근원적 존재이해에서의 존재는 어떠한 것인지, 그것은 대체 어떻게 알려지게 되는지 해명하는 것일 수밖에 없다. 아마 어떤 이는 존재 자체는 결코 알려질 수 없는 것이라고 주장할지도 모르겠다. 그리고 이러한 주장은 존재론적으로 의심의 여지없이 옳다. 그러나 존재론에서 존재 자체에의 물음은 존재론을 전공한 철학자들만이 던질 수 있는 그러한 물음으로서 이해되어서는 안 된다. 불안과 무에 관한 하이데거의 존재론적 해명들은 현존재가 자신의 근원적 존재 지반으로서의 일상 세계에 ‘언제나 이미 알려진’ 존재의미들에 휩싸여 있으면서도 동시에 그 근원적 무성을 자각할 수 있는 가능성을 지니고 있음을 잘 드러낸다. 일상적 존재의미들의 근원적 무성에 관한 자각은 물론 일상적 존재의미들로 환원될 수 없는 근원적 존재의미에 이미 눈 뜨고 있음을 전제로 한다. 현존재가 이미 자각하고 있는 것이라는 점에서 여기서의 존재의미를 존재 자체를 온전히 드러내는 그러한 것으로서 볼 수는 없을 것이다. 체험된 모든 것들, 감각 및 지각을 통해 알려지거나 이런저런 방식으로 이미 헤아려지거나 헤아려질 수 있는 모든 것들은 이미 그 자체 현상적 세계 경험에 속한 것이기 때문이다. 그러나 현존재에게 다른 모든 존재의미들을 무로서 드러나도록 하는 근원적 존재의미가 어떠한 것인지, 그 자체 현상적 세계 경험에 속해 있으면서도 동시에 현존재로 하여금 현상적 세계 경험을 통해 알려지는 일체의 것들의 근원적 무성을 자각하게 하는 그러한 존재의미가 어떻게 알려질 수 있는지 해명하려는 작업은 존재론의 철학적 정당성 확보를 위해 반드시 필요한 작업이다. 현존재 자신이 그 자신의 구체적 현존 속에서 자각하게 되는 근원적 존재의미에 관한 존재론적 해명이야말로 존재론의 가장 주요한 문제들 가운데 하나인 것이다.

　존재는 현존재에게 어떻게 알려지게 되는가? 이상하게 들리겠지만 이 물음은 하이데거가 한 번도 온당한 방식으로 다룬 적이 없는 존재론의 근본 물음이다. 물론 하이데거의 관점에서 보면 존재는 현존함을 통해 근원적으로 알려진다. "하지만 오직 현-존함(Da-sein)에 근거해서만 존재(das Seyn)는 진리가 될 수 있다."[05] 그리고 이러한 언명 자체는 존재론적으로 타당하다. 존재는 실제로 현존함을 통해 근원적으로 알려지는 것이며, 현존함을 통하지 않고 알려질 수 있는 존재의 의미란 그 자체 형용모순에 불과하다는 것이다. 그러나 현존함과 존재의 드러남으로서의 진리 사이의 관계에 대한 하이데거의 진술들은 존재론적으로 두 가지의 한계를 지닌다. 첫째, '존재는 현존함을 통해 알려진다'는 식의 언명은 본질적으로 현존재의 존재에 관한 외부 관찰자의 관점으로부터 비롯되는 언명이다. 여기서 외부 관찰자를 자신이 아닌 다른 현존재의 존재에 관해 성찰하고 기술하는 자라고 여길 필요는 없다. 내가 나 자신의 존재에 관해 성찰하고 기술하는 경우라 하더라도 '존재는 현존함을 통해 알려진다'는 식의 언명은 내가 자신의 존재에 대해 외부 관찰자의 관점을 취함을 전제로 한다. 이러한 언명은 실은 '나에게 알려지는 모든 것들은 나의 존재를 전제로 하기에 나에게 알려진 존재의 의미 역시, 그것이 근원적이든 아니든 상관없이, 나의 존재를 전제로 할 수밖에 없다'는 철학적 성찰의 결과를 존재론적으로 재구성해서 취해진 언명에 불과

05　M. Heidegger, Beiträge zur Philosophie (Vom Ereignis), Frankfurt a. M. 1989, 293쪽.

한 것이다. 그러나 구체적으로 어떻게 존재가 현존재에게 알려지게 되는지는 이러한 언명을 통해서는 전혀 드러나지 않는다.

둘째, 현존함이란 이미 그 자체로 존재의 가능한 의미들 가운데 하나이다. 그리고 바로 이 지점에서 '존재는 현존함을 통해 알려진다'는 식의 언명이 본질적으로 현존재의 존재에 관한 외부 관찰자의 관점으로부터 비롯되는 언명이라는 사실이 다시 한번 극명하게 드러난다. 달리 말해 '존재는 현존함을 통해 알려진다'는 명제는 현존재에 관한 존재론적 규정을 존재의 진리의 존재론적 근거의 하나로서 제시하는 그 자체 존재론적 성찰의 결과일 뿐이지 현존재 자신에게 존재가 근원적으로 어떻게 알려지는지 구체적으로 기술하는 명제는 아니라는 것이다. 존재론의 근본 문제들 중 하나는 존재의 가능한 의미들 가운데 하나에 불과한 현존함 역시 그리로부터 나오는 것일 수밖에 없는 근원적 존재의미가 현존재에게 어떻게 알려지게 되는지 해명하는 것이다. 그런데 이러한 해명이 하이데거의 저술들 속에서는 거의 보이지 않는 것이다.

이러한 해명은 어떻게 가능할까? 하이데거의 저술들 속에 이러한 해명이, 혹은 이러한 해명을 제시해 보려는 시도조차도 거의 보이지 않는 까닭은 무엇일까? 필자의 소견으로는, 근원적 존재의미가 현존재에게 어떻게 알려지게 되는지 해명하려는 노력이 하이데거의 저술들 속에 부재한 이유는 하이데거가 '존재란 모든 경험과 사유에 앞서 미리 주어져 있는 것'이라는 자명한 존재론적 명제를 '현존재에게 존재는 감각보다 우선하는 것이다'라는 명백히 잘못된 명제와 혼동했기 때문이다. 하나의 학(-logy)으로서의 존재론의 관점에서 보면 현존재에게 존재는 감각보다 우선한다. 간단히 말해 감각하는 자로서의 현존재가 먼저 존재해야 감각이 일어날 수 있는 것이다. 그러니 근원적 존재의미를 논함에 있어서 감각에 호소할 필요는 없을 것 같다는 생각이 드는 것도 무리는 아니다. 그러나 학으로서의 존재론의 관점을 떠나 구체적 현존재의 관점에서 고찰해 보면 사태는 완전히 달라진다. '존재는 현존함을 통해 알려진다'는 식의 언명은 실은 '나에게 알려지는 모든 것들은 나의 존재를 전제로 하기에 나에게 알려진 존재의 의미 역시, 그것이 근원적이든 아니든 상관없이, 나의 존재를 전제로 할 수밖에 없다'는 철학적 성찰의 결과를 존재론적으로 재구성해서 취해진 언명에 불과하다는 앞에서의 이야기에 다시 한번 주의를 기울여 보자. '나에게 알려지는 모든 것들이 나의 존재를 전제로 할 수밖에 없다'는 자명한 명제는 '느끼고 이해할 자가 없으면 느낌과 이해 역시 일어나지 않는다'라는 보다 단순하고 평이한 명제로 재구성될 수 있다. 그렇다면 나의 존재는 나에게 어떻게 알려지게 되는가? '나는 현존한다'는 구체적인 자각을 가능하게 하는 것은 무엇인가? 존재는 대체 어떻게 현존함의 존재론적 근거인 "순연한 초월"로서 고지되는가?[06] 이러한 물음들은 모두 보다 급진적인 또 하나의 물음과 연관되어 있다. '존재를 순연한 초월로서 이해함'은 동일성으로 환원될 수 없는 차이에 눈뜸을 의미한다. 대체 순연한 초월로서의 존재의 이해를 가능하게 하는 차이는 현존재에게 어떻게 알려지게 되는가?

이러한 물음들에 관한 어떤 해명도 도무지 피해갈 수 없는 존재론적 진실이 하나 있다. 그것은 현존함이란 결국 '살/몸으로 현존함'이기에 현존재에게 알려지는 모든 것들은 감각의 우회로를 피해갈 수 없다는 것이다. 살/몸으로 현존하는 자에게 가장 근원적인 것은 존재가 아니라

---

06 SZ, 61쪽.

감각이다. 오직 감각을 통해서만 존재는 현존재에게 알려질 수 있으며, 존재가 감각에 앞선 것이라는 판단은 구체적 현존함의 방식 그 자체에 대한 존재론적 기술의 결과가 아니라 '이미 알려진 것으로서의 존재와 감각에 관한 철학적 사념'의 결과일 뿐인 것이다.

3. 차이와 절대적 통일성의 근거로서의 감각

감각의 근원성에 관해 성찰함에 있어서 가장 경계해야 하는 오류는 감각을 감각적 경험과 동일시하는 것이다. 바로 이 오류야말로 경험론과 선험 철학 내지 관념론 사이에 형성되는 모든 소모적인 갈등과 대립의 근본 원인이다. 살/몸으로 현존하는 자에게는 오직 감각만이 모든 이해와 경험의 근원적 출발점으로서 긍정될 수 있다는 단순한 사실이 간과됨으로써 '닭이 먼저인가 알이 먼저인가?'와도 같은 우문에 맹목적으로 집착하는 우스꽝스러운 경향이 생겨나게 된 것이다.

그렇다면 감각과 감각적 경험은 대체 어떻게 구분되는가? 단순히 이런저런 감각 경험들에 관해 말하는 대신 감각의 근원성에 관해 논하는 것은 철학적으로 어떻게 타당할 수 있는가? 이러한 물음을 다루기 전에 우선 다음의 슐라이어마허 인용문을 살펴보자.

> "모든 경건한 자극이 갖는 공통적인 것, 즉 경건의 본질은 우리가 우리 자신을 절대 의존적으로 느끼는 것, 다시 말해서 우리가 신에게 의존하고 있음을 느끼는 것이다."[07]

언뜻 신앙 고백처럼 느껴지는 이 인용문은 신앙이 없는 사람에게는 무의미하지만 경건한 신앙을 지닌 사람에게는 당연한, 즉 종교에 대해 어떤 태도를 취하느냐에 따라 달라지는 상대적인 견해를 표현하는 말처럼 보이기 쉽다. 그러나 바로 이 한 문장 속에 실은 경험론과 선험 철학의 오류와 한계를 의심의 여지없이 명백하게 드러내는 중요한 철학적 성찰이 담겨 있다. 그것은 바로 감각의 근원성에 대한 성찰이다.

잘 알려져 있듯이 '경건한 자극', '절대적 의존 감정'과도 같은 슐라이어마허의 표현들은 서로 외적으로 대립해 있는 개별자들의 존재의 관점에서는 파악될 수 없는 순연하고도 절대적인 존재의 통일성에 대한 자각을 전제로 한다. "경건한 감정이 그 모든 상이한 형태에서 항상 순수한 의존 감정이며 결코 상호작용의 관계를 표시할 수 없다는 것은 부정할 수 없는 사실로 선취된다."[08] 달리 말해 '우리 자신을 절대 의존적으로 느끼게 만드는 경건한 자극'이란 현존재 자신을 포함하는 모든 개별적 존재자들 사이의 외적인 대립이 완전히 지양된 그러한 존재의 의미에 눈뜨도록 하는 자극을 의미하는 말인 것이다.

"그러나 경건에서는 모든 유한적인 것에 대한 모든 대립이 필연적으로 지양된다. 왜냐하면 경건은 개인이 자신을 전체 세계의 한 부분으로 고찰할 때, 그리고 자신의 자기의식 가운데 모든 유한자의 통일성을 받아들인 이후 신에게 의존적임을 느낄 때 비로소 올바로 등장하기 때문이다."[09]

---

07 『기신』, 65쪽.
08 『기신』, 66-67쪽.

그렇다면 왜 경건한 감정은 우리 자신을 절대 의존적으로 느끼게 만드는 경건한 자극에 의해 일어나게 되는가? 대체 우리 자신을 절대 의존적으로 느끼게 만드는 경건한 자극이란 무엇을 뜻하는 말인가? 이에 대한 해명은 우선 감각과 감각적 경험의 엄밀한 구별을 통해서만 가능할 수 있다.

감각적 경험은 경험의 주체로서의 존재자의 존재를 전제로 하는 말이다. 물론 삶과 존재에 관한 일반적인 통념에 비추어 보면 '경험의 주체를 전제로 하지 않는 감각'은 어불성설에 불과한 것처럼 보이기도 한다. 모든 감각들은 오직 감각하는 주체에 의해 경험되는 것으로만 이해될 수 있다. 이보다 더 단순하고 분명한 사실이 또 있을 수 있을까? 그러나 이는 감각에 의해 일어나는 일련의 변화들 —이 변화들은 원래 내적이라고도 외적이라고도 지칭될 수 없는바, 그 이유는 감각 및 감각에 의해 일어나는 변화들을 내적 및 외적인 변화들로 구분하는 것 자체가 추후의 반성적 성찰에 의해 가능해진 사념의 결과일 뿐이기 때문이다— 에 대한 반성적 추론의 결과일 뿐이다. 그러한 주장은 구체적 현존재에게 일체의 존재의미는, 그것이 현존재 자신의 존재이든 감각의 원인으로서의 대상적 존재자의 존재이든 혹은 존재자의 존재로 환원될 수 없는 순연한 초월로서의 존재이든, 오직 근원적 감각에 추후로 뒤따르는 것으로서만 알려질 수 있다는 자명한 사실로부터 벗어나 감각에 의해 알려진 현존재의 존재와 대상적 존재자의 존재를 감각에 앞서 존재하는 것으로서 논리적으로 상정하는 것 이상도 이하도 아닌 것이다.

---

09 『기신』, 70-71쪽.

예컨대 누군가 멍한 심정으로 새벽길을 걷고 있는 경우를 생각해 보자. 그는 거의 아무것도 의식하고 있지 않으며, 가수면 상태나 마찬가지의 정신으로 그저 터덜터덜 기계적으로 발을 움직일 뿐이다. 불현듯 그는 눈을 크게 치켜뜬다. 그의 눈앞에 갑자기 엄청난 섬광과 굉음이 일어났기 때문이다. 얼마쯤 시간이 지난 뒤 그는 자신이 엄청난 일을 경험했음을 깨닫게 되었다. 그 엄청난 섬광과 굉음은 도저히 지상의 인간에 의해 만들어진 것이라고는 말할 수 없는 거대한 우주선이 추락하면서 생겨난 것이었다.

빛을 보고 소리를 듣는 것은 분명 감각함의 일종이다. 그러나 빛과 소리를 보고 듣는 최초의 순간은 자신을 의식함 없이, 심지어는 감각을 일으키는 어떤 대상에 대해 의식함도 없이, 순수하게 감각만이 일어나는 시간이다. 감각함의 시원적 순간은 오직 감각함 자체만이 유일무이한 사건으로서 일어나는 절대적인 통일성의 순간인 것이다. 오직 의식에 의해 추후로 진행되는 반성적 성찰을 통해서만 감각함은 '내가 감각함' 및 '나에 의해 감각되어진 것'이라는, 혹은 역으로 '나를 감각적으로 촉발한 어떤 것'과 '감각적으로 촉발된 나'라는 능동적 계기와 수동적 계기의 종합으로 오인된다. 감각적 경험이란, 그것이 이미 감각의 유발자와 수용자, 혹은 대상성과 주체성이라는 두 상반된 경험의 계기를 전제하는 한에서는, 감각함의 순연하게 사건적인 성격, 즉 감각함이란 원래 그 자체 외에 감각의 주체 및 객체 같은 다른 일체의 것, 심지어 존재에 대한 이해마저도, 전제하지 않는 순수 사건을 의미한다는 것이 간과됨으로써 생겨난 오류 추론의 결과에 불과한 것이다.

논의를 좀 더 분명히 해 보자. 감각적 경험이란 경험의 주체로서의 나, 혹은 감각적 촉발을 수동적으로 수용하는 수용적 주체로서의 나를 전제로 하는 말이다. 즉 그것은 이미 자기 자신으로 환원될 수 없는 어떤 대상적 존재자의 존재를 전제로 하는 것이다. 그런데 대체 현존재에게 대상에 대한 지각과 이해는 어떻게 일어나게 되는가? 이에 대한 가장 손쉬운 대답은 현존재 자신으로 환원될 수 없는 어떤 대상적 존재자가 현존재를 감각적으로 자극했기 때문이라는 식의 대답이다. 그러나 이런 식의 대답은 물음에 대한 해명을 가능하게 하는 올바른 대답이 아니라 실은 아무것도 해명하지 않고 원래의 물음을 은폐하기만 하는 기망에 불과하다. 감각적으로 자극하는 대상적 존재자의 존재 및 그 지각됨이 또다시 자명한 것으로서 전제되었기 때문이다.

혹은 어떤 이는 감각적 경험이 어떤 대상적 존재자의 존재를 전제로 한다는 가정 자체가 잘못된 것이라고 지적할지도 모르겠다. 이러한 가정은 결국 어떤 대상적 존재자를 감각의 원인으로 상정함을 전제로 하는데, 데이비드 흄이 『인성론』에서 밝힌 것처럼 "힘과 필연성은 … 객체들의 성질들이 아니라 지각의 성질들일 뿐이며, … 영혼이 느끼는 것이지 신체 내에서 외적으로 지각되는 것이 아니다"[10]라고 주장하면서 말이다. 하지만 이러한 지적은 논점에서 벗어난다. 감각적 경험이 어떤 실체적 대상이나 주체를 전제로 하지 않고서 일어난다고 전제하는 경우에도 아무튼 감각적 경험은 감각을 자신의 것으로서 받아들이는 의식의 활동을 전제로 하는 것이고, 그런 한 감각 자체가 의식에 의해 사념될 대상으로서 정립됨을 전제로 할 수밖에 없는 것이다.

요컨대 감각적 경험이란 감각에 의해 일깨워진 정신에 의해 감각의

10　D. Hume, *A Treatise of Human Nature*, Dover: New York 2003, 168쪽.

순연하게 사건적인 성격이 망각되고 그 대상화가 일어남으로써 가능해지는 감각의 부수적 결과를 표현하는 말에 불과하다. 슐라이어마허가 말하는 '경건한 자극' 및 경건한 자극에 의해 일어나는 '절대적 의존성'의 느낌이 함축하고 있는 의미가 바로 이것이다. 느끼고 사념하는 현존재의 정신은 시원적 감각에 의해 비로소 일깨워지는 것이며, 이는 현존재에게 차이와 절대적 통일성 혹은 절대적 내면성이 존재의 가장 시원적인 의미로서 동근원적으로 주어질 수밖에 없음을 뜻한다. 감각에 의해 일깨워진 정신은 응당 자신을 일깨운 감각 자체를 자신으로 환원될 수 없는 초월적 존재에 의한 것으로서 인지하게 되는데, 아직 상이한 대상들로 분화되기 이전의 감각의 초월성이란 차이를 아우르는 절대적 통일성 및 내면성의 고지 외에 다른 아무것도 아닌 것이다.

슐라이어마허는 『기독교 신앙』에서 신의 현현(Theophanie)을 외화될 수 없는 것의 외화를 표현하는 낮은 등급의 경건함의 결과라고 설명한다.

"그러나 순수한 의존성의 특징은 우리가 경건한 자극의 상태에서 의존적으로 느끼는 대상이 결코 외적인 방식으로 우리에게 마주 서 있는 것으로 주어질 수 없다는 사실과 연관되어 있다. 왜냐하면 우리에게 이렇게 주어져 있는 것에 대해서는 우리가 자의적으로 밖으로 나아가는 외화를 통해서만 반작용할 수 있기 때문이다. 감각적으로 작용하는 것은 또한 감각적인 반작용을 수용할 수 있어야 하기 때문에 반작용 자체는 항상 가능하다. 이러한 외화를 산출하기 위해서는 이에 앞서 경건이 전제되어 있어야 한다. 따라서 낮은 등급의 경건에서, 그리고 불완전한 의미의 다신론에서 나타나는 모종의 현상은 자의적인 인정을 통해 신의 현현으로 변할 수 있다."[11]

이 인용문에서 주목할 만한 점은 다음의 세 가지 명제로 구분될 수 있다. 첫째, '경건한 자극에 의해 일어나는 절대 의존 감정의 대상이 우리에게 외적인 방식으로 마주 서 있을 수 없다'는 명제, 둘째, 그럼에도 불구하고 '반작용에 의한 외화는 항상 가능하다'는 명제, 셋째, '반작용에 의한 외화는 이에 앞선 경건을 전제해야만 한다'는 명제가 그것이다.

우선 첫째 명제와 셋째 명제에 주목해 보자. 이 두 명제는 현존재에게 가장 근원적인 것은 바로 감각이라는 것을 의문의 여지없이 분명하게 드러내고 있다. 위의 인용문에서도 잘 나타나 있는 것처럼 슐라이어마허가 말하는 '절대 의존 감정'은 자신과 외적으로 마주 선 어떤 존재자도 전제하지 않는다. 그런데 앞에서 밝힌 것처럼 자신과 외적으로 마주 선 어떤 존재자도 전제하지 않는 감정이란 불가능하며, 자기 외에 다른 아무것도 사념과 감각의 대상으로서 전제하지 않는 정신 역시 불가능하다는 점에서 —물론 대상화된 자기는 순수한 의미에서의 자기라고 볼 수 없다— '절대 의존 감정'은 정신 내지 의식의 존재조차도 아직 알려지지 않은 어떤 시원적 상태를 지시하는 말일 수밖에 없다.

그렇다면 우린 원래 '의존'에 관해서도 말해서는 안 되는 것이 아닐까? 의존이란 원래 자신과 대상 사이에 맺어질 특수한 관계를 표현하는 말이 아닌가? 게다가 슐라이어마허의 인용문에서는 '의존적으로 느끼는 대상이 외적으로 우리에게 마주 서 있는 것으로 주어질 수 없다'는 주장

11 『기신』, 68쪽.

마저 등장한다. 그런데 이는 명백한 형용모순 아닌가? 도대체 대상으로서 외적으로 마주 서 있지 않은 것이 어떻게 있을 수 있다는 말인가? 이러한 의문들에 관한 열쇠는 둘째 명제, 즉 '반작용에 의한 외화는 항상 가능하다'는 것에 주어져 있다. 반작용이란 물론 작용을 전제로 한다. 달리 말해 절대 의존 감정을 대상화될 수 없는 순연한 존재의 작용에 의해 일어난 것으로 판단함이 둘째 명제의 전제라는 것이다. 그런데 문제는 작용이라는 말 자체가 이미 나와 외적으로 마주 선 존재자의 존재를 전제로 한다는 점이다. 나에게 작용하는 것은 내가 아니며, 따라서 그러한 것은 작용 받는 나에게 외적으로 마주 서 있는 존재자여야 한다는 것만큼 자명한 사실이 또 어디에 있겠는가?

여기서 다시 한번 앞서 언급된 '경건한 감정이 그 모든 상이한 형태에서 항상 순수한 의존 감정이며 결코 상호작용의 관계를 표시할 수 없다는 것은 부정할 수 없는 사실로 선취된다'는 인용문으로 돌아가 보자. 슐라이어마허는 인용문에 앞서 다음과 같이 주장한다.

"우리가 지금 우리 자신을 우리의 상존(Sosein) 가운데서 어떤 것에 의해 규정되어 있는 것으로 내면화하고 수용성과 자기 활동성의 공존에 대해 생각함으로써, 감정은 여기서 전체의 진행에서나 그때마다 되돌아오는 관계에서 동일한 모습을 보여 주고 이로써 자기의식이 의존성의 관계를 표시하거나, 감정은 저항이든 규정적인 것에 대한 주도적 영향이든 간에 반작용의 영향을 미치며 이로써 상호작용이나 반작용의 관계를 표시한다. 그러나 이러한 구별은 나중에 첨가되는 것이 아니라, 각자가 촉발(Affekt)에 선행하는 모든 느낌에서 쉽게 인지할 수 있는 바와 같이 반작용을 유발하는 감정이 순수한 감

정으로 남아 있으면서 애당초 다르게 형성됨으로써 감정 자체 가운
데 이미 정립되어 있다."[12]

'반작용을 유발하는 감정'이라는 표현에 우선 주목해 보자. 슐라이어마
허의 사상을 이해하는 데 있어서 가장 장애가 되는 것은 감정의 원어인
'Gefühl'을 어떻게 번역하느냐의 문제이다. 본래 'Gefühl'은 감정뿐 아니
라 느낌, 촉각, 기분, 인상, 예감 등 여러 가지 의미를 지니는 말이며, 슐라
이어마허가 이 말을 사용하는 방식에서도 감정 외에 다른 여러 가지 의
미들이 나타난다. 예컨대 '반작용을 유발하는 감정'에서의 감정은 감정
과 감각적 느낌 모두를 뜻하는 말로 이해될 수도 있고 감각적 느낌에 의
해 일어난 감정을 뜻하는 말로 이해될 수도 있으며, 감정 및 정신의 반작
용을 유발하는 감각적 느낌을 뜻하는 말로 이해될 수도 있다. 그런데 이
말의 의미를 어떻게 해석하든 한 가지 분명한 것은 '반작용을 유발하는
감정'이란 감각 혹은 감각적 느낌을 선행하는 것으로서 지닐 수밖에 없다
는 사실이다. 사실 반작용이란, 그것이 인용문에 나타난 것처럼 감각에
의해 일어난 정신의 반작용이라는 의미에서 해석되는 경우, 오직 '이미
자신의 존재와 대상적 존재자의 존재에 눈 뜬 정신'의 활동을 지칭하는
말일 수밖에 없다. 슐라이어마허가 지적하고자 하는 바가 바로 여기에
있다. 정신 및 의식의 활동을 묘사하는 한 우리는 모든 것을 정신의 자기
정립과 대상 정립에 추후로 뒤따르는 것으로서 설명할 수밖에 없다. 달
리 말해 정신이란 자기와 자기에게 작용해 오는 대상의 존재를 함께 의

12 『기신』, 66쪽.

식하고 있는 그러한 것으로서만 존재할 수 있는 것이다. "특별한 계기에는 우리가 항상 동일한 계기로서의 우리 자신에 대한 자기의식을 가지며 특별한 계기에는 다시금 한 순간에서 다른 순간으로 변화하는 계기로서의 우리 자신에 대한 다른 자기의식을 갖는 것이 아니라, 각각의 의식은 인간이 변화하는 자신에 대해 갖는 직접적 의식이므로 이 둘은 각각의 규정적 자기의식을 구성하는 요소에 지나지 않기 때문이다."[13] 절대 의존 감정이란 자기 정립과 대상 정립에 근원적으로 앞서 있는 감각 자체를 지향적 대상으로서 지니는 정신의 감정이다. 그것은 형식적 논리의 차원에서 보면 형용모순처럼 보이지만 정신 및 의식의 지향적 구조에 대한 현상학적 기술의 관점에서 보면 정신의 필증적 존재 구조에 대한 이해로부터 따라 나오는, 의심의 여지없이 타당한 존재론적 언명인 것이다.

4. 살/몸을 통해 고지되는 현존함의 근원적 역사성

현존재에게 남들은 존재론적으로 어떤 의미를 지니는가? 하이데거의 경우 이러한 물음에 대한 응답은 두 가지 상이한 형태로 주어진다. 우선 『존재와 시간』에서는 남들의 존재론적 의미가 일상성의 관점에서 해명된다. 남들은 현존재에게 일상 세계를 공유하는 공동 현존재이며, 그런 한 현존재와 공동 현존재의 관계는 일상 세계를 지배하는 비본래적 시간성의 관계, 즉 존재망각으로의 몰락에 의해 특징지어지는 관계 이상

---

13 『기신』, 65-66쪽.

도 이하도 아닌 셈이다.[14] '전회(Kehre)' 이후 하이데거는 존재망각을 극복할 가능성을 예술과 시에서 구한다. 특기할 만한 점은 시인의 시인 됨에 관한 하이데거의 존재론적 언명들이 대체로 기술 문명에 의해 몰아세워진 근대적 일상 세계에 대한 비판적 의식을 바탕으로 전개되고 있다는 사실이다. 하이데거에 의하면 시인들은 "궁핍한 시대를 살아가는" 자들이며, 그 "선구자"는 "횔덜린"이다.[15] 여기서 궁핍한 시대란 시인을 제외한 거의 모든 현존재들이 존재를 망각한 채 살아가는 시대를 지칭하는 말이다. 궁핍한 시대의 한계를 넘어 다시 존재 자체에의 물음이 시대의 궁핍함을 해소할 존재론적 근거로서 던져질 가능성을 하이데거는 특별한 선각자로서의 시인의 존재에서 찾았던 것이다. 그런데 이러한 방식의 언명들은 존재론의 근본 문제에 대한 해명을 그저 유보할 뿐인 언명들에 불과하다. 시인의 목소리가 궁핍한 시대를 살아가는 절대 다수의 현존재들, 바로 그들 자신이 스스로의 힘으로는 도저히 헤어 나올 길 없으리만치 깊이 존재망각으로 몰락해 있음이 시대의 궁핍함의 표지인 그러한 현존재들에게 어떻게 수용될 수 있는지, 혹은 시인이 되지 못하는 현존재 스스로 자신이 처해 있는 시대의 궁핍함을 느끼고 이해하며 또 넘어설 가능성이 어떻게 주어질 수 있는지, 하이데거는 해명하지 않은 채 내버려 두고 있는 것이다.

그러한 해명은 슐라이어마허에게서 발견된다. 슐라이어마허는 현존재 스스로 존재망각으로의 몰락으로부터 벗어나 존재자의 존재로 환원될 수 없는 존재 자체를 향해 자신의 삶의 방향을 전환할 가능성을 경건

---

14 SZ, 123쪽 이하 참조.
15 M. 하이데거, 『숲길』, 나남, 2008, 469쪽.

한 자극이 가능하게 하는 공동체의 형성에서 찾는다. 슐라이어마허에 따르면 "경건은 자기의식의 자극하는 표현 능력을 통해 공동체로 형성된다."[16] 슐라이어마허에게 경건한 자극에 의해 일어난 감정이란 근원적 차이로서의 초월과 절대적 통일성의 동근원성에 의해 촉발된 이중적 지향성을 통해 특징지어지는 것임을 기억하자. 경건한 자극이 가능하게 하는 공동체는 이런저런 종교적 교리에 종속된 신앙 공동체에 국한되지 않는다. 게다가 슐라이어마허는 신의 현현을 외화될 수 없는 것의 외화를 표현하는 낮은 등급의 경건함의 결과라고 설명하지 않는가? 경건한 자극이 현존재에게 일깨우는 경건한 감정은 자신의 존재 밖에 있는 그 어떤 존재자처럼 현존재와 인격적 관계를 맺는 신, 현존재에게 이런저런 삶의 방식들을 수용할 것을 권면하는 교리 같은 것과는 직접적으로 아무 상관도 없다. 그러한 신의 이념과 교리는 모두 삶에 대한 반성적 성찰의 대상이거나 그 결과일 뿐 경건한 자극이 일깨우는 현존재의 근원적 존재 지향의 표현이 아닌 것이다. '경건한 감정이 유발하는 반작용'은 외재화되거나 외화될 수 없는 절대적 통일성의 이름으로서의 존재를 향한 지향성의 표현이며, 이러한 지향성은 존재를 자신의 외적 상관자로 대상화함으로써 일어나는 의식의 운동이 아니라 자신의 존재가 언제나 그 안에 있으며 또 동시에 그리로 나아갈 수밖에 없는 그러한 것으로서 존재를 이해함이다. 간단히 말해 경건한 감정이 유발하는 반작용이란 절대적 내재로의 초월 외에 다른 아무것도 의미하지 않는다. 그것은 어떤 능동적 행위의 양태를 표현하는 말이 아니다. 도리어 그것은 모든

---

16 『기신』, 77쪽.

사념과 행위를 멈추고 심정의 경건함으로 정신을 고양하면서 한 존재자로서의 자신의 존재의 근원적 무성을 모든 존재자들의 존재근거가 되는 그러한 존재의 영원성, 유한성의 단순한 부정으로서가 아니라 다함 없이, 어떤 외적 경계나 근거도 전제함 없이, 그저 존재함을 통해서만 자신을 알려 오는 존재 자체의 절대적이고도 근원적인 현실성을 드러내는 그러한 영원성의 고지로서 받아들임을 표현하는 말인 것이다.

주의할 것은 경건한 공동체의 형성에 관한 슐라이어마허의 해명이 어떤 이념적 절대성에 사로잡힌 형이상학적 태도의 발로가 아니라는 점이다. 슐라이어마허는 "확고한 모습으로 등장하는 모든 공동체는 또한 제한된 공동체로 드러난다"[17]고 지적한다. 이 말은 경건한 공동체의 형성에 참여하는 현존재에게는 어떤 이념이나 가치로도 형언할 수 없는 존재의 의미, 근원 감각에 의해 동근원적으로 일어난 근원적 차이로서의 초월과 절대적 통일성 외에 다른 어떤 것도 절대적인 출발점이나 지향점으로서 주어져 있지 않다는 의미이기도 하고 각각의 현존재가 처해 있는 구체적인 삶의 상황 속에서 경건한 자극이 공동체의 형성뿐 아니라 현존재의 개별화의 근거로서 작용한다는 의미이기도 하다.

"경건한 자극이 다수의 사람들 가운데서 서로 어떻게 관계하는지에 대해 물으면, 몇몇의 자극들은 서로 끌어당기며, 다른 몇몇의 자극들은 서로 밀쳐낸다고 대답해야 한다. 전자가 있는 곳에는 공동체가 있으며, 후자가 있는 곳에는 개별화가 있다. 서로를 인정하는 경

---

17 『기신』, 77쪽.

건한 자극의 동등성이 있는 곳, 그리고 경건한 자극을 상대방에게서 쉽게 산출할 수 있는 곳 어디에나 경건의 공동체가 존재한다. 경건한 자극의 동일한 상태가 차지하는 범위와 관련해서 뿐만 아니라 경건한 자극을 산출하는 용이성과 관련해서 상이한 등급이 있다 하더라도, 모든 사람에게 이러한 공동체에서 더 많은 자극과 좋은 관계를 경험하라고 요구할 수 있다."[18]

위의 언명들은 우선 경건한 자극이 일회적인 것이 아니라 현존재의 초월적 존재 구조 그 자체로부터 연원하는 부단한 존재에의 부름으로서 이해되어야 함을 알려 준다. 오직 그런 경우에만 경건한 자극은 현존재에게 공동 현존재와 때로 끌어당기고 밀쳐내는 그러한 관계를 형성하도록 하는 자극들로서 작용할 수 있는 것이다. 달리 말해 경건한 자극은 현존재의 존재의 구성적 요소들 중 하나이다. 그것은 한순간 작용한 뒤 돌이킬 수 없는 망각의 어둠 속으로 잠겨드는 일시적인 것으로서가 아니라 현존재의 존재 구조 그 자체에 속한 것으로서, 현존함의 순간들을 늘 동반하는 것으로서, 파악되어야 하는 것이다. 다음으로 존재에의 부름으로서의 경건한 자극은 언제 어디서나 동일한 인식과 성찰로 이어지는 것이 아니라 각자가 처해 있는 삶의 상황에 따라 상이한 인식과 성찰로 이어지는 것이라는 점이 지적되어야 한다. 경건한 공동체의 형성은 현존재의 개별성의 무화를 뜻하는 것이 아니며, 마찬가지로 경건한 자극에 의해 일어나는 현존재의 개별화 역시 현존재의 공동체성의 무화를

---

18 같은 책, 78쪽.

뜻하는 것이 아니다. 경건한 자극에 의해 현존재들 간에 일어나는 당김과 밀침의 관계는 가장 급진적인 개별화의 가능성과 가장 본래적이고 참된 공동체성의 가능성 간의 역동적 관계를 표현하는 말로서, 이는 현존재의 삶 속에서 발견되는 개별화와 공동체성의 존재론적 근거 자체가 어떤 이념과 가치 혹은 이념과 가치의 담지자로서 존재하는 어떤 주체나 그 상관자로서의 대상적 존재자로 환원될 수 없는 존재 자체에의 지향성에 있기 때문이다. 슐라이어마허에게 참된 공동체란 특정한 이념이나 가치에 매몰된 비본래적 방식의 현존함에 의해서가 아니라 도리어 특정한 존재이해의 방식에 의해 공동체의 공동체성을 가능하게 하는 것으로서 알려지는 모든 이념적인 것들을 그 근원적 무성과 더불어 이해하는 본래적 방식의 현존함에 의해 형성되는 것이다. 그런 한 참된 공동체의 경건함은 이미 그 자체로 가장 급진적인 개별화의 가능성을 고지하고 있는 셈이다. 공동체의 참된 존재근거 자체가 공동체의 구성원인 각각의 현존재에게 자신을 포함한 모든 현존재들이 견지하는 저마다의 이념과 가치를 그 근원적 무성 가운데서 이해하도록 하기 때문이다.

바로 이것이 슐라이어마허가 제시하는 현존재의 역사성에 대한 존재론적 해명이다. 하이데거에 의하면 본래적인 의미의 역사성이란 "앞서 달리는 결단성"[19]에 근거해 있다. 슐라이어마허에게 하이데거가 말하는 '앞서 달리는 결단성'이란 경건한 자극이 현존재에게 가능하게 하는 근원적 존재 지향이 일회적인 것이 아니라 현존재의 존재 구조 그 자체의

---

19 SZ, 386쪽.

구성적 요소임을 표현하는 말과 다르지 않다.

대체 무엇이 '앞서 달리는 결단성'의 존재근거인가? 그것은 바로 살/몸으로 현존함이다. 존재론적으로 보았을 때 시간의 통일적 계기들, 즉 과거, 현재, 미래는 사유와 행위의 한계를 넘어서는 근원적 차이와 절대적 통일성을 향한 현존재의 존재의 운동으로부터 연원하는 것이며, 그 운동이 어떤 특정한 시점에 시작되어 특정한 시점에 종결되는 것으로 파악될 수 없는 까닭은 경건한 자극이 일깨우는 경건함의 지향점이 그 자체로 이미 시간의 지평을 넘어서 있기 때문이다. 현존재에게 존재의 시간성은 과거, 현재, 미래의 단순한 종합 이상이다. 그것은 도리어 오직 시간적인 방식으로만 자신의 존재를 고지해 오는 영원성, 정태적인 무시간적 실체의 영원성이 아니라 경건한 자극을 통해 시간의 가능조건으로서, 그 자체 살/몸적인 것으로서, 끝없이 생동하는 것으로서, 언제나 이미 우리 곁에 임재해 있는 그러한 영원성에의 예감이다.

경건한 자극이 유발하는 경건한 공동체의 형성에 대한 슐라이어마허의 존재론적 언명들은 현존함의 근원적 역사성은 바로 살/몸을 통해 고지되는 것임을 알려 준다. 살/몸이야말로, 비록 살/몸으로 현존함에 대한 자각 자체는 어떤 존재의미도 전제하지 않는 근원적 감각에 추후로 뒤따르는 것이라 하더라도, 감각이 일어나는 유일한 처소이기 때문이다.

5. 닫는 글을 대신하여: 해석과 역사

슐라이어마허가 청년기에 남긴 『종교론』은 다음과 같은 말로 끝을 맺는다.

"성스러움은 모든 이에게 비밀스럽게 존재하며 속된 이들에게 감추어져 있다. 속인들로 하여금 그들이 원하는 대로 거죽과 외관에 집착하게 하라. 그러나 여러분 가운데 거하는 신을 사모하는 우리를 거절하지는 말라."[20]

성스러움은 대체 무엇을 일컫는 말인가? 왜 성스러움은 모든 이에게 비밀스럽게 존재하며, '신을 사모하는 우리를 거절하지 말라'는 청유의 대상은 누구인가? 슐라이어마허의 청유를 들을 자와 신을 사모하는 '우리'의 관계는 어떠한 것인가?

감각의 근원성에 관한 이 글의 언명들이 슐라이어마허의 존재론에 상응하는 것인 한 성스러움은 감각에 의해 일깨워진 근원적 초월로서의 차이와 절대적 통일성을 지칭하는 말일 수도 있고 근원적 감각 자체를 지칭하는 말일 수도 있다. 근원적 감각이 성스러운 이유는 그것이 외재성의 관계를 통해서는 이해할 수 없는 삶의 절대적 내면성과 초월성을 동근원적으로 일깨우기 때문이요, 근원적 초월로서의 차이와 절대적 통일성이 성스러운 이유는 바로 여기에 근원적 감각에 의해 일깨워진 존재의 의미가 사유와 행위의 한계를 넘어서 있는 영원성과 무한성의 분명한 표지로서 고지되고 있기 때문이다. 슐라이어마허에게 신은 형이상학적 실체도 아니고 현세적 삶으로부터 유리된 추상적 이념도 아니다. 그것은 단지 청년기의 슐라이어마허가 우주라는 말로 표현하는 존재의 전체성, 개별자들을 가로지르는 이념적 동질성이나 체계의 논리를

---

20 F. 슐라이어마허, 『종교론』, 한들, 1997, 253쪽.

전제로 하는 형이상학적 의미의 전체성이 아니라 모든 개별자들의 가장 급진적인 개별화 가능성과 참된 공동체성의 근거로서 열려 있는 그러한 전체성을 향한 정신의 경건함을 표현하는 말일 뿐이다. 슐라이어마허에 따르면 "우주는 모든 방식으로 직관되고 숭배되어야 한다. 무수한 형태의 종교가 가능한 것이다."[21]

슐라이어마허에게 종교는 현존재의 해석학적 존재 방식을 지칭하는 말이다. 종교는 그 자체로 가장 근원적인 방식의 해석을 표현한다. 해석으로서의 종교가 해석하고자 하는 대상은 물론 존재 자체이다. 그것은 대상화될 수 없는 것을 향한 우리의 반작용이요, 종교가 반작용일 수밖에 없는 이유는 그것이 경건한 자극에 추후로 뒤따르는 것이지 그에 선행하는 것일 수는 없기 때문이다.

일상성은 존재론적으로 존재자들의 도구적 쓰임새에 함몰된 현존재의 비본래적 존재 방식을 지칭하는 말이다. 그리고 도구적 존재자는 —비록 이런저런 도구적 존재자에 대한 이해가 유의미성의 전체 맥락 속에서만 이해되는 것이 사실이라 하더라도— '나에게 외재적인 것'으로서, '나에게 외재적인 것을 작업하는 데 사용되는 그 자체 외재적인 것'으로서 알려진다. 종교는 슐라이어마허에게 본래적이고도 시원적인 현존함의 방식을 표현하는 말이다. 종교는 외재성의 관계를 통해 표현되는 일체의 존재의미들을 비본래적인 것으로서 자각함을 표현하는 말이며, 외재성의 관계로 파악될 수 없는 존재 자체에로 정향된 심정의 경건함이 종교의 본질인 것이다. 슐라이어마허는 "서로 상이한 사물의 질

---

21 같은 책, 251쪽.

서 사이에 경계가 명백하게 설정되어 있는 시대로부터는 아무것도 기대할 수 없다"고 지적한다. 종교는 일상 세계를 지배하는 이런저런 경계와 질서들을 넘어 근원적 차이로서의 초월과 절대적 통일성을 향해 나아가는 현존재의 존재의 운동 그 자체다. 그렇기에 종교는 특정한 교리에 사로잡힌 채 화석화되어서는 안 된다. 도리어 "종교는 새롭게 형성되어야 하며, 오래도록 개별적이고 순간적인 현상들 속에서만 지각되어야 한다." 개별적이고 순간적인 현상들 자체가 이미, 아니 오직 그것들만이, 존재의 성스러움이 현존재에게 드러나고 또 고지되는 유일무이한 삶의 계기들이기 때문이다.[22]

해석이란 무엇인가? 해석함의 존재론적 근거는 대체 무엇인가? 해석은 응당 현존재의 존재 방식으로서의 역사성을 전제로 할 수밖에 없다. 해석은 결국 '이미 말해지거나 쓰인 말'에 관한 해석일 수밖에 없을 뿐만 아니라 해석의 필요성 자체가 해석될 의미의 유동성 및 의미의 담지자로서의 말의 유동성으로 인해 제기되는 것이기 때문이다. 말은 존재의 의미를 길어 나르는 동이이기도 하고 물처럼 흐르는 존재의 의미이기도 하며 그 의미와 더불어 현존하는 현존재의 존재이기도 하다. 말이 현존재의 존재인 까닭은 존재가 근원적 감각에 의해 비로소 일깨워진 가장 원초적인 의미이기 때문이요, 현존재는 오직 이 의미와 더불어서만 자신의 존재를 이해할 수 있기 때문이다. 말이 물처럼 흐르는 존재의 의미인 까닭은 현존재의 존재가 시간인 때문이요, 시간의 흐름을 따라 변화해 가는 이런저런 상황 속의 존재자로서만 현존재가 자신의 존재를 이

---

22 같은 책, 252쪽.

해할 수 있기 때문이다. 물론 의미로서의 존재 —이런저런 존재의 의미들 가운데 하나가 아니라 근원적 감각을 통해 열린 그 자체로서의 의미인 존재— 와 상황 속에서 유동하는 존재의 의미들은 종교적 심정이 향해 있는 대상, 주체와 객체 및 객체들 간의 외재적 관계를 통해서는 도무지 포착될 수 없는 비대상적 대상과 결코 동일한 것일 수 없다. 이미 존재라는 말 자체가 탈은폐요, 동시에 은폐이다. 존재는 언제나 한 존재자의 존재로서 알려지는 것인 바, 존재자는 언제나 외재성의 관계를 자기 안에 함축하고 있는 것으로서만 이해될 수 있는 것이다.

현존재의 근원적 존재 방식으로서의 해석이 지향하는 것은 바로 이 존재라고도 말해질 수 없는 그 어떤 것이다. 근원적 감각에 추후로 뒤따르는 존재론적 사념은 존재자의 존재로 환원될 수 없는 존재 자체를 향한 것일 수밖에 없으며, 그런 한 존재론적 관점에서 현존재의 근원적 존재 방식으로서의 해석이 지향하는 것은 존재 자체로서 —존재론적으로— 해석될 수 있다. 하지만 중요한 것은 슐라이어마허의 관점에서 보았을 때 구체적 현존재로서의 우리 자신은 어떤 말, 어떤 의미로도 환원될 수 없는 그 무엇을 향해 있을 수밖에 없다는 것을 이해하는 일이다. 그것이 현존재에게 포착 가능한 의미의 한계를 넘어서 있다는 것이야말로 현존재의 존재를 시간으로 이해할 수 있게 하는 존재론적 근거이다. 그것은 의미로 살아오는 모든 것들을 무화시키면서 동시에 존재하는 모든 것들을 그 본래적 고유함 가운데 살아나게 하는 존재의, 혹은 비존재의, 근원적 힘이다. 해석은 의미로 환원될 수 없는 존재자들의 고유함을 존재의, 혹은 비존재의, 근원적 힘과의 관계에서 포착하려는 현존재의 운동인 것이다.

슐라이어마허, F., 최신한 옮김, 『기독교 신앙』, 한길사, 2006.

_____, 최신한 옮김, 『종교론』, 한들, 1997.

하이데거, M., 『숲길』, 나남, 2008.

한상연, 「순연한 탈자로서의 존재 — 살/몸으로 현존함이 자아내는 절대적 내면성의 평면으로서의 존재의 의미에 관한 소고」, 『존재론 연구』 제 32집 (2013년 가을호). 217-244.

_____, 「살/몸 존재로서의 존재사건과 기술권력: 파쇼적 신체 및 거룩한 신체에 관한 성찰」, 『철학과 문화』 제25집 (2012년 가을호). 121-150.

_____, 「현상과 초월적 내재 — 하이데거 초기 사상에서의 현상학적 존재 분석과 그 신학적 기원에 관하여」, 『존재론 연구』 제28집 (2012년 봄호). 263-329.

Heidegger, M., *Sein und Zeit*, Tübingen 1993.

_____, *Logik. Die Frage nach der Wahrheit*, Frankfurt a. M. 1976.

_____, Beiträge zur Philosophie (Vom Ereignis), Frankfurt a. M. 1989.

Hume, D., *A Treatise of Human Nature*, Dover: New York 2003.

순연한 탈자로서의 존재:

살/몸으로 현존함이 자아내는 절대적 내면성의
평면으로서의 존재의 의미에 관한 소고

기원

한상연

그의 시선은 더 이상 나아갈 수가 없었다.

결국 의식을 위해 무한이란

아무 데도 주어져 있지 않았던 것이다.

그의 기억은 종점에 도달했으며 의식은 종점인 그

텅 빈 두 눈의 낯설음에 진저리를 쳤다.

그렇게 시작된 것이다.

모든 것을 낯설어 하며, 모든 것에

낯설음으로 다가서며.

그는 태아의, 이제 막

세상의 황망한 밝음 속으로 던져진 것인지 아니면

아직 자궁 속에 머물러 있는 것인지 모를

한 존재의 커다란 머리를 보았다.

물론 그런 건 별로 중요한 것이 아니었다.

자궁의 벽을 마주하면서도 그것은 이미

자기 밖의 모든 것에 낯설음으로 다가설 줄을 알았을 것이다.

그러면 충분했다. 의식의 출발점이자

기억의 종점이 될 어느 한순간이 되기에는

단지 낯설음을 안다는 한 가지 사실이면 족할 것이다.

온통 낯설음으로 둘러싸인 저

갓 태어난 의식의 연약함도 그에게는 어떤

연민이나 슬픔도 불러일으키지 않았다.

그는 노인의 것이거나 어쩌면,

자신의 것일지도 모를 태아의 사진 앞에서 거의

두려움조차 느낄 지경이었다.

자신이든 아니든

그 누구이든 간에 처음 의식이 시작된 이

순간의 얼굴은

자신에게나 그 누구에게나 사악함을 느끼게 할 것이다.

그건 그가 품은 향수의 우울한 결말이었다.

이 태초의 순간에 기억이라 할 만한 것이 있을 턱이 없을 것이었다.

그러니 그가 알던 초원도, 연기 나는 굴뚝도, 안개에 휩싸인 숲도

여인들도, 향기 나는 꽃도, 가슴을 답답하게 만드는 늪지대의 대기도

어둠도, 빛도, 해와 달과 별, 밤의 투명함도 그 태초의 순간에 이르면

흔적도 없이 사라져 버릴 뿐이었다.

그렇게 그가, 그가 아닌 누군가가,

그가 아닌 그가 시작된 것이다.

그의 의식이 지금 이 광인의

누막 속에서 무수히 산개해 가는 것도 우연은 아니었다.

그는 처음부터 그가 아니었던 것이다.

1. 여는 글

이 글은 현상과 살/몸으로서의 현존 사이의 존재론적 관계에 관해 논의하는 글이다. 현상이란 무엇인가? 현상에 대한 전통 철학적 의미는 '본질이나 객체의 외면에 나타나는 상'이다. 잘 알려져 있듯이 하이데거의 존재론적 개념으로서의 현상은 이러한 전통적 개념으로서의 현상과 완전히 다르다. 그 이유는 어디에 있을까? '현상은 존재 자체의 드러남'이라는 존재론적 명제와 '현상은 본질이나 객체의 외면에 나타나는 상'이라는 전통적 명제 사이의 차이는 어떻게 설명될 수 있을까?

그 대답은 아주 간단하다. 존재론적 개념으로서의 현상은 전통 철학적 개념으로서의 현상과 달리 현상의 이면에 숨은 본질이나 객체를 전제로 하지 않는다. 그렇다면 하이데거의 존재론은 어떤 현상 일원론에 바탕을 두고 있는 것일까? 현상의 이면에 숨은 본질이나 실체를 전제로 하지 않으면서 '존재 자체의 드러남으로서의 현상'에 관해 말하는 것이 어떻게 가능할 수 있을까? 이 질문에 대한 대답 역시 간단하다. 하이데거가 말하는 '존재 자체'는 본질이나 객체 같은 말로 온전히 표현될 수 없다. 하이데거 존재론의 근본 물음인 존재 자체에의 물음은 현상의 이면에 숨은 형이상학적 실체에의 물음이 아니라 현존재의 근원적 현사실성 자체로부터 유래하는 "순연한 초월"로서의 "존재"에 대한 물음이다.[01] '순연한 초월'에서의 '순연함'이란 현상 및 현존재의 존재와 무관하게 '저 홀로 독립자존함'이라는 초월적 실체의 존재양태를 지칭하는 말이 아니다. 그것은 도리어 존재라는 말 자체에 언제나 일체의 형이상학적 실체 개념들을 무화시키는 초월적 관계의 의미가 함축되어 있다는 것 외에 다른 아무것도 지칭하지 않는다.

이 글은 다음과 같은 전제로부터 출발한다. "존재와 존재 구조는" 근원적으로 탈자적인 것이며, 그 자체로 시간적인 것이고, 그런 한에서 "모든 존재자 및 어떤 존재자의 모든 가능한 존재자적 규정성을 넘어서 있다." "존재는 순연한 초월이다"라는 존재론의 근본 명제는 '존재는 순연하게 탈자적이다'라는 것 외에 다른 어떤 것도 의미하지 않는다는 것이다. 만약 이러한 전제가 올바른 것이라면 하이데거의 현상 개념에 대한 이해는 '존재 자체'가 왜 순연하게 탈자적인 것으로서 이해되어야만 하는가에 대한 이해를 전제로 하는 셈이다.[02]

존재의 순연한 탈자성은 오직 '현존재의 근원적 현사실성으로서의 살/몸으로 현존함'을 근거로 해서만 온전히 파악될 수 있다.[03] 그것은 살/몸으로 현존함이 현상의 이면에 숨은 본질 및 실체에 관한 논의를 부조리한 것으로 만들어 버리는 유일하고도 강력한 기제(機制)이기 때문

---

01 SZ, 38쪽. 원문에서의 강조.
02 같은 곳. 저자의 강조(본문의 경우) 및 원문에서의 강조(인용문의 경우).
03 '살/몸'이라는 표현의 존재론적 규정에 관해서는 다음 참조: 한상연, 「시간과 초월로서의 현존재 - 칸트의 시간 개념에 대한 하이데거의 이해와 그 존재론적 의의에 관한 소고」, 『철학과 현상학 연구』 제50집 (2011년 가을호). 필자는 다음의 글에서도 "살/몸으로 존재함은 '마음 씀(Sorge)'보다 더 근원적인 현존재의 현사실성에 속한다"는 것을 지적함으로써 살/몸으로 현존함이야말로 가장 근원적인 현존재의 현사실성을 구성한다는 문제의식을 제시한 바 있다: 한상연, 「살/몸 존재로서의 존재사건과 기술권력: 파쇼적 신체 및 거룩한 신체에 관한 성찰」, 『철학과 문화』 제25집 (2012년 가을호), 124쪽.

이다. 오직 살/몸으로 현존함에 근거해서만 현상의 이면에 숨은 본질이나 실체에 관한 전통 철학적 논의로부터 벗어나 고유하게 존재론적으로 존재 자체에 대해 논할 수 있는 것이다.

2. 존재이해의 궁극적 근원으로서의 감각

'순연한 초월로서의 존재'가 '존재의 순연한 탈자성'을 의미한다는 이 글의 전제는 올바른 것일까? 혹시 이러한 전제는 존재론적 물음의 근본 대상으로서의 존재 자체를 현존재의 존재에 귀속시켜 버리는 일종의 주관주의적 태도의 표명에 불과한 것이 아닐까? 분명 하이데거에 따르면 "현존재의 존재의 초월은, 그 안에 가장 급진적인 개별화의 가능성과 필연성이 놓여 있는 한, 하나의 탁월한 초월이다."[04] 하지만 '현존재의 존재의 초월이 하나의 탁월한 초월'이라는 명제로부터 '순연한 초월로서의 존재'가 그 자체로 현존재의 존재의 운동을 지시하는 탈자적 존재와 동일시될 수 있다는 결론을 도출할 수는 없는 것이 아닐까? 하이데거에게 탈자라는 말 자체가 현존재의 존재의 운동을 지시하는 한, 그리고 하이데거의 존재론이 존재 자체를 현존재의 존재로 환원하려는 새로운 형태의 주관주의적 철학에 불과하다고 전제하지 않는 한, 우리는 존재론적으로는 결코 정당하게 존재 자체를 탈자라는 말로 특징지을 수 없는 것이 아닐까?

---

04 SZ, 38쪽. 원문에서의 강조.

실로 이러한 문제는 하이데거에게 있어서 명확하게 해명되지 않은 채 남아 있다. 필자의 소견으로는 존재론적 개념으로서의 존재 및 초월은 늘 탈자성의 의미를 함축하고 있을 수밖에 없을 뿐 아니라 그 자체가 탈자성의 또 다른 수식어들이기도 하다. 하이데거가 존재 자체의 탈자성, 시간으로 규정될 수 있는 현존재의 존재뿐 아니라 존재 자체를 포함한 일체의 존재의 의미에 탈자성이 필연적으로 함축되어 있을 수밖에 없다는 사실을 분명히 깨달을 수 없었던 이유는 그가 현존재의 근원적 현사실성으로서의 살/몸으로 현존함에 충분히 주의를 기울이지 않았기 때문이다. 한편 하이데거가 존재를 '순연한 초월'로서 특징지으면서도 존재 자체를 탈자적이라 명시적으로 규정하지 않은 것도 바로 여기에서 연유한다.

　단적으로 말해 하이데거의 존재론에 있어서 탈자적이라 규정될 수 없는 초월 및 존재의 의미는 원리적으로 있을 수 없다. 이는 하이데거가 말한 대로 "존재는 그 존재에 존재이해와도 같은 어떤 것이 속해 있는 [현존재라는 이름의 특정한] 존재자의 이해에만 있기" 때문이다.[05] 현존재의 존재는 근본적으로 탈자적이며, 현존재의 이해에만 있는 존재란 현존재의 탈자적 존재 방식이 전제하는 초월 관계의 한 관계항으로서 있는 것이거나 아니면 그 자체로 탈자적인 존재의 전체성으로서 있는 것이다. 어떤 경우든 존재는 결국 초월적이며 동시에 탈자적이다. 탈자적 존재 방식이 전제하는 초월 관계의 항들은 관계의 전체성으로부터 분리 불가능하고, 존재의 전체성 역시 그 자체 현존재의 이해 속에 존재하는 것으로서 현존재의 탈자적 존재 방식을 가능하게 하는 '안에-있음'의 형

05　같은 책, 183쪽.

식과 통일되어 있는 그러한 것으로서만 유의미하게 드러날 수 있기 때문이다.

다음과 같은 이야기에 관해 생각해 보자.

캄캄한 밤, 누군가 어둠 속을 응시하고 있다. 그는 헐벗었고, 몸은 싸늘하게 식어 있다. 하지만 그는 춥다는 생각은 하지 못한다. 왜냐하면 그는 사랑하는 자의 죽음으로 인해 상처 받은 영혼을 지니고 있기 때문이다. 불현듯 그는 하늘에 스멀스멀 여명의 빛이 번지고 있음을 깨닫는다. 절망에 사로잡힌 그의 영혼은 문득 심연을 가득 채우고 흘러넘치는 크나큰 슬픔의 역류에 떠밀려 자기 밖으로 튕겨져 나간다. 세상은 종잡을 수 없는 감각의 뒤섞임과 더불어 자기 밖으로 튕겨진 그의 영혼을 뒤덮는다. 그의 영혼을 뒤덮은 세상은 견딜 수 없이 싸늘하다. 그럴 수밖에 없는 것이 여명의 빛이 번지기 시작하는 바로 그 순간이야말로 공기가 가장 차가운 때인 것이다.

이 이야기의 주인공은 오랫동안 추위를 느끼지 못하고 있었으나 어두운 하늘에 여명의 빛이 번지는 순간 문득 추위를 느끼기 시작한다. 이러한 추위의 원인은 어디에 있는 것일까? 무엇이 그로 하여금 세상을 견딜 수 없이 싸늘한 세상으로 경험하게 하는가? 가장 단순한 대답은 아마 '바깥 공기가 차가워서', '추운 날씨에 그가 헐벗고 있었으므로' 등이 될 것이다. 이러한 대답은 자명하며, 여기서의 자명성은 대답을 하는 자의 구체적 경험에 바탕을 둔 절대적 자명성에 기초해 있다.

아마 어떤 이는 '동일한 혹은 유사한 상황 속에서는 늘 동일한 혹은 유사한 지각 체험이 일어나기 마련'이라는 생각은 기껏해야 반복 체험에 바탕을 둔 귀납추론의 결과에 지나지 않는다고 생각할 것이다. '차가운 공기에 헐벗은 채 노출된 자는 추위를 느끼기 마련'이라는 생각은 결코 자명한, 더군다나 절대적으로 자명한 생각일 수 없다는 것이다. 하지만 이는 차가운 공기의 차가움을 지각 체험을 하는 자의 살/몸으로부터 유리된 어떤 외적 사물의 속성으로 오판하기에 생겨나는 오류 추론에 지나지 않는다. 차가운 공기의 차가움은 지각 체험을 하는 자의 살/몸에서 일어나는 그 자체 체험적인 것이지 결코 살/몸의 밖에 있는 어떤 외적인 사물의 속성이 아니다. 그렇기에 '차가운 공기에 헐벗은 채 노출된 자는 누구나 추위를 느끼기 마련이다'라는 말은, 굳이 형식논리적으로 표현하자면, 일종의 (유사)동일률의 명제이다. 그것은 '차가움을 느끼는 자의 살/몸은 차가움을 느끼는 살/몸이다' 혹은 '추위를 느끼는 살/몸은 추위를 느끼는 살/몸이다'라는 보다 단순한 명제에 바탕을 두고 있지 않은 한 성립할 수 없는 어떤 실존적 상황에 관한 명제이다. 바로 이러한 의미에서 그것은 자명한, 그것도 절대적으로 자명한 명제이다.

공기의 차가움을 느끼는 데에 필요한 전제는 무엇일까? 상식에 기대어 판단해 보면, 가장 기본적인 전제는 차가운 공기와 차가움을 느낄 수 있는 살/몸으로서의 현존재의 존재이다. 그렇다면 차가운 공기 및 차가움을 느끼는 살/몸은 어떻게 존재하게 되는가?

자연과학적으로 사유할 능력이 있는 사람이라면 아마 공기의 입자가 지니고 있는, 혹은 공기의 입자로부터 발산되는, 열에너지의 양을 기준으로 차가운 공기가 어떻게 형성되는 것인지 설명하려 할 것이다. 열에너지를 적게 지니고 있는 공기가 따뜻한 몸과 온도 변화의 지각을 가능하게 할 만큼 많이 부딪히게 되면 우리는 차가움을 느끼게 된다. 우리 몸에 부딪혀 오는 공기는 우리로 하여금 대기의 차가움 혹은 뜨거움을 느끼게 하는 원인이고, 이는 우리가 느끼는 우리 몸에 부딪혀 오는 공기를 원인으로 갖는 결과라는 것을 뜻한다. 인과율에 바탕을 둔 이러한 설명은, 적어도 그것이 어떤 철학적 엄밀함을 추구하는 논의 속에서 제기된 것이 아닌 한, 별로 문제가 되지 않는다. 공기가 있고 몸이 있으며, 우리의 몸에 부딪혀 오는 공기의 열이 많고 적음에 따라 우리는 우리 주위의 대기를 뜨거운 것으로 혹은 차가운 것으로 경험하게 된다. 공기와 우리 몸의 만남은, 우리가 느끼는 차가움 및 뜨거움의 원인이고, 이는 곧 차가움 및 뜨거움이 그 만남의 결과라는 의미이기도 하다.

그렇다면 공기가 있다는 것과 자신의 몸이 있다는 것을 우리는 무엇을 통해 알게 되는가? 우리로 하여금 공기와 몸의 존재를 자명한 것으로서 전제하게 만드는 가장 근본적인 이유는 어디에 있는가? 그것은 물론 지각이다. 공기와 몸은 사물적인 것이고, 사물적인 모든 것은 지각을 통하지 않고서는 우리에게 직접적으로 알려지지 않는다. 그런데 지각이란 늘 차가움, 뜨거움, 거칢, 매끈함 등의 지각이다. 그렇다면 공기와 우리 몸의 만남이 우리로 하여금 차가움 및 뜨거움을 지각하게 하는 원인이라는 설명은 원래 본말이 전도된 설명인 셈이다. 차가움의 원인으로 제시된 공기와 몸의 존재 자체가 실은 차가움의 지각을 통해 추후로 알려진 것이기 때문이다.

가장 근원적으로 존재하는 것은 우선 지각, 혹은 우리가 보통 지각의 순간 일어나는 질적 느낌으로서 파악하는 상이한 감각들이다. 차가움, 뜨거움, 매끈함, 거칢, 밝음과 어두움, 쾌감과 통증이 우리의 경험과 판단 속에서는 가장 근원적인 것이며, 감각들의 유발 원인으로서의 외적 사물과 수용적 살/몸의 존재는 감각들에 추후로 뒤따르는 의식의 판단에 의해 정립된다.

혹시 의식 내지 어떤 선험적 자아를 일체의 감각들 및 외적 사물과 수용적 살/몸의 존재에 앞서 존재하는 가장 근원적인 것으로서 파악할 수는 없을까? 결국 의식 없는 돌은 차가운 공기와 만나도 차가움을 느끼지 않을 것이며, 이는 곧 오직 미리부터 의식적 존재자로서 존재하는 자만이 차가움을 비롯한 일체의 감각들을 경험할 수 있다는 자명한 사실을 암시하고 있는 것이 아닌가?

아마 우리가 보통 관념론이라 지칭하는 제 철학적 경향들은 바로 이러한 오류 추론에 바탕을 두고 형성되었을 것이다. 우리는 차가운 공기와 살/몸의 존재에 관해서도 똑같은 말을 할 수 있다. 결국 우리가 차갑다고 느낄 수밖에 없는 그러한 공기와 그 차가움을 감각적으로 수용할 수 있는 그러한 살/몸이 미리부터 존재해야 차가움의 감각은 가능할 수 있다. 그러나 결국 개별적인, 그것 자체와 다른 것을 가르는 어떤 경계를 통해서만 존립할 수 있는 일체의 것들은 감각적 경험을 통해서만 알려질 수 있는, 그리고 바로 그러한 의미에서 감각적 경험에 추후로 뒤따르는 판단과 추론, 직관 등에 의해 정립되는 것들이다. 다만 차가움의 감각에 대한 의식의 판단이 필연적으로 차가움을 느낄 수 있는 살/몸의 존재와 차가움의 유발 원인으로서의 외적 사물의 존재에 관한 인식으로 이어지기에 이 필연성의 인식에 추후로 뒤따르는 의식의 판단은 자동적으로 차가움의 원인을 살/몸의 존재와 차가움의 유발 원인으로서의 외적 사물 간의 만남으로 이해하면서 동시에 차가움의 감각을 그 결과로서 파악하게 될 뿐이다. 의식의 존재 역시 마찬가지이다. 의식은 오직 어떤 경계에의 의식으로서만 가능할 뿐이며, 감각적 경험에 앞서 존재하는 경계에의 의식은 원리적으로 불가능하다. 개별적인, 그것 자체와 다른 것을 가르는 어떤 경계를 통해서만 존립할 수 있는 일체의 것들은 감각적 경험을 통해서만 알려질 수 있는 것이기에 경계에의 의식은 감각적 경험에 추후로 뒤따르는 것이지 그에 앞선 것은 될 수 없다는 것이다. 다만 의식이란 스스로를 감각에 의해 깨어난 의식이거나 특정한 감각의 경험 이전에 미리부터 깨어 있던 의식으로서 존재하는 것으로 파악할 수밖에 없기에 이러한 의식의 자기 이해에 추후로 뒤따르는 일체의 판단들은 의식의 존재를 감각에 선행하는 것으로서, 그 근원적 관점에서는 필증적으로 일체의 의식에 선행할 수밖에 없는 감각에 앞서 의식이 미리부터 존재하는 것으로 전제하게 될 뿐이다.

논의를 더 진전시켜 나가기 전에 우선 다음과 같은 사실을 확정해 두자. 현존재의 존재가 전제하는 자기로서의 존재와 자기 아닌 것의 존재 및 그 초월적 관계에 대한 의식은 그 시원에 있어서는 감각에 추후로 뒤따르는 것이지 감각에 앞서 미리 존재하는 것이 아니다. 감각을 두 초월적 관계항들의 만남의 결과로 해석하는 경향은 감각에 의해 '깨어난' 의식의 관점에서 보았을 때 감각이란 미리부터 있어 온 두 초월적 관계항들의 존재를 전제로 하지 않으면 불가능한 것으로서 파악될 수밖에 없는 것이기에 생겨난, 즉 감각을 수반하는 부수 현상으로서의 논리적 추론의 결과일 뿐이다. '깨어 있는' 현존재에게 감각이란 원래 절대적으로 창발적인 것이다. 감각이란 현존재의 경험에 있어서 가장 시원적인 것이며, 심지어는 존재보다도 더 시원적인 것이어서 감각의 원인으로서 파악된 것들조차 실은 감각으로 인해 추후로 생겨난 그 부산물들에 지나지 않기 때문이다.[06]

---

06 '존재보다 더 시원적인 감각'의 이념을 필자는 칸트의 시간 개념에 대한 하이데거의 논구를 비판적으로 연구하면서 얻게 되었다. 바로 이러한 이유로 필자는 이 글에서 사용되는 감각

3. 순수 창발성의 시발점으로서의 감각

의식의 '깨어남'이란 대체 무엇을 지칭하는 말인가? '깨어난' 의식이 그것 없이는 아무것도 의식할 수 없는 그러한 의미에서의 존재의 의미는 무엇인가? 가장 근원적인 것으로서의 감각이 초월적 존재자들의 만남에 추후로 뒤따르는 것이 되고 감각에 그 존재근거를 갖는 초월적 존재자들의 존재가 감각에 앞서 미리부터 존재하는 선재성을 획득하게 되는 일은 어떻게 가능해지는가? 이와 같은 질문에 대한 대답은 하나의 의식으로 존재함이 전제하는 다음과 같은 사실의 확정을 우선적으로 요구한다. "의식이란 늘 그 어떤 것을 의식하고 있는 의식으로서만 가능하며, 여기서의 어떤 것은 그 근원적 의미에 있어서 의식에 의해 추후로 정립된 것이 아니라 의식과 더불어 동근원적으로 존재하는 어떤 것이다." 만약 의식이 늘 그 어떤 것을 의식하고 있는 그러한 의식으로서만

이라는 말은 오직 존재론적 관점에서만 올바로 이해될 수 있다는 것을 강조하고 싶다. 이에 대해서는 「시간과 초월로서의 현존재」 참조. 특히 203쪽의 다음 구절을 먼저 읽어 본 뒤 시간과 탈존적 자기의 주제화에 대한 하이데거의 논구를 필자가 어떻게 비판적으로 수용했는지 살펴보는 것이 살/몸 존재론적 의미에서의 감각을 이해하는 데 도움이 될 것이다: "마치 혼돈의 세계를 각각의 부분이 오직 그 전체 연관 가운데서만 드러나도록 하는 그러한 방식으로 가르는 한 순간의 번개처럼 살/몸에 의해 일어나는 존재의 자각은 현존재로 하여금 자신과 존재를 가르며 동시에 자신과 존재를 서로 초월적으로 관계 맺고 있는 유한한 존재자들 간의 초월적 관계로서 자리매김하게 하는 그러한 자각이다. 이러한 자각은 물론 오직 감각적인 것의 흐름 안에서만 일어나는 자각이다. 시간이 순수하게 자기를 촉발하는 것이 아니라 수용하는 살/몸이 시간적인 것으로서 자기와 초월적 존재를 동시에 주제화한다. 그리고 이렇게 주제화된 시간은 흐름으로서 그 자체 감각적인 것이요 살/몸적인 것이지 순수한 형식으로서의 의미를 지니는 것은 아닌 것이다." 위의 인용문은 하이데거의 시간 개념이 순연한 초월로서의 존재를 가능하게 하는 존재론적 감각의 이념을 향해 가는 도상에 있었다는 비판적 성찰을 담고 있다. 이와 연관된 하이데거의 존재론적 관점들은 다음에서 살펴볼 것: KPM, 189쪽 이하.

가능한 것이라면 의식은 자신이 의식하고 있는 그 어떤 것에 앞서 존재할 수 없을 것이기 때문이다.

감각이 가장 근원적이라는 말은 모든 지식은 결국 감각적 경험으로 환원되기 마련이라는 경험론적 원리의 표현과는 엄밀하게 분리되어야만 한다. 『인간 지성에 관한 시론』에서 존 로크가 합리주의의 본유관념을 반박하면서 "백지(tabla rasa)"로서의 의식의 존재를 가정했을 때 그는 '감각에 앞선' "마음(mind)"의 존재를 상정한 셈이다.[07] 이러한 가정은 얼핏 자명해 보이지만 실은 '백지와 백지 위의 그림은 원래 동일한 것'이라는 주장만큼이나 부조리하다. 대체 여기서의 마음이란 무엇을 의미하는 말인가? 만약 마음이 의식의 바탕과도 같은 것으로서 의식에 앞서 존재하는 것이라면 로크의 말은 '백지와도 같이 순수하게 질료적인 마음이 존재한다'는 불합리하고도 무의미한 주장 이상도 이하도 아닌 셈이다. 이와 달리 만약 마음이 일종의 그 자체 의식으로서 감각적 경험으로 인해 구체적 의식내용들이 형성되기 이전의 순수한 의식을 지칭하는 말이라면 그것은 '아무것도 의식하지 않는 비-의식으로서의 의식'의 존재를 암시하는 모순된 주장에 지나지 않는다. 어떤 경우든 그것은 의식이란 순수한 질료로서의 뇌에 새겨진 활동 사진들의 연속적인 흐름 같은 것이기 때문에 의식이 생겨나기 이전의 순수 질료로서의 뇌와 의식은 원래 동일한 것이라는 터무니없는 주장과 다를 바 없다. 그림이 그 위에 그림이 그려질 백지를 필요로 하듯이, 의식은 의식의 활동과 존재를 가능하게 할 어떤 질료적인 것을 필요로 한다는 주장은 옳을 것이다. 비

---

07 J. Locke, *An Essay Concerning Human Understanding*, Dover Publications, New York 1959, I, iv, 2쪽.

록 실료란 감각에 추후로 뒤따르는 의식의 존재 및 그 대상 인식에 근거한 개념으로서, 엄밀히 말해 이러한 주장 자체가 실은 인과성의 관계에 대한 도착된 이해에 바탕을 두고 있는 것이긴 하지만 말이다. 그러나 의식은 언제나 구체적 경험의 의식으로서 존재할 뿐이다. 경험적 의식 이전의 어떤 순수하고도 비경험적인 의식의 존재를 상정하는 일은 부질없는 일일 뿐만 아니라 삶과 존재에 대한 철학적 논의들을 도착적이고도 우스꽝스러운 거짓 심오함의 우화들로 바꾸어 버리는 위험한 일이기도 하다.

'의식의 깨어남'이라는 표현이 지칭하는 바를 구체적 감각과 경험 이전의 어떤 순수한 마음이나 의식의 존재로 파악하는 것은 분명 잘못이다. 그것은 '감각이란 원래 순수 창발성의 시발점'으로서 파악되어야만 하는 가장 근원적인 존재사건이라는 것에 대한 무지에 기인하는 오해이다. 여기서의 '순수'란 감각에 의해 일깨워진 일체의 것들이 모두 감각에 의해 일어난 온전히 새로운 것들로서, 감각의 원인으로서 파악될 수 있는 것들과 완전히 다른 것들일 수밖에 없다는 사실을 지시하는 말이다. 물론 그러한 파악이 실제로 가능하다고 생각할 필요는 전혀 없다. 만약 감각이 순수 창발성의 시발점이라면, 그리고 사유하고 판단하는 의식 자체가 감각에 의해 일어난 온전히 새로운 것일 뿐 아니라 그 자신 오직 감각에 의해 온전히 새롭게 일어난 것들만을 의식할 수 있다면 의식은 결코 감각 이전의 것을 파악할 수 없을 것이다. 감각 이전의 것에 관해 심지어 물을 수조차 없음이 의식의 근원적 한계인 것이다.

붉음은 붉음일 뿐 감각 이전부터 존재해 온 어떤 사물의 속성도 아니고 지각하는 나의 속성도 아니다. 이 말은 예컨대, '인간은 만물의 척도'라는 프로타고라스적 격률의 현실적 근거가 지각적 체험 및 지각적 체험에 바탕을 둔 지식의 척도가 각각의 개인일 수밖에 없다는 주관주의적 내지 상대주의적 통찰에 있지 않다는 것을 뜻한다. 프로타고라스적 격률은 '감각에 의해 일어나는 일체의 것들은 온전히 창발적인 것이어서 감각과 무관하게 그 자체로 존재하는 어떤 존재자의 속성으로 귀결될 수 없다'는 자명한 현상학적 진실 외에 다른 아무것도 지시하지 않는다. 달리 말해 '인간은 만물의 척도'라는 말은 감각과 무관하게 감각 '이전부터' 있어 온 개개인의 존재가 판단과 인식의 근거라는 것을 암시하는 것으로서 이해되어서는 안 된다는 것이다. 설령 그 말을 최초로 사용한 자나 나름의 철학적 권위를 가지고 그 말의 의미를 해석하는 자가 그러한 관점에서 그 말의 의미를 설명하고 있다고 하더라도 말이다.[08]

그 말은 도리어 '각자는 감각에 의해 언제나 새롭게 열리는 절대적 창발성의 세계에 머물고 있다'는 현존재의 근원적 현사실성에 근거해 있는 말로서 이해되어야만 한다. 감각과 더불어 일어난 의식은 오직 절대적으로 창발적인 것으로서의 감각에 의해 일어난 것들만을 의식할 수

---

08 달리 말해 '인간은 만물의 척도'라는 프로타고라스적 격률의 의미를 이해함에 있어서 우리에게 필요한 것은 '저자가 원래 말하고자 하는 바를 저자 자신보다 더 잘 이해하기' 위해 힘쓰는 해석학적 관점이다. 잘 알려져 있듯이 이 격률을 일종의 상대주의나 주관주의, 현상주의(phenomenalism) 등의 표현으로 이해하는 것은 주로 플라톤의 『테아이테토스』에 나오는 해석에 바탕을 둔 것으로, 프로타고라스가 이 격률의 의미를 어떻게 이해했는지는 알려져 있지 않다. 필자는 프로타고라스가 이 격률을 통해 표현하고자 하는 바를 '존재의 의미는 현존재의 살/몸을 통해 비로소 열리는 것으로서, 감각은 존재보다 앞선 진리의 궁극적 근거이다'라는 살/몸 존재론의 관점에서 새롭게 재해석한다. 이는 물론 프로타고라스적 격률의 의미를 상대주의 및 주관주의의 관점에서 해석하는 것도 아니고, 칸트식의 현상으로 환원될 수 없는 물자체의 이념을 도입하는 것 역시 아니다. 중요한 것은 한갓된 주관이나 지각체험으로 환원될 수 없는 진리 및 존재 자체에의 물음 역시 감각의 절대적 근원성을 전제로 한다는 것을 분명히 해 두는 일이다. 진리 및 존재 자체에의 물음은 그 자체로 살/몸을 통해 열린 현상적 세계의 구성적 계기인 것이다.

있기에 각각의 의식이 의식하고 있는 일체의 것들은 의식 자신의 존재를 포함해서 남으로서의 의식이나 그 낯선 의식이 의식하고 있는 일체의 것들과 원래 공약 불가능하다. 이러한 공약 불가능성은 절대적 타자로서의 남의 존재와 그 자체로 독립된 실체처럼 존재하는 자아의 존재 등을 상정해야만 한다는 것이 아니라 남과 나, 그리고 의식이 의식의 외연에 있는 것으로 상정하는 일체의 것들을 모두 감각에 의해 일어난 순연히 창발적인 것들의 흐름 속에 머무는 것으로 간주해야만 한다는 것을 뜻한다. 사물의 존재와 사물을 하나의 대상으로서 의식하는 자아의 존재가 감각에 추후로 뒤따르는 논리적 추론의 결과에 불과한 것인 한, 그리고 이 양자가 그 자체 감각에 의해 일깨워진 것들로서 감각 이전의 그 어떤 것들과 완전히 다른, 그리고 바로 이러한 의미에서 온전히 새로운 것들인 한, 감각의 원인으로서 사물과 자아, 객체적 존재자들 및 신체의 존재를 상정하는 일은 서로 완전히 달라 비교조차 불가능한 것을 아예 동일한 것으로 상정하는 것과 조금도 다를 바 없는 일인 것이다.

　이제 다시 원래의 물음으로 돌아가 보자. 가장 근원적인 것으로서의 감각이 초월적 존재자들의 만남에 추후로 뒤따르는 것이 되고 감각에 그 존재근거를 갖는 초월적 존재자들의 존재가 감각에 앞서 미리부터 존재하는 선재성을 획득하게 되는 일은 어떻게 가능해지는가? 단적으로 말해 그것은 의식 및 자아, 그리고 의식초월적 대상으로서 파악된 일체의 것들이 순수 창발성의 시발점으로서의 감각에 추후로 뒤따른 것이라는 사실, 그렇기에 하나의 의식으로서 존재하는 자는 누구나 감각에 앞선 그 어떤 것의 존재를 느낄 수도 이해할 수도, 지식의 대상으로 삼을 수도 없다는 사실에 기인한다.[09] 오직 감각만이, 그리고 감각에 의해 새롭게 일깨워진 것들만이 존재한다. 이보다 더 자명하고 근원적인 사실은 원리적으로 있을 수 없다. 그러므로 문득 찬 기운을 느끼고 자기 밖으로 튕겨져 나간 영혼은 실은 감각에 의해 새롭게 일깨워진 존재자들의 초월적 관계망 안으로 던져졌을 뿐이다. 심지어 그가 차가움의 원인으로 이해하게 된 바깥조차 실은 이 초월적 관계망의 내면 안에서만 존립할 수 있는 순수 내재성의 한 계기에 불과하다. 그렇다면 그는 실은 안과 밖의 대립을 통해 표상될 어떤 장소에도 없었던 셈이다.

4. 절대적 창발성의 표현으로서의 초월과 존재

표상하고 기억할 수 있다는 것, 누군가와 말할 수 있다는 것 — 순연

---

09 이러한 진술은 보편자, 이념, 본질 및 개별성, 실존성 등의 관계를 둘러싼 해묵은 철학적 논쟁들을 해결할 존재론적 단초로서 이해될 수 있을 것이다. 예컨대 살/몸 존재론의 관점에서 보았을 때 중세 스콜라 철학에서 개별성과 보편성의 관계를 둘러싼 실재주의/유명론 논쟁은 '일체의 초월적 대상들은 살/몸의 절대적 창발성에 의해 일어난 그 자체 살/몸적인 것으로서 파악되어야 한다'는 것이 간과됨으로써 촉발된 것이라고 볼 수 있다. 소위 보편자들이 개별자들로 한정될 수 없는 말 그대로의 보편성을 통해 특징될 수 있으면서도 동시에 개별적 실체들과 더불어서만 실존하는 것으로서 판단될 수 있다는 아리스토텔레스적 성찰은 개별자의 개별성과 개별자의 존재에 관한 일체의 본질 규정들이 모두 감각하는 살/몸의 절대적 창발성을 통해 일어난 일종의 존재사건들이라는 존재론적 성찰을 통해서만 온전히 해명될 수 있다는 것이다. 물론 이에 관한 논증은 이 글의 한계를 크게 뛰어넘는다. 필자는 다만 이러한 문제의식을 전제로 둔스 스코투스 (및 토마스 에어푸르트)에 관한 하이데거의 교수자격논문을 연구해 보는 것이 하이데거의 존재론적 성찰이 이 글에서 제시된 살/몸 존재론과 철학적으로 어떻게 연관될 수 있는지 이해하는 데 크게 도움이 될 것이라는 것만 언급해 두고자 한다. 특히 개별성과 실존 범주에 관한 둔스 스코투스의 철학적 성찰들을 하이데거가 어떻게 연구했는지 면밀히 살펴볼 필요가 있다. 이에 관해서는 다음 참조: 한상연, 「현상과 초월적 내재—하이데거 초기 사상에서의 현상학적 존재 분석과 그 신학적 기원에 관하여」, 『존재론 연구』 제28집 (2012년 봄호), 306쪽 이하; M. Heidegger, *Die Kategorien und Bedeutungslehre des Duns Scotus*, in: ders., *Frühe Schriften*, Frankfurt a. M. 1978, 284쪽 이하.

한 초월로서의 우리 존재 안으로 감각에 앞선 존재자들의 존재를 끝없이 실어 나르는 것은 바로 이러한 현존재의 역량이다. 감각에 의해 창발적으로 일어난 초월적 관계망 속의 존재자들은 표상함과 기억함을 통해 지속하는 존재자로서의 위상을 지니게 되는데, 이를 통해 실은 그 자체 감각에 의해 일어난 순연하게 창발적인 것이 감각에 앞선 감각의 원인으로서 스스로를 내보이게 되는 것이다.

존재자들의 필증적 존재 방식으로서의 순연한 창발성에 대한 몰이해는 아마 창발성과 비-창발성의 관계를 우연성과 비-우연성 내지 필연성의 관계로 오인함에 기인할 것이다. 인과성의 원리를 자명한 것으로 여기는 자연적 의식의 관점에서 고찰해 본다 하더라도 창발성이 우연성을 필요로 하는 것이 아니라는 점은 충분히 밝힐 수 있다. 우선 우연성의 개념에 관해 한번 고찰해 보자.

우연성은 필연성에 대립하는 단순한 논리적 혹은 가치중립적 개념이 아니라 실은 자신의 존재를 어떤 예측 불가능한 것들과의 관계 속에서 이해할 수밖에 없는 현존재의 존재 방식을 표현하는 말이다. 차를 몰다 사거리에서 교통사고를 당한 자는 자신이 겪은 사고를 우연한 사고라고 생각하기 쉽다. 차 자체는 물리적 사물이지만 차의 움직임은 스스로 판단하고 방향을 선택하며 차를 모는 운전자의 의식에 의존해서 일어나는 일이다. 그러니 인과율의 제약으로부터 벗어난 자유로운 선택의 가능성 속에서 자신의 존재를 인식할 수밖에 없는 그러한 존재자들의 선택과 판단에 의해 일어난 사고란 어떤 물리적 필연성의 법칙에 의해 일어난 사건으로 판단될 수만은 없는, 즉 전적으로 우연한 것이거나 적어도 우연의 요소를 아주 배제할 수는 없는 그러한 것일 수밖에 없는 것이다. 그러나 높은 빌딩의 옥상에서 두 자동차의 움직임을 관찰하던 자의 판단은 다를 것이다. 그에게 사거리에서 일어난 사고는 단순히 우연히 일어난 사고가 아니라 낮은 개연성에서 높은 개연성으로, 높은 개연성에서 회피할 수 없는 필연성으로 확률의 정도를 높이며 일어난 사고이다. 두 차가 거리의 교차 지점에 근접할수록 사고는 그에게 점점 더 피할 수 없는 것으로 여겨지게 된다. 운전자에게는 사고가 일어나기 직전이나 심지어 일어난 후조차 우연의 소산으로 판단될 일이, 높은 곳에서 두 차의 움직임을 잘 관찰할 수 있었던 자에게는 개연성의 정도를 점차적으로 높이다가 급기야 완전히 필연적인 것이 되어 버린 일로 파악된다. 더욱이 여기서의 개연성이란 완전한 예측 불가능성의 표현으로 이해되어야 할 문제이지 우연성과 필연성의 뒤섞임이라는 모순된 의미를 지니는 표현으로 이해될 문제는 아니다. 냉정한 관찰자의 관점에서 볼 때에는 도무지 필연성과 대립되는 의미에서의 우연성의 개념이 사고로 이어지는 어떤 과정을 판단함에 개입할 여지는 없는 법이다. 물론 관찰자는 운전자가 교차로를 향해 질주하다가 의식적으로 혹은 자기도 모르게 브레이크를 밟게 될 수도 있다고 생각했을지도 모른다. 혹은 누가 알겠는가? 어떤 거대한 운석이 사고 직전 갑자기 떨어져 다른 도로에서 질주해 온 자동차를 멀리 튕겨 버릴지 모른다고 관찰자가 생각했다면 그는 사고가 일어날 때까지 사고를 도무지 회피할 수 없는 것으로 이해하게 할 '완전한 필연성의 관념'은 품고 있지 않았던 셈이다. 그러나 일어난 일은 어차피 일어난 일이고, 한번 일어난 일을 논함에 있어서 그 우연성을 따지는 것은 시야의 한계, 계산 및 이해 능력의 한계 등을 우연이라는 말로 왜곡시켜 표현하는 것 이상은 아니다. 설령 운석이 실제로 떨어져 두 대의 자동차가 부딪히는 사고가 일어나지 않았다고 하더라도 더 멀리서 그 모든 과정들을 냉정하게 잘 관찰할 수 있었던 또 다른 관찰자가 있었다면 그는 운전자 및 높은 빌딩에서 사고가 일어나기까지의 과정을 내려다본 관찰자가 지닐 수 없었던 필연성의 관점에서 사고의 원인을 해석했을 것이다. 게다가 우리가 우연히 일어났다고 판단하는 사건이라도 그 결과는 필연적일 수 있다. 두 자동차가 부딪힌 사고를 우연한 사고로서 판단하는 자 역시 그 사고가 아주 큰 사고였다면 두 자동차가 필연적으로 크게 부서지게 되리라는 생각과 두 운전자들 역시 필연적으로 죽거나 크게 다치게 되리라는 생각을 하지 않을 수 없을 것이다. 사고가 일어나기 전에 운전자가 브레이크를 밟게 될 수도 있다는 관찰자의 생각에 관해서도 생각해 보자. 이러한 생각 역시 운전자의 무의식적 혹은 의식적 행동이 초래하게 될 개연적이거나 필연적인 결과에 관한 생각이지 우연에 관한 생각은 아니다. 관찰자는 '지금 시점에서 운전자가 브레이크를 밟으면 그 결과 그는 아마도 혹은 필시 사고를 면하게 될 것이다'라고 판단하는 것이다. 우연은, 설령 그것이 한 사고 내지 사건의 원인으로서 인정될 수 있다 하더라도, 필연성에 단순히 대립적인 것으로 이해될 개념이 아니라 실은 '필연성의 우연한 원인'으로서 이해될 개념이다. 물론 원인으로서의 우연 역시 특정한 사건의 진행 과정에 대해 현존재가 일어날 모든 일들을 예측하거나 미리 확정지을 수 없는 자신의 한계를 우연적인 것의 객관적 실재성 증명으로 오인하기에 생겨나는 관념에 불과하다.

간단히 말해 우연이란 단순히 존재한다고 말할 수는 없는 어떤 것이다. 그것은 특정한 사건이 일어나기까지의 경위를 관찰하고 사유함에 있어서 현존재가 지니게 되는 이런저런 제약들을 표현하는 말에 불과한 것이거나, 설령 어떤 현실적인 것으로서 인정될 수 있다 하더라도 현존재가 우연이라고 판단하는 것 자체의 원인이나 결과의 필연성을 배제할

수 없는 개념인 것이다.[10]

감각의 창발성이 순연하고도 절대적인 것으로서 파악되어야 한다는
말은 우선 감각의 창발성이 필연적인 것과 대립되는 어떤 우연적 요소
—방금 살펴본 것처럼 이러한 의미에서의 우연이란 원래 부조리한 개

---

10 아마 논리학에 밝은 이들이라면 우연 및 필연에 관한 이 글에서의 논증이 '미래 시점 우
연 명제의 문제'와 연관된 논증이라고 느끼기 쉬울 것이다. '미래 시점 우연 명제의 문
제'는 BCE 4세기에 메가라 학파의 논리학자 디오도로스 크로노스의 '기발한 논증(Master
argument)'에서 처음 제시되었으며, 그 의미는 대체로 다음과 같다: ① 00년 00월 00일 동해
상에서 해전이 일어난다고 가정해 보자(혹은 반대로 일어나지 않는다고 가정해도 상관은 없다).
② 이 경우 과거의 특정한 시점에 만들어진 '00년 00월 00일 동해상에서 해전이 일어날 것
이다'라는 명제는 필연적으로 참인 셈이다. 이 글의 논증 역시 비슷하게 재구성될 수 있다.
③ 우연히 일어난 것처럼 보이는 사건조차도 실은 개연성의 정도를 높이다 필연적으로 일
어난 일로 판단될 수밖에 없다. ④ 필연적으로 일어난 사건은 우연히 일어난 사건으로 간
주될 수 없다. ⑤ 따라서 어떤 사건도 우연히 일어난 사건일 수 없다. 전통적으로 이 논증
은 자유의지의 개념을 약화시키는 논증으로 간주되어 왔다. 아리스토텔레스는 『해석론』
(De Interpretatione) 제9장에서 이 문제를 다루면서 미래에 일어난 사건의 필연적 발생과 필
연적 비-발생의 양자택일을 거부하고 우연적(contingent) 발생이라는 제3의 선택지를 제
시한 바 있다. 이에 반해 라이프니츠는 『형이상학 논고』 §56에서 아리스토텔레스의 우연
적 발생을 거부하면서 신은 질서에 반하는 어떤 행위도 하지 않으며, 규칙적으로 발생하지
않은 사건이란 사념될 수조차 없는 것이라고 주장한다('미래 시점 우연 명제의 문제'에 관해서
는 다음 참조: J. Vuillemin, Le Chapitre IX du De Interpretatione d'Aristote — Vers une réhabilitation de
l'opinion comme connaissance probable des choses contingentes, in: *Philosophiques*, vol. X, nr. 1, April
1983; J. MacFarlane, Future Contingents and Relative Truth, in: *The Philosophical Quarterly*, Vol. 53.
Nr. 212. July 2003). 필자의 입장은 당연히 라이프니츠의 입장에 가깝다. 하지만 필자가 말
하는 순연한 우연의 불가능성은 라이프니츠가 '필연적 필연성(necessary necessity)' 혹은 '보
편적 필연성(universal necessity)'에 대응시킨 '우연한 필연성(contingent necessity)' 혹은 '개별적
필연성(singular necessity)'과는 다르다. 필자의 관점에서 보았을 때 '우연한 필연성(contingent
necessity)'이란 개념은 개별적 사건의 완전한 예측의 불가능성에 기인하는 형용모순에 불과
하다. 그렇다고 필자가 형이상학적인 결정론이나 숙명론의 입장에 서 있다고 생각할 필요
는 없다. 하이데거적 존재론의 관점에서 보았을 때 우연과 필연은 모두 실체의 영역이 아
니라 현상의 영역에 속한 것이며, 이는 우연과 필연이 단순히 주관적인 것이라는 것이 아니
라 초월적 존재자와의 근원적 일치 속에서 자신의 존재를 이해하고 기획해 나갈 수밖에 없
는 현존재의 초월적 존재 방식의 표현이라는 것을 뜻하는 말이다. 이에 대한 상세한 논증은
살/몸 존재론에 관한 별도의 논문에서 다루어지게 될 것이다.

넘에 불과한바— 에 의해 규정될 수 있는 것이 아니라는 의미를 지닌다. 만약 감각의 창발성이 우연성을 전제로 하는 개념이라면 그것은 기껏해야 '그럴 수도 있는 어떤 것'이 되어 버리는 셈이고, 이러한 의미에서의 창발성을 '순연한'이나 '절대적' 같은 말로 수식하는 것은 철학적으로 부적절한 일일 것이다. 감각의 창발성은, 굳이 그것을 우연이나 필연 같은 말을 통해 규정해야만 한다면, 우연보다는 필연성, 그것도 절대적 필연성을 통해 규정되어야만 하는 표현이다. 이 말의 의미는 다음과 같다. "감각이란 그 자체가 '자신의 사념과 행위를 자의의 형식 속에서 이루어지는 것으로서 파악할 수밖에 없는 한 의식적 존재자로서의 현존재'에 의해 자기 존재의 근원적 현사실성의 하나로서 판단될 수밖에 없는 그러한 개념이다." 또한 감각에 의해 일어나는 초월적 존재항들의 하나로서의 현존재의 존재는 그 자체 감각을 절대적이고도 필증적인 자신의 존재근거로서 파악해야만 하는 그러한 존재자이다. 오직 감각을 자신의 절대적이고도 필증적인 존재근거로서 파악해야만 하는 그러한 존재자로서의 현존재에 의해서만 감각은 가장 근원적인 것으로서 판단될 수 있으며, 감각은 그 개념상 자신의 존재를 감각과의 관계 속에서만, 즉 감각을 자신의 근원적 현사실성의 하나로서 지니고 있는 그러한 존재자와의 관계 속에서만 유의미할 수 있다. 감각이 현존재의 존재 및 그 초월적 관계항으로서의 세계를 불러일으킴은 어떤 경우에도 부정할 수 없는 감각의 필증적 결과일 수밖에 없다는 것이다.

이제 이러한 생각을 바탕으로 '감각이란 순수 창발성의 시발점'을 뜻할 뿐이라는 명제의 의미에 관해 고찰해 보도록 하자. 감각의 창발성이 어떤 의미에서도 결코 우연성을 전제하는 개념이 아니라는 주장은 자칫 모순어법처럼 들리기 십상이다. 특정한 사건을 논함에 있어서 그 사건이 우연성을 전제로 일어나지 않았다고 주장하는 것은 그 사건이 어떤 원인의 필연적인 결과로서 일어났다는 것을 뜻하는 말이 아닌가? 만약 그렇다면 그 사건은 어떤 창발성의 관점에서가 아니라 창발적인 것을 함축하지 않는 절대적 결정성의 관점에서 고찰되어야만 하는 것이 아닌가? 아마 이와 같은 의문들은 다음과 같은 물음의 해명을 통해서만 온전히 풀릴 수 있을 것이다. 사물 및 세계의 존재와 사물을 하나의 대상으로서 의식하는 자아의 존재는 감각에 추후로 뒤따르는 논리적 추론의 결과에 불과하다는 점을 무시해도 좋다고 전제하는 경우, 감각을 의식 밖의 사물과 살/몸의 만남을 원인으로 해서 일어난, 즉 두 실체적 존재자 간의 만남을 원인으로 갖는 그 결과로서 해석하는 것은 과연 타당한 일일까?

어떤 의미에서는 실제로 그러하다. 이 경우 두 실체적 존재자 간의 만남이 없었다면 감각은 일어나지 않았을 테니 말이다. 그러나 여기서의 원인이란 어떤 경우에도 살/몸으로 현존하는 존재자의 존재에 순연히 외적인 것으로서 마주 서 있는 그러한 존재자의 존재를 지시하는 말일 수는 없다. 당연한 말이지만 감각은 오직 감각을 느낄 수 있는 특별한 존재자에게만 일어날 수 있다. 감각은 감각을 느낄 수 있는 한 존재자의 존재를 표현하는 말인 것이다. 감각이 감각 일반으로서 존재하는 것이 아니라 언제나 '지금 여기' 존재하는 '나'의 감각으로서 존재하는 것인 한, 그리고 그러한 의미에서의 구체적 감각이란 하나의 구체적 살/몸으로서 현존하는 '나'의 감각 외에 다른 아무것일 수 없는 한, 감각은 한 초월적 존재자와의 일치 속에서 자신의 존재를 드러낼 줄 아는 한 존재자의 존재 방식 외에 다른 아무것도 아닌 셈이다. 오직 '나'만이 한 초월적 존재자와의 일치 속에서 감각적으로 존재할 수 있기에, 감각이란 '나'만의 고유한 존재 방식의 표현일 수밖에 없는 것이다. 현존재의 존재 방식으로서의 감각이란 현존재의 관점에서 보았을 때 자신과 한 초월적 존재자의 일치 외에 다른 아무것도 아니다. 즉 감각에 선행하는 원인에 대해 고찰해 본다 하더라도 우리는 그 원인을 살/몸으로 현존하는 '나'와 한 초월적 존재자의 근원적 일치로서 고찰할 수밖에 없다는 것이다. 여기서의 일치는, 적어도 의식의 의식함이 늘 어떤 초월적 존재자에의 각성을 전제로 일어나는 일일 수밖에 없는 한, 우연적인 것이 아니라 실은 절대적이고도 필연적인 것이다. 의식은 스스로의 존재를 감각의 원인에 외적으로 대립해 있는 그러한 존재로서가 아니라 오직 감각 속에서 늘 '한 초월적 존재자와 순연한 초월로서의 관계'를 감각 자체의 원인으로서 이루는 그러한 존재자의 존재로서 이해할 수밖에 없는 것이다.[11]

---

11 잘 알려져 있듯이 아비첸나가 본질을 ① 그 자체로, ② 사물들 안에서, ③ 정신 안에서 존재하는 세 가지 상이한 존재 방식으로 구분해서 고찰한 이래 개별화를 둘러싼 중세철학의 논의들은 주로 본질과 본질로 환원될 수 없는 개별자의 관계 물음으로서 진행되었다(중세철학의 개체화 문제에 관해서는 G. 그라시아(편자), 『스콜라철학에서의 개체화』, 가톨릭출판사, 2003 참조. 특히 알란 벡이 작성한 중세철학의 이슬람적 배경에 관한 이 책의 제3장을 참조해 볼 것). 이 글의 한계를 크게 넘어서는 문제이긴 하지만 필자는 하이데거의 존재론이 개별화에 관한 중세철학적 논의들이 지니는 의의를 비판적으로 수용하면서도 그 한계를 현상학적 존재론의 관점에서 극복하고자 시도하면서 기획되기 시작했다고 본다. 바로 그 때문에 하이데거는 "현존재의 존재의 초월"을 "가장 급진적인 개별화의 가능성"으로 이해했던 것이며, 여기서 '가장 급진적인'이라는 표현은 형이상학적 본질 개념으로 환원될 수 없는 개별 현존재의 절대적 고유함의 의미로 해석되는 것이 타당할 것이다(SZ, 38쪽). 바로 개별자의 절대적 고유함의 문제야말로 아리스토텔레스의 범주론에 관한 브렌타노의 박사논문을 통해 철학에 입문한 하이데거를 평생 사로잡았던 존재론의 핵심 주제인 것이다. 필자는 바로 이러한 문제의 해결을 위해서도 감각을 순수 창발성의 시발점으로 이해하는 살/몸 존재론의 관점이 요구된다고 믿는다. 개별자로 환원될 수 없는 소위 본질이라는 것도 살/몸 존재론의 관점에서 보면 살/몸의 작용에 의해 현존재의 초월적 관계항으로서 일어난 것 외에 다른 아무것도 아니다. 감각과 무관한 것처럼 보이는 어떤 이념적 본질조차도 실은 감각에 의해 언제나 이미 현존재의 초월적 관계항으로서 열려 있는 개별자들에 내재적인 것으로서, 혹은 개별자들의 공속과 공존의 근거로서의 세계 내적인 것으로 파악되고 해석될 수 있

의식이 의식하는 자신의 존재는 살/몸으로 현존함이며, 이는 물론 '한 초월적 존재자와 순연한 초월로서의 관계를 이룸' 자체가 살/몸으로 현존함을 뜻하기 때문이다. 형식논리적으로만 보면 이러한 주장은 마치 원인과 결과가 같다고 말하는 식이다. 감각은 의식이 한 초월적 존재자와 이루는 순연한 초월로서의 관계를 원인으로서 갖고, 의식은 이 순연한 초월로서의 관계에 의해 일어난 감각을 원인으로 갖기 때문이다. 이러한 부조리는 감각의 원인으로서의 순연한 초월이 실은 감각에 의해 일어난 두 상이한 존재자에의 의식을 근거로 감각을 이 두 존재자 간의 만남의 결과로 해석하면서 생겨난 파생적 관념에 불과하다는 사실을 지시할 뿐이다. 즉 이 글의 서두에서 밝힌 바와 같이, 살/몸으로 현존함의 궁극적 근거로서의 감각(함)이 존재 및 초월과 연관된 일체의 개념들보다 더 근원적이라는 사실이 바로 이를 통해 드러난다는 것이다.

감각은 현존재의 존재에 있어서 심지어 존재보다도 더 근원적인 것이기에 감각으로 인해 일어난 존재 및 초월은 절대적으로 창발적인 것일 수밖에 없다. 그 이유는 두 가지로 나뉘어 고찰될 수 있다.

첫째, 존재와 초월 자체가 감각에 의해 새롭게 일어난 것이기에 그들

는 존재론적 이유가 바로 여기에 있는 것이다. 단적으로 말해 소위 본질이란 감각을 통해 초월적 존재자와의 일치 속에서 자신의 존재를 발견하는 현존재에 의해 열린 존재의미들 중 하나일 뿐이다. 본질 자체가 ① 그 자체로, ② 사물들 안에서, ③ 정신 안에서 존재하는 세 가지 상이한 존재 방식을 지니는 것이 아니라 실은 자신의 존재를 언제나 이미 초월적 존재자들과의 근원적 일치 가운데에서 발견할 수밖에 없는 현존재가 순연히 현상적인 경험의 계기들을 그 자체로 존재하는 개별자 및 이념적 본질들의 존재를 가리키는 어떤 지시체로 파악함으로써 현존재의 존재와 무관한 본질의 이념이 ―감각에 추후로 뒤따르는 파생적인 것으로서― 생겨났다는 것이다. 이에 대한 상세한 논증 역시 살/몸 존재론과 관련된 별도의 논문에서 다루어지게 될 것이다.

은 감각 이전의 어떤 것이 아니라 감각 자체를 직접적 근거로서 지닌다. 이러한 언명은 단순히 '감각이 일어나기 전 감각과 무관하게 존재하는 것에 관해 묻는 것은 불가능하므로 감각에 의해 일어난 모든 것들은 새로운 것으로서 인정되어야만 한다'는 것을 암시하는 것으로서 오인되어서는 안 된다. 감각이 절대적으로 창발적일 수밖에 없는 이유는 감각 이전의 것에 대한 물음이 원리적으로 불가능하다는 것이 아니라 실은 감각 자체가 근원적으로 새로운 것이라는 것에 있다. 감각의 절대적 창발성은 감각 외적인 것의 존재유무를 전제로 해서 수행되는 어떤 논리적 추론의 파생물이 아니라 감각 자체의 내적 규정에 의해 필증적으로 주어지게 되는 감각에 대한 무조건적이고도 절대적인 정의의 하나라는 뜻이다. 감각은 그 자체 오직 '감각함을 자신의 필증적 존재 방식의 하나로서 지닐 뿐 아니라 그 근거에 대해 물을 수도 있는 특별한 존재자로서의 현존재'에 의해서만 현존재의 필증적 존재 방식으로서 파악될 수 있는 것이기에 감각은 현존재에게 현존함 자체의 원인 내지 근거로서의 의미를 지닌다. 그런데 현존함이란 —하이데거의 어법을 따르자면— 현존재의 '그때-거기'를 통해 온전히 새롭게 열리는 것이지 그것과 유비될 수 있는 어떤 것의 존재를 감각함과 현존함에 앞서 있는 것으로서 전제하는 것이 아니다. 물론 현존재의 절대적 근원성으로서의 감각의 관점에서 보면 현존재의 '그때-거기' 역시 실은 감각에 의해 비로소 가능해진 현존재의 필증적 존재 방식으로서의 초월성을 지시하는 말에 불과하다. 현존재의 '그때-거기' 자체가 감각에 의해 온전히 새롭게 일어난 절대적으로 창발적인 것의 존재를 표현하는 말이라는 것이다.

둘째, 감각에 의해 일어난 모든 것들은 감각이 자신의 존재를 아우르는 어떤 실체적인 것이기 때문에 감각을 자신의 존재근거로서 갖는 것이 아니라 자신의 존재 자체가 감각적인 것의 끝없는 변용과 확장 가능성으로서의 의미를 지닐 수밖에 없기 때문에 감각을 자신의 존재근거로서 갖는다. 비유적으로 표현하자면, 현존재의 존재는 감각의 불꽃으로서 현존함이며, 동시에 자신 및 공동-현존재의 존재로부터 비롯될 '우주적 대화재'에의 예기 속에서 현존함이다. 무엇이 현존재로 하여금 우주적 대화재에의 예기 속에서 현존하도록 하는가? 그것은 감각으로 인해 일어난 모든 초월적인 것들이 현존재에게 그 자체 존재하는 것으로서, 고유한 것으로서, 사물적인 것으로서, 초월적 존재자들 간의 관계망으로서의 세계를 자신의 근본적 존재 지반으로 삼고 있으면서도 동시에 어떤 추상적 이념이나 관념으로도 환원될 수 없는 개별적인 것으로서 존재한다는 사실이다. 존재자는 모두 감각적인 것이거나 오직 감각적인 것과의 관계 속에서만 자신의 존재를 알려 올 수 있는 그러한 것이지만, 동시에 감각 및 감각적인 것으로 환원될 수 없는 절대적 고유함 가운데 존재하는 것으로서만 알려질 수 있다. 구체적 감각들이 어떤 실체적인 존재자들로서가 아니라 그때그때 명멸하는 순간들 및 한정된 지속으로서의 시간성 가운데 알려지는 잡다한 경험들의 비실체적 계기들로서 알려지듯이, 존재와 초월을 가능하게 하는 가장 근원적인 의미에서의 감각 역시 실은 한 순간의 불꽃으로서 이미 과거 속으로 사라져 버린 것일 수밖에 없다. 감각의 근원적 불꽃에 의해 일어난 모든 불꽃들은 경험된 사물적·실체적 존재자들의 존재를 전제로 하지 않는 순연한 불꽃일 수 없는데, 그것은 근원적 불꽃에 의해 추후로 일어난 모든 감각의 불꽃들은 이미 초월과 존재의 의미 속에서 개별적이고 고유한 것으로서 해석된 각각의 존재자들의 존재 자체로서 일어난 불꽃들이기 때문이다. 구체적 경험의 순간적 계기로서의 감각은, 감각을 하나의 불꽃으로서 비유하는 경우, 개별성과 고유성을 자신의 고유한 존재 방식으로서 삼고 있는 하나의 존재자를 감각의 불길 속에서 머물고 있는, 오직 감각의 불길을 통해서만 자신의 존재를 알릴 수 있는 그러한 존재자로서 알려지게 하는 비실체적 원인이다. 그렇기에 감각의 한 순간을 통해 일어난 모든 것들은 한편으로 그 자체 감각적인 것이면서도 다른 한편으로는 감각이나 감각적인 것으로 환원될 수 없는, 감각 자체와 절대적으로 구별되는, 절대적으로 새로운 것이다. 그들은 모두 고유한 것들이고, 고유한 것으로서 한 순간 혹은 한정된 시간 동안 혹은 심지어 영원히 지속하는 것들로서, 이루고 사라져 버린 불꽃의 무상함을 이미 망각하고 있는 것들이기 때문이다.

5. 닫는 글을 대신하여: 존재론적 윤리학의 궁극적 정초 가능성으로서의 감각

이 글은 원래 존재론적 윤리학의 정초 가능성을 모색하기 위해 기획된 글이다. 여기서의 윤리학은 존재와 당위 사이의 엄밀한 구분을 전제로 하는 칸트식의 규범윤리학이나 규범의 현실적 근거를 강자에게 유리한 어떤 정치적 이데올로기나 사회 구성원들의 합의에서 찾는 상대주의적 윤리학을 뜻하는 말이 아니다. 그것은 오직 현존재의 근원적 존재 방식 그 자체를 의미하는 말일 뿐이다. 존재론의 관점에서 보았을 때 존재와 당위의 절대적 구분은 추상적 구분에 불과하며, 이는 칸트식의 규범윤리학뿐만 아니라 상대주의적 윤리학 역시 현존재의 현사실성에 대한 엄밀한 이해를 전제로 하지 않는 추상적 윤리학에 불과하다는 것을 뜻한다. 상대주의적 윤리학은 규범의 근거를 존재로부터 유리된 이성적 사유에서 찾는다는 점에서 규범윤리학과 마찬가지로 존재와 당위의 엄밀한 구분을 전제로 한다. 존재와 당위 사이의 추상적 구분의 근본 원인은 현존재란 언제나 이미 초월적 타자와의 관계 속에서 자신의 존재를 이해할 수밖에 없는 존재자라는 사실에 대한 존재론적 성찰의 부재이다.

　나가는 글을 대신하여 필자는 이 글에서 밝혀진 순연한 탈자로서의 존재 개념이 존재론적 윤리학을 정초하는 데에 있어서 어떠한 의미를 지니는지 밝히고자 한다.

① 순연한 탈자로서의 존재 개념은 일체의 세계 내적 존재자의 존재가 감각을 통해 나의 존재와 더불어 동근원적으로 열린 그 자체 살/몸적인 것이라는 것을 알려 준다. 이러한 관점에서 보았을 때 현존재의 존재로부터 유리된 순연하게 사물적이고 대상적인 존재자의 존재는 비현실적인 추상적 이념에 불과한 것으로서, 이는 현존재의 존재에 앞서 미리부터 존재하는 어떤 가치중립적 세계란 현존재의 구체적 삶을 위해 단순한 무에 불과하다는 것을 뜻한다.

② 일체의 세계 내적 존재자의 존재가 감각을 통해 열린 그 자체 살/몸적인 것인 한, 그리고 그 자체 살/몸적인 세계 내 존재자의 존재가 나의 존재와 더불어 동근원적으로 열린 것일 수밖에 없는 한, 모든 세계 내적 존재자들을 향한 현존재의 판단과 행위는 삶을 위한 부정성과 긍정성의 의미로부터 자유로울 수 없다. 단적으로 말해 살/몸은 고통과 기쁨의 처소이고, 그 실현 가능성의 유일하고도 궁극적인 근거이며, 현존재로 하여금 스스로의 존재를 부정하거나 긍정하고, 그때그때 욕망을 충족시키거나 혹은 그로부터 벗어나기

위해 애쓸 수 있는 그러한 존재자의 존재로서 이해하도록 하는 그 존재론적 원인이다. 현존재에게 존재가 언제나 이미 탈자적 통일성을 이루며 알려질 수밖에 없다는 것은 그런 점에서 현존재의 존재이해 및 현존재가 자발적으로 수행하는 일체의 존재기획은 근본적으로 자기를-위함의 관점에서 긍정적이거나 부정적으로 판단될 수 있는 성격의 것일 수밖에 없다는 것을 뜻한다.

③ 순연한 탈자로서의 존재는 감각을 통해 알려진 것이기에, 그리고 감각이란 언제나 초월적 존재자와의 근원적 일치 가운데 자신의 존재를 이해할 수밖에 없는 그러한 존재자에게만 가능한 것이기에, 존재론적 의미에서의 자기를-위함은 어떤 자기중심적 가치관을 표현하는 말로서 이해될 수 없다. 누군가는 사랑이나 특정한 이념을 위해 극단적인 고통을 감내하거나 심지어 죽음을 무릅쓸 수도 있을 것이다. 그러나 고통을 감내하거나 죽음을 무릅쓰는 일은, 적어도 그것이 타의에 의해 일방적으로 강요된 것이 아닌 한에 있어서는, 그 자체로 이미 자기를 위함의 한 방식일 뿐이다. 존재론적 의미에서의 자기를-위함은 이러한 희생적 행위에 상치되는 자기중심적 가치관의 표현이 아니라 도리어 그 궁극적 정초 가능성의 표현으로서 이해되어야만 하는 것이다.

물론 이상과 같이 언급된 이 글의 윤리학적 함의들은 윤리학의 확실한 정초를 위해서는 여전히 불충분하다. 존재론의 관점에서 보았을 때 우리를 당혹스럽게 하는 문제는 윤리적 규범의 절대성을 해명하는 문제일 수밖에 없다. 이미 밝혔듯이 상대주의적 윤리관은 그 자체로 존재와 당위 사이의 엄밀한 구분을 전제로 하며, 여기서의 존재란 존재론적 의미에서의 존재와 달리 존재가 현존재의 존재의 탈자적 통일성을 통해 언제나 이미 알려진 그러한 개념일 수밖에 없다는 것을 간과함으로써 얻어진 추상적이고 비현실적인 이념을 지칭할 뿐이다. 따라서 윤리학의 존재론적 정초는 다음의 두 가지 물음에 대한 수미일관한 설명을 요구하는 일일 수밖에 없다.

①어떻게 우리에게 하나의 말씀이 절대적이고도 무조건적인 윤리적 규범으로서 알려지게 되는가?
②어떻게 절대적이고도 무조건적인 윤리적 규범으로서의 말씀이 존재로부터 유리된 추상적 당위를 넘어서는 존재 자체의 부름으로서의 의미를 획득하게 되는가?

이 두 가지 근본 물음에 대한 해명은 이 글의 한계를 크게 넘어서는 일이다. 하지만 이 글은 적어도 존재와 당위 사이의 엄밀한 구분을 지양하는 데에 꼭 필요한 존재론적 성찰 하나는 제시하고 있다. 그것은 존재자들의 존재는 감각을 통해 그 자체 살/몸적인 것으로 열린 것이기에 현존재의 존재와 ―현존재의 관점에서 보았을 때― 초월적인 존재자의 존재 사이의 엄밀한 구분은 원래 가능하지 않다는 성찰이다. 우리에게 남겨진 과제는 감각의 근원적 불꽃에 의해 일어난 우주적 대화재에의 예기가 어떻게 일체의 존재자들의 고유함을 무화시키지 않으면서 동시에 그 모든 존재자들이 복종하고 순응해야만 하는 무조건적인 명령과 권능으로서 작용하는 말씀의 들음으로 이어지게 되는지에 대한 존재론적 해명이다.

존재론적 윤리학의 관점에서 보았을 때 슬픔의 역류에 떠밀려 자기 밖으로 튕겨져 나간 자에게 여명의 빛이 번질 즈음의 싸늘한 대기는 과연 무엇을 의미하는가? 대체 무엇이 종잡을 수 없는 감각의 뒤섞임과 더불어 자기 밖으로 튕겨진 영혼에게 무조건적인 명령과 권능으로서의 말씀으로 작용할 수 있는가? 일상적 현존재에게 그는 낯선 타자인가 아니면 친숙한 나의 또 다른 모습인가?

| 참고문헌 |

그라시아, G. (편자),『스콜라철학에서의 개체화』, 가톨릭출판사, 2003.

한상연,「시간과 초월로서의 현존재—칸트의 시간 개념에 대한 하이데거의 이해와 그 존재론적 의의에 관한 소고」,『철학과 현상학 연구』제50집 (2011년 가을호). 177-212.

_____,「살/몸 존재로서의 존재사건과 기술권력: 파쇼적 신체 및 거룩한 신체에 관한 성찰」,『철학과 문화』제25집 (2012년 가을호). 121-50.

_____,「현상과 초월적 내재—하이데거 초기 사상에서의 현상학적 존재 분석과 그 신학적 기원에 관하여」,『존재론 연구』제28집 (2012년 봄호). 263-329.

Heidegger, M., *Die Kategorien und Bedeutungslehre des Duns Scotus*, in: ders., *Frühe Schriften*, Frankfurt a. M. 1978.

_____, *Kant und das Problem der Metaphysik*, Frankfurt a. M. 1991.

_____, *Sein und Zeit*, Tübingen 1991.

MacFarlane, J., Future Contingents and Relative Truth, in: *The Philosophical Quarterly*, Vol. 53. Nr. 212. July 2003. 321-36.

Locke, L., *An Essay Concerning Human Understanding*, Dover Publications, New York 1959.

Vuillemin, J., Le Chapitre IX du De Interpretatione d'Aristote — Vers une réhabilitation de l'opinion comme connaissance probable des choses contingentes, in: *Philosophiques*, vol. X, nr. 1, April 1983. 15-52.

시간과 공감:

시간과 공감의 존재론적 관계에 관한 소고

물 흐르는 방

한상연

무슨 까닭인가, 비는
어디서나 떨어진다.
단단한 돌로도 콘크리트의
악착스레 응집하는 힘으로도
비를 막을 수는 없다.
그는 회상에 잠긴 자신의 의식이 어쩌면
수천 년의 남루함을 지닌
유적지와도 같다는 생각을 한다.
그러기에 그는 돌아보는 것이다.
시간의 안개 너머 이제는
별로 떠올릴 것도 없는 망각 속의
흔적들.
구멍 뚫린 의식의 안과 밖에서 그는
떨어지는 물과 고인 물과
그 둘의 만남이 이룬 물결의 파동 속에서
텅팅 히죽거리는 소리가 된다.
그가 떨어지고 그가 고여
그는 사방으로 번져 가는 물결과 물결과
물결의 흔적이 된다.

반복. 어떤 패턴도 없이

떨어짐, 번짐, 고임.

흐름, 결, 이루, 기, 이루다가

서로 만나 부서지는 결들.

아, 생각난다. 어디든지 피난처는 있는 법이다.

빗물을 받기 위해 일렬로 늘어놓은

항아리, 유리

병들의 우묵한 곳에 영혼을 가두고저

그는 어쩌면 어둠, 어쩌면

물결처럼 투명하게 번지는 기억의 그림자로

자신을 둘러싼다.

하지만 오, 어쩌랴, 이루고 사라지는 것을.

의식의 안과 밖을 넘나들며

퉁팅 히죽거리는 그의 마음을.

떨어지고 고이고 번지다가

퉁팅 퉁팅 퉁팅팅 그가 머문

기억의 안과 밖에서 흐느끼는 만유의 소리를.

오, 어쩌랴, 그림자에 어둠이 덮이는 것을.

경계가 사라지고

퉁퉁 팅팅 마음이 부서지는 것을.

1. 여는 글

이 글은 시간과 공감의 관계에 대한 존재론적 해명을 목적으로 삼는다. 이러한 작업은 응당 공감의 존재론적 의미를 물어야 할 이유를 제시하는 것에서 시작되어야 한다. 하이데거의 저술에서는 공감에 관한 언명이 거의 발견되지 않는다. 그뿐 아니라 하이데거 연구자들 중 공감에 대해 관심을 기울인 이도 드물다. 아마 그 까닭은 통념적 의미의 공감이 일종의 감정적 반응과 같은 것을 뜻한다는 데 있을 것이다.

현존재의 존재에 대한 존재론적 분석과 해명에서 결정적인 것은 현존재의 존재에 대한 존재자적 이해의 한계를 분명히 해 두는 것이다. 그런데 감정이란 대체로 어떤 원인에 의해 유발되는 것이기 마련이다. 원인에 의해 유발되는 것으로서 감정은 현존재 역시 이런저런 사물적 존재자와 마찬가지로 존재자들 간의 상호작용의 관계로부터 자유롭지 못하다는 것을 알리는 그 증표와도 같다. 즉, 감정은 기본적으로 현존재의 존재를 무엇보다도 우선 그 존재자성에서 이해하도록 한다. 바로 그 때문에 감정 개념에 집착하면 존재 자체란 존재자성으로 환원될 수 없는 것이라는 존재론의 근본 관점으로부터 멀어지기 쉽다.

현존재의 근본 기조로서 불안이 지니는 특수성은 그것이 어떤 특별한 유발자에 의해 야기된 것으로 파악될 수 없다는 점에 있다. 『존재와 시간』의 유명한 명제대로 "불안의 무엇-앞에서는 [바로 현존재의 존재인] 세계-안에-있음"[01] 그 자체이며, 결코 어떤 세계 내부적인 존재자가 아니다. 달리 말해 현존재의 근본 기조로서의 불안이 존재론적으로 중요한 까닭은 그것이 여타의 감정들과 달리 현존재의 존재를 현존재와 여타 존재자들 사이에 맺어지는, 그리고 그런 점에서 현존재의 존재자성에 주목하게 하는, 상호작용의 관점에서가 아니라 그 근원적 존재 구조로서의 안에-있음의 관점에서 이해하도록 하기 때문이다. 하이데거가 불안 외의 다른 어떤 감정에 대해서도 무관심했던 이유가 바로 이것이다. 현존재의 존재인 세계-안에-있음 앞에서 느껴지는 것으로서 불안은 실은 아무것도 앞에-있는 것으로서 지니지 않는다. 기쁨에는 기쁨의 유발자가, 슬픔에는 슬픔의 유발자가 있기 마련이며, 우월감이나 열등감, 교만이나 공포 같은 감정에도 각각 그 유발자가 있기 마련이다. 감정이란 본디 감정의 유발자를 그 '앞에서'로 지니는, 즉 현존재가 감정의 유발자와 맺는, 존재자적 관계의 드러남인 것이다. 그러나 불안의 무엇-'앞에서'는 자기 존재의 실존적 구조로서의 안에-있음에 대한 존재론적 자각을 표현할 뿐이다. 물론 안에-있음은, 그것이 자기 존재의 실존적 구조인 한에서, 사물처럼 자기 앞의 것으로서 현전할 수 없다.

이제 한 가지는 분명해진 셈이다. 존재론적으로 유의미하게 공감 개념을 분석하고 또 해명하는 작업은 무엇보다도 우선 공감을 존재자성으로 환원될 수 없는 현존재의 존재의 드러남으로서 이해하도록 할 가능성을 모색해야 한다. 즉, 현존재에게 구체적인 존재자로서 현전하는 것에 의해 유발된 감정과 근본적으로 구분되는 감정으로 공감을 구명할

---

01 SZ, 186쪽.

가능성이 제시되어야 한다.

이 글을 통해 독자들은 공감이 현존재의 근본 기조로서 파악되어야 할 뿐 아니라 불안 역시 공감과의 존재론적 관계 속에서만 현존재의 근본 기조로서 일어날 수 있음을 발견하게 될 것이다. 그 가장 근본적인 까닭은 현존재의 존재로서의 시간성이 오직 공감과의 관계 속에서만 세계-안에-있음의 또 다른 표현으로서 파악될 수 있기 때문이다. 이 말은 결코 공감이 세계-안에-있음을 현존재의 유일하고도 절대적인 존재의 미로서 파악하도록 한다는 뜻으로 오인되어서는 안 된다. 현존재의 그때-거기(Da-)를 통해 드러나는 현존재의 세계-안에-있음은 동시에 현존재의 근원적 존재 구조로서의 안에-있음이 세계-안에-있음으로 환원될 수 없는 것임을 알리는 그 증표와도 같은 것이기 때문이다.

필자의 관점에서 보면, 현존재의 근본 기조로서의 공감은 현존재의 존재로서의 시간성이 지니는 근원적 역동성의 드러남이기도 하다. 시간성이란 '세계-안에-있음'과 '세계와 본래 무연관적인 것으로서 전체 존재 안에-있음'의 동근원성이 현존재의 존재의 근본 특성임을 알리는 존재론적 용어이다. 현존재의 근본 기조로서의 공감 역시 현존재의 근원적 존재 구조인 안에-있음의 역동성의 표현으로 이해되어야 한다. 공감이란 현존재의 '세계-안에-있음'과 '세계와 본래 무연관적인 것으로서 전체 존재 안에-있음'의 동근원성의 표현이라는 뜻이다.

2. 존재론적 개념으로서의 공감과 함께-있음

결국 시간과 공감의 존재론적 관계에 대한 해명은 존재론의 두 가지 근본 물음에 대한 해명을 요구하는 셈이다. ① 현존재의 존재가 세계-안에-있음과 시간성이라는 두 가지 상이한 규정을 지니게 되는 까닭은 무엇인가? ② 이 두 규정이 세계 내부적 존재자의 존재 및 세계의 존재로 환원될 수 없는 존재의 의미를 묻게 할 존재론적 가능근거로서 파악되어야 하는 까닭은 무엇인가? 물론 존재론의 근본 물음을 공감과 연관지으며 해명하려는 시도는 공감의 존재론적 의미에 대한 해명을 그 선결과제로서 요구한다. 우선 다음의 세 가지 점을 분명히 해 둘 필요가 있다.

> ① 존재론적 개념으로서의 공감은 'empathy'가 아니다.
> ② 존재론적 개념으로서의 공감은 통념적 의미의 연민·동정 등과 엄밀하게 구분되어야 한다.
> ③ 현존재의 근본 기조로서의 공감의 존재론적 지반은 현존재의 근원적 존재 방식의 하나인 함께-있음(Mit-sein)이다.

존재론적 개념으로서의 공감이 'empathy'일 수 없는 까닭은 무엇보다도 우선 'empathy'가 심리학주의로부터 연원한 개념이라는 점에서 찾을 수 있다. 'empathy'는 원래 감정이입을 뜻하는 독일어 'Einfühlung'의 번역어로 고안된 말로, 20세기 이전의 영어에는 없던 말이다. 하이데거에 따르면 "'감정이입'이 먼저 함께-있음을 구성하는 것이 아니라 '감정이입'이 함께-있음에 근거해서 비로소 가능해지는 것이며, 함께-있음을 결함 있는 양태들이 지배하게 됨으로써 불가피하게 ['감정이입'을 할] 동기가 부여된다."[02] 하이데거가 감정이입에 인용문을 달아 둔 것은 그것이 하이데거의 존재론에 적합하지 않은 개념이라는 것을 드러낸다. 엄밀히 말해 감정이입이란 감정이 아니라 타자의 감정에 대한 이해를 가능하게 하는 일종의 심리작용을 표현하는 말이다. 바로 그런 점에서, 공감을 서양철학의 'empathy' 개념에 해당하는 것처럼 여기는 경향이 우세한 작금의 현실에도 불구하고, 현존재의 근본 기조로서의 공감은 'empathy'와 엄밀하게 구분되어야 한다.[03]

---

02 SZ, 124쪽. 하이데거가 정신과 의사 메다드 보스의 집에서 1959년과 1969년 사이에 주관한 졸리콘 세미나는 『존재와 시간』의 근본 관점들이 후기 하이데거에서도 여전히 유효함을 알리는 많은 텍스트를 담고 있다. 특히 하이데거가 졸리콘 세미나에서도 감정이입 개념이 암묵적으로 별개의 주체로서 구성된 자아와 타자의 구분에서 출발함을 지적하면서 이러한 개념이 존재론적으로 부적합함을 지적한 부분이 매우 주목할 만하다(『졸리콘』, 144쪽 이하 참조). 하이데거의 주장은 현존재의 존재는 주관성의 관점에서 온전히 파악될 수 있는 것이 아님을 밝히는 것으로, 그리고 바로 그렇기에 주관성의 이념을 온전히 해체하지 못한 채 그 한계를 상호주관성 같은 의식 주체의 간주관적 구성에 호소함으로써 해결하려는 후설 현상학의 관점을 거부하는 것으로 읽혀야 한다. 물론 후설 현상학의 관점에 대한 하이데거의 거부가 하이데거의 존재론이 후설 현상학으로부터 아무 영향도 받지 않았다거나 심지어 현상학과 아예 무관하다는 식의 의미를 지니는 것은 아니다. 중요한 것은 하이데거의 현존재 개념이 상호주관성을 포함하는 일체의 의식 주체 이념을 해체함으로써 얻어진 것임을 분명히 해 두는 일이다. 이러한 작업은 분명 『존재와 시간』에서 이미 이루어진 것이며, 그런 점에서 『존재와 시간』의 존재론은, 비록 세부적인 언명들에서 드문드문 의식 철학의 흔적이 발견된다 하더라도, 전통적 의식 철학의 한계를 이미 넘어서 있다.

03 'Einfühlung'의 번역 용어로서 'empathy'가 영어에 처음 도입된 것은 영국의 심리학자 E. 티체너에 의해 1900년에 일어난 일이다. 'Einfühlung' 역시 역사가 오래된 말은 아니다. 헤르더, 노발리스 등의 낭만주의 사상가들이 자연에 대한 기계론적 이해를 거부하고 자연의 생명력과 신비로움을 느낄 수 있는 인간의 가능성을 표현하는 말로 'Einfühlung'을 사용하기 시작한 것이 그 유래이다. 잘 알려져 있듯이 20세기 철학에서 'Einfühlung'의 의미를 결정하는 데 가장 큰 영향을 끼친 사상가는 T. 립스이다. 립스는 흄의 'sympathy' 개념에 대한 비판적 성찰을 통해 감정이입 개념을 형성한 것으로 보이며, 흄의 'sympathy' 개념에는 연민 내지 동정이라는 감정적 요소와 상대의 감정에 대한 이해를 가능하게 하는 심리 작용이 함께 포함되어 있다. 'Einfühlung' 및 'empathy' 등을 둘러싼 보다 상세한 논의는 다음 참조: 『공감의 존재론』, 36쪽 이하 및 44쪽 이하; Ch. Dunst, *Empathie im Wandel. Eine retrospektive Betrachtung hin zu einer Erweiterung des Terminus in der Personenzentrierten Psychotherapie durch die Erkenntnis der Neurowissenschaften*, Wien 2012, 15쪽 이하; M.

그렇다면 공감은 'sympathy'에 해당하는 말인가? 물론 현존재의 근본 기조로서의 공감은 동정, 연민, 심정적 지지, 동조 등을 뜻하는 'sympathy'와 같은 것일 수 없다. 생활하며 그때마다 느끼게 되는 감정으로서의 'sympathy'는 다른 감정과 마찬가지로 특정한 존재자나 상황 등에 의해 유발되는 것이기 마련이다. 우물에 빠지는 아이를 보며 자기도 모르게 동정심을 느끼게 되는 경우, 우물에 빠진 아이를 보는 행위가 아이를 향한 동정심을 유발한 그 원인으로 파악될 수 있다는 뜻이다. 그럼에도 감정이 아니라 타인의 감정에 대한 이해를 가능하게 하는 심리 작용 및 논리적 추론 등의 뜻을 함축하는 'empathy'보다 'sympathy'가 현존재의 근본 기조로서의 공감을 표현하는 데 더 적합한 말이라고 볼 수 있다.

사실 불안에 해당하는 독일어 'Angst' 역시 대개 특정한 존재자 및 상황에 의해 유발된 감정을 표현하는 말이다. 'vor Jm[et.] Angst haben', Angst um das Kind[sein Leben]' 등의 독일어 관용구가 그 증거이다. 하이데거식으로 표현하자면 불안의 '무엇-앞에서'는, 불안을 통념적으로 이해하는 경우, 언제나 구체적인 존재자일 뿐 현존재의 세계-안에-있음이 아니며, 자신의 삶과 존재를 위한 불안의 경우에도 하나의 개별화된 대상으로서의 자신의 존재에 대한 구체적 이해가 불안의 원인으로서 작용하기 마련이다. 불안이 현존재의 근본 기조라는 하이데거의 주장은 그때마다 일어나는 구체적 감정으로서의 불안이 세계-안에-있는 존재자로서 세계와의 관계 속에서 그 자신의 존재를 기획 투사해야 하는 현

Slote, *The Ethics of Care and Empathy*, London / New York 2007, 13쪽 이하.

존재의 존재에 그 가능근거를 두고 있음을 암시한다. 구체적 감정으로서의 불안은 자신의 미래에 대한 부정적 전망과 결합된 부정적 감정일 수도 있고, 긍정적 전망과 결합된 긍정적 감정일 수도 있다. 아무튼 형이상학적 실체와 달리 부단한 변화 가능성 앞에 내던져진 존재자로서, 그리고 그러한 변화의 가능성을 늘 이런저런 세계 내부적 존재자 및 세계 자체와의 관계 속에서 가늠할 수밖에 없는 그러한 존재자로서, 현존재는 자신의 존재를 세계-안에-있음으로서 각성하게 된다. 현존재의 근본 기조로서의 불안이란 이러한 각성이 구체적인 선택과 결단의 순간마다 일회적으로 생겨났다가 사라지기를 반복하는 것이기를 넘어서 있는 어떤 것임을, 삶의 매 순간 언제나 이미 선택과 결단의 기로에 서있는 자로서 자신의 존재를 자각함이 현존재의 근원적 존재 방식에 속한 것임을, 표현하는 말이다. 즉, 현존재의 근본 기조로서의 불안은 그 자체로 현존재의 근원적인 존재 방식의 하나이다. 현존재의 존재인 세계-안에-있음 자체로부터 연원하는 '선택할 수 있고 또 결의할 수 있음'과 '선택해야 하고 또 결의해야 함'의 시원적 통일성에 근거해서 그때마다 선택과 결단의 기로에 서는 일이, 그럼으로써 구체적 감정으로서의 불안을 그때마다 경험하는 일이, 가능해진다. 바로 이러한 이유로 현존재의 근본 기조로서의 불안은 현존재의 존재에 부가적으로 첨부된 감정의 계기와도 같은 것으로서 파악되기보다 차라리 현존재의 근원적 존재 방식의 하나로서 파악되어야 한다.

이제 공감이 현존재의 근본 기조로서 파악함이 타당한지 한번 살펴보자.

앞에서 우리는 현존재의 근본 기조로서의 불안이 현존재의 세계-안에-있음과의 관계 속에서 고찰되어야 하는 것임을 확인해 보았다. 물론 불안이 현존재의 세계-안에-있음을 자명한 사실로서 확정하게 하는 것은 아니다. 하이데거에 따르면 불안 속에서 "현존재는 자기 실존의 가능한 불가능성의 무 앞에(vor dem Nichts) 처해 있는"[04] 존재자로서 자신을 발견한다. 즉, 불안은 현존재의 세계-안에-있음의 근원적 무성을 드러낸다. 그러나 이러한 발견을 가능하게 하는 것은 바로 현존재의 세계-안에-있음 자체이다. 오직 현존재의 세계-안에-있음과의 관계 속에서만 현존재의 세계-안에-있음의 근원적 무성이 불안 속에서 드러날 수 있다는 뜻이다. 간단히 말해, 불안 속에서 현존재의 존재는 세계-안에-있음과 세계와 본래 무연관적으로 있음의 통일 속에서 드러난다. 양자는 상호 규정적이다. 현존재의 세계-안에-있음에 근거해서 현존재가 세계와 맺는 본래적 무연관성이 드러나고, 현존재가 세계와 맺는 본래적 무연관성에 근거해서 현존재의 세계-안에-있음이 드러난다는 뜻이다.

현존재의 세계-안에-있음과 현존재의 세계-안에-있음의 근원적 무성 사이에 맺어진 상호 규정의 관계는 현존재의 존재가 이중의 방식으로 함께-있음임을 알린다. 첫째, 현존재는 세계-안에-있는 존재자로서 그 자신의 존재 규정의 한 구성적 요소인 세계에서 발견되는 일체의 존재자와 함께-있는 존재자이다. 둘째, 현존재의 존재인 함께-있음에 공동 현존재와의 함께-있음이 함축되어 있는 한에서, 그리고 공동 현존재 역시 현존재 자신과 마찬가지로 세계-안에-있음과 현존재의 세계-안에-있음의 근원적 무성 사이에 맺어진 상호 규정의 관계 속에서 현존하는 존재자인 한에서, 현존재의 함께-있음은 단순히 세계 내부적으로 공

---

04 SZ, 265쪽.

동 현존재와 함께-있음만을 뜻하는 말이 아니라 현존재 자신과 마찬가지로 세계와 본래 무연관적인 존재자로서 존재하는 공동 현존재와 함께-있음을 뜻하는 말이기도 하다.[05]

존재론적으로 보면 현존재의 함께-있음에 함축된 두 의미 모두 현존재의 근본 기조로서 공감 개념을 확립하고 또 분석할 것을 요청한다. 하이데거가 밝힌 것처럼 "현존재는 본질적으로 함께-있음"이며, 이는 "함께-있음이 … 현존재의 존재 방식으로부터 부여되는 [현존재의 존재에 대한] 실존론적 규정"임을 뜻한다. 현존재의 존재에 대한 실존론적 규정의

---

05 존재론적으로 현존재의 존재인 함께-있음이 세계와 본래 무연관적인 존재자로서 존재하는 공동 현존재와의 함께-있음을 함축한다는 것은 현존재가 어떤 종류의 유아론과도 무관하다는 뜻이기도 하다. 하버마스 등 많은 하이데거 비판자들은 현존재의 존재를 세계-안에-있음으로 규정하는 하이데거의 존재론이 선험초월론적 주체의 이념에서 출발하는 주관주의의 한계를 넘어서는 시도의 일환이라는 것을 인정하면서도 동시에 현존재 개념 자체가 유아론적으로 형성된 개념이라고 주장한다. 즉, 주관주의의 한계를 넘어서려는 하이데거의 시도는 실패했다는 것이다. 이러한 주장은 대체로 현존재가 죽음을 향한 존재자로서 세계와의 근원적 무연관성을 통해 규정되어야 한다는 하이데거의 관점에 대한 오해와 억지 해석에 기인한다. 우선 죽음의 가능성이 현존재의 존재의 세계와의 근원적 무연관성을 드러낸다는 하이데거의 주장이 어떤 점에서 잘못된 것인지 설명하지 못하는 경우 현존재 개념이 유아론적이라는 비판은, 설령 그것이 타당하다고 할지라도, '우물에 독 뿌리기' 식의 오류에 불과하다는 점이 지적될 필요가 있다. 현존재의 존재를 해명하는 데 하버마스의 상호주관성 같은 개념이 한계를 지닌다는 점은 의심의 여지가 없다. 사실 존재론적으로 보면 상호주관성이라는 개념 자체가 유아론적 주관주의의 한계를 온전히 넘어서지 못하는 전통 철학적 사유의 발로일 뿐이다. 현존재는 주관으로서 구성되는 것이 아니라 자기로 환원될 수 없는 존재와의 존재론적 관계 속에서 탈존적으로 존재할 뿐이기 때문이다. 죽음의 가능성이 일깨우는 현존재의 존재의 세계와의 근원적 무연관성은 유아론적 주관주의의 표현이 아니라 상호주관성을 포함하는 일체의 주관성 및 주체의 이념의 철학적 한계를 드러내는 존재론의 근본 개념들 중 하나로 이해되어야 한다. 주관성 및 주체의 이념은 객관성 및 객체의 이념을 그 상관자로서 지니기 마련이고, 주관성과 객관성, 주체와 객체의 이분법적 도식은 현존재가 세계-안에-있음으로서 세계 내부적 존재자들과 맺는 관계에 대한 추상적이고 그릇된 이해의 산물에 불과하기 때문이다. 하버마스의 하이데거 비판에 관해서는 다음 참조: J. Habermas, *Der philosophische Diskurs der Moderne*, Frankfurt a. M. 1989, 179쪽 이하.

하나로서 함께-있음은 눈앞의 것으로서 현존재와 단순한 외적 대립의 관계를 형성하고 있는 존재자 이해로부터 파생되는 것일 수 없다. 도리어 함께-있음이 이런저런 존재자 이해의, 그리고 이러한 그때마다의 존재자 이해로부터 연원하는 동일한 시공간 속에 함께 머무름의, 근원적 가능근거로서 파악되어야 한다. 그렇다면 현존재의 존재에 대한 실존론적 규정으로서의 함께-있음은 현존재의 사유와 행위에 그 근거를 두고 있는 것으로서가 아니라 현존재의 사유와 행위를 가능하게 하는 그 존재론적 근거로서 파악되어야 하는 셈이다. 달리 말해 현존재의 실존론적 본질 규정으로서의 함께-있음은 오직 ─불안과도 같은─ 어떤 근본 기조에 의해서만 자각될 수 있다. 구체적인 '무엇-앞에서'에 의해 유발되는 일회적 감정으로서의 불안 및 그러한 불안 속에서 선택하고 또 결단하는 현존재의 사유와 행위가 어떤 현전적 '무엇-앞에서'가 아니라 현존재의 존재인 '세계-안에-있음' 그 자체의 표현인 현존재의 근본 기조로서의 불안을 그 가능근거로 지니듯이, 구체적 '무엇-앞에서'에 의해 유발되는 ─그때마다 이런저런 존재자와─ 함께-있음의 인식 및 그러한 인식으로부터 비롯되는 그때마다의 사유와 행위 역시 현존재의 근원적 존재로서의 함께-있음에 대한 실존론적 각성을 그 가능근거로서 지닐 수밖에 없다는 뜻이다. 필자의 관점에서 보면 이러한 가능근거는 결코 불안이라는 말로 온전히 표현될 수 없다. 하이데거 본인이 밝힌 것처럼 "현존재의 혼자 있음도 세계 안에 함께-있음"이며, "타자는 오직 함께-있음 안에서만 그리고 함께-있음에 대해서만 결여할 수도 있는 것이다."[06]

그렇다면 현존재의 근본 기조로서의 불안 역시 자기 존재의 근원적 함께-있음에 대한 현존재의 실존론적 각성과의 관계 속에서만 가능한 셈이다. 이러한 실존론적 각성은 공감 개념을 통해 가장 잘 표현될 수 있다. 공감은 현존재의 존재인 함께-있음에 지반을 둔, 그리고 자기 존재의 근원적 함께-있음에 대한 현존재의 실존론적 각성을 가능하게 하는 그 근거인, 현존재의 근본 기조이다.

3. 함께-있음과 시간

민감한 독자라면 함께-있음에 대한 이 글의 관점이 하이데거의 관점과 다소 상이하다는 인상을 받았을지도 모른다. 함께-있음에 관한 『존재와 시간』의 언명들은 대개 현존재와 공동 현존재의 함께-있음에 국한되어 있다. 그런데 이 글은 함께-있음을 공동 현존재뿐 아니라 세계 내부적 존재자와의 함께-있음 역시 함축하는 말로 사용한다. 필자의 소견으로는, 하이데거가 함께-있음을 공동 현존재와 함께-있음의 의미로 국한하는 까닭은 함께-있음의 있음을 존재자적 규정의 한계로부터 벗어나도록 하기 위해서다. 하이데거가 적시한 바와 같이 존재론적으로 "안에-있음은 세계-안에-있음이라는 본질적 구성틀을 지니는 현존재의 존재에 대한 형식적 실존론적 표현이다." 달리 말해 안에-있음의 '안'은 물리적 객체의 존재 형식으로서의 시간과 공간의 '안'과 같은 것을 뜻하는 말이 아니라 "'거주하다', '체류하다'를 뜻하는 'innan-'으로부터 유래한다." 이러한 관점에서 보면 세계-안에-있음 및 그 형식적 실존론적

---

06 SZ, 120쪽.

표현으로서의 안에-있음은 엄밀히 말해 현존재의 존재에만 국한해서 사용할 수 있는 말이다. 결국 함께-있음 역시, 자기 존재의 세계-안에-있음에 대한 현존재의 실존론적 자각과 무관할 수 없는 한에서, 사물적 존재자의 존재가 아니라 현존재의 존재에만 적용될 수 있는 것이라는 결론이 따라 나오는 셈이다.[07]

그러나 이러한 결론은 암묵적으로 '현존재가 현사실적 삶의 상황 속에서 만나는 모든 존재자들은 존재론적으로 현존재의 거주함을 가능하게 하는 그 구성 요소로서 파악되어야 한다'는 점을 간과하는 일종의 오류 추론의 결과일 뿐이다. 현존재에게는 그 자신의 현사실적 삶의 상황에서 만나는 어떤 존재자도 물리적 시공간 안에 있는 물리적 객체와 같은 것이 아니다. 현존재는 오직 그 자신의 거주함을 가능하게 할 ―세계-안에-있음이라는― 자기 존재의 근본 요소로서의 존재자만을 만날 수 있을 뿐이며, 바로 그 때문에 현존재의 존재로서의 함께-있음 역시 결코 공동 현존재와의 함께-있음으로 국한될 수 없다. 그것은 세계-안에-있음의 세계가 현존재와 공동 현존재 사이의 관계만으로 구성되는 것이 아니라는 사실로부터 자명하게 따라 나오는 결론이기도 하다. 그렇다면 우리가 해결해야 하는 문제는 도리어 "하이데거가 함께-있음을 왜 일방적으로 공동 현존재와의 함께-있음의 관점에서만 언급했는가" 하는 것이다. 아마 그 이유는 하이데거가 불안 외의 다른 감정에 관해서 논하지 않은 이유와 같을 것이다. 감정이란 대개 특정한 원인에 의해 유발되는 것이고, 그러한 것으로서 현존재 역시 이런저런 사물적 존재자

---

07 SZ, 54쪽.

와 마찬가지로 존재자들 간의 상호작용의 관계로부터 자유롭지 못하다는 것을 알리는 그 증표이다. 그 때문에 단순한 존재자성으로 환원될 수 없는 현존재의 존재의 의미 및 존재 자체의 의미를 밝히는 데 감정의 문제에 집착하는 것은 방해가 되기 쉽다. 물론 이 말은 현존재의 존재에 대한 존재론적 분석과 해명은 현존재의 존재가 다른 존재자와 맺는 상호작용의 관계와 무관한 것이어야 바람직하다는 말과 같다. 중요한 것은 현존재의 존재가 세계-안에-있음으로 규정되어야 한다는 사실, 그리고 그러한 존재 규정의 관점에서 보면 현존재의 존재가 마치 사물적 존재자처럼 여타 존재자로부터 이런저런 영향을 받고 변해 간다는 식으로 보는 것은 별로 온당한 일이 아닐 수 있다는 점이다. 변하는 것은 언제나 이런저런 존재자이지 현존재의 존재의 실존론적 규정으로서의 세계-안에-있음일 수 없기 때문이다. 달리 말해 현존재의 존재에는 존재자들 간의 상호작용의 관점에서는 포착할 수 없는 어떤 실존론적 근원성이 함축되어 있다. 『존재와 시간』의 하이데거에게 이 근원성은 바로 현존재의 존재의 실존론적 구조 형식 그 자체이다. 오직 현존재만이 자신의 존재의 실존론적 구조 형식을 안에-있음으로서 자각할 수 있는 유일무이한 존재자이다. 그런 점에서 세계-안에-있음이란, 비록 현존재에게 세계가 현존재 자신과 공동 현존재 사이에 맺어지는 관계만으로 구성될 수 없는 것이어도, 그 엄밀한 의미에서는 현존재의 존재에 대한 규정으로서만 적합하다. 오직 현존재만이 존재론적으로 안에-있을 수 있으며, 현존재를 제외한 여타의 존재자들은 본래적인 방식으로 안에-있는 존재자들이 아니라 안에-있음을 자기 존재의 실존론적 구조 형식으로서 자각하는 현존재의 존재를 통해 안에-있음의 존재론적 위상을 부여받을 뿐이다.[08]

필자는 현존재의 존재로서의 함께-있음 및 세계-안에-있음, 그리고 그 형식적 실존론적 표현으로서의 안에-있음에 대한 하이데거의 존재론적 논증 자체에 큰 문제가 있다고 여겨지지는 않는다. 그럼에도 하이데거의 논증 방식이 자칫 현존재의 존재를 다른 존재자의 영향으로부터 자유로운 유사-실체처럼 여기게 하기 쉽다는 점은 지적하고 싶다. 사실 현존재의 존재가 시간성으로서 규정될 수 있으려면, 그리고 시간적인 존재자로서 현존재의 근본 기조가 불안으로서 파악될 수 있으려면, 현존재가 그 자신의 존재의 변화 가능성을 자각하는 존재자라는 전제가 반드시 필요하다. 설령 뉴턴의 고전 물리학 체계에서처럼 시간을 존재자와 무관하게 그 자체로 존재하는 우주의 절대적 항수처럼 고찰한다고 하더라도 구체적인 현존재가 시간을 오직 변화와의 관계 속에서만 의식할 수 있다는 사실이 바뀌는 것은 아니기 때문이다. 그렇다면 존재론은, 적어도 현존재의 존재를 시간성으로 규정하는 한에서는, 이중의 과제에 직면해 있는 셈이다. 하나는 위에서 설명한 것처럼, 그리고『존재와 시간』에서 매우 탁월한 방식으로 수행된 것처럼, 현존재의 존재로서의 시간성 및 세계-안에-있음을 존재자들 간의 상호작용과 무관한 것이거나 상호작용의 영향으로부터 자유로운 것으로서 확립하는 일이다. 또 다른 하나는 존재론적으로 상호작용과 무관한 것이거나 상호작용의 영향으로부터 자유로운 것으로서 확립된 현존재의 존재를 위해 현존재가 그 자신의 구체적 현존 속에서 실제적으로 체험하는 변화 및 그 자각이 존재론적으로 어떤 의미를 지니는지 밝히는 일이다. 사실 하이데거의 철

---

08 존재론적 안에-있음의 의미에 관해서는 다음 참조: W. 블라트너, 한상연 옮김,『하이데거의 '존재와 시간' 입문』, 서광사, 2012, 85쪽 이하.

학에서 가장 미진한 점이 이 두 번째 과제의 해결이다. 하이데거는 두 번째 과제를 해결할 철학적 수단을 거의 알지 못했을 것이다. 혹은 존재 자성으로 환원될 수 없는 존재의 의미에 대한 해명에 천착한 나머지 정작 이러한 과제 자체가 현존재가 그 자신의 구체적 현존 속에서 실제적으로 체험하는 변화 및 그 자각에 대한 존재론적 해명을 요구한다는 점에는 미처 주목하지 못했을 수도 있다. 아무튼 우선 현존재의 존재가 시간성이라는 존재론적 규정은 현존재가 다른 존재자와 맺는 상호작용의 관계에 대한 존재론적 분석과 해명을 요구하는 것이라는 점을 분명히 해 두자. 사실 이러한 점은 시간 및 시간성에 대한 하이데거의 언명들 속에서도 그 암묵적인 전제로서 발견된다.

존재론적으로 시간성은 세 가지 층위에서 분석되어야 하는 개념이다.

① 시간성은 무엇보다도 우선 현존재의 근원적 존재 방식의 하나인 비본래적 현존의 표현으로서 이해될 수 있다. 이러한 의미의 시간성은 도구적 의미 연관이 지배하는 일상 세계에서의 시간성이며, 현존재의 업무적 사유 및 행위를 가능하게 하는 그 존재론적 지반으로서의 시간성이다. 주의할 점은 도구적 의미 연관에 의거해서 현존재의 비본래성의 표현으로서의 시간성이 생기는 것도 아니고 현존재의 근원적 존재 방식의 하나인 일상성 내지 비본래성의 표현인 시간성에 의거해서 도구적 의미 연관이 생기는 것도 아니라는 것이다. 존재론적으로 양자는 동근원적이기 때문이다.

② 현존재의 비본래적 현존의 표현으로서의 시간성은 현존재의 존재로서의 시간성을 남김없이 소진시키는 것으로서가 아니라 실은 본래적으로 현존할 현존재의 가능성을 드러내는 것으로서 이해되어

야 한다. 즉, 현존재의 일상성에 잇닿아 있는 비본래적 시간성은 그 자체로 현존재의 본래적 현존의 표현으로서의 시간성의 탈은폐이자 은폐이다. 잘 알려져 있듯이 이러한 시간성은 『존재와 시간』에서 죽음을 향해 미리 달려가 볼 현존재의 가능성 및 그러한 가능성 속에서 드러나는 현존재의 존재의 세계와의 근원적 무연관성을 통해 밝혀진다. 즉 현존재의 본래적 현존의 표현으로서의 시간성은 현존재의 근본 기조로서의 불안 속에서 알려지는 것이며, 바로 그러한 것으로서 현존재의 존재의 근원적 고유함과 각자성의 표현이기도 하다.

③ 『존재와 시간』에서 명시적으로 주제화되지는 않았지만 현존재의 근원적 존재 방식의 하나인 함께-있음의 표현으로서의 시간성에 대해서도 논할 수 있다. 이러한 시간성은 앞의 두 가지 시간성과 별개의 시간성이 아니라 실은 동일한 시간성, 양자의 종합으로서의 시간성으로 파악되어야 한다. 앞에서 살펴보았듯이 함께-있음이란 비본래적으로 현존하는 현존재와 공동 현존재의 함께-있음과 본래적으로 현존하는 현존재와 공동 현존재의 함께-있음의 두 상이한 계기를 지니기 때문이다. 그럼에도 불구하고 시간성을 함께-있음과의 관계 속에서 별도로 주제화해야 하는 까닭은 죽음을 향한 존재로서의 현존재, 불안 속에서 자신의 존재를 죽음을 향한 것으로 이해함으로써 본래성을 회복할 가능성을 지니게 된 현존재에게 함께-있음이 지니는 존재론적 의미가 아직 거의 해명되지 않은 채 남아 있기 때문이다.

결국 현존재의 존재로서의 시간성이란 현존재의 존재에 함축된 비본래성과 본래성의 역동적 통일성의 관점에서 고찰되어야 하는 개념인 셈이다. 그런데 현존재의 존재의 비본래성과 본래성은 모두 현존재가 자신의 존재의 변화 가능성을 자신의 존재에 근원적인 방식으로 함축되어 있음을 언제나 이미 자각하고 있음을 전제한다. 우선 현존재의 존재의 비본래성의 표현으로서 이해될 시간성은 응당 현존재가 자신의 존재를 위해 마음 쓰며 살아가는 존재자라는 것을 전제한다. 그렇다면 현존재는 왜 자신의 존재를 위해 마음 쓰며 살아가야 하는가? 그것은 물론 현존재가 자신의 존재를 그 자신을 위해 긍정적이거나 부정적인 방향으로 변화해 갈 가능성과 더불어 이해하기 때문이다. 그렇지 않은 경우 자신의 존재를 위해 마음 쓸 어떤 이유도 없을 것이다. 이러한 점은 현존재의 존재의 본래성의 표현으로서 이해될 시간성에 대해서도 마찬가지로 적용될 수 있다. 자신의 죽음을 향해 미리 달려가 봄이 현존재에게 불안의 존재론적 근거가 되는 까닭은 죽음이, 그리고 죽음을 통해 드러나는 현존재의 존재의 세계와의 본래적 무연관성이, 현존재의 존재에게 일어날 극단적으로 부정적이거나 혹은 반대로 극단적으로 긍정적인 변화이기 때문이다. 물론 여기서의 극단성은 부정적이거나 긍정적인 감각과 감정의 점진적 증가 및 감소의 한 극에 있음과 같은 것을 뜻하지 않는다. 그것은 다만 자신의 존재로서의 세계-안에-있음을 대하는 현존재의 존재론적 태도를 표현할 뿐이다. 간단히 말해, 그 자신의 존재로서의 세계-안에-있음을 긍정하는 현존재에게 죽음은 그 자신의 존재에 초래될 수 있는 부정적 변화의 극단이고 그렇지 않은 현존재에게는 긍정적 변화의 극단이다.

그렇다면 시간성이란, 그것이 현존재의 존재에 일어날 변화의 가능성에 대한 자각을 수반하는 것이라는 점에서, 결국 현존재의 존재가 상호작용의 관계로부터 자유로울 수 없음을 표현하는가? 이러한 물음은 어떤 방향에서 그 해명의 단초를 발견하는가에 따라 달리 대답될 수 있다. 현존재가 자신의 존재에 일어날 변화의 가능성을 자각함은 실제적으로 현존재가 자신의 존재를 다른 존재자와의 상호작용의 관점에서 이해함과 다르지 않다. 즉, 현존재의 존재로서의 시간성이란 어떤 경우든 현존재의 존재가 다른 존재자와의 상호작용과 무관할 수 없음을 알리는 그 증표와도 같다. 그러나 다른 한편으로 자신의 존재에 일어날 변화의 가능성에 대한 현존재의 자각은 하나의 물리적 객체가 다른 물리적 객체들과 맺는 상호작용과 같은 것으로 오인되어서는 안 된다. 자신의 존재의 의미를 물을 가능성을 지닌 특별한 존재자로서 현존재가 자신의 존재에 일어날 변화의 가능성을 자각함은 그 자체로 현존재가 그 자신의 존재를 어떤 고립된 실체의 존재로서가 아니라 안에-있음의 근원적 존재론적 형식 속에서 발견하게 할 그 가능근거이기 때문이다. 한 마디로, 오직 변화의 가능성 앞에 내던져진 존재자만이 존재론적으로 안에-있을 수 있다.

현존재의 존재로서의 시간성이 현존재가 자신의 존재를 다른 존재자와의 상호작용의 관점에서 이해함을 함축한다는 것은 이미 그 자체로 현존재의 존재가 상호작용의 관계에 완전히 종속된 것이고 또 자유와 무관한 것임을 증명하는 것으로 오인되어서는 안 된다. 그것은 다만 시간적인 존재자로서의 현존재에게 자유란 어떤 경우에도 ―전통 철학이 이성이나 영혼 개념 등을 통해 그 존재를 증명하려 시도해 온― 절대적 자유 내지 절대적 자율성으로서의 자유와 같은 것일 수 없음을 증명할 뿐이다. 존재론적으로 보면 현존재가 자신의 존재를 다른 존재자와의 상호작용의 관점에서 이해함이란 자유의 절대성이나 상대성 이념 등을 통해서는 도무지 포착할 수 없는 실존론적 자유의 가능근거일 뿐이다. 결론부터 말하자면, 현존재의 근본 기조로서의 불안과 공감, 현존재의 존재로서의 함께-있음, 시간성 및 세계-안에-있음, 세계-안에-있음을 본질적 구성틀로서 지니는 현존재의 존재에 대한 형식적 실존론적 표현으로서의 안에-있음은 모두 실존론적 자유의 가능근거이자 그 존재론적 실현으로서 제기되는 개념들일 뿐이다.

이러한 점에 대한 해명이 가능하려면 무엇보다도 우선 현존재에게 변화란 언제나 그 자신의 존재에게서 일어나는 것으로서만 자각되는 것이라는 점, 그리고 현존재의 존재에게서 일어나는 것으로서 자각되는 변화란 본래 감각 내지 감각적 자극 외의 다른 아무것도 아니라는 점이 분명해져야 한다. 이 말은 함께-있음 및 함께-있음에 그 존재론적 지반을 둔 현존재의 근본 기조로서의 공감 역시 오직 감각에 대한 존재론적 해명을 통해서만 가능할 수 있다는 것을 의미한다. 사유나 행위가 아니라 감각이, 오직 감각만이, 현존재의 존재의 가장 근원적인 존재론적 근거로서 파악되어야 한다. 현존재의 존재가 근원적으로 함께-있음인 까닭도, 현존재의 근본 기조가 공감인 까닭도, 바로 이러한 사실로부터 유래한다.

4. 현존재의 존재의
가장 근원적인 근거로서의 감각과 공감

존재론적으로 사유나 행위가 아니라 감각이 현존재의 존재의 가장 근원적인 근거라는 주장은 과연 타당할까? 이에 대한 방증은 고대 그리스 철학에서 로고스와 아이스테시스의 관계에 관한 『존재와 시간』의 다음과 같은 설명에서 발견된다.

"… 로고스(λόγος)는 진리의 시원적인 '자리(Ort)'라고 지칭되어서
는 안 된다. … '참'이란 그리스적 의미로, 게다가 언급된 로고스보다
더 근원적인 의미로, 아이스테시스(αἴσθησις), 즉 그 무엇을 순연히
(schlicht) 감각적으로 받아들임(Vernehmen)이다."[09]

왜 로고스가 아니라 아이스테시스가 시원적인 진리의 자리인가? 그
것은, 하이데거의 관점에서 볼 때, 고대 그리스 철학이 근본적으로 삶과
존재에 대한 현상학적 관점에서 출발하기 때문이다. 인용문에 앞서 하
이데거는 플라톤과 아리스토텔레스에게 로고스의 의미가 다의적임을
밝히면서도 로고스의 참된 의미를 이해하려면 "'일치(Übereinstimmung)'
라는 의미로 구성된 진리 개념으로부터 벗어나야 한다"고 밝힌다. 여기
서 하이데거가 뜻하는 바는 무엇보다도 우선 고대 그리스 철학의 진리
개념이 진리를 하나의 명제와 그에 상응하는 객관적 사태 간의 일치로
규정하는 대응설적 관점과 무관하다는 것이다. 하이데거에 따르면 "로
고스는 일종의 보게 함(Sehenlassen)이기 때문에 참이거나 거짓일 수 있
다." 그렇다면 로고스가 보게 하는 것은 무엇인가? 그것은 바로 탈은폐
된 것(Unverborgenes)로서의 존재자이다. 즉, 로고스는 근원적으로 "발견
함"이며, 그 무엇을 존재자의 드러남으로써 보게 함이다.[10]

아이스테시스가 로고스보다 더 시원적인 진리의 자리라는 하이데거

---

09   SZ, 33쪽.
10   SZ, 32쪽.

의 주장은 로고스가 보게 하는 것이 무엇보다도 우선 순수하게 감각적인 것임을 뜻한다.[11] 예컨대, "봄(Sehen)이 색(Farben)을 향한 것인 한에서

────

11 '순수한 감각'이란 존재론적으로 현존재의 존재의 언어성이 완전히 사상된, 그리고 바로 그러한 의미에서 순전히 신체적인 감각이라는 의미를 지닐 수 없다. 사실 '순수한 감각'을 '순전히 신체적인 감각'의 의미로 해석하는 것은 경험론, 특히 흄으로부터 비롯된 일이며, 각각의 순간마다 일어나는 개별 감각이라는 추상적 이념을 암묵적으로 전제하는 것일 수밖에 없다. 칸트 역시, 특히 선험초월론적 통각에 관한 논의에서, 이러한 감각 이념에서 출발한다. 강영안이 적절하게 지적한 것처럼 칸트의 관점에서 보면 "감각 세계는 본질적으로 구조적 요소를 지니고 있지 않다"(강영안, 『칸트의 형이상학과 표상적 사유』, 서강대학교출판부, 2009, 24쪽). 물론 하이데거의 관점에서 보면 감각과 구조의 구분은 타당하지 않을 뿐 아니라, 감각과 함께 알려지는 구조 역시 어떤 이성이나 의식의 활동에 의해 구성되는 것이 아니라 그러한 활동의 근원적 근거인 존재론적 구조로서 '아이스테시스', 즉 순연하게 감각적으로, 받아들여지는 것이다. 존재론적으로 감각의 순수함은 무엇보다도 우선 반성과 사유의 근원적 근거로서의 현존재의 존재와의 관계 속에서 이해되어야 한다. 즉, 반성적 판단에 의해 추후로 부과되는 추상적 관념과 무관하게 현존재의 존재와 감각 대상의 외적 구별을 불가능하게 하는 방식으로 나타나는 존재의 전체성의 표현으로서의 순수한 감각이 존재론적 해명을 요구하는 문제인 것이다. 푸른 하늘을 바라볼 때 하늘의 푸르름과 드높음은 반성과 사유에 의해 매개되는 것으로서가 아니라 언제나 이미 하늘 및 땅과의 관계 속에서 자신의 존재를 헤아리는, 즉 현존재의 존재 그 자체에서 고지되는 나뉠 수 없는 전체로서의 존재 및 그 근원적·실존론적 구조로서의 안에-있음의 드러남으로써 발견된다. 즉, 하늘의 푸르름과 드높음은, 그것이 언제나 이미 반성과 사유의 근원적 근거인 현존재의 존재의 근원적·실존론적 구조로서의 안에-있음의 드러남이기도 하다는 점에서, 그 자체로 사유의 한계를 넘어서 있는 것이며, 그런 한에서 순연하게 감각적으로 받아들여지는 것으로서 파악되어야 한다. 한 존재자의 속성으로서 발견될 수 있는, 즉 붉은 꽃의 붉음과도 같은, 감각은 그 자체로 이미 한 존재자의 실재적인 술어적 표현으로서 파악될 수 없는 존재의 드러남이기도 하다. 칸트가 남긴 유명한 명제처럼 존재는 실재적(real) 술어가 아니며, 이는 존재론적으로 한 존재자의 발견이 현존재의 존재를 그 근원적 근거로 삼아 일어나는 것임을 뜻한다. 그 무엇인가를 감각적으로 인지하고 수용할 때 그 존재는 반성과 사유에 의해 매개된 것으로서가 아니라 도리어 반성과 사유의 근거로서 발견되는 것이다. 그런 한에서 그것은 감각적인, 혹은 관념적 사유의 산물로서 파악될 없는 어떤 근원성에 대한 직감과 같은, 존재이해의 계기로 이해되어야 하며, 반성 및 사유와 무관하다는 의미로 '순수'하다. '순수한 감각'의 의미에 대한 존재론적 단초는 물론 하이데거가 이미 마련한 것이다. 특히 다음을 참조할 것: 『졸리콘』, 35쪽 이하. 하이데거의 졸리콘 세미나의 존재론적 의미에 관한 최근의 연구로는 다음 논문을 추천할 만하다: 김재철, 「정신의학과 하이데거의 대화: 졸리콘-세미나를 중심으로」, 『현대유럽철학연구』 제39호 (2015년 가을호).

[아이스테시스로서의] 받아들임(Vernehmen)은 언제나 참이다." 후설이 현상학적 환원 개념을 통해 잘 밝힌 것처럼 하나의 명제, 예컨대 '장미가 붉다'는 말의 진위 여부를 의식 밖에 실재하는 객체로서의 장미의 실제적인 붉음이라는 관념을 통해 판가름하려 하는 경우 우리는 해결할 수 없는 문제에 봉착하게 된다. 붉음이란 우리의 감각 역량 내지 지각 역량에 근거해서만 생겨날 수 있는 것이기에 결코 객체적인 것일 수 없고, 따라서 '장미가 붉다'라는 말은, 적어도 대응설적 관점을 고수하는 한에서는, 그 진위 여부를 검증할 수 없는 말이 되고 만다. 그러나 내가 붉은색을 보았다는 것은 의심의 여지없이 참이다. 즉, 나는 분명 붉은색을 붉은색으로서 '순연히 감각적으로' 받아들인 것이다. 로고스는 오직 이러한 순연히 감각적으로 받아들임, 즉 아이스테시스에 근거해서만 추후로 참이거나 거짓일 수 있는 말로서 생성될 수 있다. 즉 붉음에 대한 순수하게 감각적인 받아들임을 전제로 붉음을 사람들이 장미라 일컫는 특별한 존재자의 드러남으로서 해석할 수 있게 되는 것이다. 이러한 사태를 하이데거는 다음과 같이 표현한다.

"가장 순수하고 근원적인 의미로 '참(wahr)' — 즉 결코 감추어질 수 없게끔 단지 발견함은 순수 노에인(noein), 존재자의 가장 단순한 존재 규정들을 [존재자의] 그러한 것들로서 순연히 바라보며 받아들임이다."[12]

---

12 SZ, 33쪽.

이제 존재론적으로, 적어도 하이데거의 관점을 인정하는 한에서는, 존재의 이해에서 가장 근원적인 것은 바로 감각 및 감각에 대한 순수한 수용이라는 점이 분명하게 밝혀졌다. 그런데 그 무엇을 감각함은 대체 어떻게 가능하게 되는가? 필자에게 『존재와 시간』의 가장 아쉬운 점들 가운데 하나는 하이데거가 감각 및 지각을 거의 시각과 청각의 관점에서만 바라보고 있다는 점이다. 시각과 청각은, 그 중에서도 특히 시각은, 나와 그 무엇인가가 외적 대립의 관계를 형성하고 있음을 가장 강력하게 암시하는 감각이다. 새소리를 들을 때 나는 새와 나 사이의 거리를 함께 느끼지 않을 수 없고, 그럼으로써 소리의 감각이 나와 외적 대립의 관계를 맺고 있는 어떤 존재자의 영향을 반영한다고 여기게 된다. 또한 장미꽃을 보며 내가 자동적으로 감지하는 것은 장미와 나 사이에 놓인 거리이다. 이 거리감은 물론 장미와 내가 외적 대립의 관계를 형성하고 있다는 판단의 결과이기도 하고 동시에 그러한 판단의 원인이기도 하다. 그러나 현상학적으로 보면 청각이나 시각 같은 감각이 수반하는 이러한 판단 자체가 이미 오류 판단이다. 내가 순연히 감각적으로 받아들일 수 있는 모든 것은 감각(함) 그 자체이며, 감각(함)이 감각을 그 자신의 드러남으로서 지니는 어떤 존재자의 존재를 지시한다는 것을 인지함은 아이스테시스에 추후로 뒤따르는, 혹은 오직 아이스테시스에 근거해서만 가능할 수 있는, 로고스의 작용이고, 이때의 존재자가 내 의식밖에 객체적으로 존재하는 어떤 사물적 존재자라는 판단은, 설령 그러한 판단이 우리의 자연적 의식 태도로부터 거의 필연적으로 연원하게 되는 것이라고 해도, 그 철학적 정당성 여부를 검증할 수 없는 오류 판단에 불과하다는 뜻이다. 감각이 일어나는 자리는 언제나 현존재의 살이다. 여기서 살은 객체적으로 존재하는 육체의 거죽을 뜻하는 말로 오인되어서는 안 된다. 감각은 언제나 나 자신의 존재에게서 일어나는 변화의 형식으로 일어나기 마련이며, 필자가 살이라는 말로 표현하는 것은 다만 이러한 변화가 실제적으로 일어나는, 그리고 그런 점에서 나 자신의 존재에 필연적으로 속해 있는, 존재론적 자리일 뿐이다. 천둥소리에 귀를 막고 놀란 가슴을 진정시킬 때, 햇살이 눈부셔 두 눈을 찡그릴 때, 우리는 불현듯 약한 정도의 감각이 일어날 때는 미처 깨닫지 못했던 이러한 진실에 눈을 뜨게 된다. 나 자신의 존재에게서 일어나는 변화의 형식 외에 감각이 일어날 수 있는 가능성은 없다는 진실 말이다. 물론 우리로 하여금 이러한 진실에 눈뜨도록 하는 데 가장 적합한 방법은 바로 촉각이다. 새소리를 들으며 그 소리가 우리의 존재에게서 일어나는 변화라는 점을 눈치채기는 어렵고, 장미의 붉음을 보며 그 붉음 또한 우리의 존재에게서 일어나는 변화라는 점을 눈치채기는 더욱 어렵다. 그러나 얼굴을 스치며 지나가는 바람의 부드러움을 느낄 때 우리는 그 부드러움이 우리의 살을 위한 부드러움이라는 사실을, 그것이 바람의 객체적 속성으로서가 아니라 바람이 내 살에게서 일으킨 변화의 알맞음과 쾌적함으로서 그러하다는 것을, 알아차리게 된다. 자연적 의식 태도에 사로잡혀 있는 정신이라면 그 부드러움이 마음 밖의 세계가 그 자신의 존재를 산 자에게 알려 오는 방식이라고 여길 것이다. 그러나 현상학적 존재론의 관점에서 보면 정신의 존재 또한 그 부드러움을 떠나서는, 그 부드러움을 불러일으킨 바람과 바람이 머무는 세계의 밖에서 단순한 대립의 관계를 설정하고 있는 것으로서는, 가능하지 않다는 점이 자명하다. 현존재의 존재의 구조 형식의 관점에서 보면 그것은 현존재의 존재 자체가 세계-안에-있음이기 때문이다. 감각이 현존재의 존재의 가장 근원적인 근거라는 관점에서 보다 구체적으로 구명하는 경우, 그것은 정신이란 그 무엇을 감각하고 사념하는 것으로서만 가능하기 때문이다. 정신이란, 그것이 정신이라는 바로 그러한 이유로, 언제나 이미 깨어 있는 것이고, 그러한 것으로서 언제나 이미 그 무엇을 감각하고 사념하고 있으며, 정신에게 감각하고 사념할 거리로서 주어져 있는 것의 가장 근원적인 근거는 바로 감각(함)이다.[13]

공감의 존재론을 위해 이러한 사실은 매우 중요하다. 하이데거처럼 현존재와 공동 현존재 및 여타 존재자들 사이의 존재론적 관계를 실존의 구조 형식의 관점에서 고찰하는 경우, 이러한 작업이 그 자체로는 꼭 필요하고 중요함에도 불구하고, 우리는 함께-있음의 참되고도 시원적인 의미를 헤아리기 어렵다. 실존은 언제나 하나의 탈존이고, 그 자신의 실존을 탈존으로서 자각함은 자신과 세계 사이에 일종의 경계가 그어져 있음을 의식함과 다르지 않다. 물론 존재론적으로 현존재의 존재는 세계-안에-있음이며, 그런 한에서 현존재와 세계 사이에는 어떤 외적 대립의 관계도 형성되지 않는다. 그러나 이러한 존재론적 진실이 개별 현존재가 그 자신을 어떤 독립적 개체처럼 자각할 수 있다는 것을, 그럼으

---

13 감각이 무엇보다도 우선 현존재의 존재에게서 일어나는 변화로서 파악되어야 한다는 것은 필자가 앞서 제기한 것처럼 현존재의 존재인 시간성을 해명하는 데 필수적이다. 사실 하이데거 역시 칸트적 시간 개념의 비판적 수용을 통해 이러한 점을 밝히고 있다. 특히 칸트의 자기 촉발로서의 시간 개념과 초월로서의 현존재 개념에 대한 하이데거의 비판적 논구가 이러한 점을 잘 드러낸다. 물론 이 점에 관한 상세한 논구는 이 글의 한계를 크게 벗어나는 일이다. 더욱 자기 촉발로서의 시간과 초월로서의 현존재의 관계에 관한 존재론적 논의에 관해서는 다음 참조: 한상연, 「시간과 초월로서의 현존재 ─ 칸트의 시간 개념에 대한 하이데거의 이해와 그 존재론적 의의에 관한 소고」, 『철학과 현상학 연구』 제50집 (2011년 가을호), 197쪽 이하. 또한 이와 유사한 논의는 일찍이 슐라이어마허가 직접적 자기의식으로서의 종교 개념을 논구하면서 존재론적으로 매우 탁월하게 제시한 바 있다. 이게 관한 상세한 논의는 다음 참조: 한상연, 「종교와 몸: 슐라이어마허의 '살/몸' 존재론에 관하여」, 『해석학 연구』 제26집 (2010년 가을호).

로써 그 자신을 세계 및 세계 안의 모든 존재자들로부터 구분될 수 있고 또 구분되어야만 하는 것으로서만 일방적으로 이해하게 될 가능성이 사라지게 하는 것은 아니다. 물론 하이데거의 존재론에는 이러한 경향성을 되돌릴 가능성 역시 제시되어 있다. 거리-없앰(Ent-fernung), 방향-잡음(Ausrichtung) 등의 개념이 그것이다.[14] 그러나 이러한 개념들은 현존재와 세계, 현존재에게 자신과 같은 세계 안의 존재자들로서 인지되는 공동 현존재 및 여타 존재자들 간의 존재론적 통일성의 근원적 의미를 온전히 드러내기에는 여전히 존재자적인 층위에 머물러 있다. 내가 거리-없앰의 관계를 맺을 수 있는 것은 대개 특정한 존재자들 및 그 존재자들이 모여 있는 한 영역으로서의 주위 세계이고, 그런 한에서 나는 언제나 내게 주위 세계적이지 않은 존재의 영역, 나와 아직 소원한 관계를 이루고 있어 나 자신의 삶과 존재를 위해서는 거의 아무 상관도 없는 것처럼 여겨지는 그 무엇의 존재를 의식하지 않을 수 없다. 게다가 거리-없앰의 관계 속에서 친숙해진 존재자 역시 현존재에게는 여전히 그 자신이 아닌 존재자로서 인지될 뿐이다. 하이데거의 존재론에서 존재에 대한 일체의 존재자 중심의 이해가 무의미해지는 지점은 죽음의 개념을 통해 제시된다. 그러나 자신이 죽음을 향해 가는 존재자라는 현존재의 자각은 이러한 거리감을 그 극단에 이르기까지 확장시키기 십상이다. 결국 죽음의 가능성이 일깨우는 것은 나 자신의 세계와의 근원적 무연관성이기 때문이다.[15]

---

14   거리-없앰, 방향-잡음 등에 관해서는 SZ, 105쪽 이하 참조.
15   죽음과 일상성, 세계-안에-있음 등의 관계에 관한 보다 상세한 논의는 다음 참조: 『공감의 존재론』, 294쪽 이하 및 304쪽 이하.

결국 현존재의 존재인 세계-안에-있음의 존재론적 의미는, 그것이 존재에 대한 존재자 중심의 이해의 온전한 극복으로 이어지기 위해서는, 실존의 구조 형식을 통해 그 자신을 드러내며 동시에 가려지는 존재의 의미가 밝혀지는 경우에만, 달리 말해 실존의 구조 형식이 그 자체를 지양하도록 하는 방향으로 파악되도록 할 그 근거가 마련되는 경우에만, 참되게 드러나는 셈이다. 이러한 근거는 감각이 현존재의 존재의 가장 근원적인 존재론적 근거라는 하이데거적 관점을 감각이란 언제나 현존재가 자신의 존재에게서 일어나는 변화를 자각함과 같은 것이라는, 필자의 소견으로는 절대적으로 자명한, 감각의 진실과 결합시키는 경우에만 마련될 수 있다. 감각이 현존재의 존재의 가장 근원적인 존재론적 근거인 한에서, 그리고 오직 현존재의 존재에게서 일어나는 변화의 자각으로서만 감각(함)이 일어나는 한에서, 현존재의 존재는 그 자체로 이미 존재의 전체성의 표현이다. 존재론적으로 현존재의 존재가 세계-안에-있음인 것은 현존재가 세계-안에-있는 한 존재자로서 역시 그러한 존재자로 인지되는 여타의 존재자들과 단순한 밖에-서있음의 관계를 이룸을 뜻하는 것이 아니라 그러한 밖에-서있음의 관계 자체가 현존재와 현존재가 순연히 감각적으로 받아들이는 여타 존재자 사이의 절대적 통일성의 관계에 근거해 있음을 뜻하는 것으로서 해석되어야 한다. 바로 여기에 함께-있음의 가장 근원적이고도 가장 온당하게 존재론적인 의미가 담겨 있다. 존재론적으로 함께-있음이란 존재자로 감각되고 또 인지되는 모든 것이 실은 절대적 통일성의 관계를 이루고 있다는 것, 현존재의 존재란 그 자신의 존재에게서 존재의 전체성을 발견하고 또 그 존재의 전체성에 근거해서만 자기로서의 개별화가 가능함을 바로 현존재의 존재의 가장 근원적인 근거인 순연히 감각적으로 받아들임을 통해 자각하며 존재함이다. 그렇기에 함께-있음은 그 자체로 존재론적 공감의 근거이자 그 구체적 표현이기도 하다. 함께-있음이 존재론적 공감의 근거인 까닭은 오직 함께-있음의 자각에 근거해서만, 자기 존재의 가장 근원적인 근거인 순연히 감각적으로 받아들임이 함축하는 존재의 절대적 통일성에 대한 눈뜸을 통해서만, 존재론적으로 가장 근원적이고도 절대적으로 참인 함께-있음의 느낌이 가능할 수 있기 때문이다. 함께-있음이 그 자체로 존재론적 공감의 구체적 표현인 까닭은 그것이 개별화된 존재자 이해에 일방적으로 정향된 사유와 행위를 근원적으로 넘어서는 것이기 때문이다. 그렇기에 함께-있음이란 그 근원적이고도 참된 의미에서는, 사유나 행위에 의해 비로소 발견되고 확정되는 것이 아니라 도리어 모든 사유와 행위의 가능근거이자 감추어진 동기로서의 근본 기조, 즉 존재론적 공감의 표현인 것이다.

5. 닫는 글을 대신하여: 현존재의 양심과 공감

현존재의 존재는 무엇인가? 이러한 물음의 바탕에는 이미 현존재의 존재에 대한 존재자적 이해가 놓여 있다. 존재를 그 무엇으로서 개별화된 존재자의 존재로 파악하려는 경향이 그것이다. 엄밀히 말하자면, 현존재라는 용어 자체가 현존재의 존재를 이미 그 개별화된 존재로서의 무엇-임, 무엇-있음의 관점에서 제시하는 용어라고 볼 수 있다. 현존재의 현이라는 말이 이미 그 자체로 현존재가 여타 존재자와 외적으로 구분될 수 있는 한 존재자로서 개별화되어 있음을 지시한다는 뜻이다. 그런데 현존재의 현이 이미 그 자체로 현존재의 존재가 개별화되어 있음을 지시한다는 것은 존재론적으로 매우 까다로운 문제를 야기한다. 개별화된 존재자는 이미 공간화되고 또 시간화된 존재자로서, 원래 존재론적 시간성을 그 자신의 근원적 존재 규정으로서 지닐 수 없기 때문이다.

물론 존재론적으로 보면 어떤 세계-시간성 같은 것이 절대적이고 자명한 존재의 형식으로서 주어져 있는 것이 아니다. 하이데거가 적시하고 있듯이 "시간성"이란 "현존재의 실존성의 근원적인 근거"이다. 이 말이 지시할 수 있는 여러 의미들 중 하나는 현존재가 구체적 상황 속에서 체험하는 시간은 그 자신의 존재로서의 시간성에 근거해서 가능해지는 것이지 현존재의 존재에 선행하는 어떤 물리적 항수로서의 시간 같은 것은 아니라는 것이다. 그렇다면 현존재의 실존성의 근원적인 근거인 시간성의 구체적 의미는 무엇인가? 그것은 무엇보다도 우선 현존재의 존재인 세계-안에-있음이 죽음의 가능성, 즉 "세계-안에-있음의 '끝'"으로서의 "죽음"을 향해 미리 달려가 봄을 함축하는 것이지 배제하는 것이 아니라는 것이다. 현존재의 세계-안에-있음이 세계 안에 단순히 존재자적으로 있음을 뜻하는 것이 아니라 세계와 무연관적이 될 가능성과 더불어 있음을, 현존재가 세계 내부적 존재자의 존재와 전적으로 다른 의미로 존재함을, 현존재의 세계가 현존재의 죽음의 가능성에 의해 무화될 것으로서 현존재의 존재 형식인 안에-있음을 구성하고 있음을, 뜻한다는 것이다. 바로 그렇기에 죽음을 향해 미리 달려가 보는 현존재의 "이러한 [즉 죽음을 향한] 존재의 실존론적 구조는 현존재의 전체로-존재할-수-있음(Ganzseinkönnen)의 존재론적 구성틀임이 증명된다." 현존재의 존재로서의 시간성이 죽음을 향한 현존재의 존재의 실존론적 구조를 표현하는 한에서, 그리고 이러한 실존론적 구조가 세계 안에 단순히 존재자적으로 있는 것이 아니라 세계와 완전히 무연관적이 될 그러한 가능성, 즉 세계의 완전한 무화 가능성과 더불어 존재함을 지시하는 한에서, 시간성이란 존재론적으로 "양심을-가지기를-원함"과 근원적으로 하나이다. 오직 양심을 가지기를 원하는 자만이 그 자신의 존재를 죽음을 향한 존재로서 온전히 받아들일 수 있고, 오직 죽음을 향한 그 자신의 존재에 진실할 수 있는 현존재만이 참된 방식으로 존재론적 시간성의 의미를 드러낼 수 있기 때문이다. 여기서 참됨이란 물론 '도덕적으로 착하고 성실함' 등과 같은 통념적 도덕관념으로 오인되어서는 안 된다. 그것은 다만 존재가 존재자성으로 환원될 수 없는 그 자체로서 드러나게 함이라는 존재론적 의미를 지닐 뿐이다. 이제 잠시 다음과 같은 점에 관해 생각해 보자.

양심을 가지기를 원하는 현존재에게, 즉 자신의 존재를 죽음을 향한 존재로서 받아들임으로써 세계와 완전히 무연관적이 될 자신의 가능성을 순수하게 긍정하게 된 현존재에게, 세계는, 그리고 세계-안에 머물며 그가 실존적으로 관계 맺어 온 존재자들은, 무엇을 의미하는가? 그 자신을 제외한 모든 존재자는, 심지어 전체로서의 세계까지, 존재론적 의미로 양심을 지니게 된 현존재에게는 완전히 무의미한 것으로서 순연한 공으로 돌아갈 뿐인가? 물론 '전회' 이후의 하이데거를 통해 우리는 이러한 결론이 존재론적으로 타당할 수 없음을 알게 되었다. 현상적으로 그 자신을 드러내는 모든 것은 그 근원적인 의미에서는 존재자로 환원될 수 없는 존재 자체의 탈은폐이자 은폐이다.

즉, 현존재가 죽음을 통해 깨닫게 되는 그 자신의 존재의 세계와의 근원적 무연관성은 세계 및 세계 안에서 현존재가 실존적 관계를 맺어 온 모든 존재자들이 순연한 공이라는 것을 증명하는 것이 아니라 실은 반대로 그 모든 것들이 존재자성으로 환원될 수 없는 존재 자체의 탈은폐이자 은폐라는 것이다. 이러한 관점은 사실 현상을 존재의 드러남으로서 규정하는 『존재와 시간』과도 잘 어울린다. 그런데 그렇다는 것을 우리는 어떻게 알 수 있을까? 철학자로서 추상적 언어로 사념하는 우리가 아니라 세계-안에-있는 존재자로서 서로 현존재와 공동 현존재의 관계를 맺고 있는 우리는 서로가, 그리고 우리가 함께 세계-안에-있는 것으로서 만나고 기꺼워하거나 반대로 염오하는 모든 것이 존재자성으로 환원될 수 없는 존재 자체의 드러남이라는 것을, 그 때문에 개별화된 어떤 존재자를 향한 편애나 증오 같은 것은 본래 존재론적인 의미의 양심에 어긋나는 것임을, 우리는 대체 어떻게 알 수 있을까?

이러한 의문을 풀게 할 작은, 그러나 존재론적으로 가장 시원적이고 본래적인 단초는 바로 감각이 현존재의 존재의 가장 근원적인 근거이며, 감각이란 언제나 현존재의 존재에게서 일어나는 변화의 형식으로서만 가능한 것이라는 존재론적 진실이다. 현존재가 존재하는 것으로서 발견하는 모든 것은, 현존재 자신을 포함해, 감각(함)을 통해 일어난 것이며, 이때 감각(함)이란 결코 한 주체로서의 현존재가 의지를 발휘해 감각함이라는 뜻을 지니지 않는다. 현존재가 그 자신을 존재하는 것으로서 발견하고 받아들이게 된 것 역시 감각(함)의 순간을 통해 가능해진 것이기 때문이다. 감각(함)이란 그 시원에 있어서는 개별자들이 형성하는 외적 대립의 관계로 나뉠 수 없는 존재의 전체성에 눈뜸이다. 감각하는 현존재에게 모든 것은 그 자신의 존재에게서, 주체성을 결여한 시원적 삶에게서, 어떤 공간적 깊이와 거리도 모르는 감각의 절대적으로 내재적인 평면 위에서 일어나는 것이며, 바로 그러한 것으로서 현존재와 언제나 이미 하나이다.

아니, 실은 이러한 언명조차 이미 지나치게 존재자적이다. 현존재의 존재 자체가 감각(함)이라는 가장 근원적인 존재사건에 의해 추후로 가능해지는 것이기 때문이다. 한 마디로, 감각(함)은 본래 모든 존재자들의 근원적 함께-있음에 대한 존재론적 자각의 표현이다. 그것은 그 자체로 가장 근원적인 공감이며, 여기서 공감이란 존재론적 양심의 가능 근거이자 양심에 따라 현존함의 궁극적 지향점을 뜻한다. 존재론적으로 양심이란 그 자신의 존재를 존재의 전체성의 개별화된 표현으로 받아들임 외에 다른 아무것도 아니기 때문이다.

| 참고문헌 |

강영안, 『칸트의 형이상학과 표상적 사유』, 서강대학교출판부, 2009.

김재철, 「정신의학과 하이데거의 대화: 졸리콘-세미나를 중심으로」, 『현대유럽철학연구』 제39호 (2015년 가을호). 31-73.

블라트너, W., 한상연 옮김, 『하이데거의 '존재와 시간' 입문』, 서광사, 2012.

한상연, 『공감의 존재론』, 세창출판사, 2018.

_____, 「시간과 초월로서의 현존재 』 칸트의 시간 개념에 대한 하이데거의 이해와 그 존재론적 의의에 관한 소고」, 『철학과 현상학 연구』 제50집 (2011년 가을호). 177-212.

_____, 「종교와 몸: 슐라이어마허의 '살/몸' 존재론에 관하여」, 『해석학연구』 제26집 (2010년 가을호). 171-221.

Dunst, Ch., *Empathie im Wandel. Eine retrospektive Betrachtung hin zu einer Erweiterung des Terminus in der Personenzentrierten Psychotherapie durch die Erkenntnis der Neurowissenschaften*, Wien 2012.

Habermas, J., *Der philosophische Diskurs der Moderne*, Frankfurt a. M. 1989.

Haynes, J., Anxiety's ambiguity: *Being and Time* through Haufiniensis' lenses, in: D. McManus (edit.), Routledge: New York 2015. 72-94.

Heidegger, M., *Sein und Zeit*, Tübingen 1992.

_____, *Zollikon Seminare. Protokolle — Zwiegespräche-Briefe*, Frankfurt a. M. 1944.

Slote, M., *The Ethics of Care and Empathy*, London / New York 2007.